"十四五"国家重点出版物出版规划项目
中国经济转型历史与思想研究文库
上海财经大学创新团队支持计划资助项目

地政学派土地思想研究
（1933—1949）

王 玉 ◎ 著

上海财经大学出版社

图书在版编目(CIP)数据

地政学派土地思想研究：1933—1949/王玉著． —上海：上海财经大学出版社，2023.9
（中国经济转型历史与思想研究文库）
ISBN 978-7-5642-4151-3/F·4151

Ⅰ.①地… Ⅱ.①王… Ⅲ.①土地管理-思想史-研究-中国-1933-1949 Ⅳ.①F329

中国国家版本馆 CIP 数据核字（2023）第 050805 号

□ 策划编辑　江　玉
□ 责任编辑　朱晓凤
□ 封面设计　贺加贝
□ 封面篆刻　林　健

地政学派土地思想研究
（1933—1949）

王　玉　著

上海财经大学出版社出版发行
（上海市中山北一路 369 号　邮编 200083）
网　　址：http://www.sufep.com
电子邮箱：webmaster@sufep.com
全国新华书店经销
上海华业装璜印刷厂有限公司印刷装订
2023 年 9 月第 1 版　2023 年 9 月第 1 次印刷

787mm×1092mm　1/16　23 印张（插页:2）　388 千字
定价:98.00 元

中国经济转型历史与思想研究文库

主　编

程霖

副主编

王昉

燕红忠

总　序

当今世界正经历百年未有之大变局。中国经济也已经进入新发展阶段,正从高速增长阶段转向高质量发展阶段,经济发展方式正从规模速度型粗放增长转向质量效率型集约增长,经济发展结构正从增量扩能为主转向调整存量、做优增量并存的深度调整,经济发展动力正从传统增长点转向新的增长点。党的二十大报告指出,高质量发展是全面建设社会主义现代化国家的首要任务。立足新发展阶段,把握新发展理念,构建新发展格局,成为当前和今后一个时期我国经济发展的大逻辑。

"一切历史,都是当代史。"《中国经济转型历史与思想研究文库》正是顺应中国经济与世界经济的发展方向,以历史进程和思想演变为切入点,穿透纷繁的历史表象,对相关领域的学理脉络和思想线索进行梳理,对经济脉动的内在逻辑与规律进行总结,从而全方位、多视角地解析中国经济转型的路径与发展脉络。这对于当下正处在新的转型发展和中国式现代化伟大征程之上的中国经济的涅槃更生,无疑具有极强的启示意义与现实价值。

文库以经济史与经济思想史作为主要研究基质,依据问题导向,以11部原创学术著作展开相关专题的研究。选题内容广博丰富,时间横跨中国古代、近代和当代,涵盖中国传统经济思想与新时期中国经济学构建、前现代经济范式、大萧条与战争背景下的中国经济、土地经济思想、铁路经济思想、货币思想、公债思想、近现代经济社会转型、中国特色经济发展思想、国有经济与民营经济思想、创新与企业家精神、特定时期地方社会经济等方面的主题。每部专著的作者都在各自研究领域有着比较深厚的学术功底和研究积累。

在详尽搜集各领域相关经济思想和经济史料的基础上，学者们深入研究了中国经济相关领域制度变迁和转型升级的经验及教训，为在新时代实现中华优秀传统文化的创造性转化和创新性发展，构建中国经济学学科体系、学术体系和话语体系提供了可靠的立足点，同时有助于与现当代中国经济转型实践对接，为中国经济转型的未来方向提供经验借鉴，从而在全球化与"逆全球化"浪潮交织的时代背景下，为当下中国经济提供保持自身发展路径和"战略定力"的历史智慧与逻辑支持！

丛书主编　程　霖

前　言

　　民国时期的地政学派成立于1933年,是中国近代史上集土地改革学术团体和国家经济建设智囊团功能于一体的重要学术流派。地政学派的土地学术思想占据当时社会的主流和中心地位,对民国土地经济学的发展、政府土地政策的制定等产生了广泛而深刻的影响。目前学界关于地政学派的研究成果不多,这与该学派在当时的学术地位和社会影响尚有距离。本书在广泛收集有关地政学派的各类原始文献资料的基础上,对地政学派的活动和思想等内容进行了系统性的考察,以期拓展近代土地思想史的研究,厘清国民政府关于土地制度政策的演变逻辑。

　　民国时期,军阀混战、外敌入侵等诸多因素导致政局动荡,但同时也激起社会各阶层探讨国家发展之路的热情,形成了一股思想开放、学术自由的文化氛围,因而成为近代经济思想发展转折的关键时期。这一时期的土地问题是资产阶级民主革命的中心内容,更是封建农业社会向现代工业社会转换的关键所在,所以各类土地思想不断涌现。1932年,在中国"近代地学之父"萧铮的召集下,"土地问题讨论会"得以举办。与会专家深感土地问题研究的迫切性和重要性,由萧铮牵头组织,不断吸纳全国范围内研究土地经济的专家学者与从事土地行政工作的政界精英,于1933年成立中国地政学会,作为学派的正式组织载体,也是彼时中国土地经济领域的核心研究团体。20世纪40年代后期,为在动荡时局中重振影响,地政学派增设中国土地改革协会,以招揽社会各阶层人士,扩充队伍力量。此后至1949年,地政学派步入了中国地政学会与中国土地改革协会两会并行的阶段。

地政学派以孙中山的"平均地权"思想为指导,以亨利·乔治"单一税"理论、达马熙克土地改革学说为参照,在"研究土地问题,促进土地改革"宗旨的引领下,为政府实行土地制度改革进行具体的理论阐述和政策设计。地政学派主要的学术活动包括发行《地政月刊》《土地改革》以及《人与地》等地政刊物,出版地政论著,译介国外土地学说。地政学派的历届年会也会密切结合时政形势,围绕最为迫切的土地问题展开讨论并形成决议,以此影响政府当局的政策,推动民众土地观念的改变。同时,地政学派积极兴办地政教育,先后依托地政学院、地政研究所、私立建国法商学院等学术机构,培养、输送了大量的地政研究人员和地政立法、事务人员,为中国土地经济学和土地改革积累了宝贵的人力资本。

本书基于对地政学派相关资料的发掘,系统梳理了地政学派的发展历程和学术研究,归纳总结出地政学派所构建的包含地权理论、土地金融理论以及土地现代化治理理论在内的中国特色土地经济学术思想研究体系。同时,地政学派的土地经济研究具有鲜明的现实导向性,为官方推行土地制度改革进行了具体的理论阐述和政策设计。经过研究,本书认为地政学派土地思想演化的脉络具有鲜明的以诱致性土地制度变迁为基础的强制性土地制度变迁特征,是顺应统制经济思潮以政府为主导解决农民对土地制度非均衡的诉求问题。但是,在土地改革的实际推进中,当局并未能真正触及土地改革的实质,使得强制性土地制度变迁逐渐脱离了诱致性土地变迁基础,地政学派的土地思想及制度主张不得不以妥协的形式实现,严重制约了土地改革价值的发挥,中国广大农民土地问题的彻底解决沦为一纸空谈。

即便如此,地政学派作为民国时期极为著名的学术团体之一,对中国近代土地经济学的探索和土地改革的实践都具有重要价值,而且对于当下中国的土地制度改革也具有一定的参考和借鉴意义。近年来,随着中国土地市场的全面开放,土地产权制度建设完善、土地融资模式转变以及土地资源的高效集约利用等成为中国土地问题研究的重点领域,由此便可与地政学派在土地产权、土地金融以及土地现代治理等领域的研究连接起来。虽然历史情景并非完全相同,但现在和过去面临的一系列根植于中国传统历史文化的约束条件却存在很大相似性。因此，新一代土地经济学者若能站在前辈学者的肩膀上推进相关研究，必将有利于中国土地经济理论体系的健全和完善，也能够为中国土地制度的深化改革提供可靠依据。

作者于 2023 年 5 月

目　录

导论 /1
    第一节　选题背景及研究意义 /1
    第二节　文献述评 /5
    第三节　主要研究任务与内容 /20
    第四节　研究方法与创新点 /22

第一章　地政学派的创立和发展 /26
    第一节　地政学派的创立背景 /26
    第二节　地政学派的创立概况 /30
    第三节　地政学派的学术活动和教育事业 /49

第二章　地政学派土地思想渊源与制度经济学架构 /80
    第一节　地政学派土地思想的理论指导 /80
    第二节　地政学派土地思想的经验参照 /103
    第三节　地政学派土地思想的制度经济学架构 /116

第三章　平均地权：地政学派的基础理论 /129
    第一节　民国时期的土地问题剖析 /129
    第二节　对土地改革纲领的研究 /137
    第三节　土地改革的政策主张 /146
    第四节　地政学派平均地权思想之总结 /171

第四章 土地金融：地政学派的政策支柱/177
 第一节 民国时期的土地金融问题剖析/177
 第二节 对融通土地资金必要性的研究/183
 第三节 土地金融体系的构建主张/187
 第四节 地政学派土地金融思想之总结/205

第五章 现代治理：地政学派的配套设计/210
 第一节 对土地法制现代化的思考/210
 第二节 对人地关系现代化的探讨/221
 第三节 对土地利用现代化的分析/230
 第四节 地政学派土地现代治理思想之总结/240

第六章 地政学派的学术贡献和应用价值/245
 第一节 地政学派与民国土地研究发展/245
 第二节 地政学派与土地改革实践/257

第七章 地政学派土地思想对我国土地制度改革的启示/264
 第一节 新中国成立以来土地制度变迁/265
 第二节 我国土地制度改革过程中面临的主要问题/271
 第三节 地政学派土地思想的现实启示/274

附录/279
 地政学派主要成员简介/279
 地政月刊目录/294

参考文献/342

后记/356

导 论

第一节 选题背景及研究意义

一、选题背景

自古以来,中国就是一个农业国家,农业是国民经济的基础,而土地作为农业生产中最重要的生产资料,一直是制约中国经济和社会变动的最基本、最重要的因素。中国历朝历代对土地问题向来重视。先秦时期,孟子就提出"诸侯之宝三:土地、人民、政事"(《孟子·尽心章句(下)》)的观点。秦汉之际,又有"有民此有土,有土此有财,有财此有用"(《礼记·大学》)的说法。各朝政治家、当政者也非常看重土地的利用与分配,秦汉之后,先后出现过限田、王田制、屯田政策、占田制、均田制、复井田等土地制度,而到宋代,则"田制不立"。这些土地制度的实施,是为了适应中国传统小农经济的需要,更是为了保证封建政权的长期稳定。当然,历史上还有很多不同朝代的经济思想家对土地制度有深入探索与思考,虽未直接影响政府决策,但也足见社会各界对于土地问题的关注。中国历朝各家各派的土地思想不外乎围绕三个方面,一是对土地的充分利用,二是对土地的平均分配以维护社会稳定,三是强化土地财政权。

时至民国,作为中国近代化过程中至关重要的阶段,整个社会在此期间充斥着各种矛盾与冲突。军阀混战、外敌入侵、政权更迭等多方面因素加剧着时局动荡,但同时又激发了社会不同阶层探讨国家发展之路的热情,形成了一股思想相对开放、学术比较自由的文化氛围,直接促成了中国传统经济思想的转型发展。这一时期中国的有志之士在探索祖国贫弱根源、寻求富强之道的过程中,逐渐认识到土地问题是资产阶级民主革命的核心,更是封建农业社会向现代工业社会转换的关键,直陈"近者灾祸频仍,内外交迫,土地问题之重要,日益明显"[1]。基于这样的社会背景和历史条件,1932 年秋,萧铮组织了十位土地方面的专家[2],召开了"土地问题讨论会"。会后,与会人员深感进一步研究地政问题的必要,决定在 1933 年 1 月 8 日成立中国地政学会,并由万国鼎提议编印《地政月刊》,目的是"窃欲借以汇聚一切有关系之文献,虽不能兼容并蓄,巨细靡遗,亦将集中文稿,沟通消息,兼为研究该问题之向导,庶达促进土地改革之目的"[3]。

中国地政学会的成立将当时关注土地问题的专家学者聚集在一起,地政学派由此正式发轫。本书研究的时间段是从 1933 年地政学派形成至 1949 年这一阶段。地政学派主要成员包括萧铮、唐启宇、祝平、黄通、万国鼎、郑震宇、张丕介等,这些人以孙中山的"平均地权"思想为指导,为农村土地改革进行具体理论阐述和政策设计。为了广泛传播地政学派的土地思想,一方面,地政学派积极发行会刊、编印书籍,范围涵盖土地经济学、土地制度史、土地政策、土地金融等,这些会刊、书籍等也成为我们今天研究经济思想史的珍贵史料;另一方面,他们还创立了地政学院、中国地政研究所以及私立建国法商学院等机构,学术研究与研究生教育并重,以阐扬平均地权之真相、比较各国土地问题沿革以及提出解决土地问题的具体方法为研究方针,设置土地经济系、土地行政系、垦殖系和土地金融系等相关科系。地政学派的土地学术思想居于当时社会的主流地位,深刻影响了政府的重大经济决策。由此可见,地政学派集土地改革学术团体和国家经济建设智囊团功能于一体,是中国近代史上一个重要的学术流派。

---

[1] 万国鼎.发刊词[J].地政月刊,1933(1):1-2.
[2] 十位专家包括曾济宽(北平农学院院长)、刘运筹(中央大学农学院院长)、万国鼎(金陵大学、中央政治学校地政学院教授,中国地政学会会刊《地政月刊》总编辑,著有《中国田制史》等)、冯紫岗(中央大学农学院教授)、骆美奂(留美研究农业经济与土地问题)、向乃祺(著有《中国之土地问题》等)、张淼(留法图卢兹大学研究土地税问题)、程远帆(南京市财政局局长)、聂国青(著有《中国土地金融问题历史的发展》)、洪季川(留日早稻田大学,政治学校教授,曾任职于广东省土地厅)。
[3] 万国鼎.发刊词[J].地政月刊,1933(1):1-2.

二、研究意义

(一)理论价值

第一,对地政学派土地思想的研究有助于通过团体个案的研究来充实拓展近代土地思想史的研究。中国土地经济思想作为中国经济思想史体系的重要组成部分,具有宝贵的学术价值。民国时期的土地思想发展有其独特性,且思想内容十分丰富,不仅土地学术研究团体众多,还有相关专著、刊物被大量出版发行。如何梳理如此庞杂的材料并确定其中的逻辑发展主线是摆在我们面前的首要任务。本书选择极具代表性的地政学派土地思想作为研究的切入点,因为自1933年地政学派成立至1949年恰好是社会各界迫切希望解决土地问题矛盾的关键时期,地政学派的土地制度设想在当时的政界、学界、实务界都产生了广泛的影响。同时,与其他学术团体相同,地政学派也受到了近代以来大环境的影响,其土地思想得以在与中国传统土地思想和西方土地思想的对话中不断发展完善,并经历了有益的实践探索。

第二,对地政学派土地思想的研究有助于我们对民国土地思想进行一般性梳理与个别性呈现。本书对地政学派土地思想的研究既有一般性的梳理,也有个别性的呈现。一般性梳理主要是指对其土地思想进行普遍的、相对宽泛的分析。而个别性呈现则围绕其土地思想中不同于主流思想的创新设计进行具体分析,也借此考察其在整个土地学界的特殊地位。地政学派作为政府制定土地政策的官方智囊团,其土地政策主张在一定程度上代表着社会的普遍认知,具有普遍适用性。但其作为学术团体,也有不同于官方主流立场的土地改革主张,是一种个别性的呈现。本书的研究提供了这样一种将土地思想中一般性梳理和个别性呈现结合起来的可能,我们既可以从中寻找到一般性的土地思想内容,也可以从中寻找到独特的土地思想价值。

第三,对地政学派土地思想的研究有助于还原国民政府时期土地思想主张的演变逻辑。地政学派以孙中山的土地纲领为指导,同时广泛吸收西方土地经济思想,在政府支持下开展各项土地研究事业,可以说,地政学派的绝大部分思想积极推动了国民政府的土地改革事业。因此,以地政学派的土地研究事业来还原国民政府土地思想的发展轮廓,有助于我们更契合历史事实,寻找到当时思想界和实务界对于土地改革的态度,继而挖掘到当时土地改革的逻辑。毕竟土地学术团体的创设、发展以及变更本身就代表了一种思想逻辑,而这种逻辑又是紧随土地改革相关各界的实际需求而变动的。此外,借助对地政学派发展线索的挖掘,也能够使后世研究学者克服随意解构和编排民国土地思想的弊端。

第四,对地政学派土地思想的研究有助于当前中国土地思想的创新。土地思想研究在当下中国仍是一个多方关注的焦点领域,众多专家学者也为此付出了努力。然而,我们必须承认,中国当前的土地思想研究还无法完全适配社会经济发展的现实需求,理论根基也不够系统坚实,这些都是中国土地思想创新必须面对的种种挑战。对以地政学派土地思想为代表的民国经济思想进行研究,有助于我们汲取历史智慧,对现阶段中国土地经济思想进行创新与发展。

（二）现实价值

第一,民国时期尽管政治不稳,时局动荡,但是国民政府制定的相关地政政策对于当时的社会经济发展也起到过一定的积极意义。民国时期土地垄断集中,农民与土地问题是国民政府面对的最为棘手的政治经济问题,地政学派运用中外相关理论,设计了一系列政策方案以供政府参考,尽管碍于当时的历史条件和阶级局限,这些政策方案收效有限,但是对于土地改革的推动还是产生了一定作用,可见对民国时期地政学派土地思想及其实践的研究依然存在必要性。同时,本书希望借由对中国土地经济政策、思想的近代演变路径的还原与厘清,帮助我们更加准确地判断当前的历史方位,以便更好地设计未来土地制度改革的方向与路径。

第二,土地思想不仅在近代中国的经济思想领域中占据着不容忽视的地位,而且在当下仍不失其重要意义。作为经济思想史专业的研读者,我们在研究中也应格外注重由现实来反观历史、由历史来启发现实。当前,农业改革问题连续多年都是中央一号文件关注的焦点,为了寻求"三农"问题的解决方法,制定合理的土地制度,发展农村生产力,实务界和学界都在不断努力。这与20世纪三四十年代民国土地思想研究可以有逻辑地连接起来,当然,历史情景不可能完全相同,现在和过去已是千差万别,但在面临当前实践中的一系列问题时,可以发现与过去的约束条件存在很大相似性,因此,有必要对民国时期的土地思想和地政工作进行调查研究,探讨民国时期土地领域的思想创新与政策法规,借助现代经济理论的工具进行思考,对当下土地制度的改革发展提供一些参考。

第二节 文献述评

中国近代农村社会经济史学领域一直是学术界关注的焦点,其中关于土地思想的研究更是有不少成果问世,这些成果主要基于两种研究视角,一种是以土地思想的代表人物为视角,一种是以土地制度思想、土地金融思想、土地经营思想的分类专题为视角。而本书的研究对象——地政学派,集中了彼时土地学界及实务界重要代表人物及其对各种土地问题的专题研究,其思想论著不仅在学术界占据着重要的一席之地,而且深刻影响了政府土地政策的制定。因此,对地政学派土地思想的研究具有宝贵的学术价值,还可以开拓土地思想研究的学术流派视角。但是学术界目前关于地政学派的研究主要是依附于中国地政学会进行的简单描述,或者针对某一人物的学术事业进行探讨,内容有限,可以说,目前对地政学派及其土地思想的专门研究尚处于一种相对空白的状态。下面对以上研究成果分别述之。

一、关于民国时期土地思想的研究

关于民国时期土地思想的研究,既包括土地思想的代表人物研究,又包括土地改革思想、土地金融思想以及土地经营思想等方面的专题研究。

(一)关于民国时期土地思想的代表人物研究

关于近代土地经济思想研究的代表人物,学界历来关注最多的当属孙中山。马伯煌的《中国近代经济思想史(中)》(上海社会科学院出版社1992年版)、叶世昌的《近代中国经济思想史》(上海人民出版社1998年版)、赵靖的《中国经济思想通史续集(中国近代经济思想史)》(北京大学出版社2004年版)等著作都将孙中山的土地思想作为民国时期土地经济思想的重要组成部分,并在"民生主义"理论体系框架下对孙中山的"平均地权"主张进行了介绍。除经济思想通史类著作外,还有黄明同、卢昌健的《孙中山经济思想研究》(广东人民出版社1996年版)、胡显中的《孙中山经济思想》(上海人民出版社1985年版)等书进一步聚焦于对孙中山思想体系的研究,详细地介绍了孙中山的土地主张以及实践途径。该研究领域中的学术论文成果则更为丰富,研究角度也更加多样,如夏良才的《论孙中山与亨利·乔治》(《近代史研究》1986年第6期)分析了孙中山"平均地权"思想的理论来源是在中国古代土地公有制的基础上,吸收借鉴亨利·乔治单一税方案形成的。沈渭滨的《"平均地权"本义的由来与演变——孙中山"民生主义"再研究之二》(《安徽史学》2007 年第 5 期)则将孙中山"平均地权"思想的演变划分为三个阶段,指出孙中山的土地思想是不断变化完善的。李学桃、彭廷洪的《经济公平与经济发展之争:1905—1907 年土地国有论战再研究——以孙中山与梁启超的地权思想为中心》(《理论月刊》2018 年第 2 期)从土地国有论战这一历史背景出发,认为孙中山倡导土地国有,重心在"未来",针对的是"经济公平",而梁启超的土地私有主张关注的是"当下",针对的是"经济发展"。

不可否认,孙中山的土地思想在民国时期土地经济思想史上的地位不可撼动,但自 20 世纪 30 年代以来,土地问题作为关乎社会经济发展的热点问题,社会各界提出的各类土地思想理论与政策主张百花齐放,钟祥财的《中国土地思想史稿》(上海人民出版社 2014 年版)作为一本完整的土地思想史专著,不仅对孙中山的土地思想进行了详细介绍,同时研究了学界如马寅初、梁漱溟、谢无量等人,政界如蒋介石、阎锡山、孔祥熙等人的土地思想,更加全面地展示了民国时期土地问题的研究状况。单篇论文代表性成果如王琴、徐连明等人的《梁漱溟土地思想及其当代价值》(《学海》2012 年第 6 期)指出了梁漱溟解决土地问题所持立场与国民政府当局的不同之处,强调其土地思想重点在于维护农民土地利益并促进工农业部门之间的协调发展。翟丽莎的《二十世纪二十至四十年代毛泽东、蒋介石关于中国农民问题的理论与实践之比较》(暨南大学硕士论文,2010 年)涉及蒋介石关于土地问题的理论与实践,在与毛泽东的主张对比之下,剖析了蒋介石政府土地制度改革难以取得成效的原因。吴福明的《20 世纪 30 年代山西土地金融之探索》(《晋阳学刊》2013 年第 1 期)分析了阎锡山为解决农村土地分配问题提出的以土地信用合作为主的土地金融主张,尽管多数只停留在设想、计划层面,但其土地思想中鲜明的地方特色依然具有重要的探索意义。陈洪玲、蒋琴的《土地革命战争时期毛泽东的农民思想及当代价值探析》(《毛泽东思想研究》2019 年第 3 期)认为土地革命战争时期是毛泽东农民思想形成的重要阶段,他将农民土地的分配与土地革命的成功联系起来,提出了一系列土地分配的标准和方法。

(二)关于民国时期土地思想的专题研究

1. 民国时期土地制度思想研究

关于民国时期土地思想的研究内容涵盖广泛,其中土地制度改革是调整土地生产关系的重要举措,土地制度思想自然就成为研究重点,这方面的研究主要是围绕土地制度思想及政策制定而展开的。金德群的《中国国民党土地政策研究(1904—1949)》(海洋出版社 1999 年版)以详实的史料对国民党在国民革命时期、十年内战时期、抗日战争时期以及抗战胜利后四个阶段中的土地制度思想及纲领政策的演变进行了探讨,得出结论认为,蒋介石集团站在其维护土地所有权归个人所有的立场上,对土地问题的判断出现了根本性的错误,无视当时中国土地占有严重不合理的状况,而片面强调土地的使用经营,颠倒主次,危害匪浅。杜恂诚、严国海等人的《中国近代国有经济思想、制度与演变》(上海人民出版社 2007 年版)梳理了南京国民政府时期的土地国有思想,认为这一时期土地思想的新特点是在中国传统土地思想的基础上吸收了西方经济思想。同时指出,1930 年出台的《土地法》作为国民政府土地主张的主要体现,只是有限地反映了孙中山的思想,并没有真正触及官僚地主阶级的利益。此外,该书也对 1934 年的中国农村社会性质中不同学派对于土地所有制的主张进行了整理研究。沈博闻的《中国近现代土地政策及制度思想考察》(西北大学硕士论文,2016 年)的研究同样认为,国民政府的土地制度思想继承了先前的土地政策及制度思想,遵循历史路径依赖,但是在土地政策制定与执行过程中与其土地制度思想产生了偏离,阶级局限性则是造成这种偏离的根本原因。

  单篇论文关于土地制度思想的研究涉及方面则较为广泛,以下简单列举几个方面及其研究成果。在土地所有权研究方面,王昉的《传统中国社会农村地权关系及制度思想在近代的转型》(《学术论坛》2007 年第 3 期)对传统中国社会农村地权关系以及相应的制度思想在近代呈现出的不同特征进行分析,指出人口压力是近代土地制度变迁的重要因素。彭波的《国家、制度、要素市场与发展:中国近世租佃制度研究》(清华大学博士论文,2011 年)在张五常的《佃农理论》一书基础之上,对模型进行了完善,得出结论认为,近代以来的租佃制度的正面意义远大于其负面作用,而且在特定的社会条件下,土地问题实质上已经转变为资本问题,甚至在金融发展严重滞后的环境中,逐渐演变成为货币问题。在土地赋税方面,王昉、熊金武的《从"涨价归公"思想到土地增值税制度——兼论近代社会转型时期经济思想与经济制度的关系》(《财经研究》2010 年第 1 期)指出,土地增值税政策作为孙中山"涨价归公"思想制度化的成果,在推行过程中无视制度设计与制度环境无法兼容的关键问题,最终导致了该政策的失败。此外,在近代城市土地制度的研究方面,贾彩彦的相关研究颇具代表性,例如

《近代上海土地管理制度思想的西方渊源》(《财经研究》2007年第4期)、《近代北京城市土地管理制度演变——对土地产权及使用管理制度的分析》(《上海经济研究》2015年第7期)、《近代租借地城市土地产权管理制度的变革及渊源》(《社会科学》2017年第5期)等文章,详细梳理了不同地区土地管理制度思想的形成,有效补充了近代城市土地管理的研究。

2. 民国时期土地金融思想研究

土地金融是配置土地资源、解决社会经济危机的重要制度工具。民国时期社会各界对土地金融的研究和探索是近代土地经济思想史的重要组成部分之一,更是对传统土地学说的创新与变革。土地金融依据对象的不同,可以分为农村土地金融和城市土地金融。一般而言,在我国作为农业国家的语境中,土地金融指的多是农村土地金融,土地金融可以说是对农村金融的创新和有机补充。这方面的研究多关注近代以来农村整体金融体系的经营绩效评价。李金铮的《民国乡村借贷关系研究》(人民出版社2003年版)对民国时期乡村借贷的总体情况以及农民负债的主要原因进行了分析,并对当时农村借贷关系的各种形式进行了全方面的考察,包括私人借贷、店铺借贷、典当业借贷、钱会借贷以及以银行、合作金库、合作社等为代表的新式借贷机构,深入挖掘了这些机构的运作方式和绩效评价。付红的《民国时期现代农村金融制度变迁研究——以南京国民政府时期为中心》(中国物资出版社2009年版)从民国时期中国农村新式金融机构和旧式金融机构并存的环境入手,对国民政府关于构建现代农村金融体系的思想和政策举措进行梳理,以制度经济学为分析框架,评价现代农村金融制度设计中存在的问题以及政府在制度变迁中起到的作用。韩丽娟的《近代中国农村内生金融建设思想研究(1927—1949)》(上海交通大学出版社2014年版)将近代农村金融机构分为内生形成和外生形成两类,分析了农村内、外生金融思想的演变脉络以及相互之间的关系与影响,同时采用金融中介的一般均衡模型,从农村借贷环境展开分析,得出农村金融机构内生形成过程及建设实践效果。

单篇论文成果中,有关民国时期农村金融的代表性成果如程霖、韩丽娟的《论民国政府时期关于农业金融制度建设的四种模式》(《中国经济史研究》2006年第4期)将国民政府时期各界学者关于建立现代农业金融制度的倡议进行了分类梳理,分别是以薛暮桥、陈翰笙为代表的马克思主义中国农村派,以薛仙舟、伍玉璋、寿勉成为代表的兼具官方立场的农村合作派,以梁漱溟、晏阳初为代表的乡村建设派,以卜凯、戴乐仁为代表的农业生产技术改革派,四个流派的观点各具特点,但在当时的时代背景中,都体现出了开放性、实用性以及合理性。王昉、缪德刚的《近代化转型时期农村土地金融供给:制度设计与实施效果——20世纪30、40年代中国农村土地金融制度思想与借鉴》(《财经研究》2013年第1期)围绕当时中国学术界提出的各类农村土地金融思想展开讨论,分析了土地金融思想产生的基础、重要意义以及制度运行的具体机制,进一步揭示了近代转型时期经济思想与经济制度之间的双向互动关系。缪德刚的《民国时期农村土地金融:思想、运作与绩效——基于中国农民银行土地金融业务的研究》(《贵州社会科学》2018年第3期)同样也是围绕土地金融思想展开的研究,但进一步关注经国民政府批准而承担土地金融业务的中国农民银行,认为尽管土地金融思想的提出符合当时农村社会经济发展的需要,但是制度自身的不足、配套土地政策和土地确权工作乃至整体宏观经济状况都严重影响了土地金融业务的经营绩效。专门研究中国农民银行经营土地金融业务的论文还有龚关的《中国农民银行办理土地金融探析》(《中国农史》2009年第4期),该文将从20世纪30年代持续到40年代末的关于土地金融的学术探讨分为两大主题,包括国外土地金融制度及其发展情况的介绍以及中国土地金融担负使命的讨论,这些探讨推动了国民政府土地金融事业的曲折开展,但土地金融的发展依然遭到社会各界普遍质疑和反对、中国农民银行自身实力不足等方面的严重阻碍。石攀峰的《抗战时期中国农民银行土地金融活动考察》[《暨南学报》(哲学社会科学版)2015年第4期]追溯了土地金融思想自清末以来的引进与发展历程,以详实的历史数据证明了中国农民银行办理土地金融业务对于扶持自耕农的作用并不如设想般美好,这与时代环境有着必然关系,但该文还从中国农民银行经营管理的微观层面分析了原因,包括专业土地金融人才缺失、贷款对象不健全以及放款期限利率设置不尽合理等。

3. 民国时期土地经营思想研究

土地制度是为了改革土地生产关系,土地金融是为了促进土地生产力,而土地经营则是为了整合土地、劳动力、资金等生产要素,使其配置趋于合理,以提高土地经济效益。传统农业经营是以家庭为基本单位进行精耕细作的小农生产,近代以来,农业生产开始出现向资本主义生产方式转型的新特征,学者们对贯穿其中的土地经营思想进行了详细的探讨。首先是关于近代农业生产方式转型的起源研究,卢锋的《近代农业的困境及其根源》(《中国农史》1989年第

3期)认为近代农业结构的演进有四个方面的原因,分别是农业总量规模的扩大、新式要素的投入、农产品商品化趋势的加强、耕织同构体危机的深化。刘克祥的《近代城市的发展与资本主义中小农场的兴起》(《中国经济史研究》1998年第3期)一文认为,近代以来城市的发展是资本主义中小农场兴起的直接诱因,随着近代工商业城市兴起与发展,城乡之间的经济联系变得愈发密切,新的市场需求被开发出来,直接刺激了农业生产中的资本主义萌芽,加速了农业商品化发展。

近代土地经营的转型顺应了历史发展的潮流,却并非是一个成功的实践案例,究其原因,学界的解释角度各异,以下介绍几篇相对具有代表性的研究论文。胡成的《近代江南农村的工价及其影响——兼论小农与经营式农场衰败的关系》(《历史研究》2000年第12期)以江南地区的农村为样本,详细计算了影响工价变动的各项因素,得出结论认为,工价的持续上涨对农场雇主而言难以承受,对于雇工而言,其上涨幅度比照实际购买和扣除通货膨胀的因素,仍难以维持家用。雇工成本过高,使得经营地主不得不放弃直接经营。侯建新的《近代冀中土地经营及地权转移趋势——兼与前工业英国地权转移趋势比较》(《中国经济史研究》2001年第4期)认为在剧烈的社会变动中,虽然传统的封建经济遭到了破坏,土地分配趋于分散,但是当时的政府却没能如英国那样抓住历史契机,重新整合土地、劳动力以及资金等要素,最终也无法建立起新的土地经营模式。郑林的《制约中国近代农业发展的制度与管理因素探析》(《甘肃大学学报》2005年第1期)指出中国近代没有建立起一套完善的现代化政治经济体制,也没有培养出一批具备现代管理观念和技能的专业人员,制约了近代农业转型。程霖、毕艳峰的《近代中国传统农业转型问题的探索——基于农业机械化的视角》(《财经研究》2009年第8期)提出农业机械化是农业转型的重要突破口,并系统阐述了近代学者们关于农业机械化的必要性、约束条件、路径选择和实践步骤等方面的思想主张。王大任的《近代东北地区雇工经营农场的再探讨》(《史林》2011年第4期)则将研究视角转向东北地区,认为该地区农场主对劳动力资源粗放型投入,将劳动生产率的提高视为农场经营的主要收益动力,致使土地资源与土壤肥力利用极其低效,人地关系紧张,最终导致农场经营不得不迫于生态压力而萎缩。郭丛杰的《近代农业土地规模经营的资本制约——基于开源农场财务的分析》(《历史教学》2018年第12期)选取民国时期华北地区规模最大的近代农垦企业开源农场为研究样本,得出结论指出,资本不足是制约企业发展的至为关键的因素,受制于资本因素的近代农垦公司根本难以实现土地经营的规模化与高效化。

二、关于地政学派及其土地思想的研究

将地政学派作为一个整体,对其创办运行、成员群体、学术事业、论文著作以及土地思想体系等方面进行深入发掘的研究,在学术界尚显不足,现有成果主要是对地政学派概要情况及其主要成员进行介绍。

(一)关于地政学派的介绍

根据1949年以来的可查资料,"地政学派"这一说法最早出现在中国农业科学院农业经济研究所的《我国农业经济科学战线上两条道路的斗争》(北京农业出版社1959年版)一书中,地政学派在该书中与乡村建设派等一并被归入农业经济学中的改良主义,都是旨在维护地主阶级的利益。陈旭麓等的《五四以来政派及其思想》(上海人民出版社1987年版)在"中国农村社会性质论战"一节中,将地政学派在这场论战中的身份界定为代表国民政府意志的官方学派。而马伯煌的《中国近代经济思想史》(下)(上海社会科学院出版社1992年版)一书,则是"地政学派"第一次出现在经济思想史专业通史中。以上著作对于地政学派多是简单提及,但钟祥财的《中国土地思想史稿》(上海人民出版社2014年版)一书,则第一次较为详细地研究了五位地政学派重要人物的土地思想,包括萧铮的土地政策论、祝平的土地重心论、唐启宇的土地人权论、黄通的土地关系论和土地金融论、万国鼎的田制史论及其他。通过对这些代表人物及其理论的研究,地政学派土地思想主张的大概轮廓可见一斑。张清勇的《中国土地经济学的兴起(1925—1949年)》(商务印书馆2014年版)以民国时期土地经济学的兴起与发展为研究视角,搜集整理了当时土地经济学领域的教学培训、学术研究、机构设置以及重要人物的相关资料,而地政学派作为民国时期的重要土地经济学组织,无论是其重要组织机构,还是核心人物的土地学术活动,在该著作的各个部分都有所体现,也为本书研究地政学派提供了另一种参考视角。另外,程朝云的《从实践到构想:地政学派与台湾土地银行的创设》[《福建论坛》(人文社会科学版)2016年第6期]作为单篇论文,直接采用地政学派这一说法并对其土地银行思想的发展进行了描述。

虽然直接以"地政学派"这一明确称呼作为研究对象的成果十分有限,但是地政学派的核心载体是中国地政学会,因此有关这一主题的论著同样具有重要的参考意义。萧铮作为中国地政学会的主要创始人,其撰写的《土地改革五十年:萧铮回忆录》(中国地政研究所1980年版)以及《地政学院、地政学会与土地改革》(载王世正、王建今、王润华:《国立政治大学》,南京出版社有限公司1981年版)以亲身经历详细介绍了中国地政学会的发展,并对民国土地政策及实践进行了梳理。另外,萧铮主编的《地政大辞典》(中国地政研究所1985年版)阐述了中国地政学会对地政内涵的界定,并对地政内容进行了分类。而作为民国时期中国土地经济学发展的另一见证人和参与者,赵葆全的《农业经济》(《中华民国科学志》(三),中华文化出版事业委员会1958年版)更早就对中国地政学会所开展的土地经济研究进行了高度评价。荷兰学者L. M. 多伍的《中国社会科学的制度化——对比第二次世界大战前后发展起来的地政学会与中国农村经济研究会》(载南开大学历史系,中国近现代史教研室:《中外学者论抗日根据地——南开大学第二届中国抗日根据地史国际学术讨论会论文集》,北京档案出版社1993年版)对中国地政学派的性质进行了界定,认为其是依附于国民政府的半官方机构,但又与国民党内部其他官僚集团存在着矛盾。金德群主编的《中国国民党土地政策研究(1905—1949)》(北京海洋出版社1999年版)则介绍了中国地政学会为进一步贯彻孙中山的土地精神,而向国民政府发起的修改《土地法》的运动。2000年以来,围绕中国地政学会展开研究的有张宪文、方庆秋主编的《中国民国史大辞典》(江苏古籍出版社2001年版),介绍了地政学会的组织架构以及宗旨任务,并提及其所发行的刊物《地政月刊》和《人与地》半月刊。张清勇的《中国土地经济学的兴起(1925—1949年)》(商务印书馆2014年版)则较为详细地从地政学会的兴办缘由、筹备人员切入,介绍了地政学会的发展历程和历届年会。而姚远、王睿、姚树峰等的《中国近代科技期刊源流(1792—1949)》(上册)(山东教育出版社2008年版)则侧重于对《地政月刊》的概述,介绍了发刊情况以及刊物栏目、主要内容,刊载对象以土地问题为主,兼及农村问题以及与地政有密切关系者。曾作铭的《中国地政学会对于达马熙克土地改革学说的译介》(《学术研究》2017年第3期)对地政学会思想来源之一的达马熙克及其背后的德国历史学派等理论在中国的传播进行了介绍。通过以上研究成果可以看到,关于中国地政学会的研究大多是针对学会发展沿革的基本介绍,或者是针对中国地政学会某一项事业进行的专题研究,并没有将中国地政学会的学术研究事业上升到系统的思想层面进行深入分析。

(二)关于地政学派成员的研究

现阶段虽然缺乏将地政学派作为一个整体,对其学术研究事业进行系统研究的成果，但还是有部分对地政学派部分骨干成员的专门研究值得关注。

关于地政学派发起人萧铮的介绍，主要是将其土地思想和土地改革实践结合在一起进行研究。陈太先、魏方的《当代地政泰斗萧铮博士传略》（上海市政协，1977）描述了萧铮为了实现孙中山的"平均地权"理论而进行奋斗的一生。袁桔红的《萧铮的土地思想与土地改革实践（1927—1937）》（清华大学硕士论文，2007 年）指出萧铮的土地思想本身并不完善，在实践中又缺乏行之有效的制度设计，同时还面对着国民党其他党派机关的阻挠，导致他主张的土地改革无法落地。金雄鹤的《国民党八十四位中常委实录》（下）（台海出版社 2013 年版）梳理了萧铮的主要政治活动，重点介绍了其参与的浙江省"二五减租"运动过程。李学桃的《经济发展与"政治需要"：20 世纪 30 年代萧铮对土地国有的诘难》（《贵州社会科学》2014 年第 12 期）一文论述了萧铮从历史发展以及现实需要的角度出发对土地私有权的维护。樊丽娟的《萧铮土地经济思想与实践研究（1931—1945）》（郑州大学硕士论文，2018 年）认为萧铮的土地思想与同时代的计口授田论、土地国有论以及阎锡山主张的土地村有论相比，更符合中国当时的现状，土地的管理权归于国家，使用及收益权则归于个人，既可以保证国家的支配权，又激发了个人的主观能动性。

关于《地政月刊》创办人万国鼎的专题研究，主要是围绕万国鼎的农史研究、索引研究以及地政研究工作展开。叶依熊的《著名农史学家万国鼎教授》（《中国科技史料》1990 年第 3 期）、王俊强的《万国鼎与古农书整理》（《江苏图书馆学报》1993 年第 10 期）以及王思明、陈明的《万国鼎先生：中国农史事业的开创者》（《自然科学史研究》2017 年第 6 期）等文章通过爬梳有关档案资料和实地调查访问，描述了万国鼎教授在农史研究方面的生平业绩，一致肯定了万国鼎在中国农史研究领域的开创者地位。王雅戈、侯汉青的《近代索引研究的先驱万国鼎——纪念万国鼎先生诞辰 110 周年》（《大学图书馆学报》2008 年第 7 期）肯定了其在索引理论研究、机构创办、教学培养等方面的贡献，这些贡献直接推动了我国近代索引事业的前进。而与本书主题直接相关的关于万国鼎地政研究工作的相关文献，有马盈盈的《论万国鼎在地政研究方面的贡献》（南京农业大学硕士论文，2010 年），分析了万国鼎地政研究的时代背景和学术历程，并着重介绍了其在土地制度史研究、地政刊物出版编辑与教学方面的工作。李学桃的《现实与理想的结合：万国鼎对近代农村土地问题的思考》（《兰州学刊》2014 年第 10 期）梳理了万国鼎由创建标准自耕农到实现农业集体化的理想设计。

刘潇的《民国时期万国鼎农村土地经济思想研究》（郑州大学硕士论文，2016年）则从较为系统的角度阐述了万国鼎土地经济思想的内容以及学术实践，并提炼出其思想理论的主要特征是为现实服务。周建波、都田秀佳的《万国鼎的土地经济思想——基于民国时期农村土地问题的讨论》（《学习与探索》2018年第11期）将万国鼎的土地经济思想划分为土地财产制度思想、土地资产流转思想以及土地资源利用思想，并将其思想核心概括为"生产重心论"，但同时指出其思想的不足之处在于对租佃问题的讨论缺失、对民情的认知过于单一、对政府治理能力的认知过于乐观。

此外，还有关于地政学派部分重要成员的研究，但内容相对较少，且多是以人物小传的形式出现在近现代人物志中。如张清勇的《中国土地经济学的兴起1925—1949年》（商务印刷馆2014年版）在介绍民国时期著名土地经济学家的学术活动事业时，选取了地政学派成员黄通、祝平、李庆麟等人进行重点介绍。如统计黄通发表在《地政月刊》《新中华》《人与地》《中农月刊》等多家刊物上的共35篇文章，并对他出版的《土地问题》《民生主义的土地政策》以及《土地金融问题》进行介绍，又进一步记述了黄通赴台之后的学术成就。对祝平的介绍也多围绕其《土地政策要论》《民元来我国之土地问题》等相关论作展开。对李庆麟的介绍则因其曾担任地政司司长而主要围绕其与土地改革相关的政治生涯展开。关于王祺的介绍主要体现在《衡阳文史（第10辑）王祺纪念集》（政协衡阳市委文史资料研究委员会、政协衡阳县委文史资料研究委员会，1990年）一书中，介绍了王祺在地政学会中宣传贯彻孙中山思想，积极推动学会在政府制定实施土地法规中决策咨询作用的发挥。

三、关于地政学派思想来源的研究

在进行土地问题研究时，地政学派的学者们认为"领导土地改革思想及运动者，有三巨星：一为美人亨利·乔治，一为德人达马士（熙）克，而另一则为我中华民国创造者国父孙中山先生"[1]。因此，亨利·乔治、达马熙克以及孙中山的土地思想也就成为地政学派学者奉行的理论指导，学派成员不仅不遗余力地介绍和推广这些思想理论，在政策制定和思想发展过程中也时刻注重对三位先驱土地思想的贯彻。关于亨利·乔治、达马熙克与孙中山土地思想的研究，

---

[1] [德]达马熙克(A. Damaschke). 土地改革论[M]. 张丕介译. 上海：建国出版社，1947：译序.

学界亦有不同角度的涉及,下面分别述之。

(一)亨利·乔治土地改革思想研究

亨利·乔治是19世纪末期美国的知名社会活动家和经济学家,主张单一地价税政策,废除一切其他税收,使社会财富趋于平均,达到所谓"大协作"的社会。从19世纪末20世纪初开始,亨利·乔治的单税论被当作一种"救贫"新学和民生主义即"单税社会主义"在中国流传。

民国时期,严继光较早在其《亨利乔治学说之研究(全一册)》(中山文化教育馆1940年版)一书中对亨利·乔治的生平和经济思想进行分析,认为其单税制土地改革方案有助于消除土地私有制带来的种种弊端,但该书篇幅较短,内容尚不够全面深入。民国时期还有一本由赵乃博编著的《欧美经济学史》(正中书局1948年版)在第三编"美国经济思想"第三章"国内经济发达时期之经济思想"中介绍了亨利·乔治的主要著作和经济思想。而新中国成立后第一本专门研究亨利·乔治的论著是陶大镛的《亨利·乔治经济思想评述》(中国社会科学出版社1982年版),从亨利·乔治的时代背景、经济思想基础、经济理论、社会经济改良纲领和哲学基础等方面系统地论述了他的经济思想,通过以上分析,陶大镛从马克思主义经济学角度指出亨利·乔治是一个激进的资产阶级经济学家,他的土地改革思想的影响是短暂甚至是反动的,其对现代经济学没有实质贡献。近年来,王锦秋的《亨利·乔治经济思想研究》(中国经济出版社2015年版)一书成为专门研究亨利·乔治的代表作之一,该书结合亨利·乔治身处的时代、个人经历以及宗教信仰,追溯了其土地思想形成的理论来源。此外,还有一些经济思想史教科书对亨利·乔治进行了介绍,如胡寄窗的《1870年以来的西方经济学说》(经济科学出版社1988年版)以及姚开健的《经济学说史》(中国人民大学出版社2003年版)提及亨利·乔治的主要经济思想,并对单一税作出简介。

在专题论文方面,现有成果侧重于亨利·乔治的单一税思想在中国的传播研究,特别是其对孙中山"民生主义"的影响。代表性的研究包括夏良才的《亨利·乔治的单税论在中国》(《近代史研究》1980年第6期)以及《论孙中山与亨利·乔治》(《近代史研究》1986年第12期),主要分析了孙中山"民生主义"思想与亨利·乔治学说的关系,以及他们二人学说的异同,指出孙中山的"平均地权"思想渊源以"单税论"思想为主,以古代土地公有学说为辅,还提出孙中山是在为革命奔走期间,逐渐接受亨利·乔治的思想从而抛弃了"耕者有其田"的激进思想,接纳单一税理论并将其改造为民生主义的平均地权纲领。陈映芳的《"平均地权"与亨利·乔治的"单一税"》(《史林》1986 年第 2 期)从孙中山的"平均地权"纲领来源与亨利·乔治"单一税"理论入手,分析了孙中山是如何接受亨利·乔治的思想的,并对二人的理论进行了比较。王宏斌的《西方土地国有思想的早期输入》(《近代史研究》2000 年第 6 期)认为早在戊戌变法时期,约翰·穆勒的土地国有思想和亨利·乔治的"单一税"政策主张就已经系统地传入了中国,意大利传教士马克林(W. E. Macklin)译介的亨利·乔治的文章和著作曾经启发了孙中山"民生主义"思想的形成。阎焕利的《亨利·乔治土地单一税制思想评析——兼谈对我国土地管理制度改革的启示》(《晋阳学刊》2010 年第 1 期)以及《亨利·乔治单一税制思想及中国实践》(《理论界》2010 年第 3 期)两篇文章介绍了亨利·乔治的"单一税"思想及其在中国的三次传播和实践,以及对于中国土地管理制度改革的启示。

　　国外对于亨利·乔治研究的专著较多,内容十分详细,涉及亨利·乔治经济思想的各个方面,但是和国内情况一样,因时间较早而内容不新。聚焦于亨利·乔治土地思想方面的论文,主要是关于亨利·乔治的"单一税"建议是否摧毁了土地私有制,对此学者们看法不一。Gary B. Buurman 的"Henry George and the Institution of Private Property in Land A Property Rights Approach"(*American Journal of Economics and Sociolgy*,1986)分析了亨利·乔治对土地私有权的观点。在他看来,亨利·乔治的"单一税"建议不会取消土地私有制,将"单一税"与"土地国有化"等同是错误的。John Pullen 的"Henry Georges Land Reform:The Distinction between Private Ownership and Private Possession"(*American Journal of Economics and Sociology*,2001)讨论了亨利·乔治的土地改革纲领中私人占有和私人所有的区别。亨利·乔治提议的是以土地的私人占有代替土地的私人所有。在亨利·乔治看来,以征税的方式将地租归公就等于是废除了土地私有制。Pullen 认为,亨利·乔治对土地私人所有权概念的认识是错误的。在这种错误认识的基础上,亨利·乔治区分了土地占有和土地所有。围绕 Pullen(2001)在这篇文章中提出的看法,2001 年三位作者在 *American Journal of Economics and Sociology* 发文表达了自己的意见,分别是 John K. Whitaker 的"Henry George on Land Ownership:A Comment on Pullen",Kris Feder 的"Henry George on Property Rights:Reply to Pullen",Robert V. Andelson 的"Henry Georges Land Reform:A Comment on Pullen"。

(二)达马熙克土地改革思想的研究

达马熙克是19世纪德国知名的土地改革家,这一时期资本主义发展的弊端暴露,德国的社会改良学说层出不穷,达马熙克主张通过温和的改革方式,实现土地国有。对达马熙克思想的引进过程,也反映了德国历史学派经济学、讲坛社会主义、社会政策等相关理论在中国的传播过程。

综观国内对于达马熙克的研究,除民国时期的地政学派为其思想的研究重镇之外,其余研究寥寥无几,其土地改革学说的价值还未被充分发掘。伍复初的《土地经济学》(正言出版社1977年版)是土地经济学领域的教学参考书,书中提到了达马熙克的地租归公制土地改革,并分析了达马熙克与亨利·乔治思想的不同之处在于地租归公的程度。亨利·乔治主张全部地租归公,达马熙克则认为应该将地租分为过去的与将来的两种,过去的地租,即已成既得权的地租,仍属于人民所有,将来的地租,也即今后基于社会繁荣进步而产生的地租,应属于社会全体所有。狄方的《土地增值税》(《中国税务》1994年第3期)提到地租课税的理论源于18世纪中期法国重农主义创导者魁奈,后被亚当·斯密、约翰·穆勒、亨利·乔治、达马熙克等人加以补充、发展成为地租学说。其基本思想是地主取得的地租是一种"不劳而获"的所得。以上是对于达马熙克土地思想较为直接的论述。此外,值得注意的是,在达马熙克领导的德国土地联盟会担任秘书的单威廉,因为任职于德国驻华使领馆,其土地思想被更多的中国学者关注。因此某种程度上也可以认为,对单威廉思想的研究背后就是对于德国土地联盟会思想的研究,更进一步就是对达马熙克思想的研究。而且通过单威廉的居中联系,孙中山和达马熙克的土地改革思想得以超越时空,产生共鸣。马维立的《单威廉与青岛土地法》(青岛出版社2010年版)介绍了单威廉在青岛创立的土地法规,还特别记述了单威廉与孙中山的交往与关系。陈震、张松的《单威廉的土地政策述评》(《德国研究》2009年第9期)以及《楔入与涵化:德租时期青岛城市建筑》(东南大学出版社2010年版)中记述了单威廉主持制定青岛土地政策的背景、实践和影响,单威廉的许多观点被历史证明是符合中国国情且行之有效的。当时的殖民政府在社会资源分配上给予了各阶层一定的生存发展空间。单纯从城市近代化和城市建设角度来说,德占青岛时期的土地政策实质上是一种土地私有政策。但在这种政策下,政府可以随时收购土地,为城市公共建设留有大批土地供应的空间,此举对地价保持平稳也有显著功效。即便如此,对单威廉在华工作的整个过程也应有全面的认识,特别是他在青岛的工作,实质上是为西方列强在华利益服务的,不可能真正为中国人民及城市发展着想。

国外文献关于达马熙克的研究,如 Michael Silagi 和 Susan N. Faulkner 的 "Henry George and Europe:In Germany,George's Followers,Headed by Adolf Damaschke,Won Several Statutes and a Constitutional Revision"(*American Journal of Economics & Sociology*,1993)一文追溯了亨利·乔治思想如何影响达马熙克在德国推行的土地改革理论,达马熙克认为亨利·乔治所主张的完全单一税在德国难以实行,继而对其主张进行了发展:由国家对土地的分配和使用进行监管,确保每一个德国家庭都能够拥有用于居住和经商的土地;居民的居住用地必须被保障,而将来用于建筑、种植及农业的用地可以由国家征用;地主在土地上进行耕种和利用的行为是其对公众应尽的义务;土地价值的增加部分如果并非产生于土地上的劳动、资本投入,则应当被用于公共事业;一切与土地相关的矿产资源和一切能产生经济效益的自然资源应受到国家的监管,如私人对此有所有权,则应以立法形式转化为国有。在德文专著方面,Hugler,Klaus,Diefenbacher,Hans 等的"Adolf Damaschke und Henry George—Ansätze zu einer Theorie und Politik der Bodenreform"(*Metropolis Verlag Für Ökonomie Gesellschaft Und Politik Gmbh*,2005)也是侧重于分析亨利·乔治和达马熙克之间土地思想的演变,以及德国土地改革的实践。

(三)孙中山土地改革思想研究

地政学派将"平均地权"作为重要的理论指导,而半个多世纪以来,学术界对孙中山土地思想中的"平均地权"思想也进行了较为深入的研究。早在 20 世纪二三十年代,关于孙中山的"平均地权"思想就有了研究专著,目的都是为了促进"平均地权"土地思想的传播和实践,如刘宝书的《平均地权》(太平洋出版社 1928 年版)、李健人的《平均地权的理论与实践》(泰东图书局 1929 年版)以及向绍轩的《平均地权初步之商榷》(太平洋书店 1929 年版)等。随着该思想的诠释与实践的发展,学界对于孙中山"平均地权"思想演变出了两种看法。

一方面,许多学者认为"平均地权"思想是脱离实际的,由于种种局限原因,"平均地权"并非当时最为合适的土地政策。夏炎德的《中国近百年经济思想》(商务印书馆 1948 年版)提出孙中山的"平均地权"是民生主义的目的的要求,但这样的制度在地广人稀的古代可以实现,在地少人稠的民国则不再具有可行性。吴熙钊的《评孙中山的民生史观》(《孙中山研究论丛》1984 年第 2 期)认为孙中山的"平均地权"实则是建立在所谓"征收地产税"的赎买政策上的,是一种温和的自上而下的改革,难以脱离资产阶级的局限性。金德群的《中国国民党土地政策研究(1905—1949)》(海洋出版社 1991 年版)认为"平均地权"在当时得不到有力的实施有其必然性,这是因为国民党推行土地政策的初衷是维护土地私有。周志强的《孙中山"平均地权"与"耕者有其田"新论》(《辽宁师范大学学报》1992 年第 10 期)一文认为孙中山这一方案本身不完全符合中国农民的要求和愿望,主要反映在该方案忽视了解决农民土地问题的迫切性,不能满足农民获得土地的迫切愿望。要满足农民的这种迫切要求,最好的办法当然是发动农民通过暴力手段没收地主的土地并无偿地分给农民,但是孙中山明确否认了"平均地权"是"夺富人之田为己有"。钟祥财在其《中国土地思想史稿》(上海社会科学院出版社 1995 年版)中认为孙中山主张的平均地权和土地供应在动机和道德评价方面是值得称道的,然而就经济发展的客观规律而言,则带有一定的空想性,这在某种程度上是中国农民革命思想的弊端。李泽厚的《中国近代思想史论》(生活·读书·新知三联书店 2009 年版)也指出"平均地权"与农民群众是脱离的,其着重点是城市土地的定位问题,属于未来的问题、理想的问题范畴。周建波的《孙中山的节制资本和平均地权思想评议》[《河南师范大学学报(哲学社会科学版)》2010 年第 1 期]提出孙中山的土地理想难以实现,因为指望地主和农民双方"忍"是不可能的,慢慢商量的结果只会是没商量,而中国共产党针对孙中山方案的这一弱点,提出了较为彻底的土地革命主张。

另一方面,部分学者认为孙中山的"平均地权"有其积极意义和合理性。红帆在其《论孙中山"平均地权"的目的》(《云南学术探索》1998 年第 3 期)中提出孙中山"平均地权"是当时唯一能给出的、符合国情和资产阶级民主革命要求的土地改革方案,理论框架和原则已经具备,措施也比较明确,是可行的,并非是空想的。安静波的《"平均地权"几个问题之我见》(《学术交流》1997 年第 2 期)认为"平均地权"的实施范围不局限于城市和近郊商品经济发达地区,并且进一步提出,只要有稳固的资产阶级政权、充足的财力和资产阶级政党的推动,这一土地政策"完全具有实际操作的可行性"。赵泉民的《工具理性与理念诉求:从土地单税论到"土地社有"思想——对 20 世纪中国平均地权方法论的一种诠释》(《江苏社会科学》2005 年第 9 期)中认为土地所用权的较平均分配是经济增长的先决性条件,意味着农民经济福利的增加。吴次芳、郑娟尔、罗罡辉撰写的《平均地权思想回顾及其启示》(《中国土地科学》2006 年第 6 期)从经济学角度分析,认为平均地权追求土地总收益最大化,强调通过征税抑制投机以实现土地资源的最佳使用。张晓辉的《孙中山研究》(中山大学出版社2008年版)以学术界少有的土地产权角度作为切入点,探讨孙中山的土地产权意识及其影响,指出孙中山的产权思想具有现代意识和超前性,对国共两党都产生了不同程度的影响。李龙、范兴科的《论平均地权的法理基础》(《理论月刊》2017年第2期)一文认为孙中山通过实施"平均地权"的方案可以达成"地尽其利,地利共享"的目标,能够顺利完成社会革命,实现土地正义。

上列关于民国时期土地思想以及地政学派的研究成果,就其研究角度来看,都已达到相当高度,对本书研究中国地政学派的土地思想启发甚大,提供了研究基础和参照系。但囿于研究目的和时代所限,对于民国土地思想的研究仍有进一步探讨的空间。结合已有的研究现状可知,学术界尚无将该学派作为一个整体,对其创办、运营、学术研究以及土地思想等方面进行的全方位考察。因此,本书选取全新的研究视角,着重对地政学派的史实进行重建,即通过史料的发掘和整理,再现地政学派创立的背景、组织的发展、进行的学术活动与举办的学术事业,分析叙述地政学派的主要经济思想,阐明地政学派对中国社会的影响。

第三节 主要研究任务与内容

一、研究目标

针对以往多限于较为零星的某一人物或者主题的研究,全面深入分析的研究成果不多这一现状,笔者认为地政学派有着较大的研究空间。本书拟从地政学派的创立、发展及学术研究展开探讨,通过分析该学术流派创办背景、成员群体结构及学术教育事业,展现民国时期地政学派土地思想的大体轮廓。研究时间段为1933年学派发轫到1949年,这一阶段也是民国土地问题凸显的代表时期,地政学派成员所关注的土地问题必然带有鲜明的时代色彩,这对于我们研究民国土地思想史同样具有重要的参照意义。

为达到以上研究目标,需要完成以下两个方面的任务:一方面,爬梳民国时期地政学派成员的土地研究成果作为基本的史料内容,通过历史与思想的有机结合,总结分析地政学派主张的思想渊源和逻辑框架,并按照平均地权思想、土地金融思想以及现代治理思想三大主题对地政学派土地思想进行剖析；另一方面，吸收当今学者对中国土地思想尤其是近代土地思想的研究成果，作为借鉴和参考，给予地政学派土地研究客观准确的定性与评判，并为当前中国土地制度的改革发展提供一定的历史借鉴。

二、研究内容

全书分为四个部分，第一部分为导论，第二部分第一、二章是对地政学派本身的研究，第三部分第三、四、五章是对地政学派土地思想的研究，第四部分第六、七章主要探讨地政学派的学术影响与现代价值。

全书结构及主要内容如下：

"导论"部分主要包括选题背景及意义、研究现状及趋势、本书的主要研究任务与内容、本书的研究方法与创新点等内容。

第一章"地政学派的创立和发展"以民国土地思想的发展史为线索，追溯了地政学派的创办背景，详细介绍了地政学派的成员构成、年会举办、学术活动和学术事业等内容。第二章"地政学派土地思想渊源与制度经济学架构"首先分析了中国传统土地思想对地政学派的影响，继而结合时代背景，分析中外三大土地改革思潮对地政学派的影响，阐述世界上不同国家的土地改革对地政学派的启示。在总结地政学派的思想来源与发展脉络之后，本章还结合制度经济学理论工具对其进行了分析。

第三、四、五章为本书核心部分，分别从地政学派的基础理论、政策支柱和配套设计三个角度来分析地政学派的土地思想。第三章主要围绕地政学派平均地权思想展开，首先对农村土地问题进行剖析，再对土地所有制进行探讨，最后再对具体土地改革政策主张涉及的各个方面进行分析。第四章主要围绕地政学派土地金融思想展开，首先对民国时期的土地金融问题进行剖析，然后对融通土地资金、大力发展土地金融的必要性展开讨论，最后对土地金融的具体设计主张进行一一论述。第五章阐述地政学派的现代土地治理思想，包括地政学派对土地立法思想的研究、人地关系思想的研究以及土地利用思想的研究。这三章对地政学派土地思想的分析，均借鉴新制度经济学的理论与思想，突出制度分析方法，对地政学派土地主张从思想向制度转换的宏观环境和实施绩效进行考察。

第六、七章是地政学派的学术影响和现代应用价值分析。其中，第六章从地政学派对于民国土地研究发展的重要意义入手,肯定了地政学派对近代土地思想的学术贡献。接着从地政学派对政府经济政策影响的角度,论证了这一学术团体在政府土地政策制定过程中确实发挥了积极作用。而经济思想史研究分析的重要价值之一就是用来服务现实,所以本书第七章相应梳理了地政学派的研究对中国当前土地制度改革与发展的启示与借鉴。

三、拟解决的问题

在理清地政学派学术活动和思想研究的基础上,本书主要关注以下几个问题:

第一,地政学派与中国土地思想的发展。地政学派成员有从美国、德国等学成归来的,还有在实务界有重要影响力的。那么,该学派这些土地问题研究者主要有哪些有影响力的名家？代表性的土地思想和学术贡献体现在哪些方面？对当时和以后的中国有什么影响？进一步横向比较,地政学派在20世纪上半叶众多的土地问题研究派系中,对中国土地思想乃至是中国经济思想发挥着怎样的独特作用？

第二,地政学派土地思想的分析框架。地政学派土地思想包括土地产权制度、土地金融创新以及土地现代治理等,内容庞大而复杂,相互交错影响,如何找到这些思想的内在逻辑和关联是土地思想研究的重中之重,思想背后的制度经济学架构或许会是一个很好的突破口。那么地政学派进行土地问题探讨时到底体现了怎样的制度经济学分析方法和框架安排？

第三,地政学派与政府土地经济政策的制定。地政学派作为官方智囊,其成员大量进入国民政府的经济立法和决策机关担任要职,并多次参加全国土地会议,成员的经济思想和政策建议对政府土地经济政策产生了重要的影响。那么,学派成员的经济政策建议有哪些被官方采纳？成员提倡的土地思想对政府土地经济政策又产生了哪些影响？地政学派的学术研究与决策咨询活动到底有没有使得民国时期的土地问题得到有效解决？

第四节　研究方法与创新点

一、研究方法

研究方法由研究目标与研究内容所决定。吴承明先生曾指出:"历史研究本应当具有实证分析和规范分析两种功能。"[1]据此,本书的经济思想史研究,既遵循历史主义的方法论,将地政学派土地思想与当时的社会历史背景紧密结合,实事求是地进行剖析,又采用现代化的经济概念与分析框架,对地政学派土地思想以及潜在效应进行评价,考察其对民国时期农村土地制度变迁的影响。

一方面,在学术界关于民国土地思想的研究基础上,本书紧扣经济思想史的研究特点,采用文献研究法、归纳与演绎相结合的方法、经济思想史与经济史相结合的方法,对地政学派土地思想进行历史实证分析。

文献研究法——作为社会科学研究中经常用到的一种研究方法,其对于经济思想史研究的开展有着重要意义。对地政学派土地思想进行研究,离不开对地政学派成员发表的论文专著等文献的全面爬梳。文献研究法有助于我们更好地掌握文献、发掘文献和使用文献。

归纳与演绎相结合的方法——地政学派成员的学术成果十分可观,所体现的土地思想也极其丰富,所以在分析过程中需要对地政学派的学术出版物、报刊评论以及资政谏言等资料所涉及的土地思想内容进行分类梳理与归纳总结,并提炼出具有代表性的思想,对内涵相同或相近的思想进行合并处理,从学术成果的角度系统地还原出地政学派土地经济思想的形成过程、发展脉络与时代特征。

经济史和经济思想史研究相结合的方法——经济史和经济思想史学科的研究角度也各有特点。经济史研究侧重的是实证分析与经验验证,挖掘经验性材料并实现由微观到宏观、由分散到综合、由个别到一般的过程。经济思想史侧重的则是从"史"的角度来研究和描述经济思想理论体系发展演化的深层原因与一般规律。本书在完成地政学派史料原始积累的基础上,从经济史角度揭示出具有土地思想发展中经验性的内容,从经济思想史角度分析地政学派关于土地问题的理论研究与思想体系,理解并把握地政学派土地思想的形成和演化,从而达到经济史和经济思想史研究方法的有效结合。

另一方面,在对相关史料进行充分梳理并分析的基础上,本书采用经济学与历史学研究相结合的方法对地政学派土地思想进行规范分析,探讨其思想体系、制度设计的绩效,并借此为当代农村土地改革提供有益的启示和借鉴。

经济学和历史学研究相结合的方法——历史学研究方法是通过史料来探

---

[1] 吴承明.中国的现代化:市场与社会[M].北京:生活·读书·新知三联书店,2001:3.

寻一定时期内的思想脉络,重点在于还原这一时期的思想。而经济学的研究方法则是通过某一种经济学理论工具来分析特定的经济事件或现象,重点是分析问题并提出解决的具体方式。对地政学派土地思想的研究,就是先以历史学的研究方法充分挖掘有关史料展现其发展轮廓,再运用新制度经济学的分析框架,结合土地经济理论,从史料中挖掘出规律性的内容,为解决现阶段中国社会经济发展中遇到的问题提供新的视角。本研究中的新制度经济学分析框架,主要围绕制度变迁理论展开。尽管新制度经济学起源于西方发达国家,但对于发展中国家特别是处于新旧体制转轨中的国家来说,新制度经济学的原理与分析方法更为适用。20世纪上半叶的中国正处于由传统社会向现代社会转型时期,这一时期也是经济制度变迁的关键时期,因此,尝试以新制度经济中的制度变迁理论这一全新的视角来梳理和剖析地政学派关于土地制度变迁的主张以及实践,分析与总结其中的成败之处,对我们更好地推动当前土地制度改革无疑是大有裨益的。

所谓制度变迁,指的是新旧制度的替代、转换与交易的过程,一般产生于制度失衡和社会危机的情况下。制度的失衡使得现行制度安排以及制度结构的净收益小于另一种可供选择的制度安排与制度结构,在这种情况下,人们有欲望并力图改变目前的制度安排和制度结构,选择并建立一种新的制度以实现制度均衡。制度变迁有两重含义:一方面是新的制度安排如何产生的问题,即制度创新问题;另一方面是现有的制度安排如何过渡到新的制度安排的问题,即新旧制度如何转轨的问题。而要分析制度变迁的过程,可以根据制度变迁的层次划分为基础制度安排、次级制度安排,也可以根据制度变迁的速度划分为渐进式制度变迁、激进式制度变迁,又可以根据制度变迁的规模划分为整体制度变迁和局部制度变迁。本书采用的划分标准则是根据制度变迁主体的不同,将其分为诱致性制度变迁和强制性制度变迁两类。诱致性制度变迁源于微观主体对通过制度变迁可能得到的获利机会的追求,是由一个人或者一个群体作为变迁主体,进行自下而上的制度变迁。而强制性制度变迁则是国家以追求租金和产出最大化为目标导向,通过一系列政策法令推行实施的制度变迁,是以政府作为制度变迁主体,进行自上而下的制度变迁。两种制度变迁模式都有其比较优势,两者之间相互联系、相互制约,在制度安排和制度结构的变迁方面共同发挥着作用。当然一个社会究竟会选用何种方式进行制度变迁以及制度变迁是否能够取得成功,还受制于这个社会内部的各种利益集团之间的权力结构以及社会偏好结构的影响。本研究将重点考察地政学派土地思想和实践中的诱致性制度变迁特征以及强制性制度变迁特征,结合相关理论分析地政学派思想在推动民国时期土地改革进程中的利弊。

二、本书的创新之处

本书首次以地政学派为对象探讨民国时期的土地思想。学术界对民国经济思想史史料的挖掘研究向来薄弱,而已有的研究主要采用三种形式,其一是以代表人物为对象进而对其经济思想进行的研究,其二是以专题思想为对象的研究,其三是以学术社团和思想流派为对象的研究。其中,以土地思想领域的学术流派为对象的研究在国内尚且较少。同时,土地问题向来是学术界广泛关注与深入研究的焦点,学术界对土地问题的研究成果也相当丰富,但迄今为止尚无人对地政学派反映的土地思想内容进行专题探讨与个案剖析,本研究首次着力对地政学派的各类材料进行发掘,从旧材料中发掘出新内容,以期弥补这方面研究成果的不足。

在研究方法上,笔者将地政学派所反映的经济思想与当时的土地问题结合起来分析,并尝试用新制度经济学的相关理论进行探讨并初步构建研究地政学派的理论分析框架,使读者对民国时期的土地思想有更客观、更立体的印象,以期从中挖掘可供借鉴的思想。

第一章　地政学派的创立和发展

地政学派是应民国时期土地问题亟待解决的实际需求而创立的，其组织者基本上是具有较高素质的土地经济学者，同时在官方的支持和推动下，地政学派很快就由一个小规模的学术组织发展壮大成为全国性的土地问题研究团体，集中了众多地政学者和地政工作者。之后在萧铮的倡议下，地政学派还吸收了大量农民和对土地改革抱有热情的社会各界人士，使学派的组织和影响不断向社会各界延伸。地政学派的土地问题研究始终密切结合国内土地改革的实际需要，并举行年会集中商讨对策建议，提供给当局参考。此外，地政学派还举办了多种学术事业，包括出版会刊、丛书，创办地政学院、地政研究所等，发表了一系列被土地学界公认的优秀学术成果，并培养了大批地政人才。

第一节　地政学派的创立背景

任何经济思想都有其产生的基础，地政学派及其土地思想的起源与发展也离不开国际大环境以及国内历史背景。鸦片战争以来，中国社会经济于外面临着帝国主义的大举入侵，于内有官僚地主的盘剥压榨，而农业生产却仍处于陈旧自守的状态，整个近代时期的中国社会都伴随着农村经济与农业发展的危机。面对如此内忧外患，许多仁人志士开始主动探寻挽救中国农村农业经济，解决地政问题的出路。于是，在被动入侵与主动寻求的共同作用下，中国开始了与西方世界接轨的进程，中国的土地思想在近代也有了新的变化与发展。在这样的背景下，地政学派土地思想体系的形成与完善也体现了民国时期独有的时代特点。

一、国外资本主义国家的经济掠夺

近代以来,国外势力不断入侵中国,西方列强屡次进犯,通过一系列不平等割地赔款条约,一步步蚕食瓜分中国的主权与领土,我国土地资源因此被大量强占。20世纪30年代初爆发于美国的经济危机,规模空前,并迅速蔓延到整个资本主义世界,给世界经济带来了严重的冲击。这场所谓"生产过剩"的危机,更是给中国农业造成了毁灭性的破坏。西方各国为了转嫁经济危机,保护本国农村经济,不仅大幅提高农产品关税来限制中国农副产品的进口,而且通过多种手段向中国倾销他们的过剩农产品,结果造成中国农产品出口量锐减,国内市场又被严重挤占,农产品价格暴跌,形成外销内滞、市价跌落的困局,农民的收入甚至连基本的耕种费用都难以抵偿,濒临破产境地。

自1929年经济危机以来,全世界贸易值均呈现出大幅度下降的趋势,中国进出口贸易额也同样陷入萎缩状态。而根据海关统计的进出口贸易数据,这一阶段出口值下降幅度明显大于进口值下降幅度(详见表1-1),将1933年与1929年进行比较,进口减少了57%,出口减少了76%,入超增加达到了19%,可以说这是近代中国入超最为严重的时期。

表1-1　　　　1927—1936年进出口贸易值折美元统计表　　　金额单位:美元

年份	进口值	出口值	入超值	入超指数(%)
1926	854 408 000	656 864 000	197 544 000	100.00
1927	698 922 000	633 848 000	65 074 000	32.94
1928	849 138 000	703 862 000	145 276 000	73.54
1929	810 098 000	650 040 000	160 058 000	81.02
1930	602 488 000	411 628 000	190 860 000	96.62
1931	487 386 000	309 222 000	178 164 000	90.19
1932	356 743 000	167 498 000	189 245 000	95.80
1933	349 847 000	159 075 000	190 772 000	96.57
1934	347 893 000	180 832 000	167 061 000	84.57
1935	333 150 000	208 690 000	124 460 000	63.00

续表

年份	进口值	出口值	入超值	入超指数(%)
1936	279 752 000	209 689 000	70 063 000	35.47

资料来源:民国二十五年第三四季贸易报告[J].国际贸易导报,1937(4):1—24;1937(5):1—118;1937(6):1—68.

而在进口贸易中,大米、小麦、棉花以及农产品原料的大量进口成为经济危机以来中国进口贸易的重要特征(详见表1—2)。例如,1921—1925年间大米净进口量平均为每年1 850万市担,而1931—1935年间就增至2 129万市担。1924—1928年间小麦的净进口量平均为每年880万市担,而1929—1933年间增至每年2 773万市担。[1] 洋米、洋麦大量进口与资本主义国家利用农业作物生产成本低、采购运输便捷等优势进行倾销是分不开的。进口米、麦的价格低廉又进一步使得中国对其的依赖程度不断提升,还导致国内市场上的农产品价格也被不断压低,就算在收成较差的年份,农产品价格也只能不断下降,即使是这样,也仍旧难以打破进口米、麦的垄断地位,如1930年进口大米每担价格还是比国产大米便宜0.92元。[2] 谷贱伤农,广大农民深受其害,连富农都难以负担由此造成的损失,中国农村经济濒于破产。

表1—2　　　　1929—1936年间主要进口货物在进口总值中所占比重　　　单位:%

年份	棉布	棉纱	棉花	染料、颜料、油漆、凡立水	煤油	糖	米	小麦	面粉	钢及铁	机器及工具	其他
1929—1931	10.0	0.7	10.0	2.4	4.4	6.8	6.1	3.0	3.0	4.4	3.5	45.6
1933	4.3	0.3	7.3	3.0	6.5	3.1	11.2	6.5	2.1	6.1	3.2	46.4
1934	2.6	0.3	8.7	3.8	3.9	3.2	6.4	3.1	0.7	8.3	5.7	53.3
1935	2.3	0.2	4.5	4.1	4.1	3.0	9.8	3.8	0.7	8.1	7.2	52.2
1936	1.3	0.2	3.8	4.4	4.2	2.2	2.9	1.3	0.5	9.8	6.4	63.0

资料来源:严中平,徐义生,姚贤镐,等.中国近代经济史统计资料选辑[M].北京:中国社会科学出版社,2012:55.

二、国内政治经济形势的严峻挑战

20世纪30年代的中国农村,对外在面临着资本主义国家的大举经济入侵

---

[1] 许道夫.中国近代农业生产及贸易统计资料[M].上海:上海人民出版社,1983:147.
[2] 张心一.上海米麦价格与外国米麦进口之关系[J].中行月刊,1934(1):7—11.

的同时,内部环境同样不容乐观,灾荒、战争以及政府的剥削压榨,严重破坏了农民正常的生产生活环境。

民国以来的自然灾害无论是强度、频次或者地区分布,均呈现明显增加的趋势。"水旱之余,蝗蝻四起,继以风雹,或并罹霜疫"[1],甚至已经成为民国灾荒编年史上大部分地区灾情简目的惯常说法。在所有灾害种类中,最具破坏力的当属水旱两灾。根据1482年以来2万多场大洪水的记录,按照统一标准,达到"量极大、灾情重、对国民经济有重大影响"的历史大洪水共有91场,而仅发生在民国期间的就达到15场[2],特别是1931年江淮大洪水、1935年黄河大水灾,其洪流强渡和造成的损失更是不可估量。旱灾方面,也出现了不少特大型灾年,1928、1929、1936、1941、1942年全国受旱面积甚至达到50%以上,与旱灾相伴而来的就是饥荒,如1928—1930年间的西北、华北大饥荒等。灾荒的破坏力巨大,又不可预测,一旦受灾,小农的生产经营活动短时间很难恢复,连基本的生存问题都难以解决。如果将造成万人以上死亡的灾害列为巨灾,那么整个民国时期这样的巨灾共发生了75次,其中10万人以上的18次,20万人以上的7次,100万人以上的4次,1000万人以上的1次。[3]于此一端,足见民国灾害的惨烈程度。

战争给中国农村带来的负面影响也不容忽视,南京国民政府自成立以来便内战不止,同时还面临着日军的侵略威胁。从1929年起,蒋桂、蒋冯战争爆发,1930年各派联合反蒋的中原大战再次爆发,双方兵力近百万,战祸持续一年并波及大半中国。"1911—1937年间,没有其他现象对农村造成过像敌对的军事集团互相争夺地盘时造成的这样的动乱和不幸。"[4]一方面,农业与家庭手工副业生产因为兵灾而被迫中断,动荡的局势又滋生了匪患问题,农民失去财产和收入来源,丧失了基本保障,往往离村沦为流民,加剧了社会的动荡。另一方面,抗战爆发后,日军长驱直入中国,占领大片土地,使得本就严重凋敝的农业遭到进一步的摧残,沦陷区内农产品产量大幅降低,小麦、小米、大豆、棉花等农作物产量连战前水平的一半都不及[5],这也加速了农村经济的破产。经久不绝的战争带来的另一严重后果则是地价的上涨,战时工业投资明显放缓,大量

---

[1] 夏明方.民国时期自然灾害与乡村社会[M].北京:中华书局,2000:37.
[2] 夏明方.民国时期自然灾害与乡村社会[M].北京:中华书局,2000:39.
[3] 夏明方.民国时期自然灾害与乡村社会[M].北京:中华书局,2000:42.
[4] [美]马若孟.中国农民经济[M].史建云译.南京:江苏人民出版社,1999:313.
[5] 苏澄.敌寇侵略下的我国农村经济[J].全民抗战,1940(115):1728.

资本因此涌入农村,通过投资土地来获取丰厚回报,推高了抗战后方土地价格,土地所有权越来越集中于地主。同时,地主高价购得土地后,又加重对佃农的剥削来转嫁购地成本,佃农没有资力改善土地生产条件,从而制约了土地生产潜力的最大限度发挥。

民国时期横征暴敛的苛捐杂税多如牛毛,且捐税征纳数额过高,极大损伤了民力。除预算内的赋税外,县、乡、保的一些贪官污吏又巧立名目,层层摊派,滥征附加。百姓除背负沉重的关税、卡税、屋税、田税、丁头税外,还需要缴纳盐捐、猪捐、米捐、柴捐甚至是屎尿捐,一轮又一轮的压榨无疑加深了农民与国民政府之间的矛盾。

中国共产党革命根据地内如火如荼的农业改革,也使得南京国民政府不得不重视地政问题。相对于国民党统治区内农村经济的惨淡经营,1927年中国共产党党中央确立了土地革命的方针,在革命根据地内坚决执行"耕者有其田"的主张,推行减租减息、互助合作政策,调动了农民生产积极性,农业生产迅速发展。面对中国共产党土地革命的燎原之势,南京国民政府也开始意识到救济农村、建设农村已不再是简单的经济问题,而是一个综合的社会政治问题。在中国,农村是政治经济的基础,但当农民连生存都难以保障时,农村就会失去稳定性,社会基础发生动摇,更遑论维持统治了。因此,萧铮指出"要唤起农民大众非进行土地改革不可"[1],地政学派的土地研究正是基于农村社会中矛盾重重的现实,对地政问题提出独特的见解,形成了系统的土地经济思想,并在一定程度上影响了南京国民政府的土地政策。

第二节　地政学派的创立概况

民国时期,中国农村经济日渐凋敝,土地问题矛盾突出,孙中山先生据此提出了"平均地权"的主张,之后成为国民政府土地改革的指引。在这样的现实国情下,社会各界人士加大了对土地问题的关注和研究,各家各派都将各自或激进或温和的土地问题解决方案列为其政治主张的重要内容。20世纪20年代以来,在全国性的大规模土地经济调查基础上,有关土地问题的研究文献数量呈现激增态势[2],各大高校、地政培训机构纷纷创设土地经济学课程,出版报刊

---

[1] 萧铮.土地改革与农村[J].土地改革,1948(14—15):2.
[2] 方显廷.中国土地问题文献述评[J].政治经济学报,1935(4):887—941.

书籍,并对国外先进的土地经济学理论体系进行译介。同时,专业的地政研究机构、学术团体相继出现,如中央政治学校地政学院、中国地政学会以及农林部中央农业经济研究所等,中国经济学社作为民国时期极具影响力的学术团体之一,也在学社年会上开设了土地经济栏目,可见这一时期中国的土地问题研究开展的良好势头。而在这之中,中国地政学会作为唯一一个直接以"地政"命名且以此为研究主题的学术团体,拥有完善的规章制度和运作体系,集合众多研究土地问题的专家学者,出版了丰富的学术成果,其思想成果在学术界以及政界都占据了重要的一席之地。可以说,地政学派是民国时期土地思想的集大成者,更为我国土地经济学的研究奠定了坚实基础。

一、地政学派的初期发轫

20 世纪 20—40 年代间,土地问题研究热潮兴起,这既是当时社会经济状况的迫切需求,也离不开土地问题教育、研究机构的大力推广。中央研究院、中山文化教育馆、国民政府国防设计委员会土地及粮食组土地科、中国农村经济研究会、乡村建设研究院、地政署(部)地政研究委员会、农林部农业经济研究所、中国土地经济学社等机构组织纷纷参与土地问题的研究事业中,他们的观点各有侧重,百花齐放。这使得越来越多的专家学者能够有专业的平台进行土地问题的交流研究,而地政学派的创始人萧铮也在这项事业中做出了重要贡献,如倡导成立中央政治学校附设地政学院并召集土地问题讨论会。萧铮趁此契机集合了全国范围内的地政问题专家,而这些人日后也成为地政学派的重要成员。

民国时期的地政工作被定性为高深技术业务,从事此类工作的人员需要以专门的科学知识为基础,既要掌握一定的自然科学知识,也应具备一定的社会科学知识[1]。因此,地政从业人员的培养考核就成为民国时期土地教育界和实务界的一项重要事业。20 世纪 20 年代后半期,伴随着中国海外留学生回国从教的热潮,复旦大学、交通大学、中央大学等高等学府相继设立了土地经济学课程。20 世纪 30 年代中期以来,"我国各大学,均有土地经济一科的添设"[2],另有部分国立、私立的研究机构也开始着手研究关于土地问题的相关课题。这些教育机构的设立有效推动了民国土地研究学术水平的提升,但是较为单一的

---

[1] 董中生.土地行政[M].上海:大东书局,1948:序.
[2] 朱通九.怎样研究土地经济(上)[J].商务印书馆出版周刊,1936(186):1-6.

课程学习以及有限的课题研究并不能充分满足对地政工作人员应具备的"高深技术"的培养训练要求。为了改善这种状况,1932年7月,刚刚留德学成返国的萧铮向蒋介石寄呈《集中土地专家筹划本党土地政策办法》,提议在中央政治学校内设立土地经济系,并以此招揽全国土地问题研究专家学者。该提议随即得到蒋介石的允准批示。嗣后,根据萧铮的提议以及蒋介石的指示,在土地经济系的基础上,又先后组建了地政研究班、地政学院。由此,中央政治学校附设的地政学院因其综合性和高水平的特点成为全国土地经济问题的教学与研究中心。

除倡导地政学院的成立之外,《集中土地专家筹划本党土地政策办法》还提出"邀集散在国内各处对土地问题有专门研究者五人至十人到京从事初步计划",并"组织土地问题研究会,共策全国土地问题之总解决"。[1] 蒋介石回以"照办"批示,并给予充足的经费支持,令萧铮按所呈办法操办。萧铮当即着手延聘十位土地问题专家,于同年7月23日在金陵大学的农业经济会议室召开第一次土地问题讨论会。会议推举萧铮为干事,负责会务的主持工作,拟定会议每周举行一次,每次会后参会专家将就相关议题分头进行调研。这十位专家均是土地实务界和学术界的重要人物,分别是:曾济宽(北平农学院院长,著有《民生主义之土地政策》等)、刘运筹(留英、德研究农业经济及土地政策问题,中央大学农学院院长)、万国鼎(金陵大学、中央政治学校地政学院教授,著有《中国田制史》等)、唐启宇(留美康奈尔大学,南京国民政府农民部主任干事,著有《垦殖学》《中国农业改进刍议》等)、程远帆(南京市财政局局长)、孙文郁(留美斯坦福大学,金陵大学农学院代理院长,著有《农业经济学》《农业经济调查》等)、洪季川(留日早稻田大学,政治学校教授,曾任职广东省土地厅)、张淼(留法图卢兹大学研究土地税问题)、冯紫岗(中央大学农学院教授)、向乃祺(著有《中国之土地问题》等)。其中,冯紫岗、向乃祺约而未集。会议进行到9月底,土地问题讨论会便商议制定出了《推行本党土地政策原则十项》,具体内容如下:

一、中华民国国民,对于领域内之土地,有依法使用收益之权;惟不得以土地作为投机或榨取他人劳力之工具。故:

(1)保证个人有正当使用收益权;以之为耕地、宅地或工场、商铺等基地之

---

[1] 萧铮. 土地改革五十年——萧铮回忆录[M]. 台北:中国地政研究所,1980:52—53.

用。

(2)防止土地投机。

(3)改善租佃制度。

(二)土地属于国民全体,政府应积极扶持自耕农。

(1)保护雇农佃农,使容易转变为自耕农。

(2)设法供给土地,筹设土地金融机关,提供资金使力能耕作而无土地者有取得土地使用权之机会,并使自耕农不致因经济困难而丧失土地。

(三)凡有土地使用权者,以自己使用为原则;享有现所申报之地价;负有以其劳力资本善用其土地之义务;其收益以其所投施劳资之报酬为限,纯粹土地部分之报酬,应属于国民全体。故:

(1)有土地使用权的人民,或现制度下之地主,国家承认其享有现所申报之地价。

(2)现制度下之土地凡有地而不自使用者,政府得随时照价收买其之土地,在未实行收买时,对于不在地主之土地,应加重其税率。

(3)凡有土地使用权者,不得任其土地荒芜或进行滥用。荒地应限期利用,否则没收。对于土地为自然剥夺或滥用者,政府得征收之。

(4)凡有土地使用权者应纳土地税。

(四)土地之使用,以适应社会机能,增益社会福利为主,凡因公共福利之需要,政府得依所报征收之。故:

(1)制定土地征收法。

(2)征收土地之补偿,以申报价格为标准。土地改良物另行估价补偿之。

(3)凡土地所有权转移时,政府有优先收买权。

(五)凡土地之增价,因投施劳力资本所得结果,应归投施者外,因其人口加多,社会繁荣之自然增价,应全部收归公有。故:

(1)自然增价部分,除因物价的提高,货币跌价,应酌量扣除外,其余完全归于公有。

(六)以累进地价税法,求人民缴纳地税之公允,并促进土地之利用,兼为人民所用土地面积之科学的限制。故:

(1)制定累进税率抽收地价税,借裕国用,并使人民之负担公允以促进土地利用。

(2)此种累进税率,需就各区情形,估定现时自耕农地价税及自用宅地地价税之标准额,超过此标准额,即增其税率,以限制土地之集中。惟此种税率仍随时视经济发展阶段,而伸缩其限制性。

(七)国家应扶助、奖励、指导或强制人民对于土地为合理的使用与改良,以促进国民经济之繁荣。故:

(1)实行土地重划,并防止土地之过细分割。

(2)以政治指导或经济扶助人民为土地改良。

(3)对于一切土地改良物,应免除缴税,以奖励私人投施劳资改良土地。

(4)对于新垦发之地,应酌量减免征税。

(5)指导一般农民为科学的经营或土地改良。

(6)私有已耕地之未尽其用者,得强制人民或由政府径自改良之。

(八)国有荒地及未改良地,政府应以全力利用之。其不适于小经营者,政府应采集合农场制,为大规模经营,以尽地利。故:

(1)实行大规模垦殖,尤应注意边疆各区。

(2)兴修水利,铁道及重要交通设备,并建设相当市镇。

(3)在西北及类似地带建立大规模集体农场。

(九)对于土地之一切整理,应先办理准确详尽之土地测量登记,故:

(1)应于短期内清丈全部土地。

(2)清丈后,应即办理土地登记。

(3)同时举办各种土地统计。

(十)国家应分区分期设置多级地政机关推行本党土地政策。故:

(1)土地政策之实行,应就实际政治经济情形为逐步之推进,避免一切由上而下的笼统办法。

(2)各级地政机关之组织及职权应妥为规定。[1]

这十项原则是在孙中山"平均地权"的土地政策指导下订立的,是结合我国实际国情以及西方先进的土地改革理论学说,精心筹划的中国土地改革蓝图,为国民政府在接下来推行平均地权,实施土地改革,奠定了初步基础。这十项原则可以归纳为四个方面:第一,将土地权属划分为所有权和使用权,所有权归全体人民即社会所有,而使用并创造的收益则归私人所有,但原则是不能将土地作为剥削压榨他人的工具;第二,在平均地权制度下,政府拥有土地的最高管

---

[1] 土地问题讨论会.推行本党土地政策原则十项[J].地政月刊,1933(1):125-130.

理支配权,拥有土地之人应缴纳土地税,规定土地价格因社会发展而上涨的部分全部归公,而政府如因公共事业需用私人土地时可随时依价收回;第三,科学管理土地生产经营,合理划定耕作面积,推广现代化生产技术,设立土地金融机关,以此实现农村经济的全面发展;第四,设立中央及地方的地政机构负责推行土地政策,协助全国土地整理工作。《推行本党土地政策原则十项》在日后始终都是以萧铮为代表的地政学派土地改革方案的基本参照,足可见其重要性。

萧铮将土地问题讨论会视为"中国当代土地运动最早成立的团体,也是这个运动的发轫"[1],正是土地问题讨论会的召集,为之后改组成为中国地政学会及后续壮大为中国土地改革协会奠定了组织基础,可以说,土地问题讨论会就是地政学派发轫的渊源。

二、地政学派的正式成立

地政学派形成于关于土地问题研讨的学术界热潮,诞生于土地问题讨论会的组织基础上,当然也离不开核心人物萧铮的筹划倡导。萧铮早年在留德期间亲历了德国土地改革同盟会是如何推动德国土地改革发展的,外加他前期参与浙江"二五减租"运动的亲身经历,使得萧铮深知土地改革运动是一项因牵涉多方利益而势必困难重重的事业,因此不能单靠自上而下的行政手段来完成,还必须配以自下而上的社会力量的支持。他认为在中国也需要成立类似德国土地改革同盟这样的组织,一方面为政府推行土地改革提供政策建议,另一方面宣传动员社会力量加以配合。通过《推行本党土地政策原则十项》之后,土地问题讨论会的使命本已宣告结束,然而土地问题讨论会虽然制定出了指导土地改革的十项原则,但具体的制度安排还需要进一步的安排筹划。于是,萧铮与参会专家一致决定,应成立一个永久性的学术团体,以"研究土地问题,促进土地改革"为宗旨,为继续贯彻孙中山先生的土地政策而奋斗。

1932年12月18日,萧铮与万国鼎决定于中央政治学校附设地政研究班召开谈话会,会议邀请了南京的地政专家[2],商定成立"中国地政学会"(Chinese Association of Land Economics)。会上推举萧铮、李直夫、万国鼎三人起草学

---

[1] 萧铮.土地改革五十年:萧铮回忆录[M].台北:中国地政研究所,1980:54.
[2] 本次参会专家包括:萧铮、高信、邹序儒、张淼、谢承瑞、姚祖舜、洪季川、鲍德澂、庄强华、孙文郁、万国鼎、李积新、伍受真、王滨海、王祺、郑震宇、吴永铭、唐启宇、李直夫、西门宗华。见:本会成立经过[J].地政月刊,1933(1):143—144.

会章程,兼与郑震宇、王祺筹备经费事宜,同时决定发行会刊《地政月刊》。同月24日,中国地政学会再次召开筹备会[1],通过了学会简章草案。1933年1月8日,中国地政学会成立大会正式于中央政治学校附设地政研究班召开,通过了学会简章和《地政月刊》的发行计划。中国地政学会简章如下:

第一章 总则

第一条 本会定名为中国地政学会。

第二条 本会以研究土地问题促进土地改革为宗旨。

第三条 本会设总会于首都并得设分会与各处。

第二章 会员

第四条 本会会员分三种。

(甲)普通会员:对土地问题具有相当研究而赞成本会宗旨者;

(乙)团体会员:政府机关或社会团体赞成本会宗旨者;

(丙)特别会员:捐助本会经费三百元以上或在他方面特别赞助本会事业者。

第五条 具有前条资格之一经本会普通会员二人内之介绍理事会之通过方得入会。

第六条 本会会员均享有无偿取得本会定期刊物及其他会员应有之权利。

第七条 本会会员有遵守本会会章按时缴纳会费及服从理事会决议之义务。

第三章 组织

第八条 本会会员大会为本会最高权力机关决定本会会务及选举理事,会员大会时团体会员出席代表以一人为限。

第九条 本会设理事会五人组织之负责执行会务,理事会理事就普通会员中选出之任期一年连选得连任。理事会因事务之繁重得分设各股及雇用事务员,其组织细则由理事会议定之。

第十条 本会得设名誉理事若干人,由理事会就特别会员中选出之。

第十一条 本会得设编辑委员会,编辑委员会由理事会就会员中推定之。

第四章 会务

第十二条 本会会务暂定为左列各项。

---

[1] 本次参会专家包括:鲍德澂、张淼、洪季川、万国鼎、邹序儒、伍受真、姚祖舜、庄强华、王滨海、高信、李直夫、唐启宇、萧铮、王祺、郑震宇。见:本会成立经过[J]. 地政月刊,1933(1):143-144.

(甲)出版期刊及丛书；

(乙)举行研究会及演讲会；

(丙)考察及调查；

(丁)策进土地改革运动。

第十三条　本会会员大会每年召集一次于必要时得由理事会之议决或经会员十人以上之请求召集临时大会。

第十四条　会员大会时理事会须提出会务报告及预决算书请求大会审核。

第五章　会费

第十五条　本会会费为左列各项。

(甲)入会费：普通会员五元，团体会员二十元；

(乙)常年费：普通会员五元，团体会员三十元。

第十七条　本会得收受捐助费或补助费但需经理事会之通过。

第六章　附则

第十八条　本简章如有未尽事宜得由会员十人以上或理事会之提议经大会决定修改之。

第十九条　本简章经大会通过后施行。[1]

中国地政学会成立大会还推选萧铮为理事长，负责会务主持工作，王祺、万国鼎、郑震宇、李直夫为理事，唐启宇、鲍德澂为候补理事。会议对学会成员的资格也做了严格限定，规定必须是对土地问题研究有深刻体会并有相关成果发布的才可入会，因此中国地政学会成立大会召开之时满足资格并参会的个人会员为26人，团体会员为11人。[2] 中国地政学会成立时的性质虽是学术团体，但自认肩负着推动土地改革的重要使命，因此规定学会的研究风格必须符合实际需求且观点鲜明。中国地政学会关于每个土地问题专题都会邀请相关领域的会员举行多次茶会或餐会进行研讨，待议案成文后，随即召开正式的会员大会进行表决，并在《地政月刊》上发表，以广泛征求会内外各界人士的批评指正，此举也是希望可以影响当局决策，并推动社会大众土地观念的改变。这种自由民主的研究风格在当时学术界尚属首创，引起了各学术社团的纷纷效仿，也成功吸引了政客要员、学者专家的关注，申请入会的个人和单位数量不断增加。大会成立一年，中国地政学会的个人会员就达到了106人，团体会员也达到了

---

[1] 中国地政学会简章[J]. 地政月刊,1933(1):147-150.

[2] 陈太先,魏方合. 当代地政泰斗萧铮博士传略[M]. 上海:上海市政协,1997:40.

18个[1],至1937年全面抗战前,学会个人会员已达到500余人,团体会员达27个[2]。何应钦、居正、陈果夫、张继、宋子文、陈立夫等南京国民政府要员也入会成为赞助会员。

1933年1月10日,中国地政学会召开第一次理事会,对学会的组织分工进行安排,具体议决内容如下:

(一)暂设总务、财务、会议、研究、出版五股。

(二)推定王祺先生担任财务股,万国鼎先生担任研究股,萧铮先生担任总务股,郑震宇先生担任出版股,李直夫先生担任会议股。

(三)编辑委员会设委员七人,以一人为总编辑。

(四)推定万国鼎、鲍德澂、李积新、西门宗华、唐启宇、陈灿、曾济宽等七先生为编辑委员,以万国鼎先生为总编辑,由万先生召集第一次编辑委员会。

(五)月刊计划交编辑委员会。

(六)推定李直夫先生起草理事会组织细则。

(七)理事会常会于星期二晚七时举行。[3]

中国地政学会的成立也标志着地政学派的正式发起,地政学派始终以政府土地改革智囊团的身份致力于土地问题的研究。随着地政学会组织规模的不断扩大和各项学术活动的有序进行,地政学派很快步入了蓬勃发展的阶段,各类有关土地思想的学术成果不断涌现,这些成果大多刊登在由万国鼎担任总编辑的《地政月刊》上,使得该刊成为1933—1937年地政学会推动土地改革运动的发声喉舌。除《地政月刊》之外,中国地政学会还规划出版了"中国地政学会丛书",使地政学派成员更为系统深入的土地问题研究著作得以相继问世,也为更好地向政府提出土地政策建议做足了先期研究准备。

三、地政学派的组织发展

抗战爆发后,地政学派面对着复杂的形势,并没有将学术事业搁置,而是结合新的形势,及时调整组织发展与研究重心。中国地政学会的主要阵地从南京迁到了重庆。萧铮对中国地政学会的前期发展进行总结,认为以学术团体性质运营的学会往往给人太过严肃的印象,会将一般群众拒之门外,因此应扩充学

---

[1] 陈太先,魏方合. 当代地政泰斗萧铮博士传略[M]. 上海:上海市政协,1997:40.
[2] 张宪文等主编. 中华民国史大辞典[M]. 南京:江苏古籍出版社,2001:340.
[3] 本会成立经过[J]. 地政月刊,1933(1):143-144.

会,成为中国土地改革协会,以社会团体的性质吸引社会各界的土地改革参与者及支持土地改革的农民积极参与,并扩大影响力,推动土地改革事业的发展。但这一倡议并没有得到地政学会成员的一致支持,学会元老万国鼎以及时任地政署署长的郑震宇仍认为应以中国地政学会的组织形式进行活动,此项提议也就因此搁置。

抗战胜利以后,地政学派骨干力量重返南京,萧铮经过多方游说,万国鼎和郑震宇两人终于同意成立中国土地改革协会,但是采用的是与中国地政学会并存的形式,地政学派由此也进入了中国土地改革协会与中国地政学会两会并存的阶段。在1947年4月6日,中国土地改革协会(China Land Reform Association)成立大会与中国地政学会第七届年会同时召开。成立会上公布了《中国土地改革协会章程》,并对会员、组织以及会务等工作进行了安排。章程规定,中国土地改革协会"以策进土地改革,促成政治民主、经济平等为宗旨"。同时还指出,中国土地改革协会的会务工作与中国地政学会的学术研究工作有所不同,土地改革协会的主要工作包括"(1)策进土地改革运动;(2)考察调查有关土地问题之实况;(3)举行研究会、讨论会研讨各种实际土地问题;(4)编印土地改革之书刊"。[1] 此外,按照章程组织规定,推举萧铮担任协会理事长,在10名常务理事协助下推进协会的各项工作。[2] 协会在各省市下设分会共23处(省以下的县级支会不计入内)[3],成立半年内会员就从最初的230人扩充到3 600人[4]。同时成立大会召开不久就开展了《土地改革》月刊的编印工作,接替《地政月刊》成为地政学派推动土地改革的宣传喉舌。《中国土地改革协会章程》具体内容如下:

第一章 总则

第一条 本会定名为中国土地改革协会。

第二条 本会以策进土地改革、促进政治民主经济平等为宗旨。

第三条 本会设总会于首都,分支会于各省市县乡镇。

第二章 会费

第四条 凡具有中华民国国籍,赞同本会宗旨者,经本会会员二人以上介

---

[1] 中国土地改革协会章程[J]. 地政通讯,1947(18):42.

[2] 10名常务理事为:汤惠荪、祝平、鲍得澂、万国鼎、张丕介、李庆麟、唐启宇、刘岫青、任卓宣、黄元彬。见:中国土地改革协会第一次理监事联席会议记录摘要[J]. 土地改革,1948(1):23.

[3] 陈太先,魏方合. 当代地政泰斗萧铮博士传略[M]. 上海:上海市政协,1997:110—111.

[4] 陈顺增. 土地管理知识词典[M]. 北京:中国经济出版社,1991:131.

绍皆得为本会会员。

第五条　本会会员应出席本会会员大会,参加本会所主持之各种运动及各种研究会讨论,并得享受会员应有之其他权利。

第六条　本会会员有遵守本会会章、按时缴纳会费及服从本会决议之义务。

第三章　组织

第七条　本会以会员代表大会为最高权力机关决定会务进行方针及选举理监事。

第八条　本会设理事会负责执行会务,理事会设理事三十一人、候补理事十七人,理事互选理事长一人,常务理事十人,理事及理事长任期二年,连选连任。理事会得分组办事,其组织另定之。

第九条　本会设监事十五人、候补监事七人,互推常务监事三人,其任期与理事同。

第四章　会务

第十条　本会会务如左。

(1)策进土地改革运动;

(2)考察调查有关土地问题之实况;

(3)举行研究会讨论会研讨各种实际土地问题;

(4)编印有关土地改革之书刊。

第十一条　本会会员代表大会每二年由理事会召集一次于必要时得由理事会之决议召集临时大会。

第五章　会费

第十二条　本会会员应缴纳入会费一千元,常年会费二千元。

第十三条　本会经费由理事会负责筹集并得收受捐款或补助费,但须经理事会之通过。

第六章　附则

第十四条　本章程经会员代表大会通过后施行修改时同。[1]

此外,会议上还宣读了萧铮亲自起笔的《中国土地改革协会宣言》[2],宣言直陈社会沉疴,指出"目前的政治、经济、社会三方面的现象,都极端令人忧虑。

---

〔1〕中国土地改革协会章程[J]. 地政通讯,1947(18):42.
〔2〕中国土地改革协会宣言[J]. 地政通讯,1947(18):39—42.

因为其间有一个共同的症结横在面前,妨害着社会进步,压制着经济发展,威胁着全体同胞的生活,而且历来是政治腐败的根本原因,这个症结就是土地问题"。不合理的土地制度不仅成为贪官污吏、封建军阀以及土豪劣绅剥削农民的工具,也"使工商企业,做了地租和地税的奴隶,使全体的工业劳动者挣扎于饥饿线上",更"窒息了文化的进步,使一切自由职业者,变成了不自由的人"。因此,宣言强烈呼吁全国人民忽略阶级、性别、职业、党派的区别,组织统一战线,建立"民族自由和政治民主、经济平等的富强康乐国家",实现天然富源国有,农地农有,市地市有。此外,宣言还提出对中国当前实际问题的八条主张,分别是:"(一)国家独立与民族自由是神圣不可侵犯的;(二)政治民主是全世界的共同要求;(三)经济平等是保证经济发展和全民福利的中心原则;(四)健全的土地制度是人民生存权利的重大保证;(五)农业改革和乡村建设为经济繁荣和工业化的基础;(六)城市建设与都市劳动阶级的住宅改良,为社会进步与市民健康生活的重要因素;(七)新国家的建设应由新文化的产生为前驱;(八)战士们以血肉去争取胜利,今后应首先得到国家的奖励。"从宣言内容来看,中国土地改革协会不仅就土地制度的改革提出了自己的主张,而且进一步在国家独立、政治民主以及经济平等更高层面提出了设想,再加上确立了联合社会各阶级建立统一战线的方针,这些都体现出土地改革协会确与纯学术性质的中国地政学会有了显著不同,已经成为一个政治目的明确的社会组织。

《中国土地改革协会宣言》掷地有声,在国内外引起了广泛的关注。为了将宣言中的主张落实,土地改革协会理事会成立后,迅速投入土地改革具体方案的研究之中。经过半年左右的反复研讨,1948年2月19日召开理事会通过了《土地改革方案》[1],并于3月20日的中外记者会上正式发布了该方案。方案的序言写道:"中国土地改革协会有鉴于我国当前土地问题之严重,已成为一切祸乱的根源,和民族生死存亡的关键,而政府现行有关土地的政策与法令,并不能根本解决这一问题,如果不急求彻底而普遍的改革,实有非常可怕的后果,本会在成立宣言中,曾提出农地农有的原则,兹根据当前需要,提出这个土地改革初步方案,以期迅速而普遍的达到耕者有其田的目标,并实现宪法第一四三条的精神。"按照这一原则,方案十分切实地提出实现耕者有其田的步骤,包括"终止佃耕制度,化佃农为自耕农;清偿地价,取得土地所有权;移转地权,清偿债

---

[1] 土地改革方案:中国土地改革协会理事于三十七年二月十九日通过[J].土地改革,1948(1):21—22.

务;免征地租,融通资金;根绝土地兼并,健全农业经营;组织农民协会推进土地改革"。也就是说,方案如得以实施,全国的农地将统归农民所有,并准许农民组织起来以团体力量促成改革的落实。这是一份比以往任何议案法令都更为彻底的方案,各路报纸给予了报道和称赞。之后萧铮等地政学派成员遵循此方案,从立法、政策等层面积极推动土地改革方案的实践,虽然结果不尽如人意,但都无法否认《土地改革方案》的先创价值。

从扩充组织队伍到加大舆论宣传再到增加改革力度,萧铮带领地政学派所做的最后努力,意图将该学派的影响力渗透到社会各个角落,这似乎为该学派赢得了一线生机,但也终究未能抵挡时代的车轮滚滚向前。在中国土地改革协会成立的1947年,国民党的统治已经开始走上了分崩瓦解之路,混乱的时局和破败的经济也给地政学派的土地经济学研究工作带去了种种桎梏,使得学术研究未能进一步深化,改革事业也未能顺利推进。1949年之后,随着中国土地改革协会撤退到台湾,地政学派在大陆的积极活动也就此终结。即便如此,地政学派作为民国时期极为著名的学术团体之一,其对中国土地经济思想以及土地改革的探索和实践都具有重要价值。

四、地政学派的成员群体

1933—1949年,在萧铮、万国鼎等主要核心人物的倡议策划下,地政学派的组织形式从纯学术团体性质的中国地政学会阶段,发展到中国地政学会与更广泛的社会团体中国土地改革协会两会并行的阶段,在这种演变过程中,会员类别、规模都有所扩充,地政学派的社会影响力也相应提高。

(一)地政学派的核心人物

任何一个学派的创立与发展都离不开核心人物的积极引导。地政学派的核心人物在制定适应土地改革形势的组织发展方针、引领土地问题研究方向、促成土地思想的政策化落实等重大事项方面都发挥着重要作用。按照章程,中国地政学会以及中国土地改革协会均设有理事会,负责主要会务工作,参与重大事务的决策审批,而这些全体会员推选出的理事往往在学会中拥有较高的声望和较大的话语权。1933年召开的中国地政学会的成立大会,选举萧铮为理事长,王祺、万国鼎、郑震宇、李直夫为理事,唐启宇、鲍德澂为候补理事。1947年,中国土地改革协会成立,萧铮再次当选为理事长,汤惠荪、祝平、鲍得澂、万国鼎、张丕介、李庆麟、唐启宇、刘岫青、任卓宣、黄元彬担任常务理事。可以看出,经历地政学派两个阶段的组织演变,萧铮作为学派创始人的核心地位始终未动摇,其余理事成员则基本是在中国地政学会理事基础上进行了一定扩充,也说明地政学派在发展过程中,不断吸纳培养了一批重要的土地问题研究专家,壮大了地政学派的领导队伍。下面进一步介绍分析地政学派核心人物的基本情况。

萧铮(1905—2002),字青萍,浙江永嘉人,地政学派创始人。1924年萧铮考入北京大学,两年后到国民党组织部任职,后被派往浙江任特派员。1928年赴日考察学习土地问题,1929年前往德国柏林大学进行经济学专业的学习,在德国农业经济权威阿雷博(F. Arebe)指导下完成论文《德国国内垦殖运动与土地政策》。留德期间结识德国土地改革同盟领导人达马熙克(Adolf Damaschke),深受其土地改革思想影响。1932年萧铮回国,先后担任中国国民党中央政治学校地政学院主任、中央执行委员、常务委员、国防最高委员会委员、经济专门委员会副主任委员、经济部政务次长、第一届立法委员等职。1932年创立中国地政学会,1940年创设中国地政研究所,1947年又组建中国土地改革协会,并依托这些地政研究和教育机构,领导地政学派推动土地改革运动。1949年后,在台湾续办中国地政研究所,出任台湾土地银行董事长、亚洲土地改革及农村扩展中心董事长、土地改革纪念馆董事长等职务。萧铮一生著作颇丰,先后编纂出版《民族生存战争与土地政策》(1938)、《平均地权本义》(1947)、《民国二十年代中国大陆土地问题资料》(1977)、《台湾土地及农业问题资料》(1981),《中华地政史》(1984)等书,发表《中国今日应采之土地政策》(1933)、《德国土地改革运动》(1933)、《平均地权真诠》(1933)、《中国土地与人口问题》(1936)等论文。

王祺(1890—1937),字淮军,衡阳狮子桥人,中国地政学会理事会成员。1906年在石鼓高等学堂读书时加入同盟会,曾召集灾民闯入地主豪绅家中破仓分粮。1908年入学湖南优级师范学堂,继续秘密参与同盟会活动,武昌起义后曾参加衡阳等地的多次游行示威活动。1912年起开始担任中华民国内务部秘书,中华革命党湖南省支部参议,湖南护国军总司令部秘书长,广州中华民国军政府秘书,北伐国民革命军第六军秘书长,湖北省政府委员兼农工厅厅长、水利局局长,国民党中央党部训练部秘书,湖南省政治委员兼治淮委员,国民党第四届候补中央执行委员、监察委员,第三届立法委员、中央执行委员等职务。面对落后的地政研究现状,王祺1933年参与以孙中山"平均地权"土地纲领为指导的中国地政学会,并连任四届理事,在地政学派的土地研究向政府的土地政策转化过程中发挥了重要作用。王祺于 1924—1926 年编辑出版我国第一部《孙中山全集》，并发表《一年来我国土地政策之推行》(1936)。

万国鼎(1897—1963)，字孟周，江苏武进人。《地政月刊》主编，农史学家，近代索引研究先驱。1916 年就读于金陵大学，钻研农业科学和文史研究，1920 年留校担任助教，1924 年被任命为金陵大学农业图书研究部(后改为农业经济系农业历史组)主任，致力于古农书整理研究工作，开创中国农业历史研究学科先河。1932 年 3—4 月，曾为蒋介石讲授中外土地制度鸟瞰、中国土地问题两次课程，同年 7 月，即在蒋介石的指定下参与土地问题讨论会。之后便同萧铮一起创办中央政治学校地政学院、中国地政学会、中国地政研究所等机构，并担任《地政月刊》以及《人与地》杂志主编，是地政学派的又一重要元老和核心人物。万国鼎还在中央政治学校、国立政治大学地政系长期担任中国田制史、土地政策、田赋问题、农业概论等课程的授课老师。1951 年，万国鼎赴北京华北人民革命大学政治研究院学习，之后相继任职于河南省人民政府农林厅、河南农学院农学系、南京农学院农经系及农业历史研究组、南京农学院中国农业遗产研究室。万国鼎在农史研究领域著作等身，先后出版《明代屯田考》(1932)、《中国田制史》(1933)、《南京旗地问题》(1935)、《地税论》(1942)、《泛胜之书辑释》(1957)等书，发表《中国历代计口授田政策之回顾》(1933)、《复兴农村之路》(1933)、《中国田赋鸟瞰及其改革前途》(1936)等文。

郑震宇(1900—1977)，河南开封人，中国地政学会理事会成员。1920 年从北京师范大学毕业后，先后任教于中国大学以及河南开封、信阳等地的师范学校。1924 年加入中国国民党，先后担任开封市党部委员、河南省党部委员、豫南党务指导委员会主席、河北省政府秘书、训政学院训练部主任、内政部地政司长、甘肃省民政厅长、行政院地政署署长、立法委员。1932—1939 年任内政部地政司长期间，参与中国地政学会的创办工作。郑震宇在中央训练班的讲授内容也经整理后出版，包括《土地问题》(1942)、《地政问题》(1943)、《最近之地政》(1943)、《地政问题纲要》(1944)等。此外，郑震宇还发表了《农地复兴与荒地清理》(1933)、《中国之佃耕制度与佃农保障》(1933)、《中国土地行政之前途》(1936)等论文。

李直夫(生卒年不详)，湖北蒲圻人，中国地政研究所理事会成员。早年毕业于湖北省立文科大学，历任汉口社会局第三科科长、国民政府军政部秘书兼军事委员会北平分会秘书、江苏盐城县县长，1946 年赴新加坡担任贸易专员。

主要论文成果包括《从流行的法西斯蒂说到复兴中国革命》(1932)、《如何足民食物:剿匪御侮中重要问题之一》(1932)、《论著:盐城县办理户口总复查之经过》(1936)等。

唐启宇(1895—1977),字御仲,江苏扬州人,农业专家,中国地政学会第一届理事会候补理事、中国土地改革协会理事。1919年从南京金陵大学毕业后,遂经南洋兄弟烟草公司考送至美国佐治亚大学留学,主修棉作学并获硕士学位,之后又攻读康奈尔大学农业经济学专业获博士学位。1923年回国后任国立中央大学农学院副教授,以及国立中山大学、中央党务学校、中央政治学校地政学院教授,讲授农业经济学课程。1933年参与创办中国地政学会,1934年担任全国经济委员会技正、《农业周报》社社长、江西垦放处处长、农林部参事等。抗战胜利后任国立复旦大学农学院院长、南通农学院院长。唐启宇的主要著作包括《农政学》(1931)、《农村经济》(1931)、《中国农业改造刍议》(1933)、《近百年来中国农业之进步》(1933)、《垦殖学》(1936)、《历代屯垦研究》(1944、1945)等,发表《农村复兴与租佃问题》(1933)、《永佃权有无存在之价值》(1935)等文。

鲍德澂(1896—1985),江苏东台人,中国地政学会第一届理事会候补理事、中国土地改革协会理事。早年毕业于南通师范学校,后转入北京高等师范学校。并获教育部选送,进入香港大学攻读文学学士学位。1929年起,担任立法院外交委员会秘书,参与土地法起草工作,从事中国土地问题以及各国土地制度研究工作。同时担任中央政治学校地政学院教职,承担地价税、土地制度、土地评价等课程的讲授工作。1933年参与创办中国地政学会,1947年又参与创办中国土地改革协会。抗战期间担任行政院地政署地权处处长,抗战胜利后任职南京地政局局长。1949年赴台后,参与"耕者有其田""耕地三七五减租"以及"都市平均地权"等土地改革立法条例的草拟研议,推动台湾土地立法的发展。鲍德澂编译出版了《欧洲土地制度》(1941)、《欧洲土地制度》(1943)、《农业金融制度及其新趋势》(1944)等著作,发表《土地登记概论》(1933)、《土地重划概论》(1933)等文章。

汤惠荪(1900—1966),名锡福,字惠荪,江苏崇明人,中国土地改革协会常务理事。从江苏省立第一农业学校毕业后,1917年留学日本鹿儿岛高等农林学校农科学习。1921年回国后担任浙江省立地方农事试验场科长、豫陕甘三省农务处处长、浙江建设厅合作事业主任,并相继在江苏第一农校、安徽第二农校、山东农业专门学校、北京农业大学、浙江大学农学院担任教职。1930年进入浙江大学任教并被学校派往欧洲考察学习。赴欧后，汤惠荪先后在德国柏林农科大学、英国牛津大学研究农业经济问题，其间赴法、意、荷、奥、比、捷、俄、丹、波、瑞典、瑞士等国家实地调研，还代表中华民国出席在捷克召开的第十五届国际农业会议。1932年回国后任浙江大学农学院教授、中央政治学校地政学院教授、实业部中央农业实验所技正、江苏省南通学院农科主任。抗战期间负责主持滇南垦区工作，出任云南大学农学院院长。1943年起，历任中国地政研究所副所长、国防最高委员会经济委员会委员兼中央政治学校地政系主任，1947年以地政署副署长的身份出任中国土地改革协会常务理事，之后又任职地政部常务次长、政务次长、中国农村复兴与联合委员会土地组组长。1949年赴台后担任台湾土地银行董事。发表成果包括《中国之佃户问题》(1933)、《农业经营与土地利用》(1933)、《农业经管与土地利用形态》(1934)、《西南各省之农业问题》(1936)等。

祝平(1902—1988)，字兆觉，江苏江阴人，中国土地改革协会常务理事。早年考入上海吴淞的政治大学。1927年参加国民党，任江阴临时党部常务委员，后又到江苏省党部、中央党部和国民政府文官处工作。在文官处工作期间考取了国民党党员公派留学资格，先后赴英国伦敦大学经济学院、德国莱比锡大学经济系研究土地问题，在德期间师从德国土地改革先驱达马熙克，并在其指导下完成博士论文《中国土地改革》，获取经济学博士学位。归国后祝平担任中央政治学校地政学院教授、江苏省政府农村金融救济委员会委员、江浙两省农业改良会委员、中央土地委员会专员等职，1933年在时任江苏省省长陈果夫的邀请下出任江苏省土地局局长，开创地籍整理工作。抗战爆发后，任四川省土地陈报处处长、首任四川地政局局长、中央政治学校专修科主任、行政院地政署副署长。抗战胜利后，任东北特派员公署地政处处长、上海市地政局局长。1948年当选为国民大会代表，并出任中国土地改革协会常务理事，1949年升任地政部政务次长。祝平的研究成果颇丰，著作包括《四川省地政概况》(1942)、《土地政策要论》(1944)等著作，发表《实施土地政策以复兴农村刍议》(1933)、《英国各派土地改革运动及各党最近土地纲领》(1934)、《中国土地改革导言》(1934)、《达马熙克先生略传》(1935)、《发展农村副业与国民经济建设》(1937)等多篇论文。

张丕介(1905—1970)，字圣和，山东馆陶人。1920年考取山东省立第三师范学校，在校期间加入中国国民党。1926年担任中央党部联络员、山东省党部改组委员兼宣传部长、山东省党部清党委员、山东省党部指导委员兼宣传部长。

1927年赴德国福莱堡大学深造,完成论文《论中国土地之碎割》并获得经济学博士学位。回国后先后任职于南通学院农科、教育部农业教育委员会、西北农学院经济系。1939年与萧铮、汤慧荪一同创设了华西垦殖公司,翌年执教于中央政治学校,其间以农林厅垦务局西北调查团团长名义调查河西走廊可垦荒地。1943年借聘至国立贵州大学,担任农学院院长,兼任农经系主任、农场场长。1940年张丕介在授课之余,与萧铮一同创办了中国地政研究所,担任董事兼土地经济组主任,后又参与土地改革协会并担任第一届常务理事、《土地改革》半月刊主编。1949年后赴香港定居,历任新亚书院总务长、经济学系主任、商学及社会学院院长等职。张丕介著有《土地经济学导论》(1944)、《土地改革方案的分析》(1948),译著有《国民经济学原理》(1938)、《土地改革论》(1947),论文有《中国耕地散碎原因之检讨》(1936)、《论战时授田政策》(1941)、《论国营农场》(1941)、《中国垦殖政策论发凡》(1942)等。

李庆麟(1895—1978),字适生,安徽省和县人,中国土地改革协会常务理事。早年毕业于南京金陵大学,1929年于美国伊利诺伊大学获得土地经济学博士学位,留美期间赴各地考察。1933年回国后,先后担任天津南开大学教授、中国国民党中央党部土地专门委员会委员、中央政治学校地政学院教授、国防最高委员会财政专门委员会委员。1940年开始担任国民政府内政部地政司司长,次年兼任地价申报处处长。1942年起担任国民政府立法院第四届立法委员、国立中央大学农经系教授、国民政府农林部农业经济研究所所长。1947年出席日内瓦国际劳工会议及英国召开的战后第一届农经学人会,同年当选行宪第一届立法院立法委员以及土地改革协会常务理事。1949年赴台后任立法委员、台湾省立农学院农经系教授,1957年创办台湾省立农学院农经研究所并担任所长。论文成果包括《中国土地问题的重心》(1934)、《洋米面麦入口税应作救济农村专款》(1934)、《中国目前之土地政策》(1935)、《当前的粮食问题》(1941)等。

刘岫青(生卒年不详),字雨生,浙江嵊县人,中国土地改革协会常务理事。毕业于南京地政学院,曾跟随萧铮进行地政学习。1940年任职于中国国民党中央调查统计局,次年又担任中统局党派组组长室编审科科长。1944年3月16日出任地政署地价处处长,1947年任地政部参事,并当选为中国土地改革协会常务理事。发表成果包括《中国工人运动路线之检讨》(1941)、《土地政策战时实施纲要的分析》(1942)、《依收益还原估计土地价值之检讨》(1943)、《论土地改革在建国中的关键作用》(1943)等文。

任卓宣(1896—1990),笔名叶青,四川南充人,中国土地改革协会常务理事。早年就读于北京高等法文专修馆,1920年赴法国勤工俭学,后赴莫斯科孙中山大学读书。1926年回国后主要研究三民主义,历任三青团中央常务总干事,制宪国民大会代表,国民党中央宣传部副部长、代理部长,后于1940年担任中正大学、国民党中央干部学校、政治大学、政治作战学校教授以及政治研究所主任。1946年,萧铮将中国地政研究所扩充为私立建国法商学院,任卓宣被聘为兼职教授,讲授三民主义课程,1947年担任土地改革协会常务理事。任卓宣的著作包括《孙中山哲学原理》(1970)、《国父的经济学说》(1972)、《国父科学思想》(1979)等,论文成果包括《专载:建国初期的政治任务》(1946)、《民生主义与社会主义》(1968)等。

黄元彬(1892—1962),广东台山人,中国土地改革协会常务理事。毕业于日本京都帝国大学,获经济系法学士学位。1930年被广东政府派往欧美各国考察经济情况,回国后将调研结果写成若干意见书进行发表。1931年担任国立中山大学教授和法学院院长,抗战期间担任第一届国民参政员,1939年起担任广东建设厅厅长推行农政,兴修水政机械工程,奠定了广东战时粮食增产的基础。1940年起担任中央设计局委员和财政部顾问,1947年被任命为全国经济委员会委员,同年当选为中国土地改革协会常务理事,1948年担任立法委员一职。新中国成立后任中国人民银行总行参事。黄元彬著作包括《银问题》(1931)、《白银国有论》(1936)、《国际金融论》(1939)等。

(二)地政学派的成员构成

地政学派的会员构成随着组织的演变,也发生了变化。按照中国地政学会的章程,会员分为普通会员、团体会员以及特别会员,对普通会员的资格要求为"对土地问题具有相当研究而赞成本会宗旨"。而中国土地改革协会的章程中,不再明确区分会员种类,只是规定协会会员应"具有中华民国国籍,赞同本会宗旨"。从这种变化中就可以看出,地政学派的成员群体由纯粹的土地问题研究专家扩充到了更加广泛的各个阶层的土地改革参与者。

根据1936年中国地政学会会员名录[1],中国地政学会成员普遍具有较好的教育背景,包括欧美日留学、国内高等学府毕业以及地政学院的学子。工作职务遍及高校、科研院所以及与土地改革密切相关的各级政府部门。到1942

---

[1] 中国地政学会会员录[J]. 地政月刊,1936(7):1099—1124.

年,"全国研究与从事土地行政者,几纯为本会之会员"[1];除个人会员外,团体会员主要为各地区的政府民政部门和地政部门,此外,还包括内政部、中央政治学校地政学院、立法院土地法委员会、全国经济委员会、参谋本部陆地测量总局、实业部、实业部中央农业实验所等中央部门;特别会员也即赞助会员,是指为中国地政学会提供赞助经费或者在一些方面提供帮助的会员,根据1936年的会员名录,地政学会的赞助会员包括军政部长何应钦、全国经济委员会常务委员宋子文、司法院院长居正、中央委员陈立夫、江苏省政府主席陈果夫、中央监察委员张继等,这些国民政府要员在地政学派土地主张的政策落实方面发挥了重要作用。

1947—1949年,中国土地改革协会在大陆活动的短短两年内,广泛吸纳社会不同身份的会员,并在南京总会之外的北平、广东、湖南、江苏、陕西、云南等省市相继设立分会,由分会负责宣传和推行总会的土地改革方案。[2] 协会广泛吸纳投身土地改革事业的社会各界人士,会员"以知识分子为主,尤应注意中小学教师,以青年学生、优秀农民为主,且尤应注意农村工作者,普遍吸收社会各阶层热心土地改革者"[3]。同时,为训练并提高会员政治组织和行动能力,要求会员积极参加农会等社会民众组织,传播宣传土地改革协会的主张,领导发动农村合作运动、创办合作农场的社会活动,为广大民众特别是农民群体谋取福利。1948年,萧铮等土地改革协会领导曾专门为参与中央训练团社会工作人员训练班培训的会员举办招待会,这批会员是由各省市及各县农会负责人中选调的优秀干部,"这群来自农村的农民运动领导者,在他们接受了土地改革思想之后,将要重返农村去,他们将是一支极强大而有力量的生力军。所以这次招待会有双重的意义:一方面欢迎新会员入会,另一方面便是欢送新斗士,开赴土地改革运动的战场"[4]。

第三节　地政学派的学术活动和教育事业

地政学派的学术研究和教育培训事业对民国时期土地经济学的繁荣发展

---

[1] 萧铮.十年来之中国地政学会[J].中央周报,1942(21):167-168.
[2] 中国土地改革协会分支会通则[J].土地改革,1948(1):23-24.
[3] 岳谦厚,段少君.中国土地改革协会的主张与努力[J].近代中国 第25辑,2016:221-222.
[4] 钟山前的盛会:欢迎新会员,欢送新斗士[J].土地改革,1948(4):19-22.

起到了重要的推动作用,其地位影响在该领域中占据着绝对优势[1]。地政学派的主要学术事业包括举办年会、发行土地学术刊物和书籍,这些学术活动的特点是兼具土地经济学术性和土地政策导向性,充分体现了地政学派作为官方土地研究团体的身份特征。与此同时,为了顺应政府对地政人才的需求,地政学派成员积极兴办土地教育事业,即使在抗战阶段也在辛苦经营,培养了一批专业地政人才,输送到土地改革前线,这一举措也壮大了地政学派的队伍力量。

一、举办年会

按照中国地政学会章程,每年召开一次会员大会,即年会。每届年会将围绕中心议题进行研讨,并将所得结论刊发在《地政月刊》上,广泛征求学会内外的批评意见,同时提供给当局参考。此外,还会直接结合时局就亟待解决的土地政策问题,直接向当局有关部门提交意见书,以供采择。1934年中国地政学会召开第一次年会,至1947年一共召开了七届年会,每次年会的中心议题各有不同。1934年在镇江召开第一届年会,议题为"确定中国土地问题之重心";1935年在南京召开第二届年会,议题为"中国目前之土地政策";1936年在杭州召开第三届年会,议题为"租佃问题、航空测量与人工测量问题";1937年在青岛召开第四届年会,议题为"如何实现耕者有其田,如何规定地价";1939年在重庆召开第五届年会,议题为"中国战后土地政策、西南经济建设与土地问题";1941年在重庆召开第六届年会,议题为"粮食问题与土地政策,战时及战后垦殖问题,如何实施地价税";1947年在南京召开第七届年会,议题为"土地政策与国家建设之配合问题"。[2]

1934年1月14、15、16日三天,中国地政学会第一届年会在镇江举办。地政学会理事会早在1933年11月就开始筹备本次年会,推定年会筹备委员七人[3],对会务经费、年会日程、中心议题、年会招待等事项做出了周密安排。首届年会具体流程如下:

---

[1] 注:根据张清勇《中国土地经济学的兴起 1925—1949》(北京:商务印书馆,2014)一书对民国土地经济教育机构、研究机构以及专家学者的统计整理,与地政学派相关的达半数以上,足以说明其深厚的影响力。同时,这本书也为本文对地政学派创立发展的梳理奠定了研究基础。

[2] 张清勇.中国土地经济学的兴起 1925—1949 年[M].北京:商务印书馆,2014:131.

[3] 七名筹备委员包括:郑震宇、曾济宽、洪季川、李积新、萧铮、唐启宇、王祺。见:鲍德澂.中国地政学会第一次年会纪事[J].地政月刊,1934(1):147—178.

第一日　一月十四日

上午十时　年会开幕

下午二时　预备会议

下午三时　第一次会议

第二日　一月十五日

上午九时　第二次会议

下午二时　第三次会议

第三日　一月十六日　游览名胜（分镇江、扬州两组）

预备会议程序　一月十四日下午二时

一、开会如仪

二、年会筹备委员会报告

三、推举大会主席团及秘书

四、推举会务报告审查委员

五、临时动议

六、预备会散会　休息十分钟

第一次会议程序　十月十四日下午三时

一、开会如仪

二、秘书报告

三、讨论提案

确定中国土地问题之重心案（理事会提）

四、临时动议

五、散会

第二次会议程序　一月十五日上午九时

一、开会如仪

二、秘书报告

三、讨论提案

(1)决定目前中国土地整理应采程序案（理事会提）

(2)确定土地整理之基础以利推行案（河南省政府提）

四、临时动议

五、散会

第三次会议程序　一月十五日下午二时

一、开会如仪

二、秘书报告

三、会务审查报告

四、讨论提案

(1)决定第二年度会务案

(2)修改会章案(理事会提)

五、临时动议

六、选举理事

七、宣读论文

八、闭会[1]

根据《中国地政学会第一次年会纪事》,第一届年会开幕式在王祺的主持下,由理事长萧铮报告会务,总结学会自成立以来,"除极力从事研究讨论外,并曾拟具意见,贡献于立法院制宪,及中央决定土地政策"[2]。国民党中央党部执行委员会代表陈果夫听取报告后,肯定了地政学会一年来的工作,但也提出了期许,"总理主张平均地权,为解决民生第一要图,故极重视土地问题。国民政府奠都南京后,中央政治会议首即议决由立法院制定土地法。现土地法虽已颁布,迄未实行,因为我们以前没有预备工作,如统计调查等等,所以我们要从头做起。同时因为国内研究土地问题的人太少,故中央政治学校附设地政学院,来造就人才,为实行解决土地问题的准备。现在到会各位,对于土地问题,皆有相当的研究,将来对于土地改革的计划,定必有很多的贡献,以备中央实施土地政策的张本"。[3]

之后在年会第二次会议上,54名出席代表围绕土地问题重心何在的中心议题进行讨论投票,形成三种意见。一是分配问题(地租问题)为中国土地问题之重心(21人赞同),二是生产问题为中国土地问题之重心(7人赞同),三是分配与生产问题同为中国土地问题之重心(24人赞同),会议主席萧铮、曾济宽二人不计投票。这三类意见各有其理论依据,根据学术民主自由的学会研究氛围,这些内容会后均发表于《地政月刊》上。同时第一届年会中,还就"目前中国土

---

[1] 鲍德澂. 中国地政学会第一次年会纪事(附表)[J]. 地政月刊,1934(1):141—178.

[2] 鲍德澂. 中国地政学会第一次年会纪事(附表)[J]. 地政月刊,1934(1):141—178.

[3] 鲍德澂. 中国地政学会第一次年会纪事(附表)[J]. 地政月刊,1934(1):141—178.

地整理应采程序"问题决议"以依照土地测量登记正式程序为原则"[1],并向国民政府提出相关建议。最后,年会对学会章程进行修订,并选举了理事等。此外,会上还宣读了祝平《中国土地改革导言》、郑震宇《中国土地行政概况》、曾济宽《整理江苏土地之意见》等论文。[2]

1935年中国地政学会第二届年会召开,日程安排基本与第一届年会相同。本届年会提出的"中国目前之土地政策"的讨论,可以说是继承前届年会的土地问题重心的讨论,参加讨论的代表达69人。最终形成决议,认为中国目前的土地政策应该注意四个方面:一是迅速规定地价,实行累进制的地价税及增价税;二是立即按照规定地价,严定租额,并基于平等合作精神改正租佃制度;三是设立农业及土地金融机关;四是注重土地利用,实行移垦政策。[3]本次年会议案随后在第五次全国代表大会中作为土地政策纲领议案被采纳通过,作为解决土地问题的指南。此外,本届年会上宣读的研究报告包括:唐启宇《永佃权有无存在价值》、汪浩《收复"匪区"土地问题》、洪瑞坚《浙江二五减租问题》、曾济宽《土地之最经济的利用方法》、高信《南京市之土地问题》、李积新《盐垦区之垦殖问题》、王仲年《土地登记之审查事项》。

1936年中国地政学会第三届年会召开,提出以"租佃问题"作为讨论范围,决议通过了租佃制度改革的五种途径:一是政府严守租佃条件;二是组织土地金融机关援助农民取得土地;三是政府担保佃农分年摊还地价;四是从速实行累进地价税;五是政府发行土地债券。[4]这个决议案明确了租佃改革的路径,与第二届年会土地政策的讨论结果原则相符,只是所定的办法更为具体。同时,第三届年会还讨论了"航空测量与人工测量问题",得出航空测量与人工测量的适用情形。与1935年的第二届学会相同,1936年的第三届学会上依旧设置了论文宣讲环节,包括萧铮《中国之土地问题与人口问题》、郭汉鸣《土地分配问题之综合的研究》、祝平《实施计划经济与土地统制》、冯紫岗《中国租佃制度之分析及改革之途径》、洪瑞坚《安徽之租佃制度》、李庆麟《中国粮食问题与土地问题》、黄通《民生史观与土地政策》。而在第三届年会举办期间,地政学会还推选会员在浙江省政府、党部、青年会、反省院、广播电台以及杭州市政府等处

---

[1] 鲍德澂.中国地政学会第一次年会纪事[J].地政月刊,1934(1):147-178.
[2] 萧铮.土地改革五十年:萧铮回忆录[M].台北:中国地政研究所,1980:57-59.
[3] 鲍德澂,张淼,万国鼎.中国地政学会第二届年会纪要[J].地政月刊,1935(4):523-588.
[4] 张淼,鲍德澂,郭汉鸣.中国地政学会第三届年会纪要[J].地政月刊,1936(4—5):835-884.

进行了8场公开演讲,以达到"学术研讨"和"对人民宣传"的双重效果[1],演讲场次如表1—3所示。

表1—3　　　　中国地政学会第三届年会期间的公开演讲

演讲人	地点	演讲题目
李庆麟	浙江省政府	中国粮食问题与土地问题
唐启宇	浙江省党部	中国租佃问题之症结及其解决途径
祝平	杭州市政府	土地整理之技术改良问题
王祺	广播电台	中国国民党之土地政策及其推行
郑震宇	广播电台	土地行政之效用
曾济宽	青年会	土地改良与农业改良
汤惠荪	青年会	西南各省之土地利用
黄通	反省院	中国现阶段之土地问题

资料来源:张淼,鲍德澂,郭汉鸣.中国地政学会第三届年会纪要[J].地政月刊,1936(4—5):835—884.

1937年中国地政学会在青岛召开第四届年会,本届年会出席会员、政府代表、各界来宾及记者约五百余人[2],规模超前。萧铮将地政学会自成立以来的理事会组织、会员增加、分会设立、刊物发行以及收支情况向到会人员介绍。本届年会讨论的中心议题有两项,一是如何实现耕者有其田,二是如何规定地价。耕者有其田的问题,向来是各方争辩研究的重要问题,本届年会经各方代表商议,认为实现耕者有其田有三项基本原则:一是政府应发行土地债券,二是规定自耕农场的面积并禁止分割和转移,三是必要手段应包括荒地开拓、已耕地改良、土地银行设立、农村合作社倡议等。至于规定地价,这本为土地行政的重要环节,但是实施程序上还存在很多问题,所以本届年会也着重对此进行了探讨,提出议定地价的程序包括由人民按照政府公布标准自行上报、人民上报地价时可酌情合理增减、出现非法申报地价时应按标准地价核准其地价。郑震宇将本届年会的决议上报当局,得到"中政会汪主席""贵会对于现行土地法规之修正意见,铭已详阅,深表赞同,最近期内当提出会议,此次贵会讨论及此,如有意见,祈随时惠示,并祝地政前途光明"[3]的回复。本届年会上报告的会员研究

---

[1] 张淼,鲍德澂,郭汉鸣.中国地政学会第三届年会纪要[J].地政月刊,1936(4—5):835—884.
[2] 消息:中国地政学会四届年会[J].新北辰,1937(5):96—98.
[3] 消息:中国地政学会四届年会[J].新北辰,1937(5):96—98.

报告有汤惠荪《自耕农与佃农经济状况之比较》、王先强《嘉兴县土地问题及其解决方案》、黄通《李嘉图租地学说之展开》。

中国地政学会的第五届年会本应在 1938 年召开，但"当以抗战军兴，会员星散，召集不易，故延期一年"。中央执行委员会代表陈立夫在 1939 年召开的第五届年会上进行了训示："中国对于土地之研究，已有悠久之历史，惟因宣传推动不力，致一般国民，对于土地问题，尚无深切之了解。目前地政工作之推行，实为完成地方自治之基础，整理地籍，规定地价，垦殖荒地诸端，均有赖大会同人之研究；而土地金融，为增加国民财富之要图，希望大会同人亦予以深切之注意。"[1]本届年会同样是两个中心议题，首先黄通围绕"中国战后土地政策"讨论纲要分析比较战前战后情势，继而提出如何整理土地分配、如何推进土地利用、如何实施土地管理三大方面的问题供大会讨论。李庆麟围绕"西南经济建设与土地问题"议题介绍了西南经济建设的基础现状，继而引出土地征收、土地利用、垦殖、佃农、土地金融、土地测量、地价税等土地问题供大会讨论。第五届年会还以两个中心议案为主题向社会公开征文，由征文审查委员会委员万国鼎对征文审查结果进行报告：共收到 26 篇征文，围绕"中国战后土地政策"的有 19 篇，围绕"西南经济建设与土地问题"的有 7 篇，经审查后，认为均不入选，因"惜筹备匆促。交通阻梗，征文标准未能及时刊布，致应征文不能如原有希望。而同人述作，各抒己见，事前未定分题研究之计，致未能遍及讨论土地政策所应注意之全部问题，则不无遗憾耳"[2]。但最终征文审查委员会还是选出 4 篇内容较佳的论文附刊于《中国土地政策：中国地政学会第五届年会论文集》后。

1941 年中国地政学会第六届年会召开，本届年会的召开更有其特殊意义，"自抗战以来，后方建设一日千里，任何学术团体都起而竞争着为祖国服务。那么十余年来领导我土地改革运动的中国地政学会自然更是当仁不让，更要以革命的精神，适应时代的需要，而提出更切要的具体地政方案了"[3]。第六届年会包括三方面议题，首先是"粮食问题与土地政策"，年会探讨了粮食短缺的原因，认为在现行土地制度下，地主普遍垄断粮源、操控粮价，导致军民粮食恐慌，所以应由政府发行谷物券征收地主余粮，地主可于战争结束后凭谷物券向政府

---

[1] 鲍德澂. 中国地政学会第五届年会纪略[J]. 人与地,1941(20—22):428—431.

[2] 万国鼎. 导言[A]. 见:中国土地政策:中国地政学会第五届年会论文集[C]. 上海:独立出版社 1939:1—2.

[3] 介. 人地短评:中国地政学会召开年会[J]. 人与地,1941(3):45—46.

如数兑换谷物或现金。其次是"战时及战后垦殖问题",垦殖问题是实现地尽其利的重要手段,地政学派很早便开始呼吁注重土地垦殖,但这项工作在过去特别是抗战时期并没有得到很好的落实。然而农林部新设了垦务总局,地政学会成员深感欣慰,并趁此机会在本届年会上讨论具体的垦殖政策。最后是关于"如何实施地价税"的议题,地价税能否实施直接关乎平均地权能否实现,而地价税的征收前提又在于地价的确定,这点地政学派也早有提议,但并未有效实践,因此本届年会仍然探讨了更加行之有效的地价税方案。以上三项提案的讨论结果汇总后照例提交给当局有关部门,作为当局开展地政工作的参考。

1947年中国地政学会举办了第七届年会,本次年会在南京建国法商学院举行,到会各机关代表达230余人。本届年会召开时,抗战已经结束,故地政学会成员认为本次年会应该将"土地政策与国家建设之配合问题"作为中心议题,围绕此议题,本届年会通过的决议全文如下:

自抗战胜利,国家进入复兴建设时期,建设之最高目标为,一为民生富裕,二为政治民主。欲达此目标,必要之条件有三,即农业改进、工业建设与教育普及。而教育之普及,实有赖于农业改造与工业建设之成就,故建设之中心,尤在此二者。农业改造必以土地改革为中心,而工业建设亦应与土地政策相配合,否则农村经济无由繁荣,工业建设亦将无由发展,人民之大众生活仍不能改善,而真正民主政治,亦无实现之望矣。本会有鉴于此,对于土地改革与国家建设之配合,特提出左列主张。

(甲)关于农业改进者:

一、实施耕者有其田,使农田之利,全归农民所有,以提高其增加生产之兴趣。

二、扩大农场经营面积,尽量采用合作方式,以为改进农业生产技术之前提。

三、尽速实行上述之新农业制度化,以适应工业之要求,并增加农民购买能力,使农民生活水平,日渐提高。

(乙)关于工业建设者:

一、以土地资金化方法,筹集工业建设必要之资金。

二、以公营方式开发天然富源,发展交通水利等公共工程,以裕国民经济并消纳农村过剩劳力。

三、实施公共工程区域,新辟城市及现有城市之扩充区域,其土地应先收为公有。

四、促进市地之合理利用,改善城市住宅问题,以利都市之建设与工业之发展。

(丙)关于政治建设者:

一、由农业改造及工业建设,使农工大众之知识水准及社会地位,得以逐渐提高,以为建立民主政治之健全基础。

二、土地之岁收,地价之增益与公地之收益,应为地方财政之主要来源。

三、完成地籍整理为实现地方自治之主要条件。[1]

在中国地政学会第七届年会上,时任地政署署长的郑震宇在致辞中对中国地政学会提出两点希望:一是中国地政学会应更加趋于社会化,使更多的人能够认识到平均地权的重要性而自动加入学会;二是中国地政学会应力求地政教育事业的扩大与普及。按照郑震宇扩充土地改革队伍的要求,本届年会最后一项议程就是举行中国土地改革协会成立大会,宣读宣言及章程,并选举理事。至1949年,中国地政学会与中国土地改革协会并未再召开年会,因此,地政学派的年会实际上是指以中国地政学会为主体组织的七届年会,七届年会不仅形式新颖,也发挥了重要作用。"在当年,各个学术团体举行年会,仅限宣读论文、讨论会务,至于拟定专题热烈辩论,而做成决议以为方针,则当以地政学会开其端",同时中国地政学会"历届年会之决议,影响政府的决策,和社会大众的观念,都甚巨大。而在其他方面,对土地改革之贡献,更为重要"。[2]

二、发行刊物

(一)《地政月刊》及《地政丛刊》

在1933年1月8日中国地政学会的成立大会上,通过了发行《地政月刊》(*The Journal of Land Economics*)的计划。实际上,在进行中国地政学会的筹备工作之时,萧铮和万国鼎便已经开始策划《地政月刊》的发行工作了,此刊作为民国时期首个专门研讨地政问题的刊物,地政学派希望其能够成为"研究的园地和推行的土地改革运动的喉舌"[3]。1933年1月10日,中国地政学会第一次理事会召开,通过月刊编辑委员会设置的决议,推选万国鼎为总编辑,另外

---

[1] 中国地政学会举行第七届年会[J]. 人与地,1941(23—24):441-446.

[2] 萧铮. 地政学院、地政学会与土地改革[A]. 见:王世正,王建今,王润华. 国立政治大学[C]. 南京:南京出版有限公司,1981:234-240.

[3] 萧铮. 土地改革五十年:萧铮回忆录[M]. 台北:中国地政研究所,1980:56.

推定鲍德澂、李积新、唐启宇、陈灿、西门宗华、曾济宽为编辑委员,并于当月赶印《地政月刊》第一期。[1]两天后的1月12日,编辑委员会召开第一次会议,通过四项决议:

(一)本刊以研究中外土地问题之理论与实际、汇聚有关系之文献、传播有关系之消息、促进土地改革为宗旨。

(二)本刊材料以土地问题为主,兼及农村问题等之与地政有密切关系者。

(三)本刊内容暂定如左(每期附铜版图一二面):

论著(约占篇幅十分之三)

译述(约占篇幅十分之四)

参考资料(以下约共占篇幅十分之三)

书报述评

时论撮要

法令汇录

专载

通信

新闻

本会消息

右列论著译述及参考资料不列栏名,余均将栏名标出。

(四)每期约八万字,十六开本,以少至四十页多至五十页为限,排行款式横行左起,以《社会科学杂志》为模范纸(待定酌),但若抽印单行本编为丛书,则以二十三开本直排为宜。

(五)以一月为创刊号,本月廿五号集稿,但不妨将已有之稿提前付印,俾早日出版。

(六)二月号以后,每月以十号集稿,廿五号出版。

(七)第二次编辑会议定于本月廿九上午九时半在地政研究班开会。[2]

《地政月刊》的栏目涵盖地政研究的诸多方面,而且还是当时唯一的地政定期刊物,其内容的丰富性和独特性,无论是民国时期还是现在,都蕴含着宝贵的经济思想价值。1933年1月底,《地政月刊》创刊号发行,万国鼎在本期的《发刊词》中论述了本刊发行的原因和使命,也向地政研究的专家学者发出了赐稿邀

---

[1] 本会理事会纪录[J]. 地政月刊,1933(1):144.

[2] 本会编辑委员会议事录[J]. 地政月刊,1933(1):145-146.

约,具体内容如下:

  土地为食粮与原料所自出,人民所资生,赋诸自然而为量有限。初民恃渔猎,不知土地之可贵。逮人口渐多,历游牧而专农耕,土地渐形重要。遇事强者藉势,富者恃财,兼并攘夺。兼并既烈,贫富悬殊,小民重困。有识者病之,起而谋均产。而总理之民生主义,亦以平均地权、节制资本为中心。惟如何达此目的,不知已费古今中外若干年若干人之智力与试验,迄今未定论也。且我国久患人满,但求地权之均,生产少而食指多,犹未足解决土地问题。然则如何增加耕地与生产乎?田赋为国家岁入大宗,积弊亦最深,税短于上,民困于下,如何除弊?土地税之征收,不独供给国用,且将借以促进土地之利用,而防止投机与集中。如是则税法如何拟订?推行土地政策,必须清丈登记,而功费浩大,如何进行?凡此种种,均非咄嗟可办,倘幸能成,而为千秋百事之计,又非可玩忽者也。

  今我国民生之凋敝,可谓极矣。推本求源,土地问题实为主因之一。人多田少,一家生产有限,生计必艰。偶遇意外,则必货其田业。一方则富者乘急要贫,重利盘剥,促进土地之集中。兼以手工业之破坏,商人之操纵,即有余利,被夺无遗。收入少而生活日费,卒至无以为生,逃亡转徙,铤而走险。生产不足而荒地转多,号称以农立国之中华,而衣料与食粮之进口,近年竟至占进口货总值百分之四十左右。现金相继流入城市,集中商埠,或转往外国,内地金融日枯,益促农村经济之破产。故如何保护农民,平均地权,增加耕地与生产,复兴农村,而减轻人口之压迫,实为目前急迫之问题。

  近者灾祸频仍,内外交迫,土地问题之重要,日益明显。注意或讨论之者渐多。惟苦无相当团体,集思广益,相与研究,共策土地之改革,爰有地政学会之组织。复以相当刊物之缺乏,爰有地政月刊之编印。故本刊之使命,将以左列数事为鹄。

  本刊以地政为名,材料自以土地问题为主,兼及农村问题之与地政有密切关系者。凡一事之措施,必须按之学理,验之事实,故本刊注重有研究之论著,或切实之调查与叙述,不尚浮泛之空言。异国书报,可资借镜者甚多,然异文不能遍读,故本刊将尽量译登英德法俄日诸文之有价值者。国内外图书,收聚不易,瑕瑜互见,本刊将陆续介绍或批评。散见各刊物之论文,则为之撰提要。法令择要登载。新闻随时露布。其他重要专件,或有关系之零星材料,亦将酌量刊入。总之,同人之意,窃欲借以汇聚一切有关系之文献,虽不能兼容并蓄,巨细靡遗，亦将集中文稿，沟通消息，兼为研究该问题之向导，庶达促进土地改革之目的。惟兹事体大，同人力薄，尚祈海内外大雅，时赐宏文，或予指导，俾此刊之编印为不虚，不惟本会之幸，亦国家之福也。[1]

《地政月刊》自 1933 年 1 月在南京创刊起，至 1937 年 3 月停止刊发。其间共编印了五卷六期，彼时因日军侵华的紧张局势，第四、五、六期并没有真正出版，只是有成型的纸质版。五卷《地政月刊》总计有 8 552 页，发表近 400 篇文章，总共大约 500 多万字。《地政月刊》为二十三开本，直排。第一卷由地政学会自行在东南印刷所印制，后因费用过高，手续繁琐，自第二卷第一期起，开始由地政学会补助印刷费给正中书局刊印发行，但又出现了排版、补贴环节的沟通不畅问题。月刊第三卷恢复由东南印刷所代理印刷，而由正中书局代理发行，这种方式一致延续到《地政月刊》的停刊。根据万国鼎的回顾，《地政月刊》"至停刊时止，月印二千至三千册。第一卷前数期曾以购买者多而再版。以当时一般期刊之销数言之，尚不为恶，在正中（书局）代售之诸刊物中，犹推此为畅销云"[2]。

《地政月刊》发刊五年来的研究内容主要分为五类。

第一类是土地整理问题。土地政策法规实施的重要前提是土地实际状况的明确，即土地整理是土地行政的先决条件。而国民政府受衰败的经济现状、急功近利的行政风格的影响，还根据国外地籍测量人力物力耗费巨大的实际情况，妥协地选用简易的土地陈报替代科学的地籍测量，效果大打折扣。地政学派对此十分关注并努力呼吁，希望以专业研究引起国民政府的对土地整理科学方法的重视。

第二类是土地改革问题。土地改革涉及范围较广，专题文章数量也相对较多。一是探讨土地问题的文章，包括粮食问题、土地与人口问题、土地法、农业合作、城市地价申报等诸方面。二是农业与农村问题，20 世纪 30 年代的中国，农村社会经济濒临破产边缘，农民的生产经营和基本生活都难以为继，复兴农村作为当时的一个流行的词汇，地政学派也将其作为自己主张的一个重要口号。三是土地政策与土地法令，这部分是土地改革的直接体现，关乎地政学派的土地思想是否能够真正切实改善国计民生。

第三类是土地经济问题。这个主题的论述大部分围绕土地赋税、土地租

---

[1] 万国鼎. 发刊词[J]. 地政月刊,1933(1):1—2.
[2] 万国鼎. 地政月刊之回顾与总索引[J]. 地政学报,1945(1):140—161.

佃、地价核定以及现代土地经济理论展开,同时还对土地制度、土地分配、土地金融以及契税等问题进行了一定研究。

第四类是土地利用问题。地政学派企图引进国外土地利用的先进案例来振兴农村经济,因此做了大量介绍。同时结合我国实际情况,分析了国内土地利用的实际案例。

第五类是土地行政问题。土地改革主张从思想到政策的落实,离不开土地行政手段,因此以土地行政为着眼点的研究也不在少数。

除了以上五类主题的地政研究内容,《地政月刊》的栏目还包括书报评述、中国地政学会以及地政人物等内容。以上这些不同种类的文章篇数安排大致如表 1—4 所示。

表 1—4　　　　　　　　《地政月刊》文章分类统计表

文章分类名称	具体分类	篇 数
土地整理问题	土地整理理论	9
	土地登记	22
	土地陈报	7
	土地调查	4
	土地测丈	36
土地改革问题	土地问题	15
	农业与农村问题	19
	土地政策与土地法令	71
土地经济问题	土地赋税	43(土地税 17 篇,田赋 26 篇)
	土地租佃	24
	地价核定	10
	现代土地经济理论	6
	土地制度	4
	土地分配	2
	土地金融	4
	契税	3
土地利用问题	国外土地利用	2
	本国土地利用	3
	土地利用理论	2
土地行政问题	土地行政内容	37
	土地行政理论	7
书报评述		31
中国地政学会		17

续表

文章分类名称	具体分类	篇数
地政人物	亨利·乔治	1
	达马熙克	4

资料来源：万国鼎.地政月刊之回顾与总索引[J].地政学报,1945(1):140—161.

除此之外,《地政月刊》还根据中国地政学会的历届年会、重点研究领域等实际情况特别刊发了十余期专号,分别是：宪法中关于土地事项之规定、"人民政府"之计口授田与土地政策、农村复兴与土地问题、第一届年会、各省市地政、土地法研究、第二届年会、达马熙克先生纪念、田赋、第三届年会、平湖整理地籍、扶植自耕农等。

《地政月刊》自发行五年以来,对于土地学术研讨起到了巨大的推动作用,因其土地改革理论研究和资料消息的权威性而成为当时土地研究学界和政界的重要参考刊物,取得这一成果也和万国鼎的付出有直接关系。《地政月刊》自发刊到停刊,一直由万国鼎担任总编辑,尽管专门设置有6—13人不等的编辑委员会[1],但因为这些编辑分散在各处,并不能够及时沟通,因此,基本是由万国鼎一人承担了《地政月刊》的全部编印工作,只是请人分担了少量的约稿及校对工作。万国鼎认为："大抵编印刊物,求其精美,第一须有充分良稿之供给,第二即赖主编者之能力,举凡文字、识见、判断力、审美观念以及时间、精神等,俱有关系,不容稍有疏懒。例如月刊第二卷中各省市政专号,分印五期,首期拟不自编,而编定之来稿篇幅逾额二三倍,体例亦有未合,不得不送还重编,其后数期,遂逐渐侧重于自行动笔改削,有时几若自撰,费时不少。"[2]可见,万国鼎确实为《地政月刊》的创办与运行投入了很大精力。

中国地政学会编辑委员会第一次会议上,委员会除了商议《地政月刊》发行的详尽事宜,还通过了《地政丛刊简章》,简章内容如下：

第一条　本丛刊选取《地政月刊》二万字以上之长篇著译抽印单行。

第二条　本丛刊材料之选择由编辑委员会决定之。

第三条　本丛刊由本会印行。

---

[1]　除总编辑万国鼎之外,1933年编辑委员会包括鲍德澂、李积新、西门宗华、唐启宇、曾济宽、王先强、汤惠荪。1934年编辑委员会包括黄通、汤惠荪、刘振东、唐启宇、李积新、祝平。1935年编辑委员会包括唐启宇、汤惠孙、汪浩、鲍德澂、郭汉鸣、洪瑞坚。1936年有副总编辑李庆麟,编辑委员会包括曾济宽、祝平、张淼、唐启宇、黄通、汤惠荪、高信、鲍德澂、郭汉鸣、洪瑞坚、邹序儒、张廷休、张丕介。

[2]　万国鼎.地政月刊之回顾与总索引[J].地政学报,1945(1):140—161.

第四条　著作人得按其著作物之定价抽取百分之二十之版税,每逢六月、十二月底结算一次。[1]

1934年,第一、二种丛刊出版。第一种为单威廉著、萧铮译的《中国之土地制度·土地登记及征税条例草案》,地籍测量作为地政工作的基础,关系到土地政策能否顺利推行,并直接关乎土地所有权人的利益,但是地籍测量的作业工作需要专门的知识指导,而这方面知之者甚少,所以第一种丛刊以通俗的语句,提纲挈领,一一说明,全面覆盖重要部分,凭此手册即可在短时间内熟悉地籍测量工作。第二种为东京市政调查会编著、王先强译的《都市地域制度》,扶持自耕农与保障佃农是当时土地政策的核心,因此,"本书之特色,在理论与实际,兼收并蓄,相互参证。著者服务地政多年,并曾在地政部主管扶植自耕农与保障佃农之工作,故其所述,内容至为充实。凡关心我国近年来土地政策推行情形,或热心土地改革者,必以先睹为快,而对于研习土地经济及从事土地行政工作者,尤为不可或少之重要参考资料"[2]。1935年又相继出版了第三种丛刊——中国地政学会编著的《土地村有问题：各方对土地村有问题意见汇编》,第四种丛刊——达马熙克著、高信翻译的《德国之土地改革》。

(二)《地政周刊》

1934年9月14—19日,中国地政学会第二届第九、十次理事会议召开,本次会议上,唐启宇、高信两位会员提请发行《地政周刊》,会议决议决定"1. 推高信先生与《中央日报》接洽附印《地政周刊》问题。2. 添聘高信、张淼、邹枋三先生为《地政周刊》编辑委员并指定高信先生为主编"[3]。按照决议,《地政周刊》以《中央日报》副刊的形式,定名为《中央日报·地政周刊》,于1934年10月9日创刊发行,其出版启事如下：

本会除编印《地政月刊》及丛书丛刊外,又于十月间在《中央日报》附编《地政周刊》。每星期二出版一期,每期一大张,现已出至十四期。该刊内容丰富,对于土地问题除作理论之研究外,并特注意与实际问题之探讨,取材简短精炼,可作研究之津梁。如有购买者,请向中国地政学会接洽。定价：全年大洋六角,半年三角六分,零售每期二分。[4]

---

[1] 本会编辑委员会议事录[J]. 地政月刊,1933(1):145—146.
[2] 地政丛刊广告[J]. 地政通讯,1948(6):21.
[3] 本届理事会第二届第九、十次会议纪要[J]. 地政月刊,1934(9):2103.
[4] 地政周刊出版启事[J]. 地政月刊,1934(11):2360.

从1936年7月7日第90期开始,《中央日报·地政周刊》名称简化为《中央日报·地政》。1937年1月,"地政周刊主任编辑高信因事赴粤,改推李庆麟担任"[1]。1937年8月3日,因为抗战的全面爆发,《中央日报·地政》宣告停刊。

(三)《土地改革》

1947年,中国土地改革协会成立,《中国土地改革协会章程》中对主要会务的规定包括"编印土地改革之书刊"。根据此项会务安排,中国土地改革协会设立了土地改革出版社,由土地改革协会理事长萧铮兼任社长,理事张丕介、万国鼎、黄通、李庆麟、吴文晖、任卓宣、西门宗华等人担任编辑委员[2]。出版刊物分为两种:一种是《土地改革》半月刊,1948年4月1日首发,另一种是土地改革丛刊。丛刊第一种是《中国地政学会及中国土地改革协会概况》,第二种是张丕介著的《土地改革方案的分析》,第三种是吴文晖著的《土地改革与中国前途——为什么要实施土地改革》,以上三种丛刊由建国出版社1948年出版。《土地改革》半月刊以讨论土地改革问题为核心,兼论经济、社会、文化等各方面问题,是当时国内研究土地问题的唯一刊物,"是超然于各党派之上的,对当前时局问题,可以自由发表意见"[3]。

张丕介为《土地改革》首发致创刊辞,直接指出中国土地问题能否解决直接关系到国家的命运前途,乃至每一个同胞的生存问题。而要解决土地问题,唯一的出路就是进行土地改革。那么,什么是土地改革,为什么要进行土地改革,怎样进行土地改革就是首先要认清楚的三个前提问题。但张丕介认为国人中真正理解这三个问题的人寥寥无几,真正投身于土地改革的人更为少数,相反,阻挠、破坏土地改革的势力却极为嚣张,这些破坏势力歪解事实,误导群众,使土地改革步入歧途。当时国内的情况是[4]:

大多数的农民同胞,尤其大多数贫苦的小自耕农、佃农、雇农,因所有的土地太少,或根本没有土地,忍受着普遍的贫苦与饥饿,所以人人迫切的要求土地改革。但是他们没有组织,没有力量,并且更不明白,如何实现他们最切身的要求。

农民同胞以外的同胞,各有自己关心的对象,各有自己的痛苦,在目前危机

---

[1] 本会第四届理事会第五次会议纪要[J]. 地政月刊,1937(1):110.
[2] 消息:中国土地改革协会通过"土地改革方案"设立土地改革出版社[J]. 地政通讯,1948(3):39—40.
[3]《土地改革》投稿简章[J]. 土地改革,1948(1):28.
[4] 张丕介. 创刊辞[J]. 土地改革,1948(1):1.

重重局面之下,各有自己的忧虑与恐慌,但他们不明了一切灾难的根源,都直接或间接来自土地问题,甚至以为土地问题与其自身利害没有关系。

我们同胞之中,另有一部分,人数不多,但在政治、经济、社会三方面,都占着特别重要的地位,掌握着大部分的财富与权力。他们对多数同胞的灾难,国家社会的危机,漠然无动于衷;反之,他们只为自己既得利益,为了更大更多的个人权力与财富,顽固的反对一切进步的改革——当然,尤其反对土地改革。他们之中,有地主、官僚、资本家、落伍军阀,以及它们许多爪牙、豪绅、土劣。他们知道,土地改革是什么,所以运用一切方法,压抑它、破坏它、阻扰它,使它无法成为事实。

张丕介认为这些情况阻挡了土地改革之路,甚至直接加速了整个社会的崩溃与国家民族的危殆。因此必须克服这些威胁,唤起多数同胞的觉悟、组织与奋斗,为了自身利益,更是为了国家民族的振兴,使他们自发、自动地投身土地改革事业。而要达到此项效果,就必须进行"普遍的宣传正确的土地改革路线"。这就是创办《土地改革》的核心动机,此刊的创办将有助于大众真正了解土地改革的涵义、重要性以及途径,张丕介称:"我们深知土地改革运动是一切社会改革运动最艰难的一种,我们也明白自己力量的薄弱,但我们不能放弃这个宣传的责任,因我们已经明白看出来,如果我们不能解决它,它便会解决我们的。我们极希望,并且极需要社会各方面的协助与指导,使这个小小的刊物,发挥它应有力量。"[1]

三、出版书籍

中国地政学会的图书出版事业主要是指"中国地政学会丛书"。《中国地政学会丛书简章》内容如下:

一、本会搜集土地问题之专门译著刊行丛书。

二、本会丛书文字不拘体例,但须在五万字以上。

三、本会会员及会外学者,凡有合于前两条之著述及译稿,经本会编辑委员会审查后,提前经理事会通过得列入本会丛书。

四、本会丛书由本会指定之书局刊印发行。对于译著人之酬报方法如下:

(一)由译著人将版权售予出版人;

---

[1] 张丕介. 创刊辞[J]. 土地改革,1948(1):1.

(二)由译著人向出版人抽取版税;

(三)不受酬者其稿件由本会付印,对于译著人赠送本会一百册。

五、本简章如有未尽事宜得由本会理事会修正之。[1]

中国地政学会丛书的第一种为万国鼎的《中国田制史》。万国鼎于1931年9月便开始在金陵大学农业经济系讲授"中国田制史"课程,并为此拟定了田制史的课程梗概。1932年万国鼎进入中央政治学校地政学院,继续从事"中国田制史"的授课,在前期课程梗概的基础上编撰成教材《中国田制史》。1933年5月,《中国田制史》正式由南京书店出版,同时被列为中国地政学会丛刊第一种。中国地政学会将此书作为第一种丛书出版的推荐理由是"土地问题之解决,必须于学理、现状、历史三者,先作充分之研究。而本国往事,尤不可忽。一则现状绝非偶然,欲彻底了解之,则必追溯历史,明其成因。再则先民经验,其所遇困难,所具思想,以及所用解决方法之成败利钝等,均足为今日之南针也"[2]。而且该书作者万国鼎多年来从事田制史的讲授和研究工作,对该领域的史料收集、资料编排、源流因果以及时代背景有相当深厚的功底和独特的见解。《中国田制史》全书内容涵盖上古到元代,分别是上古田制之推测及土地所有制之成立、两汉之均产运动、北朝隋唐之均田制度、均田制度破坏后之唐宋元。该书出版后,在社会上引起了相当大的影响,南京正中书局1934年12月再次印刷此书,并列为大学丛书系列,1937年此书列入社会科学丛书再次出版。时至今日,商务印书馆2017年仍在再版此书,可见该书的学术价值历久弥新。

中国地政学会丛书的第二种为比利时学者窝德亚塔(Arthur Wauters)著、张淼翻译的《战后欧洲土地改革》,该书1933年由南京书店出版。窝德亚塔博士是比利时社会主义运动的倡导者之一,1925年社会党组织内阁时,曾出任实业部长。窝德亚塔生平著作颇多,对欧洲土地改革有深入研究。该书有鉴于"欧战以来,各国莫不注重土地问题,尤以东欧诸国之改革为甚。是书首述土地改革之原因,次述各国土地法之施行及其结果,土地改革在社会上、经济上及政治上之观点,土地改革与有关系之学说,末为结论"。同时该书译者张淼"亦条畅明白,与一般但恃字典呆译,致难卒读或意义不明者不同"[3]。当时中国的社会政治经济以及革命等问题的核心是土地问题,因此地政学会认为该书可以

---

[1] 中国地政学会丛书简章[J]. 地政月刊,1933(10):1452.

[2] 中国地政学会丛书第一种:中国田制史[J]. 地政月刊,1933(4):576.

[3] 中国地政学会丛书第二种:战后欧洲土地改革[J]. 地政月刊,1933(4):576.

作为我国实施土地改革的借鉴。1934年正中书局将《战后欧洲土地改革》一书列入大学丛书再次出版,陈果夫在为该书再版作序时也肯定其"颇足为我国此后整理土地之参考"[1]。

中国地政学会丛书的第三种按照《中国地政学会丛书出版预告》[2],应为德国土地改革领导者达马熙克著、萧铮译的《土地改革论》。但是萧铮"在德从达氏游,即曾邀准转译本书,乃不久沪战爆发,匆匆返国,嗣后奔走四方,迄无宁岁。廿五年闻达氏逝世之耗,至为悼念,决心重了旧愿,以资纪念。廿六年夏,参加庐山谈话会,在山消暑,乃从事译述,仅完二章,即逢'七七事变'。"[3]因此,该书的翻译工作转由张丕介负责,并最终于1947年由建国出版社出版,归于中国地政研究所丛书系列。地政学派向来奉达马熙克的主张为我国土地改革的重要理论指导,"以其所建议之方法言,达氏之主张,尤切合于我之平均地权,故欲以合理之土地政策,防止任何土地滥用,以地价税及增值税,收地租为公有。而就历史观之,达氏学说,对我国土地政策,更多密切之关系:青岛市土地政策之创造者单威廉氏,乃达氏之重视弟子"[4]。因此,该书的翻译引进,对于中国过去十余年屡屡受挫的土地改革事业,将是有效指导。该书的主要内容安排是:既非拜金主义亦非共产主义;土地改革与工业进步;土地改革与农业问题;以色列之土地改革;希腊之土地改革;罗马土地改革之奋斗及其教训;亨利乔治;德国之土地改革;土地改革视线下之世界大战。

战时地政丛书也是地政学派的重要出版书籍。1937年7月初,国民党中央政治委员会邀请各党派以及无党派人士赴庐山参加谈话会,要求各界代表"团结共赴国难"。萧铮在庐山会议的号召下,带领地政学会将研究重点转向战时土地政策。萧铮本人也在动荡危险的环境中完成了《民族生存战争与土地政策》一书,此书有一小段序写到"自民族生存之战爆发后,中国地政学会拟编行战时地政丛书,凡十二册,分论各种战时土地政策"[5]。随后,中国地政学会紧密结合战时地政工作的实际需求,由地政学会理事会聘请会员分别担任编辑,编辑战时地政丛书,供各界参考。最终列入出版规划的丛书有十种,分别是《民

---

[1] 陈果夫. 陈序[A]. 窝德亚搭著;张淼译. 战后欧洲土地改革[M]. 南京:正中书局,1934:序.
[2] 中国地政学会丛书出版预告[J]. 地政月刊,1933(1):142.
[3] 萧铮. 序[A]. 达马熙克著;张丕介译. 土地改革论[M]. 上海:建国出版社,1947:序.
[4] 张丕介. 专论:达氏土地改革论译序[J]. 人与地,1943(4):3—4.
[5] 萧铮. 民族生存与土地政策[M]. 南京,正中书局,1938:序.

族生存战争与土地政策》,萧铮;《战时经济统制与土地统制》,祝平;《战时农业统制与土地使用管理》,汤惠荪;《战时财政与土地税》,万国鼎;《战时金融与土地》,黄通;《战时土地行政》,郑震宇;《战时粮食问题》,李庆麟;《战时农民组织》,张梓铭;《战时农业问题》,曾济宽;《战时垦殖问题》,唐启宇。[1] 遗憾的是,这些战时地政丛书或因时隔多年流散,抑或因战争原因未来得及交付印刷出版等情形,目前可查的只有萧铮的《民族生存战争与土地政策》一书,该书1938年由正中书局出版,主要内容包括:从全面考察民族生存战争;民族生存战争中的土地问题;民族抗战中之土地政策。

四、兴办地政教育

(一)地政学院

土地改革作为一项重要新政,应用新人、行新政。萧铮早年熟读《王荆公集》,在他看来,王安石新政受挫固然与旧党的反对阻挠有关,但更重要的原因是在新政推广过程中所用非人,导致新政流弊丛现,旧党趁机大为诟病,直接加速了新政的夭折。再加上萧铮认为改革中国延续几千年的土地制度实非易事,"实在是震世骇俗、翻天覆地的大事"[2],而且萧铮还有1927年浙江"二五减租"运动的血泪教训,于是他更深刻地认识到土地改革事业必须依靠坚实的志同道合的人才队伍来支撑,这点直接体现在萧铮所拟的《集中土地专家筹划推行国内土地政策方法》中,该方法认为应"在政治学校内设土地经济系,培养高级地政人才"。陈果夫当时担任政治学校的实际负责人,他认为土地改革为当下燃眉之急,如果选送学生入大学土地经济系接受四年的培养,耗时过久,如成立专业地政训练班招收大学毕业生,效率可大大提升。因此,政治学校设立"地政研究班",并聘请陈果夫、萧铮、吴挹峰、罗家伦以及刘运筹五人为筹备委员。1932年11月15日,政治学校附设地政研究班,以南京四象桥浙江会馆为校址,举行开学典礼,正式开始招生授课。蒋介石在开学典礼上还进行了书面致辞,明确了地政研究班的重点研究教学方向。蒋介石认为:"本来土地这样东西,是造成国家的基本所在,是一国人民生活的资源所出,如果没有良好制度,来管理支配其间,那么大则酿成国家的纷乱,小则陷溺人民于贫苦,现在中央政治学校开设地政研究班,其目的就是研究土地行政一切事宜,要如何组织办理,才适合

---

[1] 重要地政新闻:(一)中国地政学会编辑战时地政丛书[J]. 地政学院通讯,1938(7):14—15.
[2] 陈太先,魏方. 当代地政泰斗萧铮博士传略[M]. 上海:上海市政协,1997:42.

国民的生活,适应现代的环境,换句话说,我们急需研究的内容,一种是土地的制度,一种是改革土地制度的技术。"[1]

中央政治学校地政研究班的招生方式分为两种,一种是参加统一招考,通过考核即可入班,另一种是由各省政府选拔符合条件者并保送其至地政研究班参加复试,合格即可录取。[2]现将招生简章照录如下:

中国国民党中央政治学校附设地政研究班招考学员简章

(一)宗旨　造就土地行政专门人才以备中央推行土地政策之用。

(二)学额　一百名(内推五十名由各省民政厅考送)。

(三)资格　投考学员须具有下列资格之一,而年龄在二十四岁以上三十五岁以内身体健全无疾病嗜好者:

(1)大学本科毕业者;

(2)专门学校毕业,在各级地政机关服务一年以上者。

(四)报名手续　报名时应缴下列各件:

(1)呈验毕业证书(其由私人或机关证明资格以及无证书而声请随后补缴者不得报名与考);

(2)呈缴最近中身四寸相片三张(相片不得黏贴硬纸板,背面注明姓名、年岁、机关及最近通讯处);

(3)填具详细履历书;

(4)缴纳试验费国币二元(应试与否概不发还)。

(五)报名及考试日期地点:

(日期)报名自二月二十日起至三月一日止,考试自三月三日起分别举行体格检查、口试及笔试;

(地点)南京城南四象桥本班。

(六)考试科目:

(1)党义(2)国文(3)英文(4)数学(小代数、平面几何、平面三角)(5)中外史地(6)政治学(7)经济学(8)法学通识或农学概论(二者考一种)

(七)揭晓　定于三月十一、十二两日在南京中央日报及上海申报登载公布。

---

[1] 蒋中正.选录:整理土地是我们国计民生一个生死关键:二十一年十一月十五日在中央政校地政研究班开学典礼训词[J].中央周报,1933(233):36—38.

[2] 内政部、中央政治学校协定各省保送地政研究班学员办法[J].河北民政刊要,1933(15):13—14.

(八)入学时起 三月十四。

(九)入学手续 录取新生入学时应缴下列各件：

(1)志愿书；

(2)保证书(保证人需住在本京经本校认为合格者)；

(3)毕业证书；

(4)保证金国币三十元(此项保证金存放本校指定银行入学时呈缴存单于毕业时发还)。

(十)修学期限 三学期，每学期定为四个月。

(十一)待遇：

(1)修学期内一切膳宿制服讲义等费概由本校按规定供给；

(2)毕业后得由本校按其程度及能力呈请中央分发各级地政机关服务。[1]

1933年5月1日，中央政治学校第七次校务会议召开，决定将临时性的地政研究班改为永久性的地政学院，全称为中央政治学校附设地政学院(Graduate School of Land Economics, Central Political Institute)，由萧铮担任学院主任，校址挪去中山门外陵园，新校址按大学标准为地政学院配备办公大楼、图书馆、讲堂、操场以及学社宿舍，设立研究室并聘请若干研究员进行土地问题研究，招生简章与地政研究班大致相同，只是将修学期限由三学期改为四学期。地政学院的创立也开创了高等学校设立地政院系的先河。

地政学院的工作主要分为教育培养和学术研究两个部分，并且奉行理论联系实际并服务实际的学以致用精神。因此，地政学院学生的课程安排也是兼具理论学习和实践调查两方面特色，该院学生在前两个学期主要进行高等经济学、中国田制史、土地经济学、土地法以及土地测量学等课程的学习，并穿插地政专家专题演讲扩展学生的知识面。《中央政治学校附设地政学院一览》中对基本课程的介绍如下：

土地经济(每周四小时，一学期)：本课程第一部分对国民经济学上之"土地"作综合的研究，详论土地之特性与种类、土地之价值与价格、土地之使用与分配。第二部分研究各派之地租论、土地改革论之原理，以为研究土地政策之预备。

中国田制史(每周二小时，二学期)：本课程论述历代田制，田赋之变更及其

---

[1] 中国国民党中央政治学校附设地政研究班招考学员简章[J]. 地政月刊,1933(1):1.

经济阶段、政治背景、学者思想、农民生活等之关系。以明中国土地问题之沿革因果,借为讨论目前问题之预备。

土地税(每周二小时,一学期):本课程论述土地税之特质、土地税之种类、土地税在财政上之地位、各国现行土地税制之比较。并注重地价税、土地增值税之研究,及我国改革田赋应采之方法与施行方法。

土地问题讨论(每周二小时,二学期):本课程讨论中国实际土地问题,如人口与土地之需要、现今土地利用状况、灾荒之程度与因果、垦荒与耕地改良可能性、土地细分与重划、土地分配状况与土地集中之趋势、租田制度与佃业纠纷、所有权转移之习惯、登记册籍、单契内容、官产沙田之管理、"匪区"土地之处理、田赋之内容与征收、各种诈欺侵渔等情弊。以为施政时之参考而减免纠纷。

都市设计(每周二小时,一学期):本课程研究城市设计诸要点,如街道布置、交通路线、公共房屋、公园及娱乐场所、城市分区法、城市设计之立法、城市建设之财政问题、城市之性质与现状。尤注重城市发展之趋势与市地问题之关系。

土地政策(每周二小时,一学期):本课程论述各国土地制度之沿革。尤注重于近今欧美各国之土地政策,及我国今后土地政策之原则与施行方法。

土地法(每周二小时,一学期):本课程以讲述我国土地法为宗旨,并略及各国土地法之大要。

土地行政(每周一小时,一学期):本课程前部简单叙述中国及各国之土地行政。包括土地调查、土地登记及各级地政机关之统系及组织等。

垦殖学(每周二小时,一学期):本课程论述土地之开垦、改良与殖民。包括水利、交通、治安、金融、教导以及一切设计与选择等,尤注重于经济方面。[1]

第三学期地政学院将安排学生到各地地政机关实习并进行专题调研,调查实习期一共三个月,并形成实习报告。第四学期就开始进行论文写作,审查合格并顺利经过各科考试之后方能毕业。如此,经过入学考试以及学业考核的层层设置,保证培养出来的学子能够真正成为地政人才。1932—1936年间,地政学院的投考人数分别是177、138、93、119、117人,通过入学考试的录取人数分别为65、36、34、33、26人,而最终经过学业考核的毕业人数分别为0(第一年无

---

[1] 中央政治学校附设地政学院.中央政治学校附设地政学院一览[M].南京:中央政治学校附设地政学院,1935:57—61.

毕业生)、22、23、21、11人。[1]对于毕业生的工作分配,也由地政学院全权负责。萧铮在有条件的省努力促成地政机关的设立,再亲自推荐毕业生前去新设的地政机关任职,之后如有工作调动情况,多半也需和萧铮商洽。如此一来,萧铮也就对全国地政人事动态了若指掌了。

地政学院的研究工作十分务实。地政学院创设之初就专门聘请了一批研究员、编译员和研究助理。对于地政学院新进研究人员从事的研究也有一定规划,规定其在入院时就"须提出研究计划纲要,详陈其拟研究之部门及工作进行程序。受聘之后,每学期开始应另拟本学期之研究计划,详列计划名称、目的、内容概要、研究步骤、工作人员、分段完成约期、备考等项。其计划之内容,须调查实际材料者,应另附调查计划。举凡调查目的、方法、区域、时间、人员、预算等统详细开列,经院主任审核后,提经院务会议通过,该项计划即为成立,分缮研究计划提要,存院主任及研究室主任处备查"[2]。在此项规定下,从学院主任、教授、专职研究员再到助理研究员,以个人或集体为课题组,承担着与土地改革息息相关的研究工作。该院成立之初,由全体研究人员共同承担"宪法上关于土地权益应如何规定"的课题,研究过程中全体教授、研究员每周都要集中讨论一次,历经一年完成课题并向宪法起草部门建议,最终成功被采纳入宪,宪法草案中的第13、142、143条均是脱胎于地政学院的议案。同期学院还承担"《土地法》修订"研究项目,耗时四年,对1930年《土地法》逐字逐句反复讨论研究,并形成21项修订原则,经由国民党中政会的土地专门委员会呈报至中央政治会议,最终有19项原则被采纳并成为立法院修订《土地法》的依据。

随着研究的开展,教授及研究员依据各自的研究范围组成了各种研究室,成为地政学院的办学特色,专任教授同时兼任研究员,除上课外,其余时间应在本研究室开展工作,专任研究员不需要上课,这些研究员均配备有助理研究员。"各研究员依其旨趣与学院需要,各有专门。研究室设主任,由汤惠荪兄担任。每二星期开研究会议一次,各教授、研究员均出席,讨论共同相关之各问题。"[3]在各研究室下还对应设立研究会,由学员自行选择参加,具体组织情况

---

[1] 中国国民党中央政治学校理解投考、录取、毕业人数比较表[J].中央政治学校十周年纪念刊,1937:13—14.

[2] 中央政治学校附设地政学院.中央政治学校附设地政学院一览[M].南京:中央政治学校附设地政学院,1935:18.

[3] 萧铮.土地改革五十年:萧铮回忆录[M].台北:中国地政研究所,1980:66.

如表1—5所示。[1]

表1—5　　　　　　　　　　地政学院组织概况

		院务会议	
院主任	研究室及附设机构	土地利用门研究室——汤惠荪教授主持,研究范围:土地利用程度;各种使用地之分布;农业经营概况;农村经济概况。	土地利用研究会
		土地分配门研究室——万国鼎教授、郭汉鸣研究员主持,研究范围:地权分配情况;土地与人口分布概况;各种土地制度。	土地分配研究会
		土地行政门研究室——祝平教授、鲍德澂研究员主持,研究范围:地籍整理之方法与程序;土地行政之组织及法令;土地征收与公地管理。	土地行政研究会
		土地金融门研究室——黄通教授主持,研究范围:各种土地信用形态;土地金融制度;土地金融之经营;农业经营。	土地金融研究会
		地价门研究室——李庆麟教授、高信教授主持,研究范围:各种地价变动状态;地价之因素及其关系;土地投机;地产经营。	地价问题研究会
		地租门研究室——洪瑞坚研究员主持,研究范围:租佃制度;租佃纠纷及佃制改革	租佃问题研究会
		地税门研究室——万国鼎教授、张淼研究员主持,研究范围:土地税制;田赋问题;契税及改良物税。	田赋研究会
		特殊问题调查研究室——汤惠荪教授主持	助理研究员—统计员
		方志研究室——沈鍊之研究员主持	
		地政丛书研究室——总编教授萧铮	翻译、部干事、校阅
		地政年鉴研究室——总编教授萧铮	
		地政资料索引编辑室——编译员蒋廉主持	事务员
		地政资料保管室——编译员罗醒魂主持	
		图书审查委员会——黄通教授主持	图书馆

资料来源:张清勇. 中国土地经济学的兴起(1925—1949)[M]. 北京:商务印书馆,2014:102、105—106.

在地政学院教学与研究工作中,积累的文稿也成为地政学院系列出版物的来源。地政学院的出版物主要包括地政学院丛书、地政学院研究报告、地政学院毕业论文集、地政新闻索引、地政论文撮要、战时土地问题研究等内容。[2]

地政学院丛书,包含一系列经审查而入选的作品。地政学院教授及研究员的长篇著作且具有独特研究价值而经地政学院出版委员会审查通过者,可编入丛书系列,院外专家著作、国外地政著作译本经审查合格者亦可入选。丛书可

---

[1] 中央政治学校地政学院. 地政学院研究概况[M]. 南京:中央政治学校地政学院,1937:2.
[2] 张清勇. 中国土地经济学的兴起(1925—1949)[M]. 北京:商务印书馆,2014:109—118.

供研究、办理地政者参考,兼供关注社会经济问题的一般人群阅读。地政学院研究报告,是达到学术参考书标准的不定期刊物,篇幅相较丛书简短。地政学院毕业论文集,是地政学院学员在三个月的地政调查实习基础上所完成的研究论文。地政学院参与调查的学员一共168人,完成论文写作共166篇,其中田赋研究36篇,土地整理22篇,农村经济30篇,租佃制度及房租问题19篇,土地制度19篇,低价地税20篇,农业金融8篇,市地问题及土地征收12篇[1]。这些论文中,"凡论文成绩优良,经院务会议通过,认为有刊布之价值者,即由院为之编印"[2]。地政新闻索引,由地政学院地政资料索引编辑室将纸质新闻资料按月择要切贴编辑而成,于1934年创刊,内容偏重土地及农业经济方面。地政论文撮要,由地政学院地政资料索引编辑室将研究中外土地及农业经济论文的提要按月择要编辑而成,1935年创刊。战时土地问题研究,是抗战期间结合时政而进行的研究,研究成果之后编为中国地政学会战时地政丛书出版。其他学术成果包括:(1)编纂地政年鉴,由地政学院主任总纂,各门教授、研究员任编纂委员,分门编辑;(2)设立方志研究室,收集各地方志,作为田制研究参考资料;(3)由地政资料保管室搜集和保管地政档案图表、土地调查表以及各地学员调查日记与实习报告;(4)收集各类土地研究书籍,截至1937年3月,中西文书籍收藏量达到9 501册[3]。

1937年"七七事变"以来,地政学院被迫迁移,9月随中央政治学校本部迁至庐山,12月又迁至湖南芷江县城,1938年7月又一次迁至重庆南温泉的白鹤林,但不到两年的时间,因为战势恶化,西南各省也要参与备战,中央政治学校停止招生,将地政学院与计政学院以及合作学院三院合并组建为研究部,原本计划由萧铮负责该研究部,但萧铮以研究部无法担负土地改革运动指挥部为由,拒绝了此项提议。1940年10月地政学院第8期学员毕业后,地政学院宣告结束。

(二)中国地政研究所

1940年地政学院停办之后,土地改革运动的总指挥部不复存在。为继续肩负起"研究土地问题,推行土地政策,发展地政教育,造就高级地政人才"[4]的

---

[1] 张清勇.中国土地经济学的兴起(1925—1949)[M].北京:商务印书馆,2014:113.
[2] 中央政治学校附设地政研究院.中央政治学校附设地政学院一览[M].南京:中央政治学校附设地政研究院,1935:58.
[3] 萧铮.土地改革五十年:萧铮回忆录[M].台北:中国地政研究所,1980:40.
[4] 萧铮.地政大辞典[M].台北:中国地政研究所,1985:827.

使命,萧铮以中国地政学会的名义,于同年12月1日组织创办了中国地政研究所(The China Research Institute of Land Economics)。在动乱的抗战时期,筹措这样一项地政教育研究事业极为不易,然而萧铮仍在重庆南温泉文钦路14号办起了这样一个全国独一无二的私立学术机构,除了研究人员、图书资料来自地政学院时期的积累,其余一切都是零基础。在中国地政研究所筹备过程中,《中国地政学会章程》对地政研究所的创办目的以及组织系统进行了规定,具体内容如下:

第一条 中国地政学会为研究土地问题并造就高级地政人才,特设中国地政研究所(以下简称本所)。

第二条 本所设董事会董事十三人,由中国地政学会理事会选聘之;董事长一人,由董事互推之,任期三年,连选得连任。董事在任期内辞职或出缺时,由中国地政学会理事会补选之,其任期以补足原任期为限。

第三条 董事会职掌如下:一、筹募本会基金及经常费;二、核定本所预算及决算;三、通过本所工作计划与报告;四、推定基金保管委员。

第四条 本所设所长一人,由董事会聘任之。

第五条 本所设导师五人至十二人,由所长提请董事会聘任之。

第六条 本所分设下列五系:一、土地经济系,土地经济学原理、土地制度史、土地政策、地税制度、租佃制度等属之;二、土地行政系,土地行政机构、土地登记、土地征收、公地管理、市地设计及管理、土地重划、土地法规等属之;三、垦殖系,土地利用调查及改良垦殖事业之经营、各国殖民及垦殖史、屯垦问题、集体经营及与垦殖有关之农事水利等问题属之;四、土地金融系,土地金融制度及机构、土地银行之经营、农业金融等属之;五、土地测量系,地籍测量、大地测量、水文测量、矿山测量、航空测量、绘图制版、测量仪器等属之。

第七条 本所各系各设主任一人,由导师兼任之;设研究员、助理研究员各若干人,由系主任提请所长聘任之。

第八条 本所设研究主任一人,襄助所长主持研究、行政及出版事宜,由导师兼任之。下设图书室、研究资料室、编译室,各室设总干事一人,干事、助理干事若干人,编译室并设编译员若干人,由研究主任提请所长任用之。

第九条 本所设教务主任一人,襄助所长主持教务、训育及毕业生指导事宜,由导师兼任之。下设注册课及训育员,注册课设总干事一人,干事或助理干事一人至数人,由教务主任提请所长任用之。

第十条　本所设秘书一人,襄助所长主持总务事宜,由所长聘任之。下设总务课,设总干事一人,干事或助理干事若干人,由秘书提请所长任用之。

第十一条　本所设所务会议,由所长、导师及秘书组织之,以所长为主席,决定本所重要事宜。

第十二条　本所设出版委员会,由所长指定导师三人至五人组织之,以研究主任为主席。凡本所出版之丛书、丛刊、学报及其他一切刊物,均须经出版委员会之审查通过并经所长核准后方能出版。

第十三条　本所设毕业生指导委员会,由所长兼任主席,教务主任兼任副主席,并由所长指定导师三人组织之,办理毕业生之调查、考核及指导事宜。毕业生之调查及通信等事务由注册课兼办之。

第十四条　本所遇必要时得设其他各种委员会。

第十五条　本所招收研究生办法另定之。

第十六条　本章程经中国地政学会理事会通过后实行,修改时同。[1]

根据章程第二条之规定,中国地政研究所设立董事会,第一届董事包括张继、孙科、陈果夫、陈立夫、朱家骅、周钟岳、萧铮、郑震宇等13人,其中孙科被推选为董事长。又依据章程第四条之规定,由董事会聘任萧铮为所长,汤惠荪为副所长。研究所设立土地经济系、土地行政系、垦殖系以及土地金融系,分别由万国鼎、李庆麟、张丕介以及黄通担任各系主任,土地测量系当年并未成立。

同地政学院一样,中国地政研究所的主要工作也分为教育培养和学术研究。中国地政学院于1941年正式开始统招研究生,培养地政干部。选拔考试合格方可入学。两年学制中研究生应完成公共及必修课程,还应参加各类演讲会、讨论会以及实践调研,完成课程考核以及论文撰写后可以毕业,毕业后由所领导介绍至地政部门工作。《中国地政研究所招收研究生简章》如下:

一、宗旨　本所为养成高级地政科学研究人才起见,特招收研究生。

二、名额　本年共招收研究生十名(只收男生),其系别名额如下:(一)土地经济系三名;(二)土地行政系四名;(三)土地金融系三名。

三、资格　凡年龄在二十二岁以上至三十五岁以下,信仰三民主义,有志研究地政科学,身体健全,而具有下列资格之一者得声请。(一)教育部认可之公私立大学毕业,成绩总平均在八十分以上者,其系别限制如下:(甲)土地经济系

---

〔1〕中国地政研究所章程[J]. 人与地,1941(1):21—22.

限大学经济系、农经系或政治系毕业;(乙)土地行政系限大学法律系、政治系或社会学系毕业;(丙)土地金融系限大学银行系、财政系、商学系或经济系毕业;(二)中央政治学校地政专修科毕业,成绩总平均八十分以上,并在有关地政之机关团体服务一年,著有论文可资审查者。声请时应缴(如由邮局寄送需用双挂号)下列各件:(一)入所声请书、履历及体格合格证书各一份;(二)毕业证书及在校各期之成绩单;(三)本人最近半身四寸照片两张(背面注明姓名、年龄、籍贯及最近通讯处);(四)论文。

五、声请地点　重庆南温泉文钦路五号。

六、声请日期　七月十五日起至八月十五日截止。远道邮寄者以邮戳日期为准。

七、揭晓日期　声请人各件经审查合格者于九月十五日在重庆中央、大公两报公布并个别函知。

八、入所复试　录取各生限于十月十一日前来本所报到并受口试,其科目如下:(一)党义口试;(二)论文口试;(三)外国文测验(英、德、法任择其一)。

九、入所手续　各生入所时应填下列各件:(一)志愿书;(二)保证书(均由本所印妥)。

十、研究程序　研究时间定为两年,其分配如下:(一)第一学期举行土地问题各种学术讲演,并酌要讲习各项必须科学;(二)第二学期分系研究并举行各种讨论会;(三)第三、四学期拟撰毕业论文及实习。

十一、待遇　1. 由本所招收研究生除供给膳宿外,由本所酌给津贴,每人每月一百元。2. 毕业后愿任地政职务或教职者,由本所负责介绍。[1]

在土地问题研究方面,中国地政研究所与地政学会的研究相辅相成。研究所一经成立,便聘请研究员及助理研究员,并制定了详细研究规划。制定的研究方针包括三个方面:一是"探求真理",对土地经济学理论基础进行透彻深入的研究,并通过土地改革理论体系的完善,来阐发平均地权的真正内涵;二是"比较史实",对国外土地问题的沿革、现状进行梳理,分析各类土地政策法规的出台背景、目的以及实践成效,得出成败原因,作为中国土地改革的参考;三是"研究对策",结合理论基础和史实经验,对地籍整理、垦地改良、耕者有其田等问题提出具切实的研究对策,以供地政工作者参考。[2]

---

[1] 中国地政研究所招收研究生简章[J]. 人与地,1943(5):45.
[2] 龚立. 中国地政研究所成立纪[J]. 人与地,1941(1):20—21.

中国地政研究所的学术出版事业包括创办《地政学报》和《人与地》半月刊，以及出版"中国地政研究所丛刊"，简要情况如表 1.6 所示。

表 1.6　　　　　　　　　　中国地政研究所出版概括

出版物	简　介	代表成果
《地政学报》	学术性的土地问题研究报告，1945 年 4 月创刊	1945 年的第一期刊登文章包括： 萧铮：《平均地权与地尽其利》 钱家俊：《李嘉图以前之地租学说》 潘信中：《各国土地估价制度概观》 崔永楫：《东北农地问题》 孟光宇：《建筑改良物估价》 杜修昌：《论适中的土地生产单位》（上） 张树植：《南温泉附近之土壤与土地利用》 王恒：《三国屯田考》 万国鼎：《〈地政月刊〉之回顾及总索引》 刘培桂：《奥吉尔唯之土地改革思想》 中国地政学会：《向六全大会建议书》
《人与地》半月刊	专门研究我国土地问题和其他有关的社会、经济、政治、人生问题等的刊物，1941 年 4 月创刊，1945 年抗战结束重返南京时停刊	1941 年第 1 卷刊文有： 万国鼎：《书报评介：人与地》 赵启祥：《人与地之关系》 周钟岳：《地政与建国》 苏渊雷：《战争·土地·农民》 杨予英：《论土地债券》
中国地政研究所丛刊	中国地政研究所土地经济系、土地行政系、土地金融系以及垦殖系的教授、研究员以及副研究员的土地问题研究成果整理出刊，1943 年起陆续刊发	黄通：《土地金融问题》，商务印书馆 1942 年版许璇：《农业经济学》，商务印书馆 1943 年版 张丕介：《垦殖政策》，商务印书馆 1943 年版 崔永楫（编译）：《美洲各国农业政策》，正中书局 1944 年版 张继：《平均地权与土地改革》，商务印书馆 1944 年版 郭汉鸣、孟光宇：《四川租佃问题》，商务印书馆 1944 年版 [意]卡斯坦佐（G. Costanzo）著，秦翊、杨子英译：《农业金融制度及其新趋势》，正中书局 1944 年版 潘信中：《土地登记制度》，正中书局 1945 年版 王恒：《汉代土地制度》，正中书局 1945 年版 罗醒魂：《各国土地债券制度》，正中书局 1947 年版 崔永楫：《土地制度与土地使用之社会管制》，正中书局 1947 年版 [德]夏夫纳（Kurt Schaeffner）著，祝平译：《德国之土地抵押与登记》，正中书局 1945 年版
中国地政研究所丛书	对土地问题涉及的政治、经济、法律、社会、历史、矿、牧、建筑、水利、地质、土壤等诸多问题进行的学理探讨以及技术介绍，以供地政学者及地政工做人员参考	萧铮：《平均地权本义》，建国出版社 1947 年版 [德]达马熙克著，张丕介译：《土地改革论》，建国出版社 1947 年版

资料来源：张清勇．中国土地经济学的兴起（1925—1949）[M]．北京：商务印书馆，2014：150—154．

抗战胜利后，中国地政研究所迁回南京，1946 年 10 月建国法商学院成立，研究所也被纳入该学院。1954年研究所在台湾恢复独立设置并开始招生,1964年与台湾中兴大学合作办理地政研究所硕士班,1968年改和台湾政治大学合作,在1981年之前完成了地政研究所硕士班、博士班的增设。

(三)私立建国法商学院

1946年,由萧铮筹建的建国法商学院正式成立。萧铮创办私立大学的设想由来已久,早在1945年12月萧铮回到南京巡视地政学院故址时,看见在战火轰炸下仅存的三座校舍大楼,便有心在此基础上复兴旧学院,建成私立校园。但因地政学院旧址建筑已成为政大校产,私人身份的萧铮并无权过问,经与教育部商谈,萧铮决定先办学院再图扩充。他筹款3亿多元,在南京市内匡庐路购入数十亩地产,并在此兴建五座校舍大楼、购置教学设备。

时任经济部政次的萧铮认为,地政固然是建国的基本要务,但经济、法律、工商管理部门也亟待人才的输送,因此1946年建国法商学院创立时,一共设立了地政、经济、政治、法律、会计银行、合作以及工商管理7个系,中国地政研究所并入其中成为附设机构。校董会推选张继担任董事长,萧铮任委员长。萧铮又聘请杨幼炯为教务主任,沈尹默、万国鼎、周谷城、千家驹等知名学者为各系主任。建国法商学院于1947年2月正式呈准招生,本年度第一学期该院教职员工达48人,学生达493人。[1] 1948年教育部审查立案并开始续招第二期学生。1949年1月,沈尹默、燕树棠二位教授上完学院最后一节课,1949年4月南京解放,由南京市军管会接管学院原址。1949年后,台湾当局拒绝大陆迁台大学复校,建国法商学院彻底停办,但经萧铮的争取,地政研究所在台恢复开课。

---

[1] 教育部教育年鉴编纂委员会. 中国教育年鉴:第二次(二)[M]. 北京:商务印书馆,1948:223.

第二章 地政学派土地思想渊源与制度经济学架构

20世纪30—40年代,地政学派为国民政府实行土地改革进行了具体的理论阐述与政策设计,并提出了一系列土地制度构想,用来推动土地改革的发展。任何经济思想都有其产生的基础,地政学派土地思想是立足于近代中国社会经济发展的实际国情,对中国传统土地思想进行继承,并顺应西学东渐的学术潮流,借鉴西方国家土地改革的经验教训,最终在地政学派学者共同努力下而形成的产物,带有鲜明的时代特征。同时,这种时代特征又处在制度经济学架构体系中。地政学派土地思想的形成和逻辑演化过程契合了社会经济发展对于土地制度变迁的内生需求,属于诱致性制度变迁,同时又主张依靠政府的强制性主导来实现这种变迁。这种选择有其必然性和合理性,但也直接影响了后续的土地改革实践的发展路径。

第一节 地政学派土地思想的理论指导

中国近代经济思想起源和发展的逻辑"是为中国的发展服务的,是为寻求适合中国的发展途径和解决发展中国的政治前提而锻造理论武器的"[1]。地政学派土地思想的形成与发展,"在原则上是奉行国父遗教"[2],即孙中山的"平均地权"理论,而在土地改革的具体方法上,则深受国外土地学说的影响,尤

---

[1] 赵靖.中国经济思想史续集[M].北京:北京大学出版社,2004:序.
[2] 萧铮.土地改革五十年——萧铮回忆录[M].台北:中国地政研究所,1980:34.

其是对世界知名的土地改革家亨利·乔治以及达马熙克的土地思想进行了大量的吸收借鉴。因此,地政学派的土地思想融合了中西土地思想特征,兼具适用性以及创新性。

一、孙中山的"平均地权"理论

(一)孙中山的生平

孙中山(1866—1925),中国近代民族民主主义革命的开拓者,中华民国与中国国民党的缔造者,亦是三民主义的倡导者。少时曾赴檀香山、香港等地求学。1887年在何启创办的西医生学院学习医学,毕业后开始在澳门、广州等地行医,并暗中集结反清会社,着手革命团体的创立。1894年,孙中山在檀香山创办了兴中会,并相继在广州、惠州等地组织起义,赴美、英、日等国积极宣传革命,走上投身革命的道路。1905年,孙中山发起创建中国革命同盟会,并担任总理。1911年辛亥革命后,孙中山担任中华民国临时大总统,但次年被迫让位于袁世凯。1912年8月,在同盟会改组的基础上,国民党成立,孙中山被推选为理事长。从1913年起,孙中山先后又历经发动二次讨袁革命、创建中华革命党、成立广州军政府等革命事件。1925年,为革命事业奔波奋斗终生的孙中山在北京去世。1940年,国民政府向全国发出通令,尊孙中山为"中华民国国父"。

孙中山的土地思想贯穿于他的革命历程之中,并且是结合形势不断发展扩充的。1890年他便关注到土地问题,建议效仿西方,进行山地开发垦殖。1894年孙中山在《上李鸿章书》中指出,"地能尽其利"是欧洲富强的重要原因之一,而具体的途径就是政府应该重视对土地开发利用的管理,实现"地政有官,农务有学,耕耨有器"[1]。与政府管理相配套的,则应该是加大先进技术在农业生产方面的应用,特别应注重西方先进农业生产技术的引进。

为杜绝社会贫富差距过大,同时也为了发展社会经济,1903年,在日本东京组织的军事训练班上,孙中山在《东京军事训练班誓词》对学员的训导中讲到"驱逐鞑虏,恢复中华,创立民国,平均地权"[2]。1905年,在同盟会纲领中,"平均地权"成为正式的口号。1906年,《中国同盟会革民纲领》又对"平均地权"的具体实施进行了进一步阐述。[3] 随着孙中山土地思想的发展,解决农民土地

---

[1] 孙中山. 上李鸿章书[A]. 孙中山全集:第1卷[M]. 北京:中华书局,1981:8.
[2] 孙中山. 东京军事训练班誓词[J]. 孙中山全集:第1卷[M]. 北京:中华书局,1981:224.
[3] 孙中山. 中国同盟会革民方略[J]. 孙中山全集:第1卷[M]. 北京:中华书局,1981:297.

要求的内容被增加到平均地权理论体系中,这便是"耕者有其田"的主张。孙中山的土地思想作为地政学派推进土地改革的核心纲领,与亨利·乔治、达马熙克两位先驱的土地思想相互融合,始终指导着地政学派的土地改革事业。

(二)孙中山的土地思想理论体系

地政学派将孙中山的民生主义的土地思想作为重要的理论指导,对"平均地权"理论进行积极的阐发和宣传。1905年11月,同盟会机关刊物《民报》首期刊载的孙中山所题《发刊词》中,将同盟会的16字纲领归纳为民族主义、民权主义、民生主义。而孙中山民生主义思想就是"平均地权"。孙中山将当时中国社会最大的弊病归结为土地集中在少数地主手中,造成全国普遍贫困,他认为只有平均地权才能化解这一症结。"平均地权"主张作为孙中山早期的思想,是为了防止资本主义贫富分化的一种社会政策,它反映了孙中山对劳动群众的恳切同情和对世界潮流的敏锐观察。萧铮在《地政月刊》创刊首期就发长文对孙中山的"平均地权"理论进行解释,他指出"平均地权"的性质是国家对土地拥有最高支配管理权,而人民有经营收益权,通过定地价、征地价税、土地增价归公、照价征收等手段,"使土地因社会进步之报酬(即土地未来价格),平均为众人所享有,防止少数垄断利益或其他恶滥用土地"[1]。萧铮还称时人对"平均地权"的评论往往只根据字面意义,误认为是在分配环节上注重公平,然而根据孙中山平生思想演变,平均地权的核心应该是"地尽其利",这就要求在生产环节量力分配土地进行生产,也体现了平均地权在促进土地改良、提升农业集约化经营水平方面的经济学意义[2]。

孙中山的土地思想是在不断发展变化的,晚年的孙中对民生主义有了进一步的思考。除"平均地权""节制资本"的基本主张之外,这一时期孙中山还重点关注了农民土地问题。农民占据中国人口总数的绝大多数,保障农民的权利十分必要。然而,"现在的农民,都不是耕自己的田,都是替地主来耕田,所生产的农品,大半是被地主夺去了,这是一个很重大的问题……如果不解决这个问题,民生问题便无从解决"[3]。在此基础上,孙中山发展出"耕者有其田"的理论,并于1924年8月在"民生主义"第三讲中正式提出该口号。在孙中山看来,"耕者有其田"不仅是一个口号,也是一项土地政策,它是评判革命是否彻底的标

---

[1] 萧铮. 平均地权真诠[J]. 地政月刊,1933(1):3—28.
[2] 钟祥财. 20世纪中国经济思想论述[M]. 上海:东方出版中心,2006:215.
[3] 孙中山. 三民主义·民生主义[A]. 孙中山全集:第九卷[M]. 北京:中华书局,1986:400.

准。萧铮对"耕者有其田"也进行了深入剖析,认为该理论是与"平均地权"理论一以贯之的。"平均地权"政策实行之后,"便是决定了土地所有权人的现有价值,征去了土地上素地地租,及社会进步所致的增价,则'纯粹地主'或非利用土地的所有权人,根本对土地没有投机盈利或侵取他人的收益可能……不利用土地的人,有地而无利可图,却有所谓能促进土地利用的地价税的压迫,结果,自然会将土地转让到能利用土地的人手里"[1],也就是说,此时实现"耕者有其田"也是顺理成章的事情。

从最初的"平均地权"到后来的"耕者有其田",构成了孙中山系统的土地思想体系,也是国民党政府大力推崇的土地思想。作为官方学术团体,地政学派对于孙中山土地主张的政策转化过程也在发挥着积极作用。从1927年起,南京国民政府颁布了多项土地法令,对土地改革事项加以明确引导。尤其是在1930年6月初,国民政府立法院通过《土地法》,这是一部历时一年半起草完善、凝聚众多土地问题研究专家代表思想的法律。该法于6月底正式公布,这也是土地制度改革首次在法律层面得到了明确的规定和保护。《土地法》共计五篇397条,包括总则、土地登记、土地使用、土地地税、土地征收等内容。地政学派对《土地法》的制定进行了评判,认为将土地问题上升到立法层面,体现出国民政府对于土地改革的重视,符合社会各界的期盼,但是法令内容"对于固有土地经济变易较少,过去各社会阶段中虽于土地法无明文规定,但无形中有许多规例之存在,而此项规例大都有利于地主。今之新土地法,似仍未完全脱离旧时形态。其中措置,皆为一时之办法,而于中国土地问题所最重之三大原则,未见实现"[2]。还有人认为"现在之土地法,并不与总理之办法全符,所定地税太轻,此乃顾虑实行之困难也"[3]。萧铮也称《土地法》在"立法精神上仍不免缺陷,而所采方法,方诸实际国情,又多扞格"[4],于是他召集地政学派成员拟定并提交了一份关于《土地法》的具体修改建议,最终被采用并促成了1936年立法院对《土地法》相关内容的修改。但是随着"七七事变"的爆发,修正计划也被迫搁浅,使得《土地法》成为国民党史册中的一纸空文。虽然国民政府的土地法律在大陆并没有得到真正贯彻,但1948年后的台湾土地改革在吸取大陆土地

---

[1] 萧铮.平均地权与耕者有其田[J].地政月刊,1937(2—3):153—169.
[2] 邹枋.从平均地权论中国的土地法[J].地政月刊,1934(4):641—642.
[3] 吴尚鹰(讲),董中生(笔记).平均地权与土地法[J].地政月刊,1935(4):509—511.
[4] 萧铮.拟请修改土地法导言[J].地政月刊,1935(1):1—8.

立法和土地政策的经验教训的前提下,继承抗战前的土地立法原则和内容,继续沿用在1930年《土地法》基础上修改形成的1946年《土地法》,分"三七五减租""公地放领""耕者有其田"等不同阶段,采用不同的政策措施推进,取得了良好的实践效果。

(三)孙中山土地思想对中国古代传统土地思想的继承

在对中国优秀思想文化的继承方面,孙中山的土地思想中处处体现着浓厚的民本色彩和古代土地制度设计的智慧。《尚书·五子之歌》的"民为邦本,本固邦宁"是中国民本思想的源起,其后又有盘庚重民、周公敬天保民、孔子仁者爱人、孟子民贵君轻、荀子民水君舟、墨子兼爱、老子不扰民等多种体现民本的主张。西汉时期汉武帝"罢黜百家,独尊儒术",儒家及其强调的民本思想正式成为历代官方的指导思想。受此思想文化传统的影响,1894年,孙中山就提出了"国以民为本,民以食为天,不足食胡以养民?不养民胡以立国?是在先养后教,此农政之兴尤为今日之急务也"[1]的观点,反映出他早年土地思想中对"民"的重视。孙中山在推行自己的土地思想过程中,特别是在正式提出"耕者有其田"之后,就多次描述农民生活的困苦,流露出对农民的恳切关怀。为了改善贫困大众的生活,孙中山也始终将改变贫富悬殊、平均财富作为实施其土地纲领的目标,指出民生主义就是为了要实现贫富均平,这也带有中国传统的均平思想的烙印。明确了民本的基本立场后,便要在此原则下对土地制度进行具体的设计。在这个过程中,孙中山格外重视古代土地制度安排的智慧经验,上古时代的井田制、王莽的王田制、王安石的青苗法、洪秀全的公仓制等与土地相关的制度设计都曾对孙中山产生了重要启发,有些甚至直接体现在了孙中山的土地思想体系中。例如,孙中山强调的"平均地权"和井田制的目的是一致的,即"平均地权者,即井田之遗意也"[2],这并不是指孙中山要再次推行井田制,而是"惟有师其意而已"[3]。

为延续孙中山这种从中国土地制度发展汲取智慧的做法,地政学派以万国鼎为代表,对中国农史进行了深入研究,着重考察了中国土地思想史的发展脉络。万国鼎相继开创性地编写了《中国农史资料》《中国田制史》等著作,编辑校对了多部古农书,发表了《中国历代计口授田政策之回顾》《中国田赋鸟瞰及其

---

[1] 孙中山.上李鸿章书[M]//孙中山全集:第1卷[M].北京:中华书局,1981:8.
[2] 孙中山.三民主义[M]//孙中山全集:第5卷[M].北京:中华书局,1985:193.
[3] 孙中山.三民主义[M]//孙中山全集:第5卷[M].北京:中华书局,1985:193.

改革前途》等重要文章,同时开授中国田制史课程,不仅为地政学派研究土地理论提供了历史参照,更推动了中国农史研究领域的重大发展。

孙中山以及地政学派的土地思想的发展演化也深受中国政治传统的影响。自西汉确立了国家对盐、铁等特殊商品的垄断政策以来,便对之后历朝历代的经济社会发展打上了深深的烙印,国家不但要从社会经济活动中提取资源,还要深深地干预资源在不同生产部门中的分配,全面打击限制工商业,堵塞一切非农业经济行为,也就是说,国家干预成为古代中国经济社会的重要特征。孙中山尽管对封建社会的经济弊端和统治者对人民的剥夺进行了革命性的批判,但这种批判并没有否定中国这种传统的整体主义价值取向和文化认同,他的土地经济主张具有国家主导、政府推动的显著特点。在"平均地权"和"耕者有其田"土地改革理论体系正式形成后,面对中国存在的大量无地贫民,孙中山以俄国作为模板,对国家主导推动土地改革的可行性进行了论证,"现在俄国改良农业政治之后,便推翻一般大地主,把全国的田土都分到一般农民,让耕者有其田。耕者有了田,只对于国家纳税,另外便没有地主来收租钱,这是一种最公平的办法。我们现在革命,要仿效俄国这种公平办法,也要耕者有其田,才算是彻底的革命"[1]。孙中山土地主张中对国家权力的强调这一特征也直接影响了地政学派学者在论及土地问题时,强调国家主导、政府推进来实现土地改革的重要性。

二、亨利·乔治的"单一税"理论

(一)亨利·乔治的生平

亨利·乔治(Henry Georg,1839—1897)是美国19世纪末期的知名社会活动家和经济学家,主张单一地价税,废除一切其他税收,使社会财富趋于平均,达到所谓的"大协作"的社会。从19世纪末20世纪初开始,亨利·乔治的单税论被当作一种"救贫"新学和民生主义,即"单税社会主义"在中国流传,而且带来了巨大的影响。亨利·乔治的学说在中国的传播孕育了近代以来先进的经济改革主张,具有启蒙指导作用。孙中山的平均地权思想与亨利·乔治的土地思想就有着深厚渊源,地政学派也将亨利·乔治称为"是一位富有革命性的土

---

[1] 孙中山. 在广州农民运动讲习所第一届毕业礼的演说[M]//孙中山全集:第10卷. 北京:中华书局,1986:556.

地改革论者"[1],并且认为"乔治在土地改革运动所占地位之重要,其学说实值得吾人介绍"[2]。

19世纪中期到20世纪初期的美国,市场制度不断完善,工业体系快速建立,生产力飞跃提升,社会财富倍数扩张,这些因素都给美国社会的各个方面带来了巨大变化。与此同时,美国国内社会贫富分化的矛盾也不断凸显,罢工浪潮迭起,危机不断。自由竞争状态下发展起来的资本主义亟待经济运行机制上的新突破以及大量解决社会矛盾的救世良方。在这样的历史背景下,1839年亨利·乔治出生于美国东部的费拉德尔菲亚城,从小便因为家境贫寒而无力维持学业,少年时期的他不得不离开校园进入社会谋生。最初他在一艘商船上的茶房工作。1858年,乔治转赴加州,本想进行淘金的他苦于没有门路,便转而从事印刷业,从排字工人干起,因他刻苦勤勉,后被提升为报馆通讯员及编辑。也正是这些工作经历,让他有机会能够接触到社会底层的劳动人民,深刻体会他们的贫苦生活。1865年乔治开始在《旧金山时报》(Times)从事通讯工作,这一阶段乔治的社会思想开始萌芽,在通讯报道中,他极力劝诫工人注意自身的生活和政治社会的状况。同时,乔治也开始出版相关论著,进行更加深入地思考,他深感现在的社会存在一个富裕与贫困、高生产力与低工资、文明与堕落、政治解放与事实奴隶共存的怪相,更令他震惊的是大城市中的土地价值高得甚至只能用英尺作为计量单位,极端的奢侈与极端的贫困成为常态。亨利·乔治在这样一种现实矛盾的冲击下,发誓要找到社会财富成倍激增而社会日渐贫困的根源,并找到纠正这种现象的药方。在这样的前提下,他逐渐意识到土地问题就是社会矛盾的症结所在。1871年,乔治组织发行了《旧金山日报》(San Francisco Post),作为攻击不公平的土地利益私有制度以及借此横暴敛财的地主的舆论阵地,深得一般民众的支持。同时他还刊行书册《我们的土地和土地政策》(Our Land and Land Policy),专门对土地问题进行探讨,揭发土地私有制的不合理,并主张废除一切税项,单独征收土地上不劳而获的价值税,消灭土地的独占利益。

然而乔治觉得这样一份只有18页的小册子达不到影响社会改革土地制度的效果,于是决意重新撰写一本全面剖析土地问题的专著。他耗时近两年,依

---

[1] 高信. 亨利乔治之生平及其学说[J]. 地政月刊,1933(7):975—989.
[2] 高信. 亨利乔治之生平及其学说[J]. 地政月刊,1933(7):975—989.

靠变卖部分家当,才在《我们的土地和土地政策》基础上脱胎而出《进步与贫困》(*Progress and Poverty*)一书,这本书的副标题是"对财富增长中的工业衰退和贫困增加的思考"。成书之后他将抄本送到纽约以寻求一个出版方,可是很多出版商认为这本书就是纸上谈兵,甚至有人说他主张推翻现存社会,蓄意革命。为避免是非,出版商大都不愿出版,直到1879年才有一家公司愿意给他出版,但前提是必须由乔治承担大部分的版面费用,可见这本书的面世是多么不易。《进步与贫困》这本书一经出版,随即便引起了社会各界人士的关注,这也使得亨利·乔治在世界土地问题研究领域一举成名。之后乔治又相继撰写了《土地问题》(*The Land Question*,1881)、《社会问题》(*Social Problem*,1883)、《土地财产权》(*Poverty in Land*,1884)。随着其声誉的不断上升,乔治于1886年被选为纽约市市长中立候选人,但因招共和民主两党之忌而被联合抵制,宣告失败。1897年再次当选纽约市市长候选人,但在竞选期中不幸溘然长逝。

孙中山对亨利·乔治十分赞赏:"美人有卓尔基亨利(Henry George)者……曾著一书,名为《进步与贫穷》,其意以为世界愈文明,人类愈贫困,盖于经济学均分之不当,主张土地公有。其说风行一时,为各国学者所赞同,其阐发地税法之理由,尤其为精确,遂发生单税社会主义一说。"[1]所谓单一税制,就是对土地租金进行征税,而对资产和劳动力免税,以此实现社会收益的平衡。这样就不需要增设额外的国家机构,只需要对现有的税制进行改变,将地租通过税收形式转化为国家的财政收入,土地也就成为事实上的公有产权。换句话说,这种税制下的土地产权归属已经被模糊,只要能保证地租这一土地收益的载体能够被公共化、社会化、共享化即可。与此同时,国家也可以仅仅依靠征收土地税来充实财政。单一税制的核心其实是采取税额巨大的地租税来抵消土地自然涨价部分,不论是在土地增值前还是增值后,地租都将以地价税的方式上缴国家,留给地主的只是极少的一部分管理费,实质上地主仅在名义上保有权利,因此这也是一种无限单一税制。乔治认为,这样一种征税方式可以使因土地私有与垄断而无法取得土地的工业、交通运输业、城市建筑业从业者减轻沉重的土地负担,进而有效刺激经济的发展。

从亨利·乔治的学说体系中,可以看到古典政治经济学对他的影响。乔治的研究模式承袭了古典政治经济学的传统,以财富的性质、生产、分配作为研究

---

[1] 上海三民公司编.孙中山社会主义谈[M].上海:三民公司,1926:16—17.

对象,并配以演绎法进行分析。这是从亚当·斯密到大卫·李嘉图,再到约翰·穆勒都一直沿用的研究范式,这些学者对乔治的土地思想的形成又有不同的影响。一是亚当·斯密地租应被征税的理论。亚当·斯密早在《国富论》中就指出,社会的进步或者改良将会带来地租的增加,因此地主可以不费任何精力就增加收入。从这部分收入中提取一部分作为国家的收入,既可以对国家开支进行弥补,又不会妨害任何产业。因此,亚当·斯密主张将地皮租与其他土地地租应用于负担特定的税收收入,这种观点与乔治征收单一税的出发点十分相似。二是大卫·李嘉图的地租学说。李嘉图的级差地租理论与地租公式,还有地主与全社会两者利益对立的主张,都被乔治接受,并以此作为《进步与贫困》的理论基础。乔治又进一步拓宽了地租理论的适用范围,除农地应用方面,工业用地和城市建筑用地等领域也被涵盖进来。对地租上升的原因,乔治也在李嘉图提出的人口增加原因的基础上,增加了技术水平、政治环境、道德文化以及社会生活方式的改善这些因素。三是约翰·穆勒的土地纲领。乔治曾在与穆勒的通信中表示十分赞同穆勒的土地主张,并称其为古典政治经济学的最高权威。穆勒认为科技进步与经济增长会都使土地不断增值,地租随之增长,国家理应征收地租税,并用于发展社会福利事业,这一土地纲领也就成为乔治单一税土地学说的重要来源。也有说法是,在地租理论上,"李嘉图教导了约翰·穆勒,穆勒又帮助了亨利·乔治"[1]。

(二)地政学派对亨利·乔治著作的译介

《地政月刊》专门刊登了以乔治的《进步与贫困》一书为焦点的研究文章,此外地政学派成员还专门翻译了他的另一本著作《土地问题》(*The Land Question*,1881)进行传播,扩大其在中国的影响力。

1. 关于《进步与贫困》的评论

地政学派成员高信对亨利·乔治的土地所有制归属进行了辨析,并对单一税制是否合理进行了思考。高信认为《进步与贫困》一书的主要目的是"唤起了社会对土地不劳而获之注意"[2],地主凭借社会进步坐收土地涨价是不公平的,各国应该制定地价税,用来将这种不劳而获收归政府。在单一税制下的土地所有权归属是高信重点研究的问题,他认为社会各界普遍把乔治的单税论当作一种土地国有途径来化解土地私有弊端的观点是一种误解。高信通过仔细

---

[1] 陶大镛. 亨利·乔治经济思想述评[J]. 北京:中国社会科学院出版社,1982:68.
[2] 高信. 亨利乔治之生平及其学说[J]. 地政月刊,1933(7):975—989.

阅读全书,在书中第八编第二章中找到乔治的如下表述:"我不主张买回私人的地产,我也不主张把私人的地产充公,因为第一种办法不公正,第二种办法不需要……没收土地不必需,没收地租乃必需。"[1]从这段话中就可以知道,乔治只是赞成没收地租,他并不是很多人所说的土地公有论者。乔治主张让现在的土地所有人继续拥有自己的土地,让他们可以自由买卖转让,土地上的耕作物所得也归私人所有,只要向国家上缴地租即可。高信认为这样就"不必由国家去苦心出租土地,主要把现成的机关,安然以租税的办法,来没收全部地租,使往昔地主由社会掠夺来的地租,归还社会,令人人得享其利。这种办法实行以后,必能救济贫困,提高工资,增加资本的收入,消减土地投机,也可以消减足以捣毁工商业的经济恐慌,拒绝了寄生阶级(靠地租生存者),送给愿意工作的人以很多的工作机会"[2]。但是,高信对于乔治所主张的通过单一税制解决社会贫困问题的合理性提出了质疑,他认为如果将地主收益算作不劳而获的话,那么社会上很多投机商人也因为社会情况的变化而成为巨富,亦应该算作不劳而获,所以单独对地主没收地租是不公平的。与此同时,现在社会上地主的土地也是通过资本购买,如果对其加以课税,增加负担,会使得社会资本不再向农业部门流动,从而造成产业的非均衡发展。

李显承则是从亨利·乔治土地改革论的哲学基础进行分析,从社会文明进步的角度强调土地改革的迫切性。在亨利·乔治的《进步与贫困》一书的哲学观里,最基本的认知是"人不仅是动物"[3]。这句话的内涵是:第一,人类的欲求永远不会满足,其他动物的需要则是固定的。第二,其他动物只以自然所赋予的为限,而人类却能就此进行改良和进步。第三,人不仅是个人,他还是社会的动物,处在复杂的社会关系中。第四,只有人类才是生产者和制造者,其他动物不会发明也不会增益。第五,人类懂得通过交换获取自己想要的东西,构成相互合作的物质基础。正是因为这些特征,人类才称得上是"万物之主",这个使人类高于其他一切动物地位的支柱就是人类的理性,有了理性,人类才会适应、计划、创造、模仿,也才会产生文明并不断进步。在理性基础上,社会的进步将会依靠联合、分工以及互助合作来实现,即人类的"团结"是社会进步的第一

---

[1] 高信. 亨利乔治之生平及其学说[J]. 地政月刊,1933(7):975—989.
[2] 高信. 亨利乔治之生平及其学说[J]. 地政月刊,1933(7):975—989.
[3] 李显承. 土地改革与社会进步:介绍亨利·乔治土地改革论的哲学基础[J]. 人与地,1942(4—5):7—11.

要旨。社会进步的成果不能被内部无结果的摩擦和无意义的斗争所消耗,人与人之间都应该平等,"平等"也是社会进步的第二要旨。然而,当下社会被分为统治阶级和被统治阶级,有着明显的贫富差距,享受社会上绝大部分收益的阶级为维护既得利益,极力阻止一切革新和创造,社会文明已经处在一个非退即进的关键转折。"由于非正义不平等的财富分配所引致的恶果"[1],已经不能自获解救,只能下定决心进行革新。公认人人对于自然机会(土地)的同等权利,根除不平等的财富和权力分配的根源,即顺应人类进步的法则。总之,李显承认为亨利·乔治从人类理性出发,构建了社会文明体系,将土地问题归纳为掣肘文明进步的重要因素,明确了土地改革的必要性。

2. 对《土地问题(其内容及其解决方法)》的译介

亨利·乔治的《土地问题(其内容及其解决方法)》作为他在深入土地改革实践中对土地问题有更深一步了解基础上完成的专著,其现实应用性也对地政学派产生了重要影响。王缵绪与傅广泽合译了该书,刊登在《地政月刊》1935年第6、7、8、10、11期。这本书的写作与亨利·乔治在爱尔兰和英国的政治活动经历相关,原本定名为《爱尔兰土地问题》(*The Irish Land Question*)。该书一经出版,实际发行量甚至更胜《进步与贫困》。但为了彰显土地问题的广泛适用性,扩大图书刊行范围,这本书之后正式更名为《土地问题(其内容及其解决方法)》。全书共分为十七章,分别是:诚哉费家德先生之言(爱尔兰田制和其他各处田制一样);爱尔兰的疾苦,没有一点特殊的原因;爱尔兰土地问题乃是一个世界的问题;评各种解决土地问题之方策;土地是谁的;地主与佃农,究竟谁是谁非;凯得船长的玄孙(土地应用既得权之荒谬);独一无二之方策,轻而易举之方策;最优政策之确立;消除民族间的罪恶;如何方能胜利;土地问题在美国;在一个小岛上或一个小世界里;这样文化是可能的;现代文明的真面目;保守主义;以此标识,汝可得胜。该书有三方面重点:

第一,爱尔兰土地问题的普遍适用性。19世纪70年代末80年代初,乔治与爱尔兰土地联盟以及英国诸多的土地改革组织关系密切,初到爱尔兰的乔治作为纽约杂志《爱尔兰世界》(*Irish World*)的特派通讯记者,负责报道当地的土地改革运动,同时进行了一些不带政治立场的演说。随着对爱尔兰土地问题的深入了解,以及因演讲而获得众多追随者,乔治也投身到爱尔兰的土地改革运

---

[1] 李显承. 土地改革与社会进步,介绍亨利·乔治土地改革论的哲学基础[J]. 人与地,1942(4—5):7—11.

动中,与当地的土地联盟保持密切联系,参与土地联盟的会议,帮助他们完善组织体系,并在演讲中为土地联盟进行宣传号召。在这些活动中,乔治发现,爱尔兰土地问题其实是一个世界性的问题,"爱尔兰土地问题中包括的一切,不是爱尔兰地主与爱尔兰佃户间的地方实践,这乃是现代文明的一大问题,对于爱尔兰地主一切的非难,就是土地私有制度下各处的呼声,为爱尔兰民众拥护田赋的权利,就是为全世界人类拥护田赋的权利"[1]。当时的爱尔兰农业人口占到总人口的90%,而从事农业生产的基本上都是佃农,达60万人,地主只有区区2万人。英国的"不在地主"拥有大部分爱尔兰的土地,获取巨额地租,并享有政治立法特权。大量的无地佃农在高压盘剥下,基本的生产生活已无法维持。特别是1877—1879年爱尔兰发生严重旱灾,农业歉收,外加美洲农产品倾销,农业危机冲击巨大。然而爱尔兰地主收取的地租却丝毫没有变化,这逼迫爱尔兰农民组织起来开展土地运动,对英国的"不在地主"制度进行强烈反抗。在乔治看来,不止是在爱尔兰农业生产有"丰年"和"凶年"之说,其他国家的农业也会面临这样的情况,而且不只是农业部门,"矿业与制造厂"等更广泛的实业部门也面临着"丰年""凶年",在各国现行的土地制度压迫下,爱尔兰农业危机式的矛盾极大可能在世界上任何一个国家、任何一个产业内爆发。

第二,对现行土地问题解决方案的剖析。亨利·乔治认为,与爱尔兰一样,土地问题存在于现代文明中的各个角落,研究爱尔兰土地问题的解决方法对于世界各国有重要意义。英国对土地问题的解决有几种方案:"一、取消遗产长子继承及其他一切土地买卖过程中之法律的障碍。二、法律许可并扩大佃农之权利。三、设立仲裁法庭,以判决关于地租等等之诉讼。四、由国家买掉地主,然后再卖与佃农。"[2]乔治认为,这些方案不符合逻辑,也不能真正解决问题。第一项提议的出发点是好的,为土地自由流转创造了便利条件,但除此以外,并没有其他效力。这种方案既不能帮助佃户得到更仁慈的地主,又无法使地产分散。而且企图用这种方法对土地进行分散的主张并不符合当下的集中化生产趋势。第二、三项提议中关于佃农权利创设的提议,充其量不过是给予自耕农改良生产经营的少数保障或者是帮助他们从地主手中取得一点地产而已。就

---

[1] [美]亨利·乔治. 土地问题(其内容及其解决方法)[J]. 傅广泽,王缵绪译. 地政月刊,1935(6):809—828.
[2] [美]亨利·乔治. 土地问题(其内容及其解决方法)(续)[J]. 傅广泽,王缵绪译. 地政月刊,1935(7):799—1000.

算是建立法庭用来在业佃纠纷中判定一个公平的地租总数,使得地主得到的地租份额减少的规定,从长远看也并无裨益。因为地主可以通过其他方式榨取佃农所得,地租总量反而有可能增加。第四种提议主张的创设自耕农方案,乔治认为其带有明显的空想性,实现这样一种方案所耗巨大,没有一点真实固定的把握,而且分田过不了多久,土地一定还会集中,因为很快就会有新田主抵押他们的土地。而且土地集中化已经成为一种趋势,硬性对土地进行分散也不符合客观情况。总之,以上四类土地改革方案以佃农为中心,提倡土地农有,扶持自耕农,在乔治看来,由此形成的小田主只是被利用去做"他们的缓冲物与防御物,以反对一切不利于大地主的提案"[1],并不能真正消减大地主,更不会断绝他们依靠地租收入积累巨额财富的途径。

第三,最优的土地政策。通过对爱尔兰土地问题的思考,亨利·乔治一直在试图寻找一个各国通用的解决方案。解决爱尔兰土地问题不能用妥协中立的方法,"惟有承认土地平等权,方能解决"[2]。爱尔兰人民应该去做的就是努力打破限制,联合一切可以联合的力量,根据天然的原理,推行土地是大家公共的财产这一基本原则,将地租价值全部收归人民所有。美国的土地联盟应该做的,则是积极宣传这项基本原则,为爱尔兰也为美国的土地改革运动做有力的声援,使得土地改革运动更加广泛化、深刻化和强力化,并最终变为世界范围内的革新运动。

(三)亨利·乔治土地思想在中国的实践

亨利·乔治的土地思想在中国有着深刻影响和广泛实践。1894年加拿大传教士马林刊登在《万国公报》上的《以地租征税论》一文,首次将亨利·乔治的单一税学说引入了中国。之后,马林又相继在该报上刊文进一步介绍单一税。此外,他还在此学说基础上结合自己的理论集结成《富民策》一书,引起了社会上一些团体的关注。辛亥革命前,江亢虎作为中国社会党的创始人,依据亨利·乔治单一税原则,在其革命纲领中设有"专征地税,罢免一切税"[3]一条。此外,江亢虎还出版了《社会星》杂志专门用来介绍乔治的理论,并与马林一同

---

[1] [美]亨利·乔治. 土地问题(其内容及其解决方法)(续)[J]. 傅广泽,王缵绪译. 地政月刊,1935(7):799—1000.

[2] [美]亨利·乔治. 土地问题(其内容及其解决方法)(续完)[J]. 傅广泽,王缵绪译. 地政月刊,1935(11):1569—1587.

[3] 中国社会党纲领[M]//上海社会科学院历史研究所. 辛亥革命在上海史料选辑. 上海:上海人民出版社,2011:743.

在江宁地区开办了社会主义试验场,专门用来检验地价归公政策的实践效果。之后,江亢虎也向袁世凯进行了单税论、"国家社会主义"的推介,但随后袁世凯实行军阀专制,中国社会党被迫解散。

在中国受亨利·乔治土地思想影响最大的当属孙中山的平均地权思想。正如冯自由所说,孙中山"对欧美学者之经济思想,最服膺者为亨利·乔治之单税论,及平均地权之思想所由起也"[1]。孙中山对亨利·乔治学说的接触主要通过三个途径[2]:一是通过《万国公报》上关于亨利·乔治及其学说的介绍;二是 1896 年孙中山向美国华侨宣传革命之际,结识了单一税组织成员;三是 1898 年通过日本深受亨利·乔治思想影响的土地改革家宫崎民藏的影响。孙中山将亨利·乔治单税论和中国古代土地公有思想相互融合的特征,直接体现在其提出的平均地权思想中。1905 年同盟会成立,为了向民众宣传平均地权,同盟会成员还结合亨利·乔治学说进行解释阐述,例如廖仲恺在 1905 年《民报》创刊号上就开始对《进步与贫困》一书进行翻译,这也是此书在中国最早的译本。

而关于亨利·乔治思想在中国的具体实践,学界多认为其中十分重要的就是 1897 年德国殖民者在胶州湾由单威廉(W. Schrameier)负责推行的地税政策实践,因为单威廉被普遍认为是亨利·乔治理论的信奉者,因此他在中国的土地改革实践也自然被认为是亨利·乔治单一税学说的中国实践。然而,地政学派学者则多主张单威廉在胶州湾的改革是承袭了德国土地改革领导人达马熙克的思想,因为单威廉担任着达马熙克领导的德国土地改革联盟会的秘书。事实上,亨利·乔治和达马熙克的思想确实存在关系,两者的基本思想主张有很大相似性,但是在具体实现途径上存在不同。因为地政学派骨干成员中多有德国留学背景,留德期间与达马熙克等德国土地改革领导者建立了密切的联系,所以对于达马熙克土地思想的宣传与应用,相较于亨利·乔治的单税论的传播推广,有过之而无不及,下文也将对此进行详细介绍。

三、达马熙克的土地改革理论

(一)达马熙克的生平

德国土地改革运动领导者达马熙克(Adolf Damaschke,1866—1935)对地政学派推行的土地改革政策有着更为直接深入的指导。萧铮曾说:"我们五十

---

[1] 冯自由. 革民逸事:第三册[M]. 北京:中华书局,1981:133.
[2] 夏良才. 亨利·乔治单税论在中国[J]. 近代史研究,1980(1):255-258.

年来推动土地改革运动,在原则上是奉行国父遗教,但有许多方法上,是参考了达氏的主张。"[1]同时,《地政月刊》在编印期间,总共发行了十余期专号,关注宪法修改、计田授口、土地法、农村复兴、田赋、平湖地政实验、扶植自耕农等话题,特别值得注意的是,为纪念达马熙克逝世,还特别发行了"德国土地运动改革大师达马熙克先生"的特刊专号,"关于达氏之传略,其所领导之土地改革运动以及其等身之名作,均由本期作者,一一为之作详细之宣扬"[2]。作为唯一一期以人物纪念为主题的专号,由此便可看出达马熙克对于地政学会有着颇为重要的影响。在介绍达马熙克的学说时,中国地政学会主要成员有意凸显土地改革与强权政治、计划经济的联系,也反映了德国历史学派经济学、讲坛社会主义、社会政策等相关理论在中国的传播。孙中山与达马熙克也有思想上的交流,1924年,孙中山特请单威廉回到中国,在广州襄理土地问题,起草土地法,帮助推进"平均地权"主张。"因单氏之居介,东西二大土地政策家之理论与主张因以完全一致。"[3]达马熙克亦对孙中山赞赏有加,在其所主持的刊物中多次称道孙中山,还在其所著《国民经济史》一书中,对孙中山的土地改革主张以及三民主义专辟章节进行介绍。

  19世纪末,欧洲社会经济已完成其现代化过程,步入资本主义发展的繁盛时期,与此同时,其内在的矛盾危机也逐渐暴露出来。当时正致力于实现民族及政治统一的德国社会也面临着这种危机,各种社会改革学说层出不穷,土地改革运动亦有萌芽,达马熙克就诞生在这样一个历史背景下。1865年,达马熙克出生于一个木匠家庭,家贫仅足糊口,因无力承担学费而数次辍学。达马熙克一家人住在柏林的"营房式租屋"内,环境拥挤脏乱,而房租却极其昂贵。这样的生活经历在达马熙克看来都是由资本主义社会病态所造成的。达马熙克稍长考入师范学校,毕业后任小学教师,并利用课余时间潜心自学。1890年,25岁的达马熙克初次参加土地改革运动领导人召开的演说会,受土地改革思想影响甚深,自此便确立其志愿。当时德国境内提倡土地改革运动的各方在思想意识上存在诸多分歧,亦尚未有统一的组织,且经常互讧,并没有在社会上引起较大的影响。1898年达马熙克创立"德意志土地改革联盟会(Der Bund Deutscher Bodnreformer)"并主持相关工作。此后德国的土地改革思想和组织便统

---

[1] 萧铮. 土地改革五十年——萧铮回忆录[M]. 台北:中国地政研究所,1980:34.
[2] 萧铮. 纪念达马熙克先生[J]. 地政月刊,1935(9):1221-1226.
[3] 萧铮. 纪念达马熙克先生[J]. 地政月刊,1935(9):1221-1226.

一起来了,会员人数不断增加,几年之后就成为德国一项伟大的社会运动,其学说和主张传播到了国际社会,也影响了正处于民国时期的中国。

在达马熙克参与德国土地改革之前,德国的土地改革是由激进派的希坦姆(Theodor Stamm)以及福履谢姆(Michael Fluerscheim)领导的,他们的目的在于废除土地私有和私收地租,以实现土地国有。但这一乌托邦式的急进运动因为牵扯诸多方面的利益,注定不会长远,不久这些组织便因为内外部矛盾,如同昙花一现,早早退出了历史舞台,这也宣告了前期激进的土地国有土地改革运动的失败。达马熙克早先加入福履谢姆创立的土地所有制度改革同盟,很快就成为土地改革运动的重要演说者,每次演讲时听众满堂,于是便被同盟任命为机关报《德国民声》(原称《自由地》)的主编。后同盟因内部斗争导致会务无法维持,改组成为德国土地改革联盟会,由达马熙克担任主席。达马熙克对于土地改革的主张,不同于激进派,他与亨利·乔治一样,对土地和资本加以严格的区别,认为资本是人类劳动的产物,收取利息是劳动的报酬,是具有合理性的,而土地是自然的恩赐,地租是社会的产物,故应由社会全体获得。但是在实际改革运动中,达马熙克又不同于亨利·乔治,他不认同激烈的土地国有或者单一税的改革,主张采用温和的逐步改良方式。他认为地租不应该全部无偿归公,应分为过去的地租和将来的地租两种,"即现今已成既得权的地租,仍许私人所有;将来的地租,即今后基于社会进步与繁荣,而非处于所有者之努力而成的新增地租,应作社会所得,为社会全体的利益而使用"[1]。在这种土地改革思想指导下的具体措施就是对土地所有人限定最高土地拥有面积,征收其超额部分。扣除农地价格中由于人力所带来的增价,即为土地的自然价格。国家以此自然价格向地主征收利息(即为地价税),同时征收随社会发展而来的土地增价,并将这些财政收入用于公共事业发展。为了减少改革在实际执行中的阻力,达马熙克还将土地分为"市地"和"农地",并对地租上涨幅度最大的市地优先进行改革并逐步扩大到农地。这样,在达马熙克的领导下,德国有越来越多拥护土地改革运动的民众,"自数万人而增至数十万人矣"[2],而达马熙克领导的土地改革运动,"即就世界而论,达氏的土地改革思潮及其实际运动,确亦博得无限热烈的同情和信仰"[3]。

---

[1] 黄通. 达马熙克先生与德国土地改革运动[J]. 地政月刊,1935(9):1231—1236.
[2] 祝平. 达马熙克先生 A. Damaschke[J]. 地政月刊,1935(9):1221—1230.
[3] 黄公安. 达马熙克先生著作述要[J]. 地政月刊,1935(9):1236—1249.

达马熙克的土地改革思想深受历史学派的影响,其主张补充了历史学派的土地经济思想。历史学派之所以在19世纪40年代至20世纪初能广泛盛行,有其时代必然性。一方面,从经济发展背景来看,德国的工业化发展比英、法两国都晚,1848年3月爆发的普鲁士革命,要比1640年的英国革命晚两个多世纪,而德国工业化登上历史舞台时,英国的工业化已经相当成熟,成为世界工厂,并盛行起维护英国产业资本利益的亚当·斯密的自由主义经济学说。为了抗衡来自英国的工业品,发展本国工业,德国必须采取保护贸易政策,同时也需要在意识形态上寻求足以对抗英国亚当·斯密理论的思想支撑。因此19世纪40年代至20世纪初期在德国出现了历史学派,代表德国产业资本利益来对抗英国古典政治经济学。另一方面,从学术思想背景来看,经济学对于德国是一门从英法等国引进的外来科学,但是当时德国的历史发展是与这些国家脱节的,尚处于手工业时期,不存在经济自由主义赖以生长的土壤,于是,这门外来的科学在德国经过改造后,形成了完全不同的思想体系。在继承李斯特的国家主义理论传统,特别是他的历史归纳法的基础上,又在黑格尔经济浪漫主义色彩的"国家学说"以及萨维尼历史法学派的方法论影响下,历史学派得以形成。德国历史学派思想的核心就是强调政府的积极作用。相比于强调个人主义和世界主义的古典学派,历史学派强调的是民族主义。国家作为民族精神的最高体现,是驱动历史发展的力量,将占据历史舞台的中心地位,因此历史学派认为由国家干预经济事务有其必要性。19世纪70年代以后,德国产业资本壮大并逐渐走上了垄断资本主义道路,一系列内在矛盾不断凸显。特别是1873年发生的经济危机,导致大量中产阶级没落,工人阶级失业,各类社会问题严重激化。此时,德国社会民主党开始积极宣传马克思主义并开展工人运动。而为了对抗马克思主义,缓和愈演愈烈的阶级矛盾,历史学派的思想体系和各类主张也进行了除旧纳新。新历史学派在继承旧历史学派的思想理论遗产的基础上,相继提出了各式各样的社会改良主义,而达马熙克所主张的土地改革也属于一种社会改良方案,而非激进的暴力革命。

(二)地政学派对达马熙克著作的译介

当时中国对达马熙克学说的介绍,主要有地政学派成员翻译的达马熙克的著作,一本是高信翻译的《德国之土地改革》(*Deutsche Bodenreform*)(中国地政学会1935年版),另一本是张丕介翻译的《土地改革论》(*Boden Reform*)(建国出版社1947年版),这两本书虽说都详细体现了达马熙克的土地改革思想,但是侧重点各不相同。前者从德国地权发展沿革入手,分析了德国土地改革的历史必然性和立法保护的必要性;后者则从土地改革的性质出发,探讨土地改革对工农业发展的重要意义。尽管存在区别,但这两本书确实对当时的中国土地改革界全方位深入了解达马熙克的土地改革论产生了重要作用。

1. 对《德国之土地改革》的译介

高信翻译的《德国之土地改革》一书共 65 页,内容分为原理、反对论、地权的沿革、德国土地改革联盟会、世界大战与国家宪法、现势展望六章。主要有三方面重点:

第一,阐述土地改革的原理。《德国之土地改革》开篇先阐述了土地改革的原理,达马熙克认为土地是人类一切生活的基础,是一切劳动工作的源泉,所以土地应该被社会的法律保障,这样才不至于被人滥用。通过法律,土地应该被用于保障基本的住宅和工厂用地需求,同时规定地租应该为大众所有。而对应的,资本和劳力则可以归私人所有。在这种情况下,城市中资本的占有者不会追求从地租的增涨(如从房屋或者铺户租项的提高)中获取好处,劳工亦可以获得健全和安定的田园住宅,而且在"自由经济"之下,有了一心一意不断追求生产改进的资本家和稳定的精良劳工,必然可以使德国的制造品和工业生产在世界市场上占据重要地位。达马熙克还对所谓的"工业投机"和"土地投机"进行了比较。因为土地独占权的存在,资本家往往会提前打听到政府计划在何地建设新铁路,开掘新运河,建设新车站、桥梁、商港、公园、教堂、学校或娱乐场所,然后将这些土地以低价收入,等到国家征用这片土地时,再以高价卖出,以获取高额利润。这样,土地投机者就通过不劳而获的方式取得了土地增价。而且这种投机行为不同于工业投机,不会引起技术的进步,进而无法增加劳动力的就业机会,更无从改善他们的生活质量。当然,如果这个收购土地的资本家利用劳动力和资本进行改良土地的工作,也理应有获取利息的权利。但达马熙克称这种利息获取方式从本质上就是危害大众利益的,不应该存在。因为国家行政机关在购买土地建设公共设施时,实际上是代表了社会的公共福利,这些土地投机者的存在自然是站在了公共福利的对立面。

第二,梳理地权的沿革。达马熙克发现土地问题在公元前 1500 年就已经受到了犹太民族权威立法者摩西(Mose)的重视,摩西认为每一个家庭都应该在其民族领地内得到一所住宅,这是上帝赐予的永久权利,即使遭遇了战争、疾病而被迫暂时放弃这所住宅,等到犹太民族每五十年一次的赦罪之年,各个家庭还是要回归到他们的住宅的,这便是摩西的土地改革大纲。另外,《圣经》戒条劝诫人们消除得到第二间房子的想法。可以看出,这些立法规定都是为了保障人人皆有土地可以栖身,反对富强侵犯和吞并他人土地,这也形成了中古时代(公元500—1500年)民众的基本土地权。但之后由于德国连年战乱和朝代更迭,这一土地制度便再难维持——农民的土地落入大地主之手,成千上万的德国民众在祖国的土地上失去了安居的田园住宅和耕地,这导致1820—1880年间大量德国人被迫选择移民美国进行土地垦殖。留在德国的农民因为失去土地以及子女受教育的机会,不得不进入城市,连同周边国家涌进德国的工人一起成为资本家的廉价劳动力。这反过来进一步刺激了德国城市工商业的飞速发展,于是资本家开始不断购买土地扩张规模,德国城市土地商品化正式拉开了序幕,同时也滋生了大量土地投机行为。达马熙克统计在"欧战(第一次世界大战的欧洲战场)之前,柏林共有七十六个'地产公司'"[1],可见当时土地交易市场的活跃。这些土地投机者操纵收购土地,并在这些土地上尽可能建筑高层楼房,使地价高涨。这一方面造就了一批富有的地产巨贾,另一方面则使得城市中的劳苦大众陷入住宅难觅的困境,造成了不良的社会影响。由于缺乏安定的生活,德国青年的犯罪率不断提高,城市治安矛盾突出。达马熙克痛惜地将这种现象称为"住宅灾难",在他看来,这都是土地商品化之后带来的不良后果。

基于土地制度的沿革,达马熙克在主持德国土地改革家联盟工作伊始,便定下了纲领,"要使为国民生存的基础的土地,受法律的保障,并由法律促进土地作工厂及住宅之利用,更不许滥用;至于不费劳力的地价增长,皆一律收归全体国民之用"[2]。该纲领明确了征收土地增价税的基本土地改革方案,也反映了联盟会对土地改革立法保护的重视。但是由于土地改革触及了很多地主联盟的利益,土地改革联盟会要求的土地改革立法保护并没有得到政府重视。在1918年国民会议时,土地改革联盟会共有76位委员被选作代表,他们在出席国民会议探讨立宪问题时,却发现德国宪法丝毫没有体现土地改革内容,这些代表委员迫切呼吁"在宪法上应该以土地改革为德国国民的基本权"[3],最终联盟会是在联合520位工人和军人代表的力量之后才迫使国民会议的宪法委员会采纳了土地改革作为基本法。于是便有了德国帝国宪法第一五五节的"土地

---

[1] 高信. 德国之土地改革[M]. 南京:中国地政学会,1935:24.
[2] 高信. 德国之土地改革[M]. 南京:中国地政学会,1935:27.
[3] 高信. 德国之土地改革[M]. 南京:中国地政学会,1935:56.

改革"条例,联盟会的土地改革措施也因此有了切实的法律支持和保护。

第三,界定政府的土地管理工作。达马熙克的土地改革思想允许政府控制土地,以便建设公共设施,为民众提供公共服务,而且政府在平常就应该注意多收买土地,避免到了需要建设公共设施的时候遭到地主的临时苛求与剥削。此外,达马熙克还对政府的土地管理设置了复购权,因为政府如果将原属共有的土地转让给个人使用,土地就可能会再次被个人自由转卖给他人使用,这样的过程会使这些土地不可避免地沦为商品。一旦成为商品,那些土地就会随着买卖流转链条的加长,在每个交易环节产生不劳而获的土地增值,并落入私人囊中。要想解决这一现象,就需要政府实行土地的复购权,即政府只要认为土地有成为商品或者正在商品化的可能性,就可以随时随地再次将土地收归公有。在复购权机制下,政府将土地出租给个人进行建设时,个人就相当于获得了一种租地建筑权(Erbbaurecht),在这种权利关系中,土地和建筑物是分离的,而不健全的土地的抵押借款也不易获得,致使土地投机者无从入手,这将有助于平抑城市中住宅区的房租。

2. 对《土地改革论》的译介

张丕介翻译的《土地改革论》共368页,体量较前书偏大,内容分为既非拜金主义亦非共产主义、土地改革与工业进步、土地改革与农业问题、以色列之土地改革、希腊之土地改革、罗马土地改革之奋斗及其教训、亨利·乔治、德国之土地改革、土地改革视线下之世界大战九章内容。该书有三方面重点:

第一,界定拜金主义、共产主义、土地改革的性质。在该书开头,达马熙克就对土地改革做出了明确的性质界定——"既非拜金主义,亦非共产主义,而为社会正义与人格自由"[1]。

达马熙克所指的拜金主义实际上是资本主义的变体,拜金主义思想虽然常被人冠以"自由"两字,但这种"自由"早已偏离自由经济思想伟大先驱者亚当·斯密所提的真正自由。在真正自由中,特权和独占是不存在的,这样社会福利才能够合理分配。但在拜金主义社会中,一切都只是为了满足私人的独占欲望,早已不符合最初要求的资本与劳动自由发展的思想。达马熙克还认为马尔萨斯的人口论是助长拜金主义发展的帮手。按照马尔萨斯的理论,人口增长的速度远远超过了粮食增加的速度,因此饥饿、战争、罪恶、疫病会成为社会必经

---

[1] 张丕介. 土地改革论[M]. 上海:建国出版社,1947:36.

的改良过程。社会机制会催生有产阶级和无产阶级,最终那些破产者就是自然淘汰的结果,会帮助社会再次恢复到人口数量和粮食产量的均衡。在马尔萨斯的主张下,拜金主义社会被美化为"其根本思想固绝非自私自利,而为善意"[1]。在达马熙克看来,这种说法绝对是惨无人道的,是会带来社会灾难的。马尔萨斯宣称其人口定律立足于"土地生产定律"或"收益递减定律",最先为人类所使用的土地属于上等土地,但是随着人口的增加,需要开垦更多的土地,到次等土地进行农业生产之前就需要首先投入更多资本和劳动力进行开垦,那么相对的土地平均产出就会递减。但是在达马熙克看来,人口的增加对于土地生产效率的提高有着极大的促进作用,因为庞大的人口可以带来大规模技术、辅助工具的改进,这将显著提高土地的生产率。除了拜金主义,达马熙克对于共产主义同样持以质疑态度。他认为"在共产主义社会中,劳动将被有计划的调剂,工作力将被有计划的分配与各部门"[2],这就会带来一系列问题。一方面,将整个社会生产和广大劳动力的发展归于一处管理,必然会将风险集中,一旦出现决策失误,将会给社会整体带来损失。另一方面,中央统一调配社会经济生活,参与经济活动的个人的权益诉求就无法保障。

所以,达马熙克认为要对国民经济生活进行根本改造,就必须实行第三种方案——土地改革。土地改革的理论是将地租归于社会所共有,则任何土地及其他自然资源就不会有被独占的可能,"任何参加生产于原始源泉之劳动,无复限制。当然劳动与资本间之关系,亦因而变化"[3]。同时,土地改革之后越来越完善的社会公共服务将会使得国家的综合能力提升,劳动和资本将会自行在经济社会中有序发展,每个人的意志也都将得到保障。

第二,土地改革与工业发展的关系。土地改革能够为社会带来极大改善,首要作用就是促进工业进步。达马熙克认为人口的增加能够为工业带来充足的劳动力,土地改革则可以为这部分劳动力解决最为基本也是最为重要的住宅问题。为什么达马熙克认为住宅问题是亟待解决的重要问题?根据统计,德国人口在1816年为2 480万人,而到了1914年已经达到了6 800万人,人口居住密度增长了近3倍。这主要是因为城市工业发展促使城市人口爆发式增长,1914年德国的城市人口总数为3 800万。大规模聚集在城市之中的人对于住

---

[1] 张丕介. 土地改革论[M]. 上海:建国出版社,1947:15.
[2] 张丕介. 土地改革论[M]. 上海:建国出版社,1947:30—31.
[3] 张丕介. 土地改革论[M]. 上海:建国出版社,1947:40.

宅以及其他公共设施的需求也明显增高,但在"拜金主义"的社会中,住宅矛盾却在与日俱增。因为普通劳工无法承受高额的居住成本,只能选择拥挤嘈杂、疫病肆虐的居住地,这给德国城市人口的健康状态也带来了威胁。达马熙克还指出,这种居住环境不利于城市吸收充足的劳动力移民,另外,密集居住的建筑对于房主来说,在建筑时需遵守的墙壁薄厚、楼梯宽窄等要求也要严于一般的房屋建筑,因此房主就需要负担高额的建筑成本,但最终还是会通过房租转嫁到贫苦的租户身上。

在达马熙克所主张的土地改革运动中,每个城市都应该进行土地建设规划,从事专门的"土地储备经济",用以确保每个家庭能够以最低廉的价格获得足够自用的户地园庭。政府为储备土地进行的土地购买活动,可以不受土地市价的约束,根据土地所有人自估的合理价格进行收购,这个自估的价格也将用于土地所有人的课税、典押、收买等行为,这将限制虚报、瞒报价格的现象出现。此外,政府还将对大型私有财产进行征收,消灭大地产商并补充城市公有用地。一方面,公有地的存在对于失业者以及无家可归者有重要的救济意义。城市公有地既需要大量的劳动力进行开垦建设,也可供失业者自行发展生产,维持生活,此外,还能为因失业而无家可归者提供住处。另一方面,大规模征收的公有土地能够优先满足民众对公共服务功能的需求,比如学校、教堂、医院、铁路的建设等。公共服务功能的完善又将吸引越来越多的人聚集在城市,有助于大城市的形成,进一步促进城市工商业的发展。

第三,土地改革与农业发展之关系。德国的土地金融历史悠久,早在1770年就成立了第一个土地抵押信用合作社,地主和自耕农都可以成为土地抵押信用合作社的社员。到19世纪初期,在达马熙克领导的德国土地改革运动完成之后,大地主的消灭意味着普通农民成了合作社的主体。合作社以土地为保证发放土地债券,在市场上换得资金,以长期贷款方式供给社员,协助农民购买土地、开垦土地、兴建水利、修建道路、平整耕地和植树造林,促进农业的发展。此外,同城市土地一样,农村进行土地改革之后,也会出现村社公有土地,德语中称之为"阿尔门德"(Allmende)。不同于私用农地,公有土地不允许负债,也不允许抵押。大量公有土地可以阻止农村无产阶级的产生,同时能进行多种形式的农业经营活动,这对于农村畜牧业和林业的发展有着重要意义。"凡有阿尔门德之处,既有一'公用牧夫'管理全村牧畜,放牧于公地之上。凡无阿尔门德之处,一般贫农几无维持畜牧之可能",公有土地之上的"公共森林可供给无代价之建筑木材,以助其房屋之建筑"[1]。

(三)达马熙克土地改革思想在中国的实践

除了思想的引入,达马熙克也间接指导了中国的土地改革运动,这始于土地改革联盟会的秘书单威廉任职于德国驻华使领馆这一机缘。时值胶州湾成为德国的租借地,单威廉负责青岛的城市建设和规划,他将联盟会的土地改革思想贯穿其中,实际上就使得青岛成为土地改革运动的试验区。

1897年11月德国侵入青岛,1898年3月中德签订了《中德胶澳租界条约》,8月22日签订了《胶澳租地合同》,9月2日德国总督公布了《置买田地章程》,此后又陆续公布了《青岛地税章程》(1899年1月)、《田地易主章程》(1904年5月)等土地法规。这些章程的内容概括起来如下:第一,德租借地内所有土地全由德当局从中国土地所有者手中一次性买断,地价按德占前的市价酌定;第二,德当局尚未买之土地,只准转让给本村本宗,后放宽至租界内和即墨胶州的华人;第三,在德当局未对土地进行收买之前,中国人如要卖地、改变土地用法、出租或典押土地等,一律须经总督衙门批准,否则可罚该地价的一半,再犯或罚款或将地充公;第四,德当局将从农民手中低价收购的土地划成小块竞价拍卖,出价最高者买得;第五,征收新土地税、土地过户费、地租等。按照如上规定,据1898年10月至1899年9月的统计,德总督府出卖土地、征收地皮税和地租三项收入占其全部收入的92.3%。而《1912年胶州地区年度报告》记载的殖民当局财政收入比上一年增加了1 413 500马克,其中仅出卖土地收入就增加了465 000马克,地产税增加了26 000马克,两项合计占到总额的1/3多,这不能不说是一个惊人的数字。德国殖民统治当局在青岛的土地政策,确实为殖民当局补充了大量的财政来源,推进了殖民区土地利用的整体规划,一定程度上抑制了土地投机行为。但是,囿于殖民统治本身的掠夺性,其在收买土地时过度压低地价,又在出卖土地时蓄意提升地价,给当地中国国人造成了严重的经济损失。

直到1914年第一次世界大战爆发,日本借口对德宣战而强行占领青岛,单威廉便回到德国与达马熙克一起工作。达马熙克进一步从单威廉处获得了诸多关于中国发展的信息。单威廉在青岛主持的土地改革工作也引起了一批中国人的重视与共鸣,孙中山就是其中之一。1924年,孙中山特请单威廉回到中

---

[1] 张丕介. 土地改革论[M]. 上海:建国出版社,1947:140.

国,在广州襄理土地问题,起草土地法,帮助推进平均地权主张。"因单氏(单威廉)之居介,东西二大土地政策家之理论与主张因以完全一致。"[1]此后凡是与中国相关的问题,达马熙克都十分关注,他会主动向留学德国的中国学生询问中国土地改革运动的进展。中国地政学会的重要领导人萧铮1928年赴德留学,首次拜访达马熙克先生时,就被问到很多中国土地改革相关问题。之后在萧铮留德期间,中国政情几经变化,土地革命进展面临多种不同情况,萧铮也将这些情形一一告知达马熙克。每逢留德中国学生集会探讨中国问题时,达马熙克都会欣然受邀参加并进行演讲。"九一八事件"后,达马熙克对于中国报以深切的同情,称日本"此种无理侵略举动,非仅破坏世界和平和正义,且亦可决其无所成就也;盖吾人已习知土地与民族之关系,非强力可以破坏,国土虽获一时可被占领,然其民族能始终爱护其土地,定住或耕耘其土地者,其民族终当独立自由,土地终当属之。此关于欧洲大战后,各民族纷纷回复其故土之情形可信也"[2]。达马熙克对于中国的支持和感情可见一斑。1932年,中国国内战争形势日益紧张,人们并没有把土地问题当作当务之急,或者根本不知道应该如何解决土地问题,达马熙克极力支持萧铮回国完成孙中山的土地政策。回国后,萧铮等人为促进中国土地问题研究,成立了中国地政学会,达马熙克闻之甚为欣慰。通过和萧铮之间的私人通信,达马熙克对于中国地政学会的工作多有指导。1934年秋天,地政学会拟邀请达马熙克来华讲学,他当即答应,但因需要看病就医,就约定三个月之后病愈赴华。然而次年春,却从国外传来达马熙克因病逝世的消息,令地政学派成员甚为惋惜。

第二节 地政学派土地思想的经验参照

　　土地制度的内容及其在社会法制与地权关系上的实现形式和模式并不固定,它因不同国家土地所有制的性质以及国家实际情况与需要的不同而互有差别。地政学派在研究土地问题时,也在不断关注和考察世界各国土地制度的发展。纵观各种社会土地制度的演变历程,尤其是进入近代资本主义社会以来,不同社会在不同历史阶段都有着其独特的土地制度,这与不同社会制度下不同的社会生产方式有着密切的关系。然而由于社会政治经济发展的非均衡性、社

---

[1] 萧铮.纪念达马熙克先生[J].地政月刊,1935(9):1221-1226.
[2] 萧铮.纪念达马熙克先生[J].地政月刊,1935(9):1221-1226.

会生产力水平的差异性以及各国国情的独特性,即使是在同一社会制度下的各个国家,其土地制度也并不完全相同,或者说在相同的社会类型中,土地制度的发展程度与呈现方式、土地政策的具体实施都存在一定差异。正是基于这样的认识,为了分析土地思想和制度形成和演变的客观依据以及异同点,地政学派选择了国内外具有代表性的土地改革实践案例,围绕土地思想与制度加以分析研究,对中国土地制度在世界土地制度发展潮流中进行了定位,并从中汲取经验智慧。

一、世界土地制度发展的趋势

土地制度的演变最直观的体现就是本国宪法以及土地立法中相关条文的表述转变。鲍德澂和张淼在研究世界土地制度发展时,分别梳理了各国宪法中关于土地事项的规定,分析了各国土地立法趋势,并对导致这类转变背后的思想意识进行了剖析。

鲍德澂对第一次世界大战前后对于各国宪法中关于土地权利内容的前后变化进行了梳理。他认为,"欧战前各国宪法条文之与土地有关者,厥为财产私有权之保障,及公用征收之限制"[1]。这是由于在1789年法国的《人权宣言》中,将财产自由与人身、居住、工作、言论、信教等类的自由,同等视为人类与生俱来的权利,将财产权确定为神圣不可侵犯的权利,并规定除国家有偿征用于公共用途之外,不得强令割让。之后的历次法国宪法制定时均将《人权宣言》的内容纳入其中。至第一次世界大战前,这种财产权为绝对权利的观念,已经深入人心,影响到各国宪法与民法的修订,欧美各国宪法中关于财产权及公用征收的规定,基本都与人权宣言内容一致。

第一次世界大战之后,有关土地制度的规定出现了新的阶段特征。一方面,"欧战将终,俄国革命,共产党执政,实行财产公有"[2]。1918年通过的苏俄联邦共和国基本法律,规定废止土地私有权,将全国土地统一无偿收归国有并分配给农民。一切森林、土地矿藏、农具、牲畜、农业企业以及工厂、银行、铁路等亦收归国有。但在该政策下,苏联国内农地荒歉,工业废弛,生产锐减,经济大规模衰退。所以自1921年起,开始改行"新经济政策",准许工商企业、建筑物、货币、证券以及各类用品为私人所有,恢复财产继承权。至于土地,规定在

---

[1] 鲍德澂.各国宪法中关于土地事项之规定[J].地政月刊,1933(6):745—759.
[2] 鲍德澂.各国宪法中关于土地事项之规定[J].地政月刊,1933(6):745—759.

公有制的前提下,人民对土地有使用权,并且允许农民在苏维埃的监督下出租土地和雇用工人。另一方面,第一次世界大战后新兴的各个国家虽然并未走上苏联这条发展路线,实行共产,然而其中多数国家施行了具有社会主义色彩的土地改革运动。这一阶段中新兴的各国法律,对于财产权虽然予以承认,但是已经推翻了昔日私有财产神圣不可侵犯的见解,规定财产的内容和范围须接受法律的限制,明确对私有财产必须以法律形式进行最大限度的约束,通过"限田"之举来防止私人垄断土地。而且,在有些国家的宪法中可以看到,"对于所有权的根本观念,尚有一显著之变更,即认定财产权负有义务,以满足社会需要。故财产权于己为权利,于社会则为义务。而关于土地之使用,又有明定须受国家监督限制者。其目的一方面在使地尽其用,为社会谋福利,一方面在防止土地之滥用,以免妨害公共利益也"[1]。基于以上观察,鲍德澂认为,中国土地改革应效仿新兴各国宪法之规定,"因社会经济政策之需要,亦得征收私有土地",以满足"扶植自耕农"或"培养国家之经济"的目的。[2]

张淼也注意到了这种土地法律中财产权利范围前后的变化特征,并进一步剖析了其背后财产法律观念的转变。因受人权宣言与拿破仑法典的影响,近代法律制度"皆以个人法律观念为基础。其唯一的中心思想,就是主观权利……此绝对的主观权利,是含有两方面的意义,一为使用上的绝对,一为时间上的绝对。从使用上的绝对意义说,所有者可以任意使用他的财产,不论其使用对于社会有无价值,甚而妨碍他人,遗害社会,也可以不负责任;因为这只是运用他的权利,为法律所承认。不但如此,所有者还可以放弃财产而不去使用,听其荒芜、空弃、埋葬……在法律上都是不受干涉的。从时间上绝对的意义说,非但所有者可享此绝对主观的权利,而且还把这种权利,传诸子孙,不受时间的限制"[3]。在张淼看来,这种属于主观的、玄学的、个人主义的、陈旧的法律观念,在理论上并不科学,在实际上又酿成了许多社会弊病。因为在以保障个人利益为目的的个人主义和自由思想风气中,私有权制度虽使得权利得以落实,企业得以发展壮大,资本得以聚集,从而建成所谓的富强国家。但是财富过于集中的后果就是分配失衡,贫富差距拉大,阶级分化日渐明显。这充分说明了这种主观的、玄学的、个人主义的私有观念并不符合现代化经济的发展要求,于是便

---

[1] 鲍德澂. 各国宪法中关于土地事项之规定[J]. 地政月刊,1933(6):745—759.
[2] 鲍德澂. 各国宪法中关于土地事项之规定[J]. 地政月刊,1933(6):745—759.
[3] 张淼. 各国土地立法之趋势[J]. 地政月刊,1933(6):761—773.

产生了客观的、科学的、民生主义的、社会职务说的、社会联立关系说的新的法律观念。在这种新的法律观念体系中,一切法律的社会基础为客观的权利,而不能是主观的权利或者个人自由。"凡加于人民的法律,其目的并不是在保护或尊重个人的权利;盖法律之所以存在,是立于社会组织的基础之上,基于维持社会连立关系的需要之上,并基于实行社会职务所必具的各种原素之上的;故否认有所谓主观的权利,因为这是玄虚,并无事实所可证明。而同时主张每人既为社会的一员,便有其一分应尽的社会职务;凡能尽此社会职务,或能为这职务而努力者,才有其社会的价值与功用,才能得到社会法律的保障。"[1]于是,伴随着这种观念的出现,立法上从不许国家行使权利妨害个人利益转变为防止个人利益妨害社会利益。国家公权与个人私权此消彼长,在之前,因为要防止国家妨害个人利益,所以一面限制政府公权适用范围,一面增大个人私权活动范围;而现在,因为要防止个人妨害社会利益,所以一面限制个人私权活动范围,一面增大国家公权适用范围。可以看出,国家公权与个人私权两者中一面的扩大伴随着另一面的减小。

张淼通过考察认为第一次世界大战后各国的立法已经朝着上述趋势演进,新兴各国的财产制度对私有权加以种种限制,缩小其活动的范围,就是为了防止其妨害社会的公共利益。他还解释说这样的演进在短时间内并未能立即取得成效,是因为经济生活组织的变革本就是缓慢递进的改良。顺应上述立法观念的转变,张淼也为国家对土地上的生产活动进行更大范围的限制找到了依据,"由此足见土地之改良、耕田之整理、地产之分配、房屋之救济、人口之移殖、荒地之开垦,以及农业劳动保障、家产制度之创立、大农经营之国有、森林矿产之公营……等有关土地事项,均已划入于国家应尽职务的范围之内,也就是国家公务权所得使用的范围之内。故现代国家管理土地事项的公务权,并不仅限于私有土地之使用、占有、继承、转移、租佃,以及收益与增值等之限制而已"[2]。

鲍德澂和张淼对第一次世界大战前后的各国土地财产制度的演变历程进行了分析,而汪浩和彭莲棠则是围绕同时代土地制度展开分析并加以分类。但这种分类也是以私有权的设置与限制与否为标准,与鲍德澂和张淼所描述的私有观念转变的内在逻辑是一致的。汪浩认为当时世界各国的土地制度在形式

---

[1] 张淼. 各国土地立法之趋势[J]. 地政月刊,1933(6):761—773.
[2] 张淼. 各国土地立法之趋势[J]. 地政月刊,1933(6):761—773.

上虽各有不同,但从实质上概括起来,就只有两种:资本主义的与社会主义的。苏联的土地政策即为社会主义土地政策的一种,与英美各国的土地政策不尽相同。"前者完全废除土地私有权,而土地国有;后者则保存土地私有权,或在土地私有权上加以相当的限制。前者主张社会化的经营土地,而后者则奖励私人个别的经营土地。前者主张以阶级斗争消灭阶级,而后者则主张阶级调和。苏联的土地政策与英美各国土地政策的不同之点,当不止此,然此足以表明苏联土地政策之特点了。"[1]

彭莲棠对盛行于各个国家的土地政策学说进行了整理和分类,主要包括土地国有制、土地限制私有制以及土地社会价值共享三种形式。他认为近代各国政府与学者曾实践或倡议了若干关于土地充分利用与公平享有的政策,相关学说众多,但都不外乎土地国有制、土地限制私有制以及土地社会价值共享三种做法。一是土地国有制,如苏联所实行的社会主义制度,认为土地私有与社会主义中的共同利益主张相冲突,所以选择以革命为手段,没收一切土地,无偿地变为国有,再由政府分配给人民使用,禁止土地自由买卖。但是在这种方法下,"农民直收获物除若干作为种籽及其本身食用外,多余之谷物,一律缴归政府,结果人民一则暗藏谷物,且惰于生产,因此粮食缺乏,人民无以为生"[2]。之后新经济政策便允许人民保留其剩余生产物,并可自由出卖,同时又采取集体的合作经营方式,才使得人民生活的困顿有所缓解。这时的苏联土地制度"虽在公有之名,除土地不能自由买卖外,与私有制度无甚特异"[3]。二是土地限制私有制,也可称为限田制,限制私有土地的最高额,以防过度集中。各国的推行方式又各有不同:如爱尔兰借款给佃户购买小田产,并规定大产业主必须依照公平地租计算的地价出卖给佃农。英格兰与威尔士规定可由地方政府强迫征收土地,划分为大小合适的田产,配以生产生活基本设备,或卖或租给个人、团体。丹麦在国家的资助下成立信用银行帮助无地农民购买农场并限制其面积。东欧诸国则是强制收买大地主的土地划分为小农场,小农场的买家可以分期还款的形式向政府支付相关费用,同时制定政策方便小农场初始经营时进行银行小额贷款,并对管理失当的农场保留随时收回的权利。此外,澳大利亚、美国等地区也是采用这些类似办法在国内推行土地改革。三是土地的社

---

[1] 汪浩. 苏联土地政策之理论基础[J]. 地政月刊,1934(3):417-427.
[2] 彭莲棠. 专论:现代各种土地政策及学说与平均地权[J]. 人与地,1943(11—12):33-40.
[3] 彭莲棠. 专论:现代各种土地政策及学说与平均地权[J]. 人与地,1943(11—12):33-40.

会价值共享,分为增值税与地价税两大类,这种做法与孙中山的土地政策主张最为接近。

以上三类土地措施,在实践中的效果各不相同。对于第一种方法,"急进的土地国有,虽为根本的办法,但进行困难,易遭反感"[1]。因为私有观念已经深入人心,土地国有的改变步骤,不但地主反对,就连中产阶级甚至是一般原无地农民,也都难以接受。例如苏联新经济政策之前急骤的改革方法,既不能适合现阶段一般人民心理的发展,而无论土地有偿或无偿国有,又都不易推行。有偿征收则要面对政府财力有限的制约,无偿征收在所有权交替间则容易引起社会秩序的混乱。"故吾人以为国有之原则,必须为逐渐的,有计划的;否则,突然破坏社会之秩序。"[2]对于第二种方法,在短期内未必不是一种合理的办法,但是不能保持长期的土地均衡状态。因为土地私有权的存在,自由买卖的行为就不可能杜绝,难免会再次回到土地兼并的状况,所以这种制度并不能一劳永逸。对于第三种方法,"主要目的固在冲淡地主之土地所有欲,而使之有自动放弃土地,而且事属公平,但单独行使,效率甚缓,终有'远水难救近火'之嫌"[3]。所以在这种方法基础上,彭莲棠主张还需要以其他方法加以辅助,也就是孙中山所主张的平均地权之法。在他看来,孙中山的意旨是"第一步以照价抽税与涨价归公之方法,以减少土地之积极集中,且使大土地主之放弃原有土地;第二步因土地跌价,而达耕者有其田之目的;第三步收买全部土地(其步骤为逐渐的,第一步与第二步之推行中已经开始收买)为国有,终止自由买卖,土地兼并之风,才可终结。因此耕者有其田不过为过度之手段,而非终极之目的"[4]。总之,彭莲棠通过对世界三类主要的土地学说进行分析,认为孙中山的平均地权主张是博采众长,融合贯通,并且因其符合中国国情而为解决中国土地问题的惟一途径。

二、部分国家土地改革运动的特点

在对世界各国土地制度的整体发展趋势和分类进行概述的基础上,对于拥有不同土地制度的国家在其土地管理各个方面的经验及实践,地政学派也给予

---

[1] 彭莲棠. 专论:现代各种土地政策及学说与平均地权[J]. 人与地,1943(11—12):33—40.
[2] 彭莲棠. 专论:现代各种土地政策及学说与平均地权[J]. 人与地,1943(11—12):33—40.
[3] 彭莲棠. 专论:现代各种土地政策及学说与平均地权[J]. 人与地,1943(11—12):33—40.
[4] 彭莲棠. 专论:现代各种土地政策及学说与平均地权[J]. 人与地,1943(11—12):33—40.

了重点关注,期望将这些国家在不同土地改革环节的做法及成效引入中国,以进一步研究探索差别化的土地管理政策。其中,对于欧美诸国、苏联与日本的土地改革案例,是地政学派译介或研究成果最为集中的。

(一)美国租佃制度研究

对美国土地问题的研究主要围绕租佃制度展开。美国作为后起的资本主义国家,与英法等老牌资本主义国家最大的不同就在于没有封建制度束缚,直接在殖民地基础上建立了资本主义国家,并形成了以私有制为主要特征的土地制度。19世纪初,美国先后从法、英、西、俄等国强行购买了他们在北美的大量土地,又强占了大块原本属于印第安人的土地,并将这些土地定为美国政府的"公有地",然后以较低的价格拍卖给人民进行移垦事业。这一"土地国有化"过程一直持续到20世纪初期,在此期间,美国土地进行了重新分配,土地所有制关系重新调整,人口不断自东向西迁移进行垦殖,农场数量和规模也在不断增加,而这些农场经营大多是以土地租佃制度为基础的。地政学派成员蒋廉译介的《美国租佃制度之研究》(A Critique of Land Tenure Research)一书中提出,"在美国原有一种流言,以为全国农地面积宽广。足供人人之需要。而每个农人均可拥有一块毋需缴纳租税于地主之土地,至此乃益可深信。但事有令人大为惊异者,当一八八〇年第一次作农地利用状况之调查时,即证明全国农场有百分之二十五点六为佃农所经营……至一九〇〇其为佃农耕种农场之比例数,已增至百分之三十五点三"[1]。造成这种现象有三方面原因:一是农场抵押留置事件因当时美国的农业恐慌而呈现不断增加的态势,承押人无意自己经营农场,但又必须使之照常耕作,因此不得不转租给佃农。二是"关于地价逐渐增高及用土地担保债务安全之乐观态度既经减轻,则往时之低额付款必将改大,而土地赎买转为迟缓,此因必须有较大比例之财力积聚之故"[2]。往日低额付款被提高,土地赎买因此减少,自然由佃农经营的农场比例就会增高。三是农民对于土地所有权的态度发生变化,多数人认为拥有这种固定形式的土地投资,对于农民来说不再实用。最好是租赁土地,将其有限财产,投入流动资本用于购置农具及饲养牲畜,避免经济衰落时因土地价值的跌落而对自己造成损失。这种转变使得农民仅希望获取土地收益以维持自己的生活,而不愿承担所有权的风险责任。

---

[1] [美]Dr. M. M. Kelso. 美国租佃制度之研究[J]. 蒋廉译. 地政月刊,1935(11):1517-1537.
[2] [美]Dr. M. M. Kelso. 美国租佃制度之研究[J]. 蒋廉译. 地政月刊,1935(11):1517-1537.

美国租佃制度的出现是农民自由选择的结果。关于租佃制度的存废问题，美国社会各界的主张并不一致。有人主张租佃制度弊端丛生，应全部废除。有人则认为其缺点虽多，但鉴于土地租佃在美国土地制度中占有绝对重要地位，应该对其缺点改革后将其保存。但是以往对于租佃问题的研究，往往忽略了人的因素，农民的态度及选择作为社会环境与本能反射相结合的结果，对租佃制度的形成有着重要影响。因此，"租佃方式可用自由管理程度（即农人遭受危险及获得利益之程度）之意义以解释之，因为租佃制度根本为人类行为结果之表示"[1]，而人类在行为上又有差异性，则应用主观的以及客观的两种因素进行解释。客观层面的因素，包括农场价格、押款金融、地价估计比率以及农业经营方式，可由固定区域内的农民根据其原有经验加以判断选择，而农民对这些客观因素所做出的选择，又是受其主观态度所支配。这种主观态度"一方面包括农人对于管理产业是否有较多自由权之观念，而一方面更包括对于未来农业之希望如何，因为此种思念，极能影响于农人是否愿意留居于农场或投资于农业之问题也"[2]。美国租佃制度的客观存在和制度成因，为地政学派在推行租佃改革时提供了很好地启发，对于短时期内无法彻底取消的土地租佃制度，要思考的就是如何加以管理改进，使租佃契约合理公平，能为佃耕农自愿选择，那么中国的租佃制度或许也可以毋需取消而成为一种科学的土地生产经营方式。

(二)英国土地改革流派思想研究

对英国土地制度的研究主要围绕 19 世纪末 20 世纪初不同土地派别的争论展开。英国位于西欧，是一个典型的人多地少的国家，原本一直盛行采邑制的封建土地制度，也即庄园制农业。之后伴随着资本主义的发展成熟，第三产业的发展早已形成规模，又因 15 世纪以来的几次大规模圈地运动，为英国大农制奠定了良好的基础，英国也因此成为世界上以人多地少为主要特征的国家中仅有的大地主占有土地且企业佃农发达的国家。地政学派通过观察英国土地制度发展，认为其 19 世纪末 20 世纪初面对着严重的土地问题，激起了英国国内各个政党团体关于土地制度的激烈争辩。对于这场土地政策辩论的研究，也可以成为中国土地改革政策的重要参考。19 世纪后半期，由于政府对农业的漠视，英国国内农业生产渐形不振，已经完全不复 19 世纪前半期英国以农业著称

---

[1] [美]Dr. M. M. Kelso. 美国租佃制度之研究[J]. 蒋廉译. 地政月刊,1935(11):1517—1537.
[2] [美]Dr. M. M. Kelso. 美国租佃制度之研究[J]. 蒋廉译. 地政月刊,1935(11):1517—1537.

于世界的状况。同时因为工商业的发展,农民大量向工商业区迁移,全国近八成人口集中在都市之中,土地大量荒废。20世纪初叶,为振兴农业,也是为了应对第一次世界大战后的社会危机,英国各界开始寻求对策。因此与之相关的农业土地问题,重要性也必然增加,土地所有制应该如何改革,土地经营形态应该如何整理,都是政策研究焦点。

当时英国国内关于土地政策的看法主要包括土地国有派、地价税派以及共和土地党三派意见。祝平认为英国各个土地改革运动派都有其一贯的理论和具体的办法,任何一派的主张若能得以贯彻,土地问题都能得到一定程度上的解决。然而事实却是,"因为英国地主的势力特别的雄厚,历来的政权总是直接间接受着地主贵族的支配,一般人民又富于保守的惰性,对于比较急进的办法,总是得不到'舆论'(Pubilc Opinion)的拥护。所以,五十年以来,虽经各派土地改革运动家继续不断地努力,任何主张都没有能全部的实现"[1]。首先是土地国有派。英国自由党土地委员会制定的土地国有政策,在理论上否认土地私有权,在实施办法上又主张向地主收买土地,这实际上是一种逻辑上的矛盾。而且发行土地公债,征购地主土地,由无地少地农民承购的办法,农民需要负担很高的利息,这种做法虽然从政府预算角度来看没有增加国家的负担,但是从国民经济的整体立场来看,在政府收买土地实现以后,至少30年内,农民的负担仍旧不会减轻,土地私有制及其对于农业、工商业发展的不良影响将相应延续。

其次是地价税派。在土地政策方面,地价税派主张土地不应为私人所有,但同时又要向地主征税,这属于一种理论上的矛盾,因为向地主征税,就是承认了地主土地私有权的存在。而其具体办法则是"先于地价每磅中征收一便士的税,然后继续增加至十二便士(即一先令),使土地的全部年价(即地税),悉归国有,私有土地,实际上等于消减"[2]。这种方法在表面上看来合理易行,但实际上,地租在短期内虽不能转嫁,在长期内却不能保证。况且在进行估定地价的年限间隔内,如果土地增价,利益将完全被地主所享有,如在新兴城市,地价增加飞快,地主的获利也因此格外丰厚。所以,地价税派主张要征取全部地价的理想其实是无法做到的,地主在土地上有了剩余的地价,土地的投机垄断现象就不会消减。

---

[1] 祝平. 英国各派土地改革运动及各党土地纲领(续)[J]. 地政月刊,1934(5):689-708.
[2] 祝平. 英国各派土地改革运动及各党土地纲领(续)[J]. 地政月刊,1934(5):689-708.

最后是共和土地党，其理论与方法是由国家向地主征取全部经济地租，使地主制度名存实亡，政府就无须再对土地管理加以干涉。但因为土地管理权仍然保留在地主手中，即使经济地租全部由国家征收了，地主还是可以利用这种管理权对租户进行剥削，那么土地就无法达到最大程度的经济利用价值。况且既然已经改称地税为地租，那么地租就应该直接向使用土地的人征收，不应再在地主(即政府)与租户之间，再保留一个中间阶级(即原有地主)。

在对以上三个土地派别的主张进行分析之后，祝平总结："土地改革的重要，尚不单在于理论的道德的方面，而尤其在于整个国民经济方面。现行土地制度，确是足以妨害生产的发展和社会的进步。一个理想的土地改革，应该从发展国民经济的立场，根据现行土地制度在影响生产发展上的具体事实，来创立一个切实必要的办法。"[1]对于英国土地政策流派的剖析，为地政学派制定中国土地政策提供了经验教训。

(三)苏联土地整理和农业集团化研究

地政学派关于苏联土地制度的研究主要围绕其土地整理工作和农业集团化展开。苏联是世界上首个社会主义国家，所实行的土地制度和土地政策在世界社会主义国家中具有先行性。苏联革命前长期实行封建帝制，绝大部分国土都被贵族、豪门以及大地主所占有。1917年十月社会主义革命胜利，苏联的全部土地实现国有化，并对土地进行了大规模的整理，之后就开始了农业集体化进程。这些土地政策的推行引起了地政学派的关注。

苏联土地整理的先进经验对于中国有借鉴意义。汪浩认为当前中国农村经济濒临破产，整理土地、增加土地生产已经成为极为迫切的任务。虽然中国国情与苏联存在根本不同，不能机械地效法苏联，但是苏联在整理土地方面确实有许多先进的特点，可以引进学习。土地整理的意义和范围，"不应只限于测丈、登记及划定经界，同时必须采行各种法律的、经济的及技术的方法，消除一切经济发展的障碍而使地尽其利，最高度的发展农村经济的生产力"[2]。土地整理对于当时的苏联意义尤为重大，苏联幅员辽阔，农村经济占比大，土地整理对于提高农业生产、发展国民经济异常关键。同时，土地分配与土地整理也是土地问题中两个紧密关联的中心问题。当苏联土地已经国有化，土地问题重点不再是土地分配，而集中在土地整理上时，其整理土地的目的，当然也不再是保

---

[1] 祝平.英国各派土地改革运动及各党土地纲领(续)[J].地政月刊,1934(5):689-708.
[2] 汪浩.苏联之土地整理[J].地政月刊,1934(6):799-811.

护土地私有权,而是在"巩固并发展公共地使用制以使农村经济得到充分的发展,在于'整顿现存的土地使用及形成新的,适应于土地权利和经济技术的便利的土地使用'(见苏俄土地法第一百六十五条)"[1]。

基于以上这些特殊意义,苏联自1919年以来便开始积极地推行土地整理工作,可以分为战时共产主义时期、复兴时期以及改造时期三个阶段。在十月革命之后的战时共产主义阶段,苏维埃政府在解决土地问题方面,只限于没收皇族、教会、寺院及地主的土地,并将土地分配给农民,对于土地整理很少注意。在1922—1928年的复兴阶段,新经济政策的推行使土地政策发生了重大变化,土地整理得到了很大的发展。这时土地整理的主要任务是推进公共土地使用面积的扩大以及中农贫农生产力的发展,在整理的过程中给予苏维埃农庄及集体农庄优良的土地以推进其建设。到了1928年之后的改造时期,随着两个五年计划的推行,苏联国民经济得到了很大改善,人民建设苏维埃农场的热情高涨,农村经济集体化和农业机械化成为农村经济的特点,在这样的前提下,土地整理"是组织农业经济之主要部分,其任务是应改正苏维埃农场和集体农场的经界,进行经济内部的土地组织以便于利用新式机械技术而增加农业收获"[2]。为了执行这些任务,苏联政府出台了很多具体措施,汪浩对其内容进行了详尽的梳理:一是规定和巩固耕种机站的行动区域;二是选设耕种机站的中心地址;三是加强集体农场土地使用率和巩固其土地的明确边界;四是在集体农场中组织公地;五是在集体农场中建立轮耕地;六是在轮耕地创立突击地;七是整理并开辟道路等。这些具体措施确实取得了一定成效,首先,主要原因在于苏联的土地政策强调在土地上进行大规模的经营,注重巩固苏维埃农场和集体农场,这种大规模的经营方式有利于推广新式机械和组织劳动,这是苏联在整理土地方面的独特优点。其次,苏联土地整理注重农业技术的运用。此外,国家有计划地动员全部力量进行土地整理事业也是苏联土地整理得以顺利开展的重要因素。在汪浩看来,这些都是中国在进行土地整理工作时值得重点注意的地方。

对于苏联农业集团化的剖析是地政学派研究苏联土地制度时的另一个重点所在。张丕介特此翻译了由曾任德国驻俄大使施勒博士所著的《苏俄农业集团化之意义与前途》,这也直接影响了张丕介对国营农场的研判。该文首先

---

[1] 汪浩. 苏联之土地整理[J]. 地政月刊,1934(6):799—811.
[2] 汪浩. 苏联之土地整理[J]. 地政月刊,1934(6):799—811.

对苏联农业发展进行了总体的概括,认为"苏俄共和国之农业在过去数年间已完成其革命的改造。经过农民经营改为集团经营之过程及新的国有农场之创设,苏俄农业在数年之间已完全成为社会主义式的农业。在其改造的过程中,苏俄农业之面目年年改变,而新的问题亦与日俱增。迨至今日,此种进步已告一段落,社会主义农业已由成长期入于成熟期矣"[1]。进入成熟期的农业集团化,对于农村生活的各方面影响均已凸显出来,例如集团化过程最后的结果便是"田间无产者之出头"。这种田间无产者,在性情上、生活习惯上、生活方式上处处与都市中的无产者相似,这也是集团化一开始便呼吁取消都市与乡村对立发展的必然结果。但这种对立使得都市生活完全取代了乡村生活形式,在本文作者施勒博士看来,这是集团化所造成的最为重大的、也是最有问题的后果,将来的影响巨大。他认为这就是布尔什维克主义农业政策中最为重要的特质,"布尔什维克主义欲从技术的眼光上建立一个极端庞大的经济组织,尽可能的物质的生产,以提高一般的物质的程度。是否这样追求的经济组织,这种令人类受机器的支配,可以使人的性格上、精神上或生理上,将要发生极大的损失,这是它所不肯过问的"[2]。在布尔什维克政党所主张的农业政策下,大经营在经济层面是必然优于小经营的,而集团化经营下所带来的农民阶级的灭亡、民族伦理文化价值的破坏并不在考虑范畴内,他们否认这一切是不属于布尔什维克的观念的、属于物质形式之外的财产。集团化下农民生活迅速变化,从农民自我身份认知转变开始,继而引发"农民住宅之倒坍,农民家庭关系之松懈,家庭工业之没落,农民之流亡与无产化,农民服装之消逝,民族生活之降落,宗教生活之停止"[3],这实则预示着民族及文化没落的开端。农业集团化对社会带来的综合影响是这篇文章的独特观点,苏联农业集团化发展的优缺点研究也为张丕介研究国营农场在中国的适用性提供了一定的借鉴。

---

[1] [德]Dr. Schiller. 苏俄农业集团化之意义与前途[J]. 张丕介译. 地政月刊,1936(7):1067—1088.

[2] [德]Dr. Schiller. 苏俄农业集团化之意义与前途[J]. 张丕介译. 地政月刊,1936(7):1175—1197.

[3] [德]Dr. Schiller. 苏俄农业集团化之意义与前途[J]. 张丕介译. 地政月刊,1936(7):1175—1197.

四、其他国家土地改革的研究

除了对上述三个国家土地管理中不同方面的研究,地政学派出于其本身研究需要,还对瑞典、丹麦、罗马尼亚、日本等国的土地改革进行了研究。这些国家的土地制度改革,其原因各有不同,但不外乎土地分配不均、佃耕及劳佃条件恶化、农民逃亡等问题。不同国家改革手段各有侧重,但内容一般包括土地的征收、对于征收地的赔偿、征收地的分配以及分配地的权利限制与经营等几个方面,以下分别简要述之。

一是瑞典的土地改革。主要围绕其"劳动佃作"制度展开,所谓劳动佃作,即佃户向地主提供劳力以充租佃,与当时中国农村中的劳力租佃形态相似。瑞典的劳动佃作中,"佃农之人格隶属于特定之地主,因而租佃条件自感不良,足以妨碍佃农向上之机会。故瑞典之佃农动谋自脱于困境而有舍弃佃耕地之倾向,驯致农业人口与年俱减。政府因筹保护佃农与防止农民离村,乃实施两项政策,其一为依于租佃法之租佃制度改革,其二为依于小自耕农地法之内地殖民事业"[1]。基于此,瑞典土地法的核心是为了稳定佃农生产,小自耕农地法则是扶助小佃农及农业劳动者购入小农地(及住宅地),具体方法是由政府在各州设置地方殖民局,并使镇村自治机关、农会公司等负责向农民发放购地贷款。

二是丹麦的土地改革。为创设自耕农,丹麦于1919年实行土地新法,主旨"在使无土地之农民,变为国家之佃农"[2]。具体规定凡属于牧师的宅地而其本人已离职他任,另租他人代为耕种者,均可由政府征收。凡拥有大面积土地的地主贵族,如欲保有终身享用或遗传产业的权利,即应将其土地的三分之一让交国家,让交部分可得相当于纳税估价的数额作为补偿。政府购买土地变为公有之后,一般的无地农民就可以获得土地,而无须付买价,只需按月付一定息金即可。关于房屋借款,政府可以借给房屋价值十分之一的资金,其余部分由农民自行筹措。丹麦的扶持自耕农政策使得农民生活明显好转,生产耕作条件与住宅设施均得到了极大的提升,但是提供了优越贷款条件的政府贷出之款日益增高,甚至有超过"经济健全性"的风险,因此,"凡国家佃农或自耕农必须能得足敷小康生活之土地,所有购置房屋及牲畜之资本固须充裕,但应限制其用

---

[1] [日]泽村康氏. 瑞典之土地制度及其土地政策(附表)[J]. 李黎洲译. 地政月刊,1935(2):203—243.

[2] [丹]马烈克. 丹麦之土地政策[J]. 蒋廉译. 地政月刊,1934(4):599—632.

途,使不致浪费,而以其节省资本为添置设备,及其他生产之用,藉可获得最大之报酬"[1]。

三是罗马尼亚的土地改革。其目的同样在于扶持自耕农,在罗马尼亚1921年出台的土地法中,规定由国家没收超过一定面积的自耕种的地主的土地,对于收租地主则规定更高的没收标准。当然,国家进行的是有偿收买,对于如何给价,规定"令法官评判土地优劣,生产多寡,距离城市车站或海口远近,以该区土地卖价与租佃高低,以定地价等差"[2]。关于没收土地的分配,主要原则就是化整为零,由个人进行选买。为保障小农地权及维持平衡起见,规定土地在领取五年之内不准变卖、赠与或交换。同时还对改良种植、移民屯垦等事项进行制度规定。

四是日本的土地改革。日本为了应对农业恐慌,开启自耕农创设制度。但在自耕农创设之前,首先应制定完善的租佃法,使租额公平,间接使地价公平,然后才可以谈自耕农创设制度。同时,以农产品价格统制及农业保险制度的设立为前提,改自由创设主义为强制创设主义,用某种手段强制地主将土地卖出,设立国营农地金库,以便佃农购买土地。此外,为了保证创设的自耕农制度得以长久维持,"必须创制有如家产法的法规,使被创设之自耕农地,皆作家产登记,而对该种土地之处分,附下以某种程度的限制。目前日本的自耕农创设及维持事业,对借款已成自耕农,规定其在资金偿还期内,非得借款者许可,不得中途罢手。同时对该项土地之转让,亦必绝对禁止"[3]。

第三节 地政学派土地思想的制度经济学架构

一个社会究竟会选用何种方式进行制度变迁以及制度变迁是否能够取得成功,受制于这个社会内部的各种利益集团之间的权力结构以及社会偏好结构的影响。地政学派土地思想以孙中山、亨利·乔治以及达马熙克的土地学说为理论指导,并在吸收借鉴世界各国土地改革运动经验的基础上对自身的土地问题研究不断发展和完善,最终形成了独具特色的土地思想体系。在该思想体系

---

[1] [丹]马烈克. 丹麦之土地政策[J]. 蒋廉译. 地政月刊,1934(4):599—632.
[2] 宋国枢. 罗马尼亚土地制度之改革(附表)[J]. 地政月刊,1934(4):545—560.
[3] [日]八木芳之助. 日本目前之土地问题与自耕农创设事业(附表)[J]. 李君明译. 地政月刊,193(8):1199—1218.

下,其所推行的土地改革是为了发展农村社会经济、改善土地制度失衡现象。由国家权力来确定土地产权分配、土地信用制度安排以及农业现代化转型的改革运动,属于制度经济学意义上的以诱致性土地制度变迁为基础的强制性土地制度变迁。

一、制度变迁及土地制度经济学理论

(一)制度变迁理论

关于制度的涵义,新制度经济学家并没有严格统一的界定。新制度经济学派的代表人物科斯(Ronald H. Coase)将制度看作是一系列产权安排、调整的规则。而诺思(Douglass C. North)将制度看作是一种由人设计的制约人与人之间相互关系作用的约束框架,即"为约束在谋求财富或本人效用最大化中个人行为而制定的一组规章、依循程序和伦理道德行为准则"[1]。制度的作用主要体现在社会关系的调整、交易成本的降低以及不确定性的减少等方面。诺斯认为,有效的制度安排才是提升生产效率、完善要素市场的重要源泉,制度安排下经济组织的有序发展,其重要性等同于技术进步在推动西方世界发展方面的作用。

制度包含三个层次:第一层次是指以规则与条令确立的行为约束机制。这个制度层次主要是指宪法层次,是制定规则的规则,是一套用来界定国家产权结构和控制体系的政治、社会与法律的基本规则,一经制定便较为固定,很难更改,因而变化缓慢。这个宪法秩序层次的制度属于社会经济运行中的外生变量。第二层次是发现违反以及保证必须遵守规则和条令的一套程序。这个制度层次主要是指制度安排,是在特定范围内对人类行为进行约束的行为规则,其中包含法律、规章、合同等。这个制度安排层次的制度则属于社会经济运行中的内生变量,以第一、三制度层次的安排为基础,并在现有知识水平上发展确立,并受到当下技术水平的制约与影响。第三层次是指能降低交易费用的在道德与伦理方面的一套行为规范。这个层次的制度主要是指规范性行为准则,受到现有意识形态、道德伦理规范的制约。与第一层次的宪法秩序相同,规范性行为准则也较为固定,变化较缓。三个层次的制度被划分为社会经济运行体系中的外生变量和内生变量,这些外部制度与内部制度是相互依存并存在互补或

---

[1] [美]诺思(Douglass C. North). 经济史上的结构和变革[M]. 厉以平译. 北京:商务印书馆,1992:159-156.

替代的关系的。

新制度经济学中,一般将造成制度变迁的动因放在制度供需框架中进行考察。制度均衡是指在影响制度需求与制度供给的因素给定的情况下,制度的供给与制度的需求相互适应的状态。要达到制度的均衡,必须经过错综复杂的博弈,这种状态往往只是一种理想状态。在现实中,制度的供求通常会偏离均衡状态,即制度失衡,表现为出现制度供给不足或制度供给过剩。会对制度需求变化产生影响的主要因素包括:宪法秩序、技术进步、要素相对价格和产品相对价格的改变、市场规模变化以及群体偏好变化;影响制度供给变化的因素主要包括:宪法秩序、规范性行为准则、现有制度安排、制度设计与实施的预期成本、知识积累与技术进步对制度选择集的扩展、上层决策集团的利益导向等。正是供需两方面因素的影响,导致了制度非均衡的不稳定状态,这种情况下的必然反应就是制度变迁。通过制度变迁,将从均衡到非均衡的制度再次恢复到均衡的状态。

按照主导制度变迁的不同主体,可以将制度变迁划分为诱致性制度变迁和强制性制度变迁[1]。诱致性制度变迁是指由某种在原有制度安排下无法得到的获利机会引起,是无法获利的个人或群体的自发性行为。在诱致性制度变迁中,国家主要是通过法律、行政命令等形式对新制度进行承认。这种变迁主要有三个特点:一是盈利性,当制度变迁的预期收益大于预期成本时,相关群体才有推进制度变迁的动力;二是自发性,推动诱致性制度变迁的相关群体的行为属于在外部利润存在时对制度失衡的自发反应;三是渐进性,诱致性制度变迁是一项自下而上、先局部后整体的变迁过程,制度的转换、替代以及扩散要经历诸多复杂的环节,时间进程较为缓慢。制度变迁的主体除了以个人或群体为单位的经济组织,还有一类是政治组织,这类以国家为主体推动制度变迁的过程就是强制性制度变迁。在强制性制度变迁下,由国家直接颁布法令,引入和实行新的制度。此类变迁中,当国家的预期收益高于预期成本时,便会主导制度的变迁。然而在国家的预期函数中,既有经济因素又有非经济因素,如果制度变迁会给统治者的收益带来损失,乃至对其统治权威造成直接威胁,那么国家将选择继续维持现有的低效率的制度失衡状态,此时是统治者的效用最大化而

---

[1] 林毅夫.关于制度变迁的经济学理论:诱致性制度变迁和强制性制度变迁[M]//[美]诺思(Douglass C. North)等.财产权利与制度变迁 产权学派与新制度学派译文集.上海:三联书店上海分店,1991:371—393.

不是社会财富最大化。因此，制约强制性制度变迁有效性发挥的因素有很多，如统治阶级的偏好与有限理性、官僚政治、利益集团冲突、意识形态刚性以及国家生存危机等。

诱致性制度变迁与强制性制度变迁虽然都是对制度失衡的反应，实施原则也都是将成本与收益进行比较，但是两者除变迁主体不同之外，还存在很多差别：第一，诱致性制度变迁遵循的是一致同意原则和经济效益最大化原则，是与绝大多数人的切实需求相符合的；而强制性制度变迁可以在最短的时间内以最快的效率推进，能够有效降低制度变迁的成本。一旦诱致性制度变迁无法解决人们对制度的需求问题，可由强制性制度变迁进行补位。第二，诱致性制度变迁要解决的主要问题是外部性以及"搭便车"等问题导致的制度短板；而强制性制度变迁关注的主要问题是在国家整体利益与统治者个人偏好存在矛盾时的制度失衡。第三，经济因素在诱致性制度变迁中对变迁成本的影响最大；而政治因素以及意识形态因素则在强制性制度变迁中对变迁成本的影响最大。

(二) 农地产权制度理论

从广义上来讲，产权指的是财产权利（Property Rights），产权有激励人们的经济行为、约束经济主体的行为、改变资源配置效率以及保障经济主体权益等功能。从产权内涵上来看，第一，产权是由物引起的人与人之间的权利关系，通过对财产权利的界定来解决交易活动中的损益以及补偿问题；第二，产权包含所有权但又不止所有权，产权可以看作一组权利束，包括财产的所有、占有、使用、收益和处置等权利，它们可以同属于相同产权主体，也可以进行不同产权主体的分解；第三，产权这一制度安排的实施必须由社会强制保障，而任何产权理论的研究都是围绕产权的收益性、可分性、排他性、交易性和完整性等产权属性展开的。其中，产权的收益性是各种产权权利的综合体现，可分性和排他性是指产权可以被分割为不同的权利束并由唯一主体享有，交易性指的是产权可以通过继承、行政法律以及自由交易等手段而在不同主体之间进行流动与配置，完整性是指某项权利的拥有者可以完整地享有其排他的使用权、独享的收益权以及自由的转让权。产权的界定将使上述产权权利明晰化，可以由市场、企业以及政府对产权进行界定。市场通过价格机制进行资源配置以界定产权，但当初始产权并不明确导致机会成本过高时，则可以由企业补充进行产权的界定，因为此时企业内部的交易费用将明显低于市场交易成本。政府作为产权的界定者，则是相对普遍的方式，建立在市场与企业都难以进行产权界定的情况下,其效果对经济增长可能是把双刃剑,有可能通过产权界定促进经济效率的提高,但也有可能形成无效产权反而有损经济发展。

农地产权本质上是一种财产权,是建立在农村土地中的完全权利束,是涉及农地资源中所包含的各种权利设置以及权利的分配、收益、转让的规则。包括农地所有权、农地占有权、农地使用权、农地收益权、农地处置权、农地租赁权、农地抵押权等的一组权利束。其中农地所有权是农地产权中的核心,是一切产权的母权,农地所有权者可以在法律许可的范围内,自由地处理和使用所有农地并有获取收益的权利;农地占有权是依法对农地实际支配与控制的权利,占有权可以由所有权人行使,也可以从所有权中分离出去,交由他人行使;农地使用权是依法利用土地并取得收益的权利,有狭义和广义之分,狭义上是指依法对农地进行实际使用的权利,是包含在所有权之内的与占有、收益、处置相并列的权利,广义上是指在特定时间段内,独立于所有权之外,包括狭义使用权、部分收益权以及不完全处置权的权利[1];农地收益权是指因为所有或使用土地而依法获得经济收益的权利;农地处置权是指所有权人可以依法对土地进行买卖、抵押、馈赠、继承、入股、出租等的权利,特定情况中,农地使用权人可以在所有权人的授权下对土地行使不完全的处置权;农地租赁权是所有权人或者使用权人通过订立契约,向农地租赁权人转让占有权、狭义农地使用权以及部分收益权;农地抵押权是指以农地作为标的物进行担保,设置抵押权,农地受押人对于农地抵押人不需要转移农地并可继续使用,当债务不能履行时,抵押权人将享有优先受偿权。

农地产权制作为产权制度在农地领域内的具体体现,构建了农地上的产权结构与产权关系,产生于农地资源稀缺而必须高效利用的根源基础上。因此,界定农地产权,能够将农地产权的外部效应转化为内部效应,进而实现农地交易费用的降低,提升农地资源配置的效率。农地产权界定得越明确,越容易实现资源的高效配置。农地产权制度界定的首要内容是农地权利的设置,关键点在于农地权利的分配,核心是划清权利主体之间的利益边界,并在这些界定内容的基础之上,配以刚性的权利制度、长时段的权利期限以及确定性的权利实现,使农地权利主体获得有保障的农地的排他使用、独享收益以及自由转让权利。如果农地制度缺少有效的保障,那么农地拥有者在使用权选择上将会遭到

---

[1] 毕宝德. 土地经济学[M]. 北京:中国人民大学出版社,1991:144.

制约,农地上的生产成果将遭受损失,同时也无法自由地对土地进行转让处置。

农地产权制度作为影响农业绩效的关键而非唯一的变量,在农地产权制度从保障不足向保障充足方向变迁时,将对农业绩效带来显著的促进作用。农地产权制度对农业绩效的影响具体可以分为四个方面:第一,农地产权制度通过激励机制来促使农业经济活动主体的行为选择,并最终影响农业绩效。这一激励机制产生的前提取决于特定农地产权制度内的收益结构与主体努力的正相关程度。第二,在不同的农地产权制度下,农业资源配置也不尽相同,从而导致存在差异的农业资源配置效率与农业绩效。农地资源是否可以自由而有保障的流转、农地拥有者是否有足够的信用价值对农地进行抵押、农地的市场化程度高低都将是农地实现资源优化配置的关键因素。第三,通过农地产权制度的创新,可以提高采用先进技术的奖励、优化农地使用规模、提高规模经营中的技术利用的规模效应。第四,产权明晰且有保障的农地产权制度将使复杂不确定的经济关系变得稳定有序,为交易双方的经济活动提供规范和保证,从而降低交易费用,减少交易风险,并实现对农地资源的优化配置,对农业绩效的提升产生促进作用。

(三)农地金融制度理论

农地金融是以农地以及农地附着物作为信用保证进行的资金融通活动,发挥着土地的财产功能,是一种借助农地金融工具跨时空为农地权利人提供融资支持的信用制度安排。农地产权制度的清晰是发展农地金融的基本前提,如果农地产权关系混乱不明确,那么土地将无法用来抵押。农地金融制度并非新生事物,相反,它在历史上曾发挥过重要作用。1702年英国金融家约翰·劳(John Law,1761—1729)就主张建立中央银行,并准予发行以土地作为本位的纸币。事实上,农地金融制度在现代信用制度形成初期一直占据支配地位,但随着工业化浪潮的席卷,以及国家信用与银行信用的帮助,越来越多的个人工商企业信用形态转化为公司信用形态,强烈冲击甚至是直接扼杀了农地金融制度。[1]

对信用制度框架进行分析,农地金融主要包括信用主体、信用客体、信用工具、信用规范等方面。信用主体是指特定的经济交易行为的主体。信用客体是指经济交易行为中的被交易对象。信用工具则是农地抵押契据、农地证券等,按照土地信用时间长短可以分为短期销售信用,主要信用工具形式是支票和汇

---

[1] 王选庆.中国农地金融制度研究[D].西北农林科技大学博士论文,2004:53.

票;中期销售信用,主要信用工具形式是期票;长期销售信用,主要信用工具形式是不动产抵押券、土地契约等特定形式,或者也可以使用附有抵押单据、土地契约保证或者不动产抵押债券的期票。[1]信用规范主要指信用创造机制和信用防范机制的统一,信用过分扩张会带来极高的风险概率,特别是土地信用有其本身的缺陷,因为土地投资相对固定,一旦在一块土地上进行了投资,便很难再转移到另一块土地上,投资如果失败,就会成为沉没成本无法进行回收,这就造成了土地信用的高风险性特征。因此,完善与土地信用制度配套的风险分散机制也就成了农地金融制度中的关键因素。然而,对土地信用的风险防范又不可矫枉过正,对风险的过度谨慎反而将制约农地金融制度在融通资金、优化资源配置等方面的功效的发挥。

农地金融机构的企业性质可以划分为三类:国有制、合作制、股份制。在国有制情况下,土地银行由各级政府机关创立。在合作制情况下,土地银行的创设需要由政府进行大力扶持。而在股份制情况下,土地银行由私人发起建立,但政府需要对其进行监管,以防止土地投机泛滥,同时私人土地银行也要避免为过度追求盈利而偏离土地金融业务的初衷。关于具体的业务经营,在农地抵押中介制度变迁主体上可分为自上而下以及自下而上两种方式,在担保方式上可以依据农地抵押与附加的抵押形式分为"抵押+信用/保证/反担保/信托/证券化/"等模式,在解决信息不对称的类型上按照监督履约形式能够分为自我、同组以及中介三种监督模式,按照担保者身份划分为单一农户抵押、群体农户抵押、农户与第三方反抵押担保、农户入股抵押等模式。[2]土地金融制度在国外因其起步时间较早,已经形成了一套系统完善的理论和实践体系。国外土地银行的设置主要包括自下而上以及自上而下两种方式,例如1770年德国采用的是自下而上的合作式的土地银行组织模式,而美国则是通过强制性的自上而下的手段建立起"土地银行+合作社"的农地金融体系架构,通过联邦土地银行合作社的构建,发行土地债券来扶持基层的土地银行合作组织。可以看出,合作社是农地金融机构的重要载体,农村金融发展的一个重要阻碍因素就是信息不对称,而在合作制度下,可以有效解决这一困境,降低金融市场交易成本。同时合作社成员兼有农地金融的服务对象和所有者双重身份,也将减少交易风险,从而实现农地金融机构服务效率的提升以及在优化金融资源配置方面的作

---

[1] 王震江.中国农村土地银行研究:历史制度分析的视角[M].北京:中国金融出版社,2018:52.
[2] 王震江.中国农村土地银行研究:历史制度分析的视角[M].北京:中国金融出版社,2018:53.

用。

农地金融体系是整个农村金融系统中的一个重要组成部分,农地金融与农村金融两者是相辅相成的。任何一项制度的发展都需要配套的制度环境,农村金融发展到一定阶段后,有了相对成熟的信用环境、足够的金融市场参与者、严密的组织监管机制以及为不同主体普遍奉行的契约精神这些前提条件,才有农地金融出现的充分条件。农地金融作为农村金融的制度创新产物以及新的增长点,可以促进农村金融向纵深发展,加快农村信用制度的改革过程。同时,农地金融的核心作用还在于加快农地资本化的趋势,培育农村资本市场。所谓农地资本化就是土地因其可收益性而有了资本化的前提条件,便可将农地收益转化为现期市场中的交换价值,这就是土地所有权的资本化,实质上也是地租的资本化。

(四)农业现代化制度理论

农业现代化是指从传统农业向现代农业转化的过程。农业现代化有狭义和广义之分。狭义的农业现代化从农业生产角度出发,认为农业技术的进步和革新就是农业现代化。广义的农业现代化则超越农业技术层面,把农业放到国民经济整体中去看待,研究怎样通过比农业生产内部生产关系更为广泛的社会生产关系的变革,实现农业生产力的提升,并最终促进社会整体生产力的发展,也就是说,农业现代化不能被孤立地看待,必须作为经济系统整体的一个构成部分来看待,农业外部必须有配套的制度变革,才可能真正实现农业的现代化。实现农业现代化的标准主要包括四个方面:一是农业经济结构的现代化,从自给自足型农业转向市场化农业,并实现农业生产的全产业链化;二是农业基础设施的现代化,完善建设符合环境指标的现代农田水利设施;三是农业生产手段的现代化,将农民世代使用的人力、牲畜劳资为主要动力的生产手段转变为大机械的现代化生产手段;四是农业科学技术的现代化,将科技进步视为农业生产发展的主要动力,使农业生产兼具知识化、信息化、专业化以及生物技术应用普遍化的特征,将科学技术贯穿于现代化农业生产的各个环节。同时开展推广农业科研教育网络,在农村地区实现农科教多层次、全覆盖。

农地产权制度会对农业现代化发展产生重要影响。诺斯认为,有效率的经济组织的建立对于经济增长有着关键作用,而有效率的经济组织需要在制度层面上对其进行安排并确立所有权,并以此形成激励,使个人的经济努力变为私人收益率并接近社会收益率。以西方发达国家的起源于19世纪70年代的农业现代化进程举例,土地私有制的确立对英国以及西欧各国在传统农业向现代化农业转型的过程中起到了关键作用,贵族、地主、商人等不同阶层都热衷于投资农业,农业技术得到飞跃发展,农业资本主义生产关系也因此确立。之后西欧殖民者在全球进行殖民扩张,土地私有制下的农业现代化生产模式也传遍全球,北美、大洋洲的大部分国家纷纷在20世纪中叶相继实现了农业现代化。英国作为世界上最早的农业现代化国家,自13世纪初,就出台了各类法律,先后确立了人民对地权的绝对权力、庄园领主的圈地权、农民的土地转让权、土地私有权中的享有权和转让权等一系列土地权利,有力地带动了英国经济发展,并使英国在经济结构、社会关系领域产生了重大变革。到17世纪中期之后,英国资产阶级革命后确立的资产阶级与新贵族的大土地所有制,以及更大范围的圈地运动,都使得英国农场经营规模不断扩大,农业科技加速发展并大力投入农业生产中,迈入农业现代化发展的轨道。

农地金融制度与农业现代化也有密切关系。农地金融体系的落后将影响农业产业结构的调整升级,从而阻碍农民增收,因此金融扶持应当作为农业现代化配套制度中的重要一环,通过农地金融机关,给农民提供符合农业产生特性的长期信贷资金。土地银行作为农地金融机关的重要组织形式,兼具政策性银行与商业性银行的性质,应当积极发挥这两方面的优势。一方面,政策性银行性质是指土地银行的建立离不开政府的扶持,土地银行应在政府的要求导向下向农业生产领域发放长期低息贷款,用来解决农业生产主体进行现代大型农业机械生产、农业基础建设以及大规模农业生产等方面的融资需求,精准实现政府对农业生产定向调控的目标,提升农业支持政策的针对性和可控性。另一方面,商业性银行的性质将优化农村金融市场的资源配置,吸纳充足的优质金融资源进入,降低农业现代化生产的融资成本。

二、地政学派的土地制度变迁分析

地政学派在为政府推行土地改革事业进行的具体理论阐述与政策设计中,选择以孙中山、亨利·乔治、达马熙克的土地学说作为理论指导,在农地制度、农地金融以及农业现代化发展方面提出了一系列主张,用于推动土地改革的发展。通过分析地政学派土地制度主张的逻辑起源,分解出诱致性土地制度变迁因素以及强制性土地制度变迁因素,认为地政学派土地制度设想具备以诱致性土地制度变迁为基础的强制性土地制度变迁的特征。

(一)诱致性制度变迁——农村社会经济发展的内生需求

诱致性制度变迁是由某种在原有制度安排下无法取得的获利机会引起,是无法获利的个人或群体的自发性行为,是符合其内生需求的。地政学派土地制度思想的产生正是顺应了中国近代农村社会经济发展的这一内生需求,其思想起源具有诱致性制度变迁的特征。自20世纪二三十年代以来,中国国内农村社会经济衰落,土地问题是与农民生活息息相关的关键环节,但此时的土地制度已经演变成为剥削阶级多层面的相互勾结、直接或间接操纵的复杂局面,而土地制度供给却与农民生产生活需求严重不匹配。

当时的土地所有制形态主要包括国家土地所有、地主土地所有、农民土地所有,近代以来还出现了资本主义土地所有和殖民主义土地所有两种形态。在国家土地所有制中,由国家直接进行管控的国有土地是指中央以及地方各级政府占有的土地,主要获取途径有三:一是辛亥革命之后,将原本由清朝统治者掌握的官有公田以及满族祖田,由民国各级政府相应接收;二是民国发展实业,需要征占大量私人土地兴修水陆交通、国防基建以及教育文化机关,相继颁布修订了多部法律法规,对征地事宜进行规定,如1915年北洋政府《土地征用法》、1928年南京国民政府《中华民国土地征收法》、1928年中华民国湖北省政府《华北省道路收用土地条例》,1930、1946年还对中华民国《土地法》中涉及土地征收的条款进行了修订,这些法律条款规定私人土地一旦被征收,即转为国有;三是在当时战乱纷繁的时代背景中,土地所有权人因背井离乡、死亡或其他原因而放弃土地的不在少数,限期内无人认领的土地就会成为无主地而被国民政府接收。而在地主土地所有制中,大部分土地掌握在地主手中,地主不参与劳作,靠出租土地以及剥削雇工占据了农村社会中的大量财富,继而用这些钱购置更多的土地或者放高利贷。农民在承担地主沉重的地租压迫时,还要承担田赋,最终可能连自己劳动所得的50%都难以获取。在农民土地所有制中,主要是自耕农与半自耕农拥有小块私有土地。自耕农在自己所有的小块土地上进行劳作生产以维持基本生计,但半自耕农甚至需要租入少量土地或者出卖一定劳动力才能生存,兼具小份额土地所有者和生产劳作者的双重身份,生产经营状态并不稳定。少数自耕农可能通过辛勤劳作成为地主富农,但多数的自耕农还是要面对很高的破产风险,因为对内要面对国家的横征暴敛、赋税高压,对外要面对资本主义入侵下买办和商业高利贷的沉重剥削,外加不确定的天灾人祸,地主官僚、高利贷者趁机大肆兼并被层层剥削重压的自耕农的土地,导致自耕农沦为佃农或者地主雇工。可以看出,农民在这样的农地产权制度中,缺乏基本的生产经营和生活维持资金,而以典当行、合会等为主体的传统农村金融制度供给又严重不足,资金都拥堵在城市工商业等投资回报率较高的的行业中,因此,农业的现代化转型也就无从谈起了。

在民国时期农村社会经济发展所需的土地制度供给严重不足的困境下,地政学派提出的一系列农地产权、土地金融以及农业现代化制度改革方案,其实就是以诱致性制度变迁为基础的,因为它符合中国农村社会中基层农民群体对于制度失衡的自发反应,农民们相信这种土地制度变迁的预期收入将高出预期成本,并为自己带来盈利。也就是说,地政学派的土地改革主张将解决农村经济发展中关于土地制度的内生需求问题。

(二)强制性制度变迁——民国统制经济思潮的泛起

制度变迁的主体除了以个人或群体为单位的经济组织,还有一类是政治组织,这类以政府为主体推动制度变迁的过程就是强制性制度变迁。地政学派土地思想具有明显的政府主导色彩,同时密切结合国际环境,对国家经济进行改造。

民国时期统制经济思潮的泛起有其根源:一是战争经济学的影响。产生于第一次世界大战期间的战争经济学研究的主要问题是如何最大化战时动员,将一切资源集中起来用来保障战争的最终胜利,在这种情况下,最快捷有效的方式就是依靠政府强制来统制经济。第一次世界大战期间,各国就纷纷调动全国经济资源投入战争,设立战时统制机构,统制经济由此开创。中国"九一八事变"后,国内学者也纷纷开始研究战时经济学,对相关著作进行译介研究,为统制经济思潮产生奠定基础。二是苏联计划经济体制的影响。在苏联模式的计划经济下,1932年苏联"一五"计划的成功与西方焦头烂额地应对经济危机形成了鲜明对比,这也引起了中国知识界研究苏联建设经验的热潮,国民政府将计划经济转化为统制经济进行引入学习。三是法西斯主义的影响。在法西斯主义话语体系下,政府可以保留私有制度,允许私人经济活动的存在,但一切必须以国家利益为首,将全国各种生产要素通过政府强制的政治手段进行统制。德国第一次世界大战战败之后,希特勒上台,将以国家意志控制经济的法西斯主义推向高潮。国民政府也将这种法西斯理论经济引入并看作救世良方。四是中国国家干预传统的影响。中国历史传统上,君主意志就代表着国家意志,专制集权被视为理所应当,再加上从西汉官方学说儒家思想转弯为外儒内法思想[1],并一直长久地支配着社会意识,至民国时期,国家对社会经济进行干预统制思潮的形成也就顺理成章了。有了以上这些思想基础,到了20世纪30年代,统制经济几乎成了一门显学。

民国时期统制经济思潮的盛行有其时代必然性。19世纪末20世纪初,在国际上,资本主义国家已经从自由竞争阶段过渡到垄断阶段,不仅在工业生产领域呈现高度集中甚至垄断的发展态势,而且在银行业中也开始出现这种垄断之势。于是,工业垄断资本和银行垄断资本相互渗透融合形成了金融资本,而金融资本的统治意味资本主义最高阶段——帝国主义的到来[2]。帝国主义国家金融资本通过向落后国家进行资本输出,不断扩大剥削程度和统治范围,金融资本成为当时世界体系中的重要一环。中国也深受帝国主义国家金融资本之害,特别是在1929年经济大萧条中,西方国家在华的资本输出愈发变本加厉,列强各国基本上已经操控了中国的财政金融以及整个经济体系。此外,1931年日本发动"九一八事变",之后更是对中国的政治、经济、社会等进行了全方面的打击。因此,在国内经济发展的巨大压力下,统制经济从思想层面真正成了国民政府的政策导向。按照这种导向,农村社会的发展自然也需要由政府进行干预,由政府主导农地产权制度、农地金融制度以及引导农业现代化制度的转型。

国民政府意图跟随世界潮流,由国家主导土地制度改革以消除农村社会经济的发展约束。进一步地,国民政府对农村社会经济进行统制的同时,又可以实现对发达国家的赶超。地政学派关于土地制度的设想安排,也是顺应社会时代潮流,高度符合国民政府的统制经济政策导向,属于通过国家干预弥补制度失衡的强制性制度变迁的范畴。

在对地政学派土地制度构想中的诱致性制度变迁因素以及强制性制度变迁因素进行分析之后,可以知道两种制度变迁均是在制度不均衡的前提下发生的,各有特点。诱致性制度变迁是自发的、渐进的并具有内在逻辑的,而强制性制度变迁则是由外部推进或倒逼的、突变的并具有被动特点。前者效果慢而长久,后者见效快但需要转变为前者才可持续。但在实际的经济环境中,两者并

---

[1] 钟祥财.从《商君书》看法家经济思想的方法论[J].社会科学,2017(5):133—142.
[2] 中共中央马克思列宁恩格斯大林著作译局编译.列宁选集第2卷[M].北京:人民出版社,1972:780.

非完全分开，而是彼此联系、交替发生的。当两种制度变迁的目标一致时，即强制性变迁是为了弥补诱致性变迁中市场无法完全改善不均衡的缺陷，使不均衡重新回到均衡，这就是两者的正向交替。反之，当两种变迁的目标相背离时，则为逆向交替。而地政学派提出的土地改革属于两种因素的正向交替，即是以诱致性土地制度变迁为基础的强制性土地制度变迁。在地政学派的主张中，农村土地制度存在严重失衡的问题，需要为农民加大有效的土地制度的供给来帮助他们维持基本生活以及生产经营活动，因此土地改革正当其时。但地政学派也认为现阶段要想化解土地制度失衡问题，必须经由国家做出正式的土地制度安排来促进农村社会经济的改善。如此就可以将基层需求提升至政策层面，在解决影响农民生产生活的土地需求的同时，又能实现国民政府对农村经济进行统制的政策目标。而制度变迁的核心是制度安排，地政学派在充分认知土地制度的基础之上，进行了大量充足的讨论和思想准备，由政府承担土地制度的制定责任，以国情为定酌，结合西方先进经验提出了一套完整的土地制度安排，包括土地制度的制定以及具体的制度结构设计，深刻影响了国民政府的农村经济政策。

总之，地政学派主张的土地制度变迁模式选择在历史语境中是必然的、合理的，同时也具有重要的现实思考价值，即变革需要政府推动，但后续发展需要依靠内在动力，这也正是变革的目的所在。

第三章　平均地权：地政学派的基础理论

土地问题涉及土地占有、土地利用等诸多方面，在中国历史上一直周而复始地出现，并没有得到有效的解决。时至近代，随着社会背景的大转变，土地问题以及相应的土地政策又带有鲜明的时代性，这一时期的土地问题是与近代政治、经济、文化、民族等诸多问题交织在一起，是在社会的巨变与传统农村经济运作体系之间的矛盾日益尖锐复杂的困境中产生的。这样的时代环境也为民国学术界、实务界人士提供了施展抱负的契机。地政学派作为专研土地问题的官方学派，以孙中山"平均地权""耕者有其田"理论作为土地政策纲领，以土地机关设置、土地整理推广、地价税征收、租佃制度改革以及城市土地规划五个方面作为具体土地政策抓手，极大地丰富了民国时期土地改革的学说理论，并推动了土地改革实践，也表明了数千年来人们致力于土地问题解决的努力一直在延续。

第一节　民国时期的土地问题剖析

20世纪30年代以来，中国农村经济面对国内外冲击，濒临破产境地。复兴农村成为社会各界关注的焦点，但对于破解农村发展难题的关键，各界看法却各不相同。地政学派将土地制度作为发展农村经济最为核心的环节，明确界定了民国时期土地问题的重点，并在此基础上相应剖析了土地政策，也为地政学派开展土地改革事业的研究范围和政策设计奠定了基础。

一、土地问题的界定

近代以来,中国农村社会经济凋敝,民不聊生,祸乱不断,关于复兴农村的讨论成为热点问题,各类解决方案见仁见智。在地政学派看来,"欲言复兴农村,必明病因所在,其因果安在耶?曰,人口大增,而地利不加辟,为其主因,随因生果,果复为因,益以国际侵略,卒至农村日枯,险象环生矣"[1]。由此可见,地政学派始终将土地问题看作农村经济发展中最重要的也是根源上的问题。实际上,土地问题在历史上向来都是影响朝代更迭的关键因素,万国鼎作为农史专家,他一直强调土地问题"关系复杂,不容轻易试验,失之毫厘,则差以千里,而遗毒且及数世。故改革之先,必须明了现状,察其所以然,证以前人经验,然后慎思远虑,妥为规划,庶几弊少而利多"[2]。也就是说,土地问题的研究除了学理探讨以及实际调查,更离不开历史探究,从历史经验中汲取智慧。基于这一认知,万国鼎剖析了土地问题的历史发展规律,"稍习吾国历史者,类知治乱之循环。承治既久,必有大乱,大乱之后,继以治平,常数十百年或数百年而一循环。原因虽多,主要由于经济问题,更率直言之,由于人地之关系"[3]。历代开国之初,由于大乱而人口锐减,地广人稀,农民开展生产生活相对容易。而且开国君臣多来自民间,亲历新邦肇造的艰难,深知节用恤民的重要性。而经过一朝多代统治者后,国内物质生产丰富,百姓安居乐业,人口渐渐增殖,而土地生产却有总量的限制,不能跟随人口的繁殖而无限增加。在这种情况下,如果要开垦新的土地,未必刚好存在适合的地方,还容易制造边境摩擦。而要改革土地经营方式,不仅受知识技术和环境的限制,还要面对土地报酬递减规律的客观现实。在以上两种途径都不能有效改善人地关系日益紧张的情况下,如果此时的统治者已不如开国君王那般勤于国家治理,而是骄奢淫逸,横征暴敛,大肆压榨民间财富,同时地方豪绅巨贾也来趁机兼并土地,推动地价与地租不断上涨,则会导致民不聊生而又一次进入大乱的周期。近代以来的中国现状,似乎也正陷入历史故辙中,时至乱世又面对着新的外力冲击,土地问题依然是致乱的根由。

地政学派认为,一个国家的土地问题作为社会问题的中心焦点,如能得到

---

[1] 万国鼎. 复兴农村之路[J]. 地政月刊,1933(12):1601—1611.
[2] 万国鼎. 中国田制史(上册)[M]. 南京:正中书局,1934:自序.
[3] 万国鼎. 复兴农村之路[J]. 地政月刊,1933(12):1601—1611.

妥善解决,社会就可以随之安定,否则,社会的秩序就会被扰乱,国家的基础也将动摇不定。那么,究竟什么是现阶段中国土地问题的重点？地政学派在1934年中国地政学会第一届年会上就对此进行了讨论,会议上,学者们认为当时土地问题的重心或在于分配,或在于生产,或者分配与生产两者并重。

祝平主张土地问题的重心在于分配。他首先将土地问题分为了广义和狭义两类。广义的土地问题又可以再次划分为广义和狭义两个层面[1],广义层面上的广义土地问题指的是全体生物界为生存而争夺土地资源的斗争,狭义层面上的广义土地问题指的是全体人类以人与人、村落与村落、城市与乡村、城市与城市、乡村与乡村、民族与民族等主体形式进行的土地斗争,争斗的土地资源包括渔、猎、牧、田、原料矿产、市场等类型。狭义的土地问题即为解决"润得"(Rente)的问题。狭义的土地问题也可以再次划分为广义和狭义两个层面,广义层面上的"润得"指"地赢",即土地所有者在土地上不劳而获的所得,狭义层面上的"润得"指"地租",即土地所有者出租土地所获得的不劳而获的所得[2]。也就是说,"地租"与"地赢"两者的区别在于土地所有者是否自己经营土地。祝平认为,亨利·乔治、达马熙克以及孙中山三位思想先驱的土地问题学说所揭示的土地问题本质上都是一种分配问题,都是围绕土地所有者的不劳所得而展开的,也就是土地的"润得"。因此,目前解决土地问题的办法,就是"(一)照价纳税或照价收买,及涨价归公——即解决土地的不劳增值;(二)耕者有其田——即解决地租问题"[3]。至于农业生产的增进和生产方法的改善,应等到农民土地问题解决之后,方能着手进行。王先强对土地分配问题同样十分重视,他强调土地分配问题的解决是地主和佃农之间纠纷的化解、土地有效利用的前提条件。而且对于城市土地而言,土地投机现象日趋严重,人民住宅危机也由此引发,因此土地分配尤为重要。程子敏通过具体的数字来举证改善土地分配的急迫性,他犀利地指出中国土地分配的不均已经达到了极点,"在全体农民三三六〇〇〇〇〇〇中,只有一五〇〇〇〇〇〇的农民占有土地,没有田地的农民,占了全农民人数二分之一以上。因此,租佃制度,必然的表现出急剧严重的过程"[4]。郑震宇和张淼则是直接针对土地生产经营问题,认为其为纯

---

[1] 祝平. 中国土地改革导言[J]. 地政月刊,1934(1):9—28.
[2] 祝平. 中国土地改革导言[J]. 地政月刊,1934(1):9—28.
[3] 目前中国土地问题之重心[J]. 地政月刊,1934(1):95—123.
[4] 目前中国土地问题之重心[J]. 地政月刊,1934(1):95—123.

粹技术层面的问题,不属于土地制度的本身,将其作为土地问题的重心更是无从谈起,因此他们主张土地问题的解决应从分配着手。

黄通同样认为土地问题的重心是土地分配,但其着眼点在于通过分配协调乡村人地关系。在分析土地问题之前,黄通将土地分为城市土地与乡村土地。乡村土地大多用于农业耕作,可以说乡村土地等同于农业用地,而城市土地的利用则以住宅、工场、商肆居多,亦可用宅地来等同于市地。城市用地的利用主要是依据土地的"载力",而农地在"载力"以外,还需要配以"耕力"与"养力"[1],所以市地可以"立体"地利用,而农地只能"平面"地利用。市地问题无外乎宅地问题,如果能够坚持照价抽税、涨价归公的原则,则可解决大半,可是农地问题的解决却并非如此简单,因此黄通将土地问题的对象聚焦于农地问题。在明确土地问题的研究对象之后,黄通认为"土地关系改善,并非单纯的地租之分配,而在于为产生地租之基础的地权之平均"[2],其土地改革的步骤首要就是推行耕者有其田,使耕者不需要在他人的土地上进行劳作,避免劳动所得被不劳而获者夺取,也使得土地与耕者之间的关系变得更为密切。若乡村的人地关系得到了改善,那么土地的利用、生产以及地尽其利等诸多问题都可以顺理成章地解决。

而万国鼎主张土地问题的重心在于生产,他力陈"中国今日土地问题之重心,在一家耕地太少,资本短缺,而劳力过剩,因此一家收入极少,益以国际影响,生计日艰,而危害国家社会之安宁与繁荣。但求耕地所有权平均之分配,犹不足解决目前土地问题而复兴农村,故为今之计,应以增加一家耕地之面积与生产效率,促进土地之合理的利用为主,而辅以改革租佃制度及扶植自耕农"[3]。这种生产重心论主张的是生产问题的解决有助于分配问题的解决,在当时的中国,如果只注重平均分配土地,那么"均则均矣,而一家耕地太少,仍未足解决其土地问题,无救于耕者之穷困也"[4]。万国鼎根据中国历史发展规律,认为历代开国之初,地宽人少,生产充沛,但随着人口增加而地利不加开辟,供给难以满足需求,此时分配问题便凸显了出来,即生产先有问题,而后才影响分配。此外,结合国外的经验教训,当时的苏联已经解决了土地分配问题,集体

─────────

[1] 目前中国土地问题之重心[J]. 地政月刊,1934(1):95—123.
[2] 目前中国土地问题之重心[J]. 地政月刊,1934(1):95—123.
[3] 目前中国土地问题之重心[J]. 地政月刊,1934(1):95—123.
[4] 目前中国土地问题之重心[J]. 地政月刊,1934(1):95—123.

农场、国家农场以及其他土地设施的完善虽然都是为了促进生产,但实际上,苏联土地的生产越来越少。而美国农业生产条件得天独厚,地大物博、人口稀少,且没有严重的土地分配问题,这都是因为新兴的土地经济学的发展,重视土地利用的结果。在分析中国历史传统和对比国外农业发展之后,万国鼎认为,目前中国土地集中尚不严重,一味强调分配反而有可能助长阶级斗争,增加社会纠纷与不稳定因素,故欲求分配问题满意可靠解决的前提是先行解决生产问题。李庆麟同样支持将提高生产率作为解决土地问题的重心,他认为中国现时使用土地的人,无论是地主还是佃户,都感觉难以维持经营生产,入不敷出,因此应大力推进土地利用。

冯紫岗认为土地的分配和生产两个问题是相互关联、相辅相成的。如果单从土地分配角度入手,则会着重解决租佃问题,"然而中国农场之过于狭小,农地之过于零碎,生产工具生产方法太近于原始式的而不能速行改善,这种种不能使地尽其力之问题,绝不随租佃问题之解决而解决"[1]。如果单从土地利用角度,则着重以科学生产方法来发展土地生产力、改善农民生活,"然而生产者如不能得到生产之工具,地主尽其掠夺农业利得之能,而不愿顾到地力之维持与土地改良之投资,则地尽其利之问题仍然无法解决"[2]。因此,冯紫岗认为将土地分配问题和生产问题两者结合起来才是中国土地问题的整体全貌,但是可以结合具体地方情况决定土地分配和土地生产改革的具体力度。如江浙闽粤等省主要面临的是租佃问题,而西北各省因其恶劣的天气条件和闭塞的交通限制而形成大面积的荒地,因此应关注如何开发利用土地以及殖民,内地各省农场面积普遍较为狭小,同样应该重视科学方法的应用,提高土地生产。总之,中国土地问题之严重,一方面是因为佃农过多以及租佃制度本身的种种缺陷,另一方面是因为可耕土地面积过少,农场过小,阻碍了农业经营的发展。解决之法"须一方促成自耕农,同时引导自耕农为'合作'(La Cooperation)的经营,夫而后土地分配问题,可以迎刃而解;土地利用问题,亦可连带解决"[3]。郑彦棻、王祺对分配、生产问题两者兼顾的说法也表示赞成,主张同时推动发展生产和限制地主操纵土地两项事业。

以上三种关于土地重心的认识,在对"平均地权"原则认识统一的基础上,

---

[1] 目前中国土地问题之重心[J]. 地政月刊,1934(1):95—123.
[2] 目前中国土地问题之重心[J]. 地政月刊,1934(1):95—123.
[3] 目前中国土地问题之重心[J]. 地政月刊,1934(1):95—123.

各有其合理角度和侧重,秉承开放研究学风的地政学派并没有对哪一种观点进行排斥,而是选择将所有相关论断刊登在《地政月刊》上以供社会各界评判,这也使得地政学者能够在自己所关心的领域内不断深入探索,全方位、多领域地对土地改革推出自己的政策建议。

二、土地政策的内涵

"土地问题作为一般经济之基础,亦为民生问题之基础,欲解决土地问题,必先决定土地政策。"[1]1934年,中国地政学会在第一届年会上对当时土地问题的重心进行探讨之后,1935年便在此基础上,于第二届年会上围绕解决土地问题的重心所应推行的相应土地政策进行了研究。地政学派作为政府智囊团体,将土地政策视为土地思想落实的重要载体,并强调土地政策的制定和推广是一个政府的重要职能。通过土地政策的制定,人民可以知道使用土地的途径、方法和限制,这样一方面可以解决土地纠纷,消灭土地问题,安定社会人心,另一方面又可以使地尽其利,增加生产,提高人民的物质生活水平。国民政府将"平均地权"作为土地政策的中心,并相应制定1930年《土地法》,但地政学派学者认为这部土地法不仅未能充分体现孙中山的土地主张,而且因配套的"《土地法》施行法没有颁布,所以各省处理因受革命影响而起的土地纠纷,亦就没有方法应付了,不得已只好各自为政、各想办法。这样一来,不但使土地纠纷更加复杂,并且把老百姓弄得彷徨失措,无所适从"[2]。这样形同虚设的《土地法》对于解决土地问题毫无用处,必须确定一个切实鲜明的土地政策,成为处理人地关系的方针。

政策就是有目标地用政治的权力所推行的计划和方法,土地政策就是政府为达到预定的土地改革目标,用政治的权利所推行的现在和将来的关于土地使用的计划和方法。李庆麟认为在这个定义下,可以知道"(一)土地政策是有目标的,有了目标,土地就不至于被人错用;(二)土地政策是有计划的,有了计划,土地就不至于被人随便乱用;(三)土地政策是有方法的,有了方法,就可以解决土地问题;(四)土地政策,使用政府的权力来推行的,有了推行的机关和推行的权利,土地政策自然就容易实现;(五)土地政策是现在和将来使用土地的计划和方法,不但规定现在的土地使用,并且还顾到将来的土地使用,这样当然可以

---

[1] 中国土地问题与土地政策[J]. 地政月刊,1934(2):2470—2471.
[2] 李庆麟. 中国目前之土地政策[J]. 地政月刊,1935(4):493—502.

使土地使用能达到那最高的目标"[1]。按照地政学派的政策主张,土地政策应该包含解决两方面土地问题的方法,一是土地生产问题,二是土地分配问题。关于土地生产方面,土地对于人类的价值就在于土地可以进行满足人类衣食住行所需的物质生产,如果土地不能生产,那么对于人类来说,土地就没有任何效用。但如果土地生产效用的发挥被限制,或是被人用作自私自利的生产工具,都会给这个社会带来负面作用。因此,必须要用土地政策来规定土地生产应将公共福利作为目标,督促现有土地生产,并开垦新的荒地增加生产。关于土地分配,作为人类赖以生存的土地资源,凡是有耕作能力的人都应该被保障有使用土地的机会,但是现在社会上许多有能力使用土地的人却并没有机会获得土地进行生产,这是由土地不够分配或者土地分配不均导致的,那么应该采用什么方法减少土地多的人的土地,或者增加土地少的人的土地,这两类人群又承担着怎样的社会责任,这些都应该在土地政策内有相应的规定。有了土地生产和分配的计划以及实施方法,而没有土地行政机关和土地行政人员去推行,还是无法取得成效的,所以对行政机关和人员的设置也属于土地政策的重要构成。在明确了土地政策的具体内容的基础上,地政学派强调土地政策的原则应与国家政策相辅而行,特别是与当时的经济政策相配套。当时的经济政策是"在如何现代化——工业化而已,在如何得迎头赶上为计划统制之大生产而已"[2],与此相匹配的土地政策即为平均地权,允许私人有经营收益权,而又处处保留国家的支配管理权,这样既可以促进生产又可满足统制计划的利用与分配。

制定土地政策的前提是必须有民生统计和土地统计作为依据,缺失完善的统计数据,就无法制定出切实可行的土地政策。平均地权土地政策的落实是为了最终完成民生主义,换言之就是使全国人民的衣食住行需求得到满足,因此应该有民生方面的统计作为平均地权的根据,包括对国家的总人口、战时与非战时的每人每年对衣食住行原料的平均需求的基本统计,还需要将总人口中市民和农民,农民中自耕农、半自耕农、佃农的构成进行统计。有了民生的统计,还应该有土地的统计,除对国家土地总面积、农地面积、市地面积、林地面积、矿地面积等基本数据进行明确之外,农地中已耕地与未耕地的面积,已耕地中用

---

[1] 李庆麟. 中国目前之土地政策[J]. 地政月刊,1935(4):493-502.
[2] 萧铮. 中国今日应采之土地政策[J]. 地政月刊,1933(11):1453-1470.

于粮食耕种的农地面积以及战时与非战时的粮食产量,用于原料生产制造的农地面积,未耕地中可耕地与不可耕地的面积,以及市地中工商事业用地与住宅用地的面积这些数据都应进行进一步细分统计。按照当时国内并不稳定的环境来说,上述数据的精确统计很难做到,只能用近些年的趋势作为土地政策制定的前提。地政学派根据中央实验所的调查报告得知,从1873年到1933年的60年间,全国农村人口增加31%,如果要使农民基本生产生活需求得以满足,那么,农村中的耕地面积需要与农民人口成正比例增加。但是两者之间并没有出现正比例的增长,1873—1933年,全国耕地面积仅增加了1%,人多地少的矛盾已是十分突出。[1]此外,又受到1931年世界经济危机的波及以及"九一八"事变的影响,物价呈现跌落趋势,后又加上1934年美国白银法案的影响,国内的物价跌落更加严重,土地收入大大减少,农民入不敷出,根本无力维持基本的生产生活,所以20世纪30年代以来的土地问题愈发成为社会中极为严重的一个问题。因此,在这些前提情况下,中国目前的土地政策应该有效地将土地分配问题与土地经营整理问题的解决方法结合起来,相互影响。经营得法、整理得当的土地,可以有效增加农民收入,使土地变为有利的生产工具,继而进一步促进土地分配问题的解决。为了实现这样的政策目标,又涉及土地政策推行过程中的种种方案的具体设计,包括地政机关设置、地籍整理、租佃制度改革、土地税制调整等多方面的具体内容。在这些方面地政学派学者也都进行了积极的探索和设想,为政府制定土地政策做出了许多有价值的参考。

在1935年中国地政学会第二届年会上,地政学派成员经过探讨,商定了关于《中国目前之土地政策》的决议,这份决议也成为后续地政学派在为国民政府土地问题进言献策的基本政策方向,决议具体内容如下:

吾国土地政策,自须以中山先生所主张之平均地权为依据。关于平均地权之诠释,各方意见虽稍有歧义,然原则上认识则相同,承认土地应属于国民全体,故纯粹地租应归国有,而以地价税及增价之方法行之,使全国国民可得平均享受土地权利之机会,而排斥私人垄断,以土地为巧取豪夺之具。基此主张,并观察国民经济及社会组织之现状,中国今日之土地政策,应注重左列四项:

一、迅速规定地价,实行累进制之地价税及增值税,以平均人民之负担,限制豪强之兼并,俾国家可收应得之地租,人民可除苛杂之压迫,而土地得尽经营

---

[1] 李庆麟. 中国目前之土地政策[J]. 地政月刊,1935(4):493—502.

利用,以期国民经济之繁荣,社会之和平发展。

二、立即依照规定地价,严定租额,并基于平等合作之精神,改正租佃制度,俾业佃两方权利义务之分配,合乎平等妥善之原则,使劳资密切合作,地尽其利,农村安定,整个社会之进步可期。

三、实行设立农业及土地金融机关,以调剂农村经济,奖励土地生产,扶植自耕农,于监督贷款用途之中,寓统制土地使用之意,庶使符于国民经济生产建设之趋向。

四、国家应即速注重土地利用,实行移垦政策,以求土地与人口之调剂,地利之开发,生产之增进,边疆之充实。至办理边疆垦殖,宜以国营为原则。

凡此四端,本会同人认为系中国目前土地政策之纲领,而须努力求其实现。[1]

第二节 对土地改革纲领的研究

地政学派以贯彻孙中山的平均地权、耕者有其田理论为政策纲领,面对时人的种种阐述与误解,地政学派对平均地权理论进行了深入的分析,并对平均地权和耕者有其田两种理论之间的关系进行了梳理,以期还原孙中山土地政策主张的真正内涵,同时进一步明确土地改革运动的导向。

一、"平均地权"诠释

地政学派将孙中山的平均地权作为土地政策的原则,视其为解决民生问题以及土地问题的唯一办法。民国期间,各方学者专家对于平均地权的诠释颇多,见仁见智,争辩激烈,而各方面论点的中心在于土地属权问题,大体分为如下各派:一是认为平均地权是以土地私有制为前提;二是认为平均地权论是纯粹的土地国有论;三是认为平均地权理论是综合前两者之说,主张实现土地从私有到国有的转变。[2]

第一种看法将平均地权的前提定为土地私有制,主张通过租税政策,消除土地私有制的弊端。这种论断中的平均地权并不是要将私人的土地所有权变为国家的土地所有权,而只是为了推翻大地主的土地独占权,仅需通过租税政

---

[1] 本届年会决议. 中国目前之土地政策[J]. 地政月刊,1935(4):491-492.
[2] 萧铮. 平均地权真诠[J]. 地政月刊,1933(1):3-28.

策的调整就可实现这一土地政策。同时将耕者有其田作为平均地权的目的,也是平均地权仍承认土地私有权的证明。私有权依然存在,只不过私有权的主体由不耕之地主换做了耕者。这样的土地改革方式也顺应了孙中山在政治、经济上"和平奋斗"的主旨,而非激烈政策,这与民生主义中强调的节制私人资本而非取消私有资本的主张也是相符合的。第二种看法将平均地权理论直接视为土地国有论,并将其视为是适合中国国情的土地改革政策。这种论断中平均地权的地价论,将土地未来价格以抽取全体增价部分的形式完全归公,现在地价仍许私人所有,这实际上是为了避免小地主反抗的一种手段,所以平均地权的结果就是使土地私有制名存实亡,成为实质上的土地国有。而在这种论断中的耕者有其田,也并非是土地私有,而是土地国有,因为土地只有在国家管理支配下,才能真正实现耕者有其田,否则农业劳动者与土地之数无法调和,未来新增农业人口也不能保证有田可耕。土地国有与孙中山的"天下归公"理念是一致的,经济政策都应该采用国家资本主义,对一切重要的生产资源悉数归国营国有。作为重要生产载体的土地,依据此主张亦应归于国有。第三种看法作为前两者的综合产物,主张土地由私有到国有。耕者有其田就是土地私有制的直接证明,但这并不是平均地权的最终目标,而是平均地权的第一阶段目标。平均地权真正的最终目标在于通过照价收买的和平手段实现土地国有,使土地的属权与民生主义的最终目标各得满足,即土地所有权社会化。

  以上三派理论的主张依据各有其立场,但是究竟哪一种是真正的关于平均地权理论的解释,在地政学派内部甚至都难以商定,如李黎洲就认为平均地权就是对土地实行国有制,"农地国有制一旦实行,草泽残寇,号召末由,立见解体。国内军事不难结束也。则土地国有制又不仅为合理的经济政策,抑且为救时的政治方略矣"[1]。土地国有制下的农业经济发展,可以通过国家的经营管理淘汰不适任的农业者,农场以及农地基础设施、农业金融组织、农业合作事业、农业劳动者的生活文化事业以及相关产业计划都可以在政府的统一规划下得到极大的改善。而彭莲棠则认为平均地权是一种土地所有权的社会化,并指出孙中山对于土地问题"原则希望土地私有权民众化,再由民众化而达到土地所有权社会化。即以承认土地私有制为始,以废除私有制为终"[2]。彭莲棠对当时世界各国的土地改革特征进行了分析,认为苏联激进式的土地国有改革虽

---

[1] 李黎洲. 中国目前应采之土地政策[J]. 地政月刊,1935(4):503-508.
[2] 彭莲棠. 专论:现代各种土地政策及学说与平均地权[J]. 人与地,1943(11-12):33-40.

然较为彻底,但推行困难,易遭反感,因为私有观念已深入人心,改革不仅会遭到地主反对,而且连一般农民也难以接受。而当时在多数西方资本主义国家实行的是土地限制私有制,通过限制个人私有土地的最高额以防止土地过分集中,这种方法,在短期内或许可以取得一定成效,但未必能保持永久的均衡,因为土地私有权的存在,导致自由买卖无法禁绝,难免不再产生兼并现象,故不能一劳永逸。

面对种种关于平均地权的不同看法,萧铮在认真研读孙中山关于土地问题的25篇论述(从1894年《上李鸿章书》起到1924年《民生主义第三讲》)的基础上,得出了十点结论,对平均地权进行了详尽的剖析。[1]

一是纵观孙中山平生思想之演进,平均地权的核心在于"地尽其利",这不只是通常字面意义上的分配。平均地权宗旨与建国方略中的实业计划相符,实为解决民生问题(即由人民衣食住行的基本需求而发起的),与节制资本均为手段,借以促进生产发展。"故任何理想制度之结果,倘仅顾分配至平均,而'地尽其利'反受其害,则决然不取。故土地国有论,既为理想上可赞美之分配制度,然倘因生产手段,社会组织管理分配之技能不足适应,仍未可采"。[2]

二是平均地权的目的在使未来因社会进步而产生的地租,即土地未来价格,平均为众人所享有,防止少数人垄断利益或对土地的恶滥使用。

三是实行平均地权的首要办法在于"核定地价",作为土地未来价格的计算基础,换言之,就是承认现下地主所有土地权利,如今所核定的地价,未来因国家新建设、社会进步而产生的土地利得部分当归公有。第二步办法是"征收地价税",以素地的地值作为标准进行课税,能够杜绝私人垄断土地、将土地作为投机工具以及荒置粗放经营土地的现象。第三步办法为"增价归公",但只针对因社会改良进步而增价的部分,如因货币跌价或生活指数提高而带来的仅表面数值的增加,只需要依照物价指数比照算定,避免此类增值也完全归公。第四步办法为"照价收买",用来矫正地主申报的地价,使地价税与征收未来增价有所依据,又可以使国家在实行大规模建设时的公用地供给不致缺乏或成本过高,此法是平均地权中的辅助办法,而非大部分人以为的以此办法作为实现土地国有的途径。

四是平均地权的改革办法唯有处于经济革命过程中的中国才适用。欧美

---

[1] 萧铮.平均地权真诠[J].地政月刊,1933(1):3—28.
[2] 萧铮.平均地权真诠[J].地政月刊,1933(1):3—28.

国家因其地价已经增涨至相当程度，未来增加不致剧烈，而在普通农业国，地价增高的可能性甚微，进展也甚缓，平均地权的改革办法在这两类国家均无法推行。而在当时的中国，工商业尚未十分发达，国家大规模的基础建设亦属空缺，因此地价存在急剧变动的空间，正是平均地权的实施时机。

五是平均地权不仅会促进民生繁荣，而且土地未来巨大的增价还可以充实国家财政，国用将因之富足。

六是在国家资本主义形态下，平均地权是指将由国家对土地及其他大企业保有最高的支配管理权，人民的土地私有权已限于所报地价之中，与独占的、排他的绝对土地私有不同，个人将在一定范围内享有土地支配管理以及使用收益的权利，即"所有权之让渡，既须国家许可；所有权之行使，既须国家同意；所有权之利得，既须大部分为国家的收入。则所有权的本质，自非现代化的纯粹私法上的私有形态矣"[1]，因此根本无从指为私有、国有或者自私有到国有。

七是平均地权主张将土地所有权分属国家与个人，这是实现民生主义的具体办法，亦即社会革命。

八是平均地权并非不科学的均田限田制，因为各个地方的土壤肥瘠、交通便塞、经营能力高低、生产技术优拙等条件各不相同，限田标准很难确定，土地在一定时期内亦无从划分，板滞的均田限田制实为不科学的制度，然而通过累进制地价税可以使无力承担土地价值税额的个人不得不出让其土地，同样达到限田的效果。

九是赞同土地公有论的原则，但中国不必进行模仿，因为土地就算实现了公有或者国有，仍然不能否决私人使用收益权的存在。并且国家获得的只有名义上的所有权，以及实际上的管理支配权，与平均地权理论无本质上的差异，因此国家不必一味追求名义上的所有权，而采取并不可行的土地没收或者土地征收政策。

十是耕者有其田并非平均地权的目的或者手段，近代农业问题及农民问题，不仅有耕者有其田的改革问题，还存在农业生产技术问题、资金问题、农村组织、农民教育等问题，平均地权作为一项综合社会改革，其目的绝不只限于耕者有其田，也不仅限于农村土地问题的解决，它还包括城市土地的改革。

根据萧铮的诠释，在平均地权土地纲领指导下，土地改革将在社会经济的

---

[1] 萧铮.土地所有权之研究与平均地权[J].地政月刊,1933(11):1556-1557.

多方面产生积极影响。在国民经济方面,"平均地权论不仅不反对个人之合理的使用收益权,且兼加以多方面之援助,使各个人能自由为最有利之集约经营。一方面又拟有大规模之垦荒计划,可期增加不毛地之生产,二者之结果,即可符所谓大量生产之要求",而同时,平均地权"既系国家保用最高之支配管理权……以始于国家之基本政策。故可获得经济上统制管理之效用也"。[1] 在社会政策方面,平均地权兼具国民经济政策与社会政策的双重效应,以地价税及涨价归公的办法收取地租,以供公共事业所需,使社会上任何人都有享受均等机会的权利,贫苦阶级亦可因此得到救济。这种地租均等享受的分配方法较实物均分更为公平,也不会因为人口增加而受影响。人口增加反而会使地租上涨,从而使公共收入增加,个人福利也会随之增加。在国家财政方面,平均地权作为采用租税政策的土地改革,地价税及增值税的征收可以有力地充实国库,且可借此一扫田赋积弊,"吾国之税源,自来出之土地,田赋不但占地方收入之大部,且影响于国家财政甚巨。国家之税收,因受帝国主义之压迫,无自由增加税率或税源之可能(例如采取保护关税及资本税等)。欲裕财政之收入,供国家行政经费及未来建设之需,则地税之整顿,诚为不二法门"[2]。在国家建设方面,为实现现代化而推行实业计划,所需土地以及财政支出均可以在平均地权制度中得到保障,同时建设后土地增价亦甚巨。平均地权既能符合国家现代化建设的需求,又能在建设后收回建设所耗资本。在具体实施方面,"就平均地权之本身而论,其办法为简而易行之征税方法,而由人民自由报价,并估价之繁琐而去之。征税之费用可减至极低,而手续可变为极简"[3],如此人民便无须承担剧烈社会变革的痛苦,国家也可获得实际的改革效用。

"平均地权"作为地政学派极力推行的土地政策,有其推行的时效性。可是该土地政策却一直未能彻底落实,一方面是因为没有完善的土地法规在政策层面进行保障,另一方面是因为抗战时局,各地的地政工作几近停顿,平均地权推行一度被推迟至抗日战争结束后。但万国鼎认为这样的做法将会使平均地权失去最佳的推行时机,他陈述了六点理由:一是平均地权如滞后实施,则会丧失思患预防效果;二是平均地权规定土地须照价征税,价格越高则增税越重,如果等到战后地价高涨的时候推行,地主所缴骤增,必群起反对,阻碍土地政策的推

---

[1] 萧铮. 中国今日应采之土地政策[J]. 地政月刊,1933(11):1453—1470.
[2] 萧铮. 中国今日应采之土地政策[J]. 地政月刊,1933(11):1453—1470.
[3] 萧铮. 中国今日应采之土地政策[J]. 地政月刊,1933(11):1453—1470.

行,所以平均地权应趁早于资本未发达、地价未高涨之时实施;三是平均地权旨在涨价归公,若待价以高涨,不劳而获的土地增值,已被地主坐享,涨价部分根本没有归公而且无法进行追溯,因此涨价归公必须趁早于地价未涨之前实施,否则就失去了意义;四是在工商业尚不发达的前提下,城市土地价格上涨虽有端倪但仍十分有限,正是平均地权推行的绝佳时机;五是平均地权可以杜绝资本家投机土地的想法,而尽早将其资本投入工商业,促进工商业的发展;六是革命的彻底完成,必须预先实施平均地权,解决土地问题。[1]总之,万国鼎坚称,如果延缓平均地权的实行,错过合适时机,则后患无穷。

二、"耕者有其田"诠释

"耕者有其田"是纯粹的农民政策,主张农民拥有土地的所有权,这项政策的提出是基于中国大多数土地在非耕者手中,土地兼并、独占、投机风气盛行的现实。不仅雇农佃农没有田地,便是自耕农亦非常缺乏田地,佃农雇农往往对于土地不施肥不改良,造成土地生产日益下降,"则国家依公益之目的,限制土地私有,辅助自耕农,务使土地之使用权与所有权归于一体,限制不使用者之所有,征收不劳者之所得,普及有效之使用,'使一般人民有享用土地利益之平等权利',则平均地权政策之精神足以发扬矣"[2]。

时人多将"耕者有其田"视为平均地权的政策目标,但萧铮认为这是一种误解。平均地权的目标"在使土地因社会进步所生之报酬,平均为众人所享有,防止少数人垄断利益或恶滥使用土地……这样,如何可说'平均地权'的目的,只是为'耕者有其田'呢?'平均地权'如真只要'耕者有其田',何不简单明了地拿出各国创设自耕农的办法来,或简单明了地定出征收或没收地主土地的办法来,却要定些'定地价''按价增税''涨价归公'等'大轮回'的办法呢?而且做到了'耕者有其田',怎样便可说已经实现'平均地权'?非耕者怎么样?都市土地又该归哪一个?大家知道总理'平均地权'的学说,是受亨利·乔治的学说影响很深的,在亨利的脑里,便找不出'耕者有其田'的思想来"[3]。通过一连串的发问,可以看出萧铮坚决反对将耕者有其田看作平均地权的目标,那么两者之间的关系究竟是怎样的?他认为"耕者有其田"的意义,不是一般人所认为的是

---

[1] 万国鼎. 平均地权不能坐失时机[J]. 人与地,1941(2):27-30.
[2] 唐启宇. 耕者应有其田之所有权[J]. 地政月刊,1937(2-3):165-169.
[3] 萧铮. 平均地权和耕者有其田[J]. 地政月刊,1937(2-3):153-163.

佃农对地主阶级斗争的口号，而是使一般耕者充分享有土地自由的政策，属于农民政策的范畴，且是与平均地权土地政策精神一以贯之的。平均地权下的地租国有和防止土地独占原则，在农地方面，便是不赞成地主制度下的重额佃租，也不赞成大多数利用土地的耕者却没有土地所有权。所以在平均地权的土地政策下，当然要提出耕者有其田的农民政策。这项农民政策与地租国有和防止土地独占的原则是相符合的，但不能说这便是平均地权的目的。就逻辑而言，甲政策与乙政策的原则相同，但不能认为甲政策就是乙政策，或认为甲政策是乙政策的目的。就具体内容而言，平均地权要求地租国有，即一切农地、林地、木地、建筑地、矿源地等各种土地的素地地租，统一以地价税的方法归之国有，耕者有其田政策下的耕地素地地租也是国有的。平均地权反对独占，主张有能力利用土地的人可以取得土地的所有权，耕者有其田的政策也是主张能利用耕地的人取得耕地的所有权，这便是原则相同。"但一个是对'土地'的主张，一个是对'耕者'的主张，一个是对某种物的一种政策，一个是对某一种人的政策。"[1]平均地权理论中没有提及农地必须一律归并为耕者所有，但只就耕者的立场而言，应赞成耕者有其田，因为既能成为耕者，则必然应有相当的农地生产经营能力，故耕者如有无其田或者缺其田的情形，国家应大力扶助，充分实现耕者有其田。以上便是平均地权与耕者有其田的区别与联系。平均地权的实现，自然能使耕者有其田，实行耕者有其田亦是推行平均地权的一部分。

　　对于耕者有其田与平均地权关系还存在第二种误解，即以耕者有其田作为农地政策，而将平均地权作为市地政策，吴文晖对此也进行了解释。首先，平均地权的对象兼具市地和农地，"《建国大纲》第十条：'每县开创自治之时，必须先规定全县私有土地之价，其法由地主自报之，地方政府照价收买。自此次报价之后，若土地因政治之改良、社会之进步而增价者，则其利息当为全县人民所共享，而原主不得而私之。'一县的土地，自以农地为最大部分，今每县都要实行照价征税、照价收买及涨价归公，则平均地权的对象，包括农地自属显而易见"[2]。其次，主张平均地权是市地政策的人多认为平均地权只有照价征收及涨价归公的作用，甚至说地价征税及涨价归公仅对市地才有明显效果，而农地因为涨价空间有限效果甚微。虽然农地不如市地易涨价，但由于人口增加、谷价与地租增高，地价也会随之上涨，因此平均地权的政策对于农地同样有效。

---

[1] 萧铮. 平均地权和耕者有其田[J]. 地政月刊,1937(2—3):153—163.
[2] 吴文晖. 耕者有其田的理论根据[J]. 人与地,1942(3):1—8.

再其次,照价征收和涨价归公的政策施行之后,可以迫使地主觉得即使有地也无利可图,便转移地权于耕者,促成耕者有其田的实现。最后,主张平均地权为市地政策的人忽视了与照价征收并行为用的照价收买政策,不仅是为了防止地主短报地价,也不仅是为了公共事业的需要,还是为了实现耕者有田的政策。所以,"耕者有其田政策乃是整个平均地权政策中关于耕地方面的政策,中山先生多提的平均地权主要方法——'按价征税''照价收买'与'涨价归公',不特可以实行于耕地,且可借此促成耕者有其田的实现"[1]。

明确了耕者有其田与平均地权两者之间的关联,对于耕者有其田的重要意义,地政学派也进行了反复申明,特别是强调了自耕农制度相较于佃耕制度具有极大优势。在生产方面,自耕农在利用土地的过程中,可以不用再如佃农那样受地主掣肘,而是能够完全自由抉择并进行利益最大化的生产。且自耕农有了自己的土地,如遇到经营资本不足的情况,便可将土地作为抵押来获取资金。对比在佃耕制下,金海同认为地主与佃农双方通常均不愿加大投资以改良土地,"在地主一方面,如为不在地主,当然不大关心农事,同时也不知道怎样关心农事。如为在乡的地主,又可分作两方面来说:一方面因为地主过分关心自己的田地,对于佃农经营,不免采取监督的态度,其结果有好处也有坏处,如廿九年川省许多冬水田错过改种其他旱粮的机会,便是其中的一个恶果;另一方面地主虽想出资改良田地,但因为怕加租的麻烦便只好得过且过,懒得多此一举。至于在佃农一方面,因为土地是别人的,当然不甚爱惜,即不实行掠夺农法,耗竭地力,至少生产兴趣与劳动效率,是不曾太高的。再说土地的改良,需要资本的投放,佃农终多辛勤所得,除了交租以外,有时还得赔上自身的工资,即使改良有心,恐怕也是投资无力"[2]。而自耕农则因其土地收益完全自有,自会"爱护土地,留心耕耘施肥,以保持地力,且在能力范围内必进而设法改良土地,以增大生产力。英国早期农学家杨格(Arthur Young)于考察法国自耕农的经济之后,曾说:'财产的魔力,可化砂土为黄金。'又说:'给人以一块不毛地的私有权,他会使其变成一个花园,但若给以一个九年租制的花园,他会使其变成一块荒土。'"[3]。吴文晖借用杨格的这番话,确实道出了自耕制度的关键优势所在。在分配方面,土地为农业生产中最重要的财富,如果一个国家的自耕农数

---

[1] 吴文晖. 耕者有其田的理论根据[J]. 人与地,1942(3):1-8.
[2] 金海同. 论耕者有其田(续):三、耕者必须有其田[J]. 人与地,1942(7):4-7.
[3] 吴文晖. 耕者有其田的理论根据[J]. 人与地,1942(3):1-8.

量众多,即表示生产分配相对平均,自耕农身兼土地所有者、资本家、劳动者以及企业家的诸多身份,可以避免因为所得分配不均而引起的土地问题。佃农虽然也是一身兼有多个身份,但作为农业生产上的最基本要素——土地——并非自己所有,资本也需要依靠地主供给,导致所得分配难以公平,租佃纠纷不可避免。在国家社会方面,如果一国的自耕农制度相对完善,则农村社会纠纷自当减少,有利于公平和平的农村环境形成,同时因为土地所有权与经济、社会、政治关系密切,所以自耕农可以巩固经济地位,且可以享受社会威望,安居乐业,而不像佃农那般不稳定地生活。自耕农因爱护土地也会产生乡土情结,便会自觉促进农村社会组织与文化的发展,进一步来说,乡土情结也会上升到强烈的爱国情怀。以上三方面,可以看出自耕农制度确实优于佃耕制度。

对于耕者有其田如何落实的问题,金海同指出:"无非一方面要保护已有的自耕农,使他们不致沦为佃农;另一方面要创设自耕农,给佃农建造一个农业阶梯(Agricultural Ladder)。"[1]"农业阶梯理论"最早是由美国一些研究农业经营管理方式的学者所提出的,指一个典型的农业劳动者,最初的身份是农场工人,然后向上攀登,身份转变为租佃农,之后再通过资金的积累,购入土地,最终转变为独立自耕农。农业阶梯理论将土地所有权的有无及程度作为衡量标准,刻画了人们从租佃农向自耕农转变的奋斗历程,明确了耕者有其田政策推行的两方面重点,可以看出平均地权是耕者有其田的基础。平均地权的改革办法是核定地价、照价征税、涨价归公、照价征收,那么纯粹地主或非利用土地的所有权人,对土地不仅没有投机盈利或者侵犯他人收益的可能性,还要面对地价税的压迫,结果自然会使土地转让到能利用它的人手中,国家也可以通过照价征收促进土地逐渐转归需要它的耕者种。而作为耕者的自耕农,也可以在地价税制的规定下,免受额外捐税的盘剥。而如果耕者是佃农雇农,也可以得到原则改良过的租佃制度的保障,公平享有土地收益保存储蓄并逐渐增加经济能力,并提高增加或取得土地的可能性。如此,耕者有其田便可顺利推行。

但萧铮认为,"在平均地权的政策下,只不过能逐渐普遍地实现耕者有其田而已,如就农民问题的观点上,需要实现耕者有其田的政策,那么,单靠这土地政策是不够的,虽然必须有这种政策为前提。实现耕者有其田的方法,可惜总理当时语焉不详。最有力的方案,除一般的土地政策外,必要的是(1)租佃制度

---

[1] 金海同. 论耕者有其田(续):三、耕者必须有其田[J]. 人与地,1942(7):4—7.

改革;(2)土地金融政策;(3)国内移垦政策;(4)自耕农保护政策"[1]。首先,租佃制度改革是实现耕者有其田的基础。耕者虽然不专指佃农,但是作为耕者而无田的,大多数为佃农。纵观当时世界各国,凡是租佃制度盛行的国家,无不以租佃改革作为增加自耕农的重要组成部分,因此必须大力改良租佃条件,如限定租额、保护佃权等,以增加佃农的经济实力,帮助他们取得田地。其次,土地金融政策是实现耕者有其田的经济保障。地价税与租佃改革是间接扶助自耕农创设的途径,要实现耕者有其田最重要的还是经济方法,即土地金融制度的构建,运用土地信用工具,使农民有机会取得投资用以购置耕地,然后再由耕者逐渐摊还地价。再其次,国内移垦政策是实现耕者有其田的政治保障。经济方法创设自耕农是最为便捷的方法,但此法有时并非是一般国家所能负担的,而且其作用只限于农地的分配方面,并不涉及农村人口的分配。为调剂各地人口密度,应鼓励荒地开发,采用国内移垦的办法,使用政治力量,配以经济辅助,移殖没有土地的耕者到边地或荒区。最后,自耕农保护政策是维持耕者有其田的方法,耕者就算取得了土地,但如若没有政府进行扶持,这个制度还是很难维持下去的。要保障耕者有其田的可持续发展,需要以经济、政治以及法制的手段保护自耕地,不仅要积极辅助、奖励自耕地的利用开发,还要注意防止自耕地出现负债、分割,这样自耕地才会得到长久保障,自耕农也不至于失去土地,避免出现"反农业阶梯"现象。以上四种政策,便是实现耕者有其田的必要方案。

第三节 土地改革的政策主张

地政学派土地改革政策主张是将土地政策纲领落实为土地制度变迁的具体举措,需要依靠土地行政组织,采取土地行政措施,利用有关土地的规定、行政命令等强制性手段,对土地整理、地价税制、租佃制度以及城市土地利用等方面实施一系列管理措施,保障土地制度变迁的目标得以顺利实现。其中,土地行政机关是土地政策的推行主体,土地整理工作是土地政策的基础前提,地价税制是土地政策的核心举措,租佃制度改革是土地政策对于耕者的有力保障,城市土地管理是土地政策中对于城市建设的有力支撑,五大措施相辅相成,共同推动平均地权土地政策纲领的落实。

---

[1] 萧铮. 平均地权和耕者有其田[J]. 地政月刊,1937(2—3):153—163.

一、设置地政机关作为推行主体

推动土地改革运动,需要在土地行政机关中有系统地组织,"不但在我国为破天荒的创举,就是在实行土地改革之东欧、中欧诸国中,亦为最新的设施"[1]。地政学派认为当时的中国,关于土地改革运动的法制基础仅有《土地法》,土地行政业务十分落后。因此,应积极效法其他国家的先进经验,结合中国国情的实际需要,集中专门人才开展研究,才能够使得土地行政有效落实土地改革目标。

完善地政机关体系设置,需要对过往的经验进行总结反思。唐陶华对民国以来中央和地方地政机关的沿革进行了追溯,首先是中央地政机关的发展,自民国以来,全国土地行政事宜统归内务部设司主管。1913年秋,拟设全国土地调查筹办处,组织有经验的专门技术人员进行讨论,围绕程序、办法、组织、年限、人才、经费等事宜拟定大纲,但因政府官员调整影响未能成行。1915年,设立经界筹办处负责全国土地的调查、清丈、登记事宜,但随着北洋政府时代的结束、国民政府阶段的开启,经界筹办处也不了了之,未尽事宜归并内务部办理。1922年,孙中山在广州成立土地局,1926年成立土地厅,成为土地行政机关正式成立的先声。1927年,国民政府奠都南京,在内政部设置土地司,后改为地政司,主要工作包括"第一科掌理组织、经营及人事;第二科掌理测量、登记;第三科掌理估价、租佃、征收、地权调整;第四科掌理土地使用、重划、都市设计"[2]。但鉴于土地司规模和权能较小,于是在1934年5月,国民党中央政治会议决议由全国经济委员会、财政部合组土地委员会,对各省市土地实际情况进行系统调查。这次全国范围的土地调查对地政事业的发展影响甚大,土地行政的重要性凸显,因此便有了1935年11月国民党第五次全国代表大会关于成立中央地政处的决议。但因为时局原因,筹办工作搁置而未能成立,土地行政工作被分到各个部门分工办理,造成各自为政,虚耗经费的状况,成效十分有限。因此,"苟能统一权责,通盘筹划,则重复之弊可除,牵制之病可去,人才物力,节省多矣"[3]。

中央尚缺乏集中而强有力的地政机关,而地方层面的地政机关发展情况亦

---

[1] 曾济宽. 我国地政机关的组织系统之商榷(附表)[J]. 地政月刊,1933(6):775-810.
[2] 唐陶华. 我国地政机关之回顾与前瞻[J]. 人与地,1942(2):22-28.
[3] 唐陶华. 我国地政机关之回顾与前瞻[J]. 人与地,1942(2):22-28.

不甚乐观。民国初年，各省的地政工作由各地政府单独开展，组织名称各异，有垦殖机关、清赋机关以及清产机关。随着国民政府对地政工作的重视，各省地政机关统属关系逐渐分明，名称也趋于统一。直到1936年3月，行政院核准《省地政局组织通则》，正式标志着各省地政机关开始有统一的组织，规定在省政府之下设置地政局。然而未待全面推开发展，战争又使大部分工作陷于停顿。至于县级土地行政机关，也是组织各异，管理混乱且具有临时性，更难有效推进地政工作的开展。

基于此种混乱状况，地政学派主张地政机关的组织需要进行事先研究和安排筹划，这不但是土地业务必需的，也是解决当前农村问题或土地问题必经的过程。曾济宽认为，在设立土地机关之前，需要首先明确近代以来地政问题的由来，"或以土地之分配不均，而发生土地制度改革运动；或以土地之利用不善，而由政府负起指导改良之责；又或因谋全人类社会之公共福利，而由国家对于土地所有权加以法律上之限制；或经收归国家之管理。土地问题如此繁多，而关于土地行政之范围，亦逐渐扩大，遂有脱离从前所属的行政系统而独立之势"[1]。这也就说明地政工作到了这一阶段已经有新的特征和要求，因此新设的地政机关应该具有如下性质：

1. 地政机关为技术行政机关，不是普通行政机关；
2. 地政机关为实行关于土地法制，注重头脑劳动之业务机关，不是办理普通公文程式之事务机关；
3. 地政机关应为实益的生产机关，不应为消极的分配机关；
4. 地政机关应为代表民治团体的职业机关，不应为位置官僚的养老机关。[2]

地政机关的性质决定了其组织目的以及实行方法，因此，我们也就可以据以明确地政机关的组织原理了。土地行政即为技术行政机关，其性质与普通行政机关不同，是生产机关和职业机关，而其目的在于实现国家的土地政策，以实现国家和民族发展的重大使命。那么业务实行之前，不但应有具体计划，而且应由负责执行计划的总机关发号施令，这种机关就是中央地政机关。中央地政机关的命令能否在地方顺利实行，则需要随时进行监察，而负责实行监督业务的机关，就是各省的地政机关。然而遵照中央法令，实际执行土地行政业务、接

---

[1] 曾济宽.我国地政机关的组织系统之商榷(附表)[J].地政月刊,1933(6):775－810.
[2] 曾济宽.我国地政机关的组织系统之商榷(附表)[J].地政月刊,1933(6):775－810.

受直属上级机关监督指导的则是各县市地政机关,即县或市土地局。县级地政机关在土地行政上最为重要,全国各地土地整理事业是否可以取得良好成绩,很大程度上依赖于此类机关的行政效率。不过,一国土地政策如能完全实现,上级地政机关的监督指导作用也不容忽视。各级地政机关的设置需要政府下定决心大力推行,配以专业人才和充足经费,地政机关的功能才能够实现,这些功能主要包括研究与调查、实地工作设施、土地政策推行、训练与教育四个方面,按照曾济宽的设计,具体内容如图3—1所示。

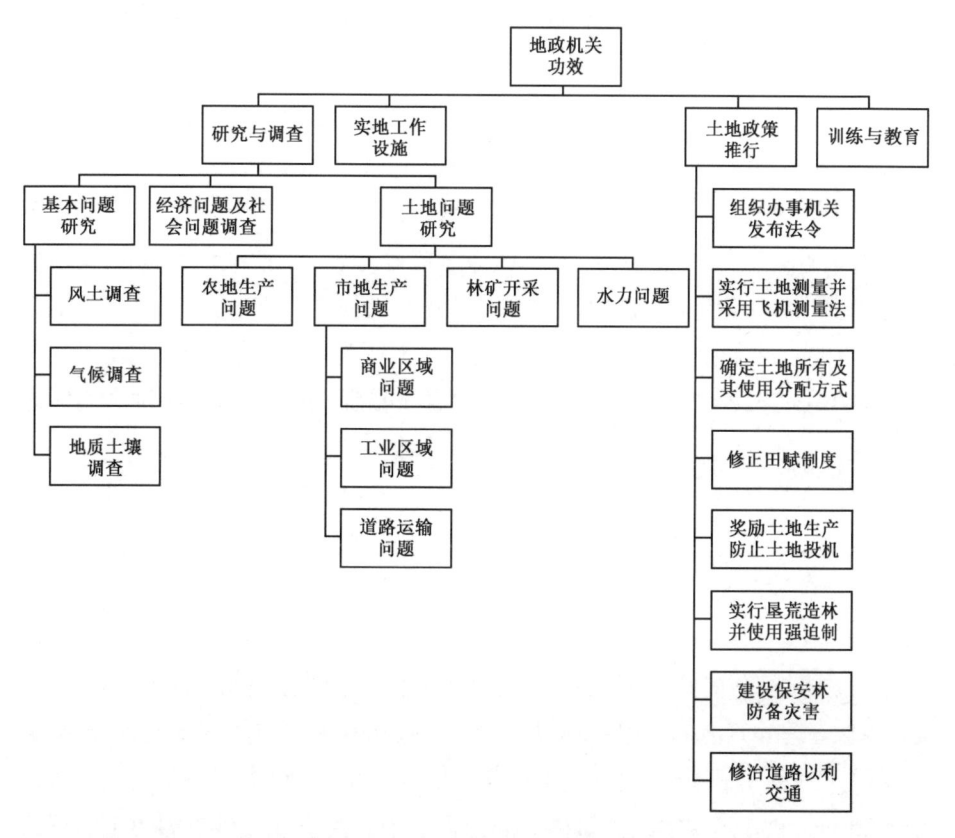

资料来源:曾济宽.我国地政机关的组织系统之商榷(附表)[J].地政月刊,1933(6):775—810.

图3—1 地政机关组织功能

地政学派按照上述地政机关设置的方案进行研究,同时参考各国地政机关组织经验,并将研究结果作为国民政府推行地政工作的参考。首先是中央地政机关的具体设置。规定地政部直属行政院,不归其他各院部管辖。关于土地的一切行政业务，皆以地政部为主管机关，部内分设总务厅、清丈司、登记司、垦殖司。总务司负责人事安排、下级机关的设置或废止以及部内文书、会计、庶务等事项；清丈司主管土地调查清丈、地质探验以及土地重划；登记司主管土地陈报、登记、地价申报与估计以及地税修正；垦殖司主管公地管理及土地征收各项事宜。以上各司分别设司长一人，科长、科员、技正、技士若干人。

其次是省地政机关，作为介于中央与县之间的省级地政机关，在组织系统上应为传达命令，监督指导下级工作的机关。但省级地政机关不纯粹是地政监督机关，其同时还有监督和实行两种职责，因为"有时因中央之意旨难以透达下层，而各县又不能单独举办之事业，如关于土地测量之三角测量，及关于清丈上之地籍调查及经界审查事项，必须由省地政机关直接处于实行的地位，集中技术人才，专门办理地政之初步工作——土地调查测量及登记，以其所得的成绩，而示各县以楷模"[1]。基于该原则，省级地政机关应分设四科：第一科掌管各县市地政机关组织、经费筹划、人员训练考核等；第二科掌管土地测量、土地登记、土地评价，厘定地价税、土地增值税、改良物税税率等事项；第三科掌管地权限制、土地征收、佃农保护、自耕农扶植、公有土地清理保管与处分，以及外国人租地等事项；第四科掌管土地重划，土地使用的统制与区划，以及土地利用促进等事项。

再其次是县级地政机关，国民政府将县作为自治单位，在每一个县的自治区内应成立土地局，测量全县土地，定地价，垦荒地，并适当地整理分配，以求实现平均地权的目的。县土地局应为永久设置的机关，采取局长制，分科办事，其重要职务包括：举办土地登记，举办土地测量，决定关于土地评价、土地课税、地租标准、土地征收的补偿额，决定适合当地农民耕种的土地面积并防止耕地过细分割，管理公有土地分配、地税及地租查定、私有土地收买或变卖，处理有关农垦的土地利用事项，处理有关土地整理的财产事项，解决有关于土地争执及诉讼事项。此外还有地政监督机关的设置。平时由省地政机关肩负土地行政开展的监督职责，但必要时，可由省政府临时指派富有学识经验的专家2～3人，分别前往各县视察办理成果，以进行指导监督。

最后，除了从中央到地方各级地政机关的设置方案，地政学派还提出了土地裁判所的设置方案。向乃祺曾根据《土地法》所规定的土地仲裁事项研究了

---

[1] 曾济宽.我国地政机关的组织系统之商榷(附表)[J].地政月刊,1933(6):775-810.

土地裁判所应有的组织,在其所著《土地问题》一书中发表了具体的意见,曾济宽在此基础上略加修正并进行了阐述。土地裁判所是为受理权利人与地政机关围绕土地登记程序产生的争执事件而设置的,保障人民权利、解决土地争执是其设立的出发点,"然其主要目的,则在于保护农民利益,尤其为佃农,故对于法定额以内之地租,决定最公平之标准"[1]。具体到各级土地裁判所的设置方面,中央土地裁判所应由最高法院1人、实业部1人、中央地政机关1人以及国民党中央党部与全国农会代表各1人组成。市土地裁判所应由高等法院1人,省实业行政机关1人,市地政机关、国民党市党部及市农会各1人组成。县土地裁判所应由地方法院1人,县政府1人,县地政机关、国民党县党部及县农会各1人组成。但无论是哪一级土地裁判所,均须由熟悉法律的司法官为裁判长。其裁判可采取两级制度,如县土地权利人,因登记争议,不服县土地裁判所的判决时,可以上诉于市土地裁判所进行终决。市土地权利人不服市土地裁判所的判决时,可以上诉于中央土地裁判所进行终决。

二、推广土地整理作为基础前提

土地整理是一切土地行政的先决条件。土地整理的程序主要包括地籍测量和土地登记,因此地政学会对于土地整理应采取的程序也进行了详细的研究。"盖土地整理之意义,期在量的方面,明了土地之面积及分配状况;在质的方面,明了土地之性质及使用状态。以故土地整理之结果,足资决定土地政策之正确的根据,亦即为推行土地行政之先决的条件。"[2]

当时全国的地籍测量进展不一,地籍测量工作因其本身的繁杂性和技术性,大多省市不敢轻易从事,就算有决心开展地籍测量事业的亦多成效缓慢,这样的情况导致土地行政无从着手。因此有人主张简化测量程序,进行简易清理,免去正式测量的手续,从土地调查陈报入手,略加清查便予以登记造册。这项办法虽然不能作为正式登记的法律依据,但如果可以办理完善,也可借以更正地册,清理田赋制度积弊。那么,土地整理作为一项必不可少的工作,究竟哪种方式才最适应当下的情况,便成为土地整理问题的研究重心。思想来源于实践,作为基础性的工作,中国地政学会理事会对截至1934年的全国各省市正式整理土地及简易清理土地的工作进行了整理,具体如表3—1和表3—2所示。

---

[1] 曾济宽. 我国地政机关的组织系统之商榷(附表)[J]. 地政月刊,1933(6):775—810.
[2] 目前中国土地整理应采之程序(附表)[J]. 地政月刊,1934(1):125—139.

表 3—1　　　　　　　　　各省市正式整理土地程序一览表

省市	主要章则名称	整理方法	主要程序	实施时期	办理状况	经费
江苏省	江苏省土地局组织规程及各种实施规则	正式清丈	一、省图根测量 二、县图根测量 三、户地清丈 四、登记	1928年	省图根东西干系将完成，镇江等县清丈完成四分之一	经费每年每亩带征洋一角，以三年为限
浙江省	浙江省土地局规程及各种实施规则	正式清丈	一、大三角测量 二、小三角测量 三、户地测量 四、发照	1928年	杭市县已清丈完成，现正办理萧山等县大、小三角及清丈	经费征测绘费一次，市地每亩二元，乡地每亩五角
江西省	江西省土地局组织规程及计划大纲	航空摄影	一、小三角及图根测量 二、航空摄影 三、调查每起地界址	1928年	南昌县测量已竣，每起地界址尚待调查	经费由省政发
安徽省	土地整理处及测丈队组织规程	由小三角测量着手	一、小三角测量 二、图根测量 三、户地清丈 四、登记	1933年报部	现在试办时期只清丈安庆附近小区域	经费由省府拨发
湖北省	湖北省土地清查各项规则	由小三角测量着手	一、小三角测量 二、多角图根测量 三、户地清丈	1933年报部	现只办武汉三镇小区域，尚未施测大区域	
湖南省	湖南清丈田亩章程及实施规则	正式清丈	一、大三角测量 二、地形图根测量 三、丘地清丈 四、发照	1933年报部	全省划为五区，由第一区办起，由未有结果	百亩以上田地每张照收二元，五十亩以上收一元
河南省	简易清丈大纲及实行细则	由小三角测量着手	一、小三角测量 二、图根测量 三、户地清丈	1933年报部	先试办，开封县正在筹备进行期间	经费暂由省府筹措
云南省	清丈处及分处组织章程	由小三角测量着手	一、小三角图根测量 二、户地清丈 三、发照	1933年报部	办完县份甚多，惟未报部	每亩收清丈照费洋约五角
南京市	南京市土地局地产测绘准则	由小三角及多角图根测量着手	一、小三角或多角图根测量 二、户地清丈 三、登记	1933年报部	南京市大部分均测量完竣	由市府筹拨
上海市	上海市土地局章则丛编	由小三角及多角图根测量着手	一、小三角测量 二、户地清丈 三、发土地执业证	1929年	上海市大部分已测完	执业证每张征收一元、五角、二角不等，以地价为标准

注：图根测量是直接为测绘地形图而建立的控制测量；三角测量在三角学与几何学上是一种借由测量目标点与固定基准线的已知端点的角度，测量目标距离的方法。

资料来源：目前中国土地整理应采之程序（附表）[J]．地政月刊，1934(1)：125—139．

表 3—2　　　　　　　　各省市简易整理土地办法一览表

省市	主要章则名称	整理方法	主要程序	施行时期	办理状况	经费
广西省	广西省清理田亩暂行章程	简易清丈	第一期清查,第二期测丈均于农隙时办理之	1928年报部	未报	未报
贵州省	清查田亩大纲	简易清丈	现清查后登记即依之编制册籍,订定赋则	1931年陈报	未报	未报
浙江省	整理土地第一期办法大纲	简易清丈	先令人民陈报后再勘丈陈报区域之总面积,检查是否与陈报之数目相符合	1929年	未报	未报
江西省	清理田赋办法及清查田亩暂行条例	简易清丈	由人民依颁布格式填报交县清查田赋局,再行勘丈,如有不报者查出或被告发,严重处罚	1929年	未报	每亩收铜元十枚
江宁县	土地陈报办法大纲及施行细则暨移转陈报推收规则、户折颁发规则等	简易清丈	县区乡镇设陈报办事处监督人民依限陈报后,派员实地抽查未报者,以无主地论,侯调查确实按户颁发户折以凭执查,如有移转,须于移转后二月内向县府征收所陈报过割税契	1933年	陈报现已办完,惟详细册籍尚未造出	陈报不收费,过期每亩收洋五分,总计陈报用经费二万余元

注:图根测量是直接为测绘地形图而建立的控制测量;三角测量在三角学与几何学上是一种借由测量目标点与固定基准线的已知端点的角度,测量目标距离的方法。

资料来源:目前中国土地整理应采之程序(附表)[J].地政月刊,1934(1):125—139.

从表 3—1 和表 3—2 可以看出,全国各省市土地整理进展工作参差不齐,但总体较为缓慢。针对这一现象,时任河南省试办土地清丈办事处处长、中国地政学会会员的李培基认为国计民生的困局就在于土地与人民之间的畸形关系上,土地不能切实普遍的供给全民,而人地配置脱节,又使社会稳定及土地生产都成了严重问题,因此"土地不言整理,则无以论民生,不亟图整理,无以挽今日数千年来积渐之危局"[1]。李培基坚定地认为土地整理必须要进行,而且不能"泛乎整理",并提出了土地整理的具体方案,主要包括地政机关设立和经费筹措两个方面。一是各省市成立地政机关。土地整理作为一项新事业,应成立健全的地政机关,认真推行这项事业。特别是在新疆、甘肃、青海等边远省份,

---

[1] 目前中国土地整理应采之程序(附表)[J].地政月刊,1934(1):125—139.

虽然区域面积辽阔，但是人才、经济极为匮乏和落后，如果不从速按照规定创办地政设施，那么土地统计几近无望。因此，应由内政部尽快制定有关土地整理的各种方案，通令各省市政府限期成立地政机关，赋予相应的职权级别，负责统筹各自管辖区域内的土地整理工作，并对整理完成日期进行明确的限制。

二是各省政府筹集专款。土地整理事业的筹备工作包括仪器设备购置以及人才训练，所耗经费甚多。同时，三角测量和图根测量业务一经开启须顺次连贯，如有停滞，重测耗时耗力并影响精度。而在华北地区如遇玉米、高粱等高秆农作物都长起来的青纱帐时节或者黄河水患时期，还需要预先因时制宜。以上这些事项如无充足的经费保障，土地整理将难以完成。因此，各省市政府应划拨专款，款项巨大而省库无力负担者则由省县两级分担，再不足者令各级政府负责筹措，交由特设的保管委员会监督专款专用。除此以外，李培基还对土地整理中应着重考虑的地质地形等技术性因素进行了说明。

万煜斌在土地整理方面则主张各地区各级地政机关应该通力合作，促成中国精密地图绘制与土地测量事业的早日完成。测量业务主要有大地测量和航空测量两种。大地测量是各种测量的基础，也是各类建筑事业的依据。如果能够在全国主要的一二等三角点、天文点、水准点开展小三角测量、图根测量以至户地测丈，这样测量出来的地图无割裂重叠的弊端，土地面积及肥瘠也可以有精确的统计；航空测量作为新近技术，在时间、经费以及人力方面都节省了很多资源，在以三角点、图根点为依据的基础上可以积极推广，对于隐蔽及不易明显的地方仍须以人工测量加以辅助。大地测量和航空测量"虽因目的不同，而办法异趣，但所有三角图根水准各种测量标点，彼此均可通用，即各种群图纸测绘，亦应有统一之办法，方能收连络之效果，所谓合则见其功，分则瘁其力"[1]，因此地政机关之间的合作也是土地整理事业的重要因素。

以上观点都是主张土地整理必须作为土地行政的重要前提，而且应完善土地整理工作的各项程序，简化程序只会徒劳无功。但是祝平提出土地改革不必等到测量土地之后。祝平并非是从根本上不赞成土地测量，因为土地测量确实是政府应该从速举办的事业，有了土地测量，能给土地改革诸多便利。但是就航空测量而言，假设经济、人才均无问题，并且在全国各种地形气候均可适用的情况下，投入100架飞机同时作业，还需要30年才能完成全国范围内的土地测

---

[1] 目前中国土地整理应采之程序（附表）[J]. 地政月刊，1934(1)：125－139.

量工作。因此,土地改革不能也不必等到土地测量完毕再开始推行。土地改革所要解决的问题就是"地租"与"地赢"。地租是发生于土地所有权中,即发生于一种法律关系中的,法律关系作为一种人与人之间的关系,是无法进行测量的。"固然测量了土地,对于估定地价有所帮助,但测量的结果只能知道地的'量',而不能掌握地的'质',在估定地价时,'质'的问题实较'量'的问题尤为重要"[1]。况且估定地价依现行租率,为最合适的标准,只要知道租率,地价就可以估定,地租问题也相应可以解决;地赢是发生于一种人与地之间的经济关系中的,解决地赢问题最重要的是要知道人对地所获得的"不劳而获",可由估计得到,地赢问题也就可以解决了。因此,祝平认为土地测量,并不是解决土地问题不可或缺的前提,解决土地问题,先行测量不是必需的。

地政学派从各个角度探讨了土地整理应采取的程序,并认为土地测量应依正式程序,但土地改革不必待测量土地完成即可实施。

土地测量完竣之后应进行土地登记工作。当时已经开始正式测量土地的省市也制定了登记法规,如江苏省及南京市的《土地登记暂行规则》、江西省的《土地登记暂行章程》、安徽省的《八都湖试办区土地登记暂行规则》、广东省的《修正广东各县市土地登记及征税条例》及其施行细则等。各省市办理土地登记的一般章程如下:一是于测丈完竣的地区或乡镇,规定申请登记的期限并进行公布;二是该区域内的土地权利人须在期限内提交契据证件,申请登记,如不登记,其权利不再产生法律效力,其土地按无主地处置;三是作为主办登记机关的土地局或者财政局,收到登记申请书后,应立即审查并公示结果;四是公告期满,如果没有人提出异议,就进行土地权利的登记,并给予权利人权利证状;五是已领执照的土地,如果有买卖转移,需要重新更换执照。

虽然各省市对土地登记业务的一般程序进行了说明,但是所办登记的范围不同,登记方法亦有不同,地政学派对涉及的不同登记事项进行了统一规范。在土地登记的范围方面,土地登记应包括土地及其定着物的登记,土地及其定着物合称为不动产,故土地登记也即不动产登记。因此,在办理土地登记时,应兼具土地及土地之上的不动产建筑物登记,土地上的树木农作物因无永久性,不应算入不动产登记的范畴。况且,建筑物作为"土地之改良物"[2],将来地价税的征收既然以素地价值为标准进行地价计算,那么建筑物的登记恰好可以成

---

[1] 祝平. 中国土地改革导言[J]. 地政月刊,1934(1):9—28.
[2] 各省市土地登记平议[J]. 地政月刊,1934(10):2105—2112.

为计算的基础资料,应尽快推行。在土地登记的权利种类方面,应包括土地所有权、地上权、永佃权、地役权、典权、抵押权。同时,每种权利登记完成后发放该项权利证状,六项权利的取得、设定、转移、变更或者取消都应依法进行登记。在土地登记的申请及公告方面,为防止虚伪假冒者,除义务人确已死亡或者行踪不明的情况外,应由土地权利人与义务人共同申请,而且对初次登记的申请期限应进行合理设置。登记申请经主管登记机关审查后,须经公告手续方可登记,公告内容应详细精确地列出登记人姓名、土地位置、面积界址以及权利内容,不可遗漏,公告期限内无异议的可确定登记。在土地权利争议裁判方面,按规定应另设土地裁判所进行裁判,而非法院审理,但为防止产生扰乱司法系统的副作用,应由行政机关进行初步决定,再由司法机关进行最后审理。在土地登记费用方面,应仿照财政学上比照纳税人负担能力规定税率的原则,对登记费按照土地价值进行征收,分为土地权利取得变更登记费以及变更或涂销登记费[1]。

南京国民政府的土地整理工作自开展以来,各省市陆续创立地政主管机关、训练地政专业人才、采购测量设备,意图借此整顿近代以来地籍混乱的局面,重新编造地册。然而进展一直不太理想,土地整理工作耗时耗力,甚至激起了人民的严重反抗。在这种不得已的情况下,南京国民政府意欲以相对简单易行的土地陈报工作替代地籍清丈工作。地政学派对此专门拟具了意见书:"依土地法所规定整理土地之程序,曰地籍测量,曰土地登记。以学术之见地言之,自以此种办法为最正确得当,惟是土地测量,事太艰巨,须时过久。清理田亩,时不及待。故有简易清理田亩之主张,各地之举办土地陈报,及中央第五次全体会议通过举办土地陈报办法大纲,胥以此为目的。本会意见,土地之整理,仍以采用正式之程序为宜。惟正式整理以前,为便利地方行政计,举办简易清理亦有必要,但其办法应力求简易,以免与正式整理之程序相混淆。并盼能于举办建议清理之时,借作正式土地整理之准备。"[2]在此意见基础上,地政学派又提出了办理土地陈报业务的具体原则,规定各地在举办土地陈报事项的时候应力求简易,从查报入手,编造临时地籍册,避免丈量等手续,防止与正式土地整理程序相冲突。土地陈报事项在各省市应以地政机关作为主管机关,并利用现有地方行政机关、各级地方自治机关或者保甲机关力量从事举办,不必另设机

---

[1] 鲍德澂.土地登记概论[J].地政月刊,1933(2):151—164.
[2] 本会对于财政会议拟办土地陈报意见书[J].地政月刊,1934(5):751—752.

关,同时不能增加人民经济负担,以免与将来办理登记时征收之登记费及书状费相重叠。待土地陈报办理完成,将来整理田赋税率时,应与财政机关会商办理,并将增收的田赋部分专款指定为筹办土地测量经费,使得简易清丈的程序能够为正式土地整理工作做足准备工作。

三、落实地价税制作为核心举措

在地政学派看来,地价税制是推行平均地权的核心工作,因此,如何确定地价便成为首要工作。1930年国民政府颁布的《土地法》中关于土地整理工作的规定,一方面是为了确定土地权利,处理土地上的陈年纠纷,便利土地权利转移;另一方面是为了申报地价,为实行地价税及土地增值税做准备。地政学派所主张的土地政策的最高原则是平均地权,平均地权的具体方法是核定地价,然后照价抽税,照价收买,涨价归公。地价在土地工作中发挥着重要作用,"地价之于土地政策恰如杠杆之上支点:土地政策为重点,土地行政为力点,而地价在两者之间为支点。杠杆无支点不能起重,而支点乃成为杠杆之中心问题。土地政策无地价为支点,则一切努力终难奏效"[1]。地价核定,不仅是平均地权的基本工作,并且也是土地买卖、发行土地债券、清理债务、规定房租、分配遗产、征收土地、审核公用事业盈亏、计算改良物价等事项的先决条件。在地价核定之前,这些事项没有明确的地价作为标准,推行十分艰难,而有了地价规定之后,这些事项便有了地价的根据,操办也就容易很多。地价由地主自由申报,以申报额为征税标准,但政府需要按照申报的价格进行土地收买,目的在使人民不敢因图少交地税而短报地价,而政府在此前提下,收买人民土地,将土地拍卖所得先照原主申报的价格进行偿还,剩余的归政府所有。这种方法,因为当时社会经济形势所迫收效十分有限,所以土地法中采用申报地价与估定地价两种方法。人民申报地价后,政府再进行估定,以估定地价作为每年征收地价税的标准,而土地增值税则以申报地价为标准,但政府仍保留其按照申报地价收买土地的权利。此项规定保证人民不敢低报地价,又能使政府不会因为地价被低报而减少税收。由此可以看出,地价的核定是地政学派推行地价税制的一个重要问题。

明确了地价核定的流程之后,地政学派对地价的科学计算进行了说明。张

---

[1] 萧铮. 地价与土地政策[J]. 人与地,1941(5):88—89.

淼认为:"土地的价值与土地的收益成正比例,以土地收益为基础而决定;而其价值以货币额表现之者,即为价格。"[1]这是由土地价值的历史发展决定的,远至太古时代,人口稀少,地球上天然存在的土地任人自由使用,土地到处有余,这个阶段土地没有发生价格的可能。嗣后人口渐增,土地利用逐渐增多,因为土地面积受自然限定,人类不能随意扩张,加上土地利用方法日益进步,多数公共地被开垦为农耕地,遂产生了土地的私人所有。土地既为私人所有,而又为生产所必需,并且土地又有种种肥瘠之差,所以随着土地利用的逐渐扩大,形成了土地收益的地租,但这也不过是使用土地者将其生产物上交一部分给地主作为报酬,土地尚未成为交易的目的物,故在这些阶段,地价还是无由产生。随后到了货币制度时代,一切交易均需用到货币,缴纳的地租也开始以货币替代,在地租的转让交换中土地交易开始出现。当时评定土地交易中土地的等级是以地租的多寡为标准的,而土地价格也就依其地租换算得到的货币价值作为决定标准,所以这一阶段土地私有制度形成,并且土地作为交易的目的物,地价因之产生。

关于土地价值的具体估算,张淼列出了详细方法。首先将人们对于土地的购买,在实际上视为一种投资,土地的资本价值视其所得的收益多少而定,"所以土地的资本价值,系以土地收益为根据,再以一般投资的普通利率,而使其资本价值还原的总额。故预知土地的价值,必先知其所具备的二项要素:一为土地收益的价值;二为使一般资本还原的利率"[2]。在这样的原则下,以 O 代表一种投资的资本,o 为此项资本的收益,P 为土地所能取得的收益,V 为土地的价值,则得到公式:

$$V=\frac{O}{o}\times P$$

又假定一般资本对其所生收益的比例已知,以 d 代表此项比值,则上式变为:

$$V=d\times p$$

由此可以得到:土地的价值等于此项比值乘以土地所生收益之积。该式在使用时,需要注意两种情况。一方面,依据上述公式算定的土地价值,对于土地购买方,尚须扣除其所负担的购买费用,如各类租税佣金等;另一方面,对于估

---

[1] 张淼. 如何估计地价(附图)[J]. 地政月刊,1933(10):1323—1337.
[2] 张淼. 如何估计地价(附图)[J]. 地政月刊,1933(10):1323—1337.

计土地价值的要素,即土地收益及普通利率,必须审慎估定,尤其是对于已经改良或者正在改良的土地,更须参酌改良的影响。

对于已规定地价的土地,便可在此基础上对土地征收地价税,地价税就是纳税人拥有或者使用已经规定地价的土地并依其所有地价的总额为纳税对象征收的一种税,地政学派将改办地价税视为整理田赋的有效办法。这是因为地价税是历史发展的必然产物,"田赋是农业社会之地税状态,地价税是工业农业并重社会之地税状态,前者是由历史之演进而存在,后者是由时代之使命而产生。在现代,农产日趋商品化,农业日趋资本化,惟有土地价值能表现一国经济之变动状况,故惟有地价税政策能助长国民经济之发展"[1]。近代以来,农村破产现象频出,农政失修,政府对于农民只知抽捐课税,压榨敛财,而未曾与以休养生息,减轻人民负担,振兴农村乃至振兴中国困难重重。"税制淆乱不清,征收官吏,便得上下其手,干没中饱……以田赋而言,据一般学者的研究,有形的田赋,不过十之三四,而无形的田赋,则达十之六七,可知人民间接的负担,远在直接负担之上。"[2]田赋作为我国历史最久、变迁亦繁的税制形式,通常包括地丁、漕粮、租课、差徭、垦务、杂赋、附加税以及专款税八种税项,民国时期税率名目设置、银两漕米换算标准,各省参差不齐,但大部分田赋税率已较前增高十数倍乃至数十倍,正税以外,又规定附税及预征等项。但因吏胥舞弊,政府收入未及实征半数,人民苦不堪言,奄奄一息。因此,地政学派认为应实行地价税来化解田赋制度下的积弊。

以改办地价税作为整理田赋的方法,还可以产生综合的社会效益,"即有五端:在财政方面可以增厚政府税收,在经济方面可以调节社会贫富,可以促进土地利用,可以发展生产事业,还可以改善农民在经济上的地位"[3]。

在财政增收方面,地价税实行之前,必须先对地籍进行整理,清理以往没有租税负担的一切土地,所以税地面积将大量增加,税额自然增加。同时辅以累进制的地价税,地主所有地价愈高,税率也愈高,负担能力强的地主将承受最高标准的税率,地价税总税额也得以扩充。此外,地价税根据人民申报的地价作为标准,并规定一定税率来征收,人民对于地价是预先知道的,以往田赋制度下的地丁、正税、附加税、大粮、小粮、银两、条粮等繁复的名目也一概取消了,人民

---

[1] 聂常庆. 专论:地价税与田赋之比较[J]. 人与地,1943(9):34-38.
[2] 黄通. 复兴农村与田赋问题[J]. 前途,1933(9):1-11.
[3] 叶以强. 田赋改办地价税在财政经济上的价值[J]. 人与地,1941(20-22):417-420.

可以自行折算各自应交税率，十分便利。而且因为税率公开透明，政府征收人员无法再行欺上瞒下之事，剔除了中饱私囊的现象，这也可以增加地价税的实收额。

在调节社会贫富方面，三民主义中所主张的新社会就是全民财富均等的社会，田赋的负担不均，对富者格外优待，对平民反而尤为苛待，这与全民均富的目标严重偏离。而地价税将地价作为课税标准，累进税制下可以有效调节社会贫富，负担能力强的人一般拥有高额地价的土地，税率也随地价数额增加而提高，这样来增加课税者的应纳税额，可以逐渐消减其巨额财富。负担能力弱的人一般拥有低额地价的土地，税率规定较低，应征税额也少，使得这部分支出减少。由此看来，实行地价税，将大部分税额分配给比较富有者来负担，可以发挥抑富助贫作用，最终使社会贫富逐渐趋于均平。

在促进土地利用方面，当时各大城市中房屋恐慌和空地闲置两种现象矛盾共生，这种现象是田赋制度下特有的，因为宅基地所有人并不需要负担赋税，即使有，其数额也微乎其微，如此这部分人就没有动力对土地进行利用，任意地将土地闲置，故意促成房屋恐慌发生，直至房租上涨到他们理想中的水平，才肯出租或者加盖房屋。实行地价税之后，对于所有闲置的土地，规定特殊高额累进税率，强迫他们必须对土地善加利用。而生产粮食的农地中如果出现成片旷地或者用途被改变，如被迷信"风水"的人用来修置坟地，也要课以重税，驱使他们不得不开垦利用，以此实现生产面积的扩充，提高农业产量。

在发展生产事业方面，当时社会投机风气盛行，人们对于土地的垄断投机事业更是趋之若鹜。土地投机分子以争取不劳所得为目标，采用增加地租和抬高地价等方式，操纵居奇，实行土地垄断，严重影响生产事业的发展，损害国民经济。而实行地价税后，地价一经估定，地主便无从自由操纵、任意哄抬地价了。如仍有恶意垄断土地者，可由政府照价收买，出租给需要土地的生产事业者。如此生产事业可以不受土地垄断的限制而实现充分发展。

在改善农民经济地位方面，农业生产力的低下与一般农民经济生活困苦不无关系，严重阻碍了国家进步，因此必须着重推动农民经济地位的提升。实现耕者有其田将保证农民劳作所得的粮食完全归自己，农民生产积极性将被极大程度地调动。进而在地价税制度下，自耕农的纳税负担大大减轻。对于"不在地主"，则通过另行规定课以重税的办法，尽量缩减他们的不劳所得以至于使他们感觉保持土地的所有权并无利益可言，最终在政府鼓励下，自行放弃土地所有权,农民在政府金融力量的扶持下即可获得土地,农民经济状况也将得到改善。

除了地价税,对于已经规定地价的土地,土地上的增值收益还要征收同资本增值收益性质相似的税收,也就是土地增价(值)税。这是以土地涨价的总额为征税对象的一种税,周一和将其界定为"即与此土地价格的递增率相比例所课之土地税之谓"[1]。土地的产出有一定的限度,而随着人口日益增加,土地需要日益迫切,土地价格也日益高涨,此时对土地增价征税,较其他地租附加税等税制形式更灵活,亦能有效抑制投机兼并,对财政或社会政策方面来说,都是较为适当的良税。土地增价税可以分为两种,"一种是对于土地权转移之时,以原买价和后卖价的差增额为标准,而课之租税,这叫做'移转地价差增税',又称为间接地价税。他一种是对于长期间未曾移转之土地,以长期间之差增地价为标准,而课之租税,这叫做'不移转地价差增税',又称为直接地价税"[2]。1930年《土地法》颁布时,因为顾及地主势力过于强大,不愿产生急剧的社会经济动荡,引起相关利益集团的反抗,故而土地法规定土地增值的数额超过原地价数额300%的部分的增值才全部征收归公,也就是说,土地增值并未实现全部归公,土地所有者仍可获得一部分利益。对此,吴祖亮抨击这种制度是与民生主义中土地涨价全部归公原则背道而驰的,"实行土地自然涨价全部归公以后,收买土地者将不能再获得高额利益——高于投资在其他生产事业上的利润的利益,不但可以完全杜绝土地投机和地权的集中,而且富有者必将其资金转而从事工商实业,促进国家工商事业的发达,社会经济的繁荣"[3]。目前这种不彻底的土地增值税形式虽然也有此类效用,但影响甚微,只能部分消减土地投机之风,不能完全遏制土地兼并现象,土地投机者还是会因为巨大的利益而前仆后继。因此,只有彻底地施行涨价归公,才能有效解决土地问题,实现民生主义。

四、改革租佃制度作为耕者保障

1936年,中国地政学会第三届年会的中心议题之一就是租佃问题。佃农制度的发生,是由于社会人口增加,而土地生产能力并没有随着人口的增加相应

---

[1] 周一和. 土地增价税的研究(未完)[J]. 地政月刊,1933(1):347—376.
[2] 周一和. 土地增价税的研究(未完)[J]. 地政月刊,1933(1):347—376.
[3] 吴祖亮. 专论:现行土地增值税与涨价归公之比较研究[J]. 人与地,1943(6):24—26.

改进,以致土地生产效用不够分配,因而一部分人就不得不以他们的劳动换取别人的土地使用权,并使用土地进行生产,满足生活需要。在这种制度下,地主以土地使用权换取佃农的劳动成果,佃农则以自己的劳动换取地主的土地使用权并取得土地生产的收获。假设地主与佃农之间能够只分取个人应得部分,那么佃农制度也属于合理存在,但李庆麟明确指出真实的情况是"土地所有者,就变为社会中的支配者,利用他们的土地所有权,去欺凌剥削那些无土地的人;而没有土地的人,因为要使用土地维持他们自己的生存,也只好忍辱含垢的来挨受那些地主欺凌和剥削"[1],地政学派对于租佃制度下佃农困苦的生活也报以恳切的同情,并对全国租佃制度的现状进行了考察,强烈呼吁对租佃制度进行改革。

租佃制度在民国时期是一个普遍存在的现象,"佃农与半佃农合计约占全农户百分之五十左右,而且近年来有继续增加之趋势"[2]。具体各地佃耕的比率各有不同,大体上北方各省自耕比率较大,佃耕比率较小,而长江以南佃耕的比率大于北方各省。郑震宇将佃耕土地制度在南方盛行的原因归纳为两个方面,"一是土地的生产力必定较大,二是当地官绅世家占有的土地面积较多。因为土地生产力如果较小的地方,地主纯粹仰给予租佃不足维持生活,自然要促成自耕制度的发达。官绅世家较多的地方,土地分配易于集中,而且世家的子弟,大多仍以士宦为世业,难于自耕,自然要使佃耕制度盛行"[3]。

明确了全国佃耕制度的概况,地政学派成员进而具体研究了佃耕制度给农民带来的巨大压迫。佃农交租的方法可以按其发展阶段分为帮租(耕者所需的用具、种子、牲口、肥料等统由地主负担,佃农仅出劳力)、分租(地主不负担生产责任,收获时地主临田监收,按成分得,一般为业佃各得五成)、谷租(地主不负担生产责任,于农民承佃时预先约定每年纳谷物若干,作为租佃)、钱租(性质同于谷租,不过交租物易农产物为金钱)四种。在土地生产较为落后的地方,佃农负担能力差,大都实行前两种办法,这些地方的业佃关系密切,地主一般为乡居地主且了解农事。实行后两种办法的地区一般土地生产相对发达,地主多为城居地主、不在地主或者官绅地主,为避免临田分谷的麻烦而采用谷租或钱租。佃农交租额数,各地也不一致,尤其是钱租、谷租的租额,更因各地生产产量的

---

[1] 李庆麟.佃农制度与增加生产[J].地政月刊,1936(4—5):574—582.
[2] 黄通.中国租佃问题及其解决方案[J].地政月刊,1936(4—5):582—590.
[3] 郑震宇.中国之佃耕制度与佃农保障(未完)[J].地政月刊,1933(3):291—304.

不同而各不相同。有些地方的地主对于佃农除了正常的交租物,还要索取很多副租物,也称小租,就是农民须经常向地主贡献鸡鸭鱼肉以及磁铁器具。在各类交租物外,佃农还受到中间剥削人、押租金以及力役的压迫。中间剥削人的存在是由于土地较多的地主为征收佃租的便利,往往将自己的土地分别包佃于几个承佃人,再由他们分割转佃与农民,而这种中间剥削人的存在自然又会增重对农民的压榨。而押租金制度是因为在地少人多的地方,农民佃得土地较难,承佃竞争激烈,地主囤积居奇促成押金制度风行。力役则是佃耕制度中流弊最大的,尤其是由官绅地主所有的租地,因为业佃身份悬殊,地主对于农民颐指气使,农民甚至要应时服役。

佃农受到上述压迫,租佃纠纷投诉无门,生活困苦,经济状况与自耕农相比悬殊,汤惠荪对此进行了总结对比:"(一)关于农业经营上基本要素,如农家劳力、经营面积及农场资本,自耕农均较优于佃农。(二)农业经营之结果,即农家所得,自耕农亦大于佃农。(三)农家之生活程度,自耕农较高于佃农。(四)农家经济,自耕农既较佃农为优裕,故负担程度亦不如佃农之普遍而深刻。(五)农家劳力之利用,自耕农较佃农为充分,盖其农业生活各部门之配合,较佃农为合理。"[1]通过对租佃制度的分析,地政学派认为应迅速着手解决租佃问题。

鉴于租佃制度中滋生的种种弊端,地政学派成员普遍认为应设法取消租佃制度,但在短时间内这是不易实现的。租佃制度如要得到根本的废除,概括起来大致有两种方法:一是土地国有,消灭土地私有制度,铲除地主阶级;二是土地农有或创设自耕农,即消灭佃耕制度,变佃耕地为自耕地。但汤惠荪认为租佃制度照以上方式废止,短时间内是不易实行的,"土地国有,在目下的中国,恐尚非其时,而且如果一切的资本,许其私有,独土地收为国有,亦太矛盾,因为由于资本私有所生之弊害,或较土地私有为更甚。所以我以为土地国有,在现今私有财产制度之下,是行不通的。至言创设自耕农,第一,国家要提供大量的资金,第二,要在短时期中大规模的推行,才能收效。但是以中国之穷,于短时间内,焉有如斯多量资金供大规模的创设自耕农之用乎"[2]。朱宗良也认同租佃制度无法立刻彻底废除,并主张应该采用循序渐进的方式进行改革,他认为"租佃制度是一种经济制度,经济制度的改革与政治改革不同,政治可以激烈手续

---

[1] 汤惠荪.中国现时自耕农与佃农之分布及其经济状况之比较(附图)[J].地政月刊,1937(2—3):197—220.

[2] 唐启宇,黄通,洪瑞坚.租佃问题[J].地政月刊,1936(4—5):483—499.

改革,经济改革如太急剧,则社会发生动摇,而一般小资产阶级将不能生存"[1]。

按照以上主张,租佃制度如果在一段时期内是客观存在且无法完全消灭的,那么应该如何对其进行改良呢?洪瑞坚提出了四项措施:一是佃种权的保障。佃农以种田为生,佃种权的损失,无异使佃农断绝生活的泉源,所以保护佃农,首要前提便是使佃种权得到保障。保障的途径包括直接保障和间接保障两类,直接保障就是由国家的法律对撤佃进行限制,佃农在没有违反租佃条件的前提下,业主不得撤佃并须以原条件续租。间接保障就是国家法律承认业主有任意撤佃权,但撤佃时必须赔偿佃农一定的损失,防止业主随意撤佃。二是租额的确定。租额的确定对于佃农不受业主的剥削非常必要。租额的确定可以由政府强制规定一个租佃最高额的标准,也可以由佃农团结起来组成佃农组织或者租佃合作社等形式,以团体的力量同业主商定合理的租额来限制租额。三是田地改良的赔偿。佃农租种田地之后,在业主解约或者佃农退田的时候,对于田地的改良,业主应给予佃农一定的赔偿,改良物的估价、赔偿方法等都应做好周密的规定。四是业佃纠纷的处理。业佃纠纷通常由法院受理,但是普通法院受理纠纷案件并不能达到满意结果,因为"一、佃农多无知识,不能与业主对簿公庭;二、佃农无负担诉讼费用之能力,使冤抑无由申诉;三、法官无农事知识;四、法院办理案件手续,当嫌迟缓;五、业佃争执之标的不大,如经正式诉讼手续,于时间金钱俱不合算"[2]。基于以上五方面原因,业佃纠纷必须专设机关负责调节处理。

综合各位学者的意见,地政学派形成共识,在现行的租佃制度短期内无法彻底废止的前提下,应施以有效的改革举措,改革途径应是以耕者有其田的主张作为最高原则。为了达到此项目的,必须结合现阶段的经济状况以及解决社会问题的需要,推行切实有效的方法。在中国地政学会第三届年会上,形成了一项关于租佃问题的决议提交国民政府,具体内容如下:

(1)租佃制度之最大流弊,在地主侵取不当利得,欲求改革,应由政府严定租佃条件,俾业佃关系得合于社会正义之原则。

(2)农民今日之苦痛,在缺乏购买土地之资金,故政府应组织土地金融机

---

[1] 唐启宇,黄通,洪瑞坚. 租佃问题[J]. 地政月刊,1936(4—5):483—499.
[2] 唐启宇,黄通,洪瑞坚. 租佃问题[J]. 地政月刊,1936(4—5):483—499.

关,援助其取得土地,并应励行土地法之规定,在田地移转时,农民有优先承买权。

(3)现有佃耕地之佃农,得备地价百分之二十至百分之五十,请求政府代为征收之,其余部分由政府担保其分年摊还。

(4)从速实行累进地价税,使不自耕之地主,逐渐放弃其土地,使佃农有取得所有权之机会,以达耕者有其田之目的。

(5)现有佃农过多及地权过于集中之区域,政府应发行土地债券,征收土地,分给佃农。[1]

五、规划城市土地利用作为城建支撑

地政学派推行平均地权的对象不仅包括农村土地,还包括城市土地。解决城市土地问题的目的在于"促进市地之合理利用,改善城市住宅问题,以利都市之建设与工业之发展"[2]。地政学院以及地政研究所都曾开设有关城市设计的课程,内容涵盖街道布置、交通路线、公共房屋、公园及娱乐场所的设计规划,城市分区法,城市设计之立法问题,城市建设之财政问题,城市之性质与现状,尤注重城市发展之趋势与市地问题之关系。地政学派基于市地、农地的不同特性而展开的市地问题研究主要包括城市土地评价与城市设计理论。

城市土地评价不同于农村土地评价,有其特性以及独特意义。在研究城市土地评价之前,首先需要对城市土地的概念特征进行明确。关于城市土地,蒋廉认为其广义上的概念是指"凡为人民买卖货物或制造器具或聚集居住之土地,不论在城在乡,均可称之为市地,其意义殊为广泛"[3];而狭义上的意义即为1930年国民政府公布的《土地法》中第二百八十条之规定,即市行政区域内之土地为市地,市地以外之土地为乡地。又依照1930年行政院颁布的《市组织法》规定,市级行政区的标准至少须有20万以上的人口。因此,市地之内,人口稠密,经济发达,交通便利,行政组织完备,土地的利用逐渐集约,地价亦呈现高涨趋势。

蒋廉将城市土地的特异性质归纳为六个方面:一是位置之重要。市地位置的重要性是市地最显著的特点,商人为谋求经营发展,店铺开设时首选交通便

---

[1] 唐启宇,黄通,洪瑞坚. 租佃问题[J]. 地政月刊,1936(4—5):483—499.
[2] 中国地政学会举行第七届年会[J]. 人与地,1941(23—24):441—446.
[3] 蒋廉. 市地评价之研究[J]. 南京:正中书局,1935:1.

利、位置适宜的地点,不同地点的市地因此相互之间价值相差悬殊。而对于农地来说,每亩价值几无差别。二是管理之便利。城市土地价值已经达到相当集中的程度,一块狭小的土地上就可有巨大的资本投入,"市地之价值既已集中,管理上无所谓问题,然使千万财产化为其他各种土地,则所估值面积,已甚广阔,如欲为周密之管理,势所难能。是以在都市之土地局,可以管理全部土地,在乡间之土地局,即不能管理有都市地产价值百分之一之土地"[1]。三是利用之集约。市地的集约利用是对其投资额巨大而言的,单位面积内市地上的投资远高于其他各种土地上的投资。市地利用的集中是由于城市中位置优越的土地资源稀少,而需要此类土地者为数众多,土地所有者或占有者不得不在一定的面积内进行最大化的利用。也因为土地集约利用的缘故,土地收益来源增多,土地价值亦不断高涨。四是运输之重要。市地上的各项事业依靠运输进行联络,交通便利的区位的价值将高于交通闭塞的区位的价值,都市中心、街角区域的地价更是异常高涨。五是利用之估定。市地中的建筑物具有耐久经用的特性,如若中途改作他用,必将造成相当的经济损失。而其他各种土地利用,如农地,则可较易转变其利用方式。六是投机之容易。都市人口密集,土地需求旺盛,地价日趋上涨。于是土地投机者便开始在都市近郊预先购置土地,暂行把持不放,故意减少市场上的土地供给,推升地租、地价,待地价上涨到一定程度再行卖出,土地投机者在这之间便可以获得巨额的不劳而获。通过对城市土地性质的研究,可以归纳出地价增涨的几个重要因素,主要是人口增加、工商发达以及交通便捷三个方面,除此之外,教育文化事业建设以及公共设施的完备,也将促使城市地价不断上涨。最终,在城市中地价房租无限高涨与市地投机现象盛行的相互作用下,市民生产生活都无法得到有效保障,市地问题亟待解决。

城市土地问题的严重性如上所述,地政学派认为解决的关键就是开展市地评价,为核定城市地价并实行照价征税及涨价归公提供依据。相较于其他解决方式,胡品芳指出:"市地国有,又近空想。而任其自然发展,势将不可收拾。是以政府应详审情形,冀于和平改进中谋解决,始可有成。"[2]而所谓政府的和平改进方案,即着手推行市地评价,用以申报城市地价。蒋廉也提出:"近代都市经济发达,宅地址需要日增,地价非常腾贵。如无真确查定地价之方法,则在政府课税或私人买卖宅地之时,经济上之损失,实属巨大,国计民生,皆受莫大之

---

[1] 蒋廉.市地评价之研究[J].南京:正中书局,1935:2.
[2] 胡品芳.地价申报与城市土地问题[J].地政月刊,1935(6):785-792.

影响。"[1]蒋廉认为,如能通过市地评价来核定地价,不仅能避免严重的负面影响,还将产生多方面的综合效益:

在土地政策方面,市地投机现象日趋严重,应推行平均地权办法,防止私人投机垄断,以谋求土地问题的解决。而达到此目的的唯一手段就是照价征税及增价归公。若无确定估计城市土地价格的标准,甚至低估其价值,则其超过真实价格的部分,仍归地主所有而免于缴税,则不能阻断土地投机风气,更影响平均地权的实现。

在社会政策方面,地价税将减轻一般市民沉重的房租负担,因为地价税征收的对象仅为素地以及地上改良物,市地由于社会经济进步而非地主力量产生的增价收益应归于社会,用于发展公共事业。而由于私人投资资本及劳力造成的增价部分则不应课税,如此也可以鼓励人民建筑住宅,从而解决住宅问题。

在国民经济方面,市地投机者往往收买土地,囤积居奇,若对土地增价部分课以重税或者全部没收,则地主为免于重税,势必急于改良土地或者变卖其地,不会等待涨价再行卖出。于是市地供给增加,市地的利用率亦可提高。如此便可对市地按照商业区、工业区、学校区、住宅区等不同功能进行划分,使各种区域各得适宜位置并能够得到充分利用,同时便于对增价部分进行精确评价。

在政府财政方面,征收的地价税将成为政府维持公共事业运转的重要财政来源。政府在征收地价税时,除参考申报价格外,还会采用估定价格为准则,因此必须公平合理地进行市地评价,估价过轻则政府税收减少,估价过高则人民负担太重。

在私人经济方面,城市地价高昂,土地所有者往往以市地作为经济活动工具,土地价格的确定可以保障私人在市地利用、缴纳地价税或者信用抵押时的合理利益。私人利用市地,需要进行谨慎的选择,以求土地位置能够最有效率地利用,并获得最大的经济收益,地价查定将为私人进行土地开发利用活动时提供有效参考。地主在进行地价申报时,大多不清楚地价计算的标准方法,如申报过高则私人须承担不必要的地价税额,因此应进行科学系统的土地评价申报程序。在以信用为重要特征的现代都市经济活动中,宅地是私人借贷最适宜的抵押品。金融机构也会视宅地价值的高低来制定放款的标准,市地面积小而价值大,方便管理,且存在较大的涨价可能性,自然就成为良好的信用根据。因

---

[1] 蒋廉. 市地评价之研究[J]. 南京:正中书局,1935:10.

此地价的正确评定,也将同时影响私人借款抵押活动以及金融业经营业务。

在城市土地评价中,开展地价调查时应做好充分准备以及周密计划,"因为市地之价值,系以市地收入为基础,而市地之收入常变动不定,加以其他社会的、经济的及心理的种种原因,常能影响市地之收入,亦使地价之查定不易"[1]。无论是在政府征收地税还是私人买卖土地的情况中,地价评定人员必须掌握会计学、建筑学专业知识,并熟悉当地各种市价情形,如此才能被选为评价委员。地价评价程序可分为两个阶段,一是搜集相关地价材料,二是依据材料计算地价。这两个程序在推行过程中,均需要地价评定人员依据实际经验以及敏锐的判断能力筹划估算,并制定严密的计划按步施行,如此,土地评价工作方能取得实际成效。计划中的步骤应该包括如下内容:一是明确评价地的自然环境状况;二是查定影响商业区、工业区、住宅区三种市地价值的不同影响因子,其中商业区地价影响因子主要包括交通运输便利程度、同业聚集程度、是否有余地用以扩充、建筑物优劣性质,工业区地价影响因子主要包括交通运输便利程度、是否靠近水源地、是否有低价劳动力供给、是否有工业废弃物处置设备、是否有余地用以扩充,住宅区地价影响因子主要有自然风景良好程度、临近居民性质、交通便利程度、公共设施机关完备程度、划区条例限制;三是以收益为评价基础,调查过去五六年的平均收益额以及平均物价作为计价基础;四是调查过去五六年关于该地区相类似的市地买卖契约以及官署买卖记录,并对买卖契约中投机涨价部分给予相当折扣;五是在调查基础上设计调查簿,主要事项应包括:

(1)关于该地之简单记述。该地址坐落、其地形及环境,均须有简明之记述。

(2)该地面积之大小,位置之优劣,及交通之状况等。

(3)该地之使用状况。

(4)土地之资本价格。此是连同改良物之土地实际买卖价格,如地上无改良物时,则仅记明该基地之实际市场价格。

(5)土地原价格。即当初取得价格。

(6)地上改良物价格。所谓地上改良物价格者,即以土地所有主或占有者之费用,为土地利用目的之故,而投施之一切工事及材料之费用。

---

[1] 蒋廉.市地评价之研究[J].南京:正中书局,1935:22.

(7)改良物之式样,材料及其建筑时期。

(8)租额、税额及其他费用。

(9)所有者或占有者之姓名、职业、住址等。

(10)产权之变更情形。如产权有变更时,则权利取得者之姓名,权利取得原因,及取得日期,均须一一记明。[1]

地政学派对于城市土地关注的另一个重点就是城市设计理论的研究。周柏甫认为,"一市之基本工作,厥在土地,而土地之改良整理,须有整个的有统计的计划,其计划尤须适合于本市之实用,及顺应其天然之趋势,始可获良好之效果,若纯以超过时代性之学理或循其性质恶习以为计划,势必造成窒碍难行,或永无进步之现象。故设计之时,不得不慎之又慎,为设计既定,则须以毅力赴之,并规定周密之取缔方法,更应加以一种强制促进之力量,则可立观厥成"[2]。城市设计作为一项重要的市政工作,在实践中却遇到了重重阻碍。当时我国都市建制时间相对较短,各项事业并未进入正轨,外加时局关系,把控都市政权的当局者多为军人出身,并没有专业的城市管理设计经验,在这种情况下欲求市政进步十分困难。就算提出了相关城市土地整理计划,也多以筹款作为主要目的,只求税收增加。或者有些土地整理计划的提出,因限于经济实力限制,不得不简化实行,并不能取得理想效果。但土地作为关乎民生问题、国家建设、都市繁荣的重要因素,在都市设计形成初期的关键阶段,更应重视地政设计。

城市设计的基础就是地域制度。地域制度是在都市合理发展原则下,因地理关系从而限制土地及建筑物用途,也即分区方法,具有多方面效用,"直接对于市民生活之改善与新兴产业之发展,间接对于地方自治与行政之效率,皆有密切关系"[3]。地域制度缘起于德国,盛行于英美,并逐渐向日本扩散,到了19世纪,世界上较为先进的国家政府都已经颁布了都市计划法、市建筑地域规则或者市街地建筑物法等法规,也设立了都市计划委员会、土地区域整理委员会、市地域制制定委员会或者市政调查会等组织,学术界配合成立了各类都市计划学会以协助政府推行市政工作,由此可见各国对于城市规划工作的重视。都市

---

[1] 蒋廉. 市地评价之研究[J]. 南京:正中书局,1935:25.

[2] 周柏甫. 都市地域制与区段征收及土地重划之相互关系暨其应用(附图)[J]. 地政月刊,1934(2):313—345.

[3] 东京市政调查会. 都市地域制度概述[J]. 王先强译. 地政月刊,1933(4):461—478,译者序言.

地域制度在当时的中国知者甚少,缺乏专门的理论体系,地政学派认为这方面的研究空白必须加快补足,便致力于相关理论的传播介绍,并结合先进经验向国民政府提出实际的城市设计建议。1930 年国民政府《土地法》规定土地应按照国家经济政策、地方实际需要以及土地使用性质,编为各种使用地,但对于如何划分却没有详细规定。周柏甫认为地域的种类包括住宅区(高等住宅区、普通住宅区、平民住宅区)、商业区(金融商业区、百货商业区、餐饮商业区、肉菜批发区)、工业区(重工业区、轻工业区)、仓库区、私用区(政府用区、公团用区、教育用区、军用区)、特许区(工商业混合区、风纪区、娱乐区、风景区)。在进行区域划分时,应注意新旧都市区别对待,以人口及其实际需要为标准,依据土地性质与地形特征均匀分配地域位置与面积。金海同则强调在城市区域设计中应注意六个方面的设计要点:一是城市区域设计应获得民众的充分了解与协助,如果市民对设计规划全然不了解甚至是反对,将直接阻碍政府工作的推行,所以市政常识推广、设计运动倡导具有重要意义,推广倡导的方法可以是举行展览会、发行刊物进行宣传引导;二是城市区域设计是一项以社会、法律、工程、建筑等多门课程的学理作为基础的专业工作,而并非简单的土木建筑,因此在选拔人才时应明确两者的区别;三是城市区域设计需要集思广益,专设机构;四是城市区域设计应注意合理安排进度,"设计不宜操之过切,遇有实施需要,不妨自微而渐,分期分区逐步推行"[1];五是初步计划拟定后,应经过地方人士意见征集程序方可做出最终意见;六是计划决定后,在实施中如遇窒碍难行之处可变通办理。

地域制度作为城市设计的基本准则,如欲顺利施行,则应以区段征收作为重要手段。地域制度如果能够按照地政学派所提出的科学办法得以落实,将对市容整洁、交通便捷、市民安居带来很大的提升,同时地域一经划分,均匀分配,使城市中各个区域都能得到有效利用,便可以实现地价的同时涨落。但是"地域制之施行,普通咸就地势交通之关系,划定各个区域,限制其使用,或各个建筑地之面积,各个建筑之方式或高度,甚或限制建制之时期。但此种限制与取缔,一方既需地主遵守,一方又需使用者遵守,每致迁延时日,永无施行之期,期亦难收整齐划一之效"[2]。解决这个问题的方案就是区段征收,具体步骤是在

---

[1] 金海同. 城市设计的理论与实务[J]. 人与地,1942(4-5):25-32.
[2] 周柏甫. 都市地域制与区段征收及土地重划之相互关系暨其应用(附图)[J]. 地政月刊,1934(2):313-345.

市政府依法征收土地后,设计指定用途,划出一定段落或面积,然后放领该土地,但须附有使用性质、建筑方式以及建筑期限等限制条件。通过区段征收,该区域内的建筑交通均能在系统规划下合理发展,地价也不至于暴涨。使用者获取土地机会增多,能够有效防止大地主垄断居奇的弊端。以南京城市设计为例,1930年政府将中山路新街口广场四角马路各一百米指定为银行区,于是银行纷纷在该区域内赎买土地,该区域地价顿时暴涨。市政当局决定变更计划,另选空地实行区段征收之法,如此也杜绝了当时在未实行土地增价税的情况下,地主获取巨额不劳而获的可能性。

第四节 地政学派平均地权思想之总结

近代以来中国农村社会经济衰落,地政学派将农村复兴的希望寄于土地制度的改革。在对土地问题的弊病进行剖析的基础之上,地政学派提出了土地政策主张,即平均地权与耕者有其田。为实现这样一种土地政策目标,地政学派设计了一系列土地改革的具体实施办法,如设置地政机关作为推行主体,推广土地整理作为基础前提,落实地价税制作为核心举措,改革租佃制度作为耕者保障,规划市地利用作为城建支撑,以这五项内容为国民政府开展地政工作提供了参考。

从制度变迁理论的角度来看,在制度不均衡的情况下,将会产生获利机会,为了能够取得这个获利机会带来的好处,新的制度安排就将被创造出来。中国的土地制度自近代起便处于一种失衡的状态,农村中土地的所有权制度安排并不能满足农民对于土地的需求,城市中土地的所有权制度安排也无法契合资本主义城市发展的需要,而这就是土地制度变迁的诱致性因素。孙中山在制定土地政策之时,首先就是从近代中国土地制度非均衡状态中意识到了土地制度变迁的潜在利益,相信通过土地制度变迁能够取得经济以及政治利益,因此提出了土地所有权制度的创新方案,即平均地权与耕者有其田的土地政策纲领。该方案不仅综合考量了资产阶级利益如何实现最大化,还对农民的生产生活实际需要进行了一定程度的反应,即和平解决土地问题,使得农民可以得到土地而地主又不致受损。孙中山的土地政策主张具有深远的理论意义,指导了地政学派的土地思想发展。而地政学派关于平均地权和耕者有其田的具体制度设计,又属于由政府推动的自上而下的强制性土地制度变迁,政府承担土地改革中的各类主要工作,如地政机关设置、土地整理、地价税征收、租佃制度改革以及城市土地规划等,同时还处处保留对土地的最高支配权,通过对土地的统制以满足国家社会经济发展的需要。政府主导土地制度变迁的优势是可以通过规模经济降低制度变迁的成本,在短期内实现土地政策目标。因此,地政学派围绕土地所有权的制度变迁主张即是在诱致性土地制度变迁基础上的强制性土地制度变迁,属于两种制度变迁的正向交替,制度变迁的目标是一致的、延续的交替。这里强制性土地制度变迁的主导者政府是有限政府,应承袭诱致性土地制度变迁目标,在市场能力所不及之处,利用政府的行政力量来完善市场,但主要并不是为了政府的利益,或者说主要不是为了政府自身的寻租。

地政学派的平均地权以及耕者有其田的土地政策纲领,属于土地产权制度的范畴。土地产权是土地制度的基础和核心问题,土地上的权利归属决定了社会土地制度的基本性质,同时土地制度对于土地利用的各种约束,也通常表现为对土地产权的约束。因此,土地产权的基本界定是地政学派土地政策的理论基础。土地产权是包括土地所有权、土地占有权、土地使用权、土地收益权、土地处置权、土地租赁权以及土地抵押权等的一组权利束,其中土地所有权是土地产权中的核心,是一切产权的母权。人类社会历史上出现过原始社会的氏族公社土地所有制(土地公有制)、奴隶社会的奴隶主土地所有制(土地私有制)、封建社会的地主土地所有制(土地私有制)、资本主义土地所有制(土地私有制)、社会主义土地所有制(土地公有制)等五种社会类型下的土地所有权形式,可以抽象概括为土地公有制和土地私有制两种土地所有制。通过地政学派对平均地权和耕者有其田理论的阐述,可以将其关于土地所有制的主张归纳为土地所有制的第三种主张——国家控制下的土地私有制。在平均地权政策下,将由国家对土地保有最高的支配管理权,人民的土地私有权限于所报地价范围之内,有别于独占的排他的绝对土地私有权,个人将在一定范围内享有土地支配管理以及使用收益的权利。也就是说,土地所有权转让与行使须得到国家许可,土地所有权带来的收益也须大部分为国家所有。但这并不意味着地政学派要推行土地公有制,因为在土地公有或国有的制度下,仍旧不得不允许私人土地收益权的存在,此时国家享有的是土地所有权其名与管理支配权其实,与平均地权实则不存在本质上的差异,因此对这种名义上的土地所有权归属并不需要过分强调。地政学派主张施行国家控制下的土地私有制的另一个重要原因是为了保证土地所有人在政府允许的土地产权范围内,能够拥有完整的土地权利束。地政学派以改革租佃制度作为实现耕者有其田的重要手段,使土地所有权可以和土地其他权利实现统一,通过明确的土地产权界定,刻意划清土地上各个权利主体之间的利益边界,并实施配套的刚性权利制度、长时段的权利期限以及确定性的权利实现,这时土地产权制度就可以通过激励机制来影响土地生产经营活动主体的行为选择。这一激励机制产生的基础与特定土地产权制度内的收益结构和主体努力是正相关的。很明显,相较于业佃矛盾冲突无法调和的情况,农民往往更倾向于为属于自己的土地上的生产活动付出最大化的努力。

地政学派以孙中山的土地政策纲领作为基础土地改革理论,为国民政府推行地政设计出了一套完善的方案,但国民政府在实践中进行了多次土地改革尝试,却没有实现地政学派的土地制度设想,因此出现了一种偏离最开始国民政府对于农村土地问题的基本认知。孙中山和地政学派土地政策的提出是基于中国土地问题既包括少数地主垄断地权的不合理,同时又存在租佃制度分配的不合理的现实情况,这两个方面都严重阻碍了农村社会经济的发展。而蒋介石对土地问题的立场并非如此,在1931年5月蒋介石主持召开的国民党第三届中央执行委员会第一次全体临时会议上就有这样一段决议:"中国土地之分配,其平均已如此。同时有地自十亩至五十亩之农民,其土地所有权之变动状态,有增加之倾向;而有地自五十亩至百亩以上之农民,其土地所有权之变动状态,只有分割之趋势,并无集中之倾向。"[1]这样的前提认知决定了国民政府推动土地政策的实践与地政学派的土地主张必将背道而驰。以国民政府1930年颁布的《土地法》为例,按照平均地权的土地政策纲领,《土地法》条文中对于土地私有权进行了诸多约束,其中包括对私有土地的范围和数量限制、土地所有权处分行使的限制以及减租保护佃农的限制等内容,并对于平均地权实施的具体途径如土地登记、申报地价、征收地价税以及土地增值税等方面也进行了说明与规范。但地政学派认为这部法案中处处保留着维护地主土地私有和租佃制度的内容,因而不能完全反映出地政学派所主张的土地思想和地政方案,于是发起了修正《土地法》运动,企图对土地法的不合理内容加以改进。尽管存在阻碍土地改革彻底推行的内容,但不能否认的是这部《土地法》一定程度上反映出了平均地权纲领精神。然而就是这样一部对于地政学派来说本就不尽如人意

---

[1] 荣蒙源. 中国国民党历次代表大会及中央全会资料(上)[M]. 北京:光明日报出版社,1985:956.

的土地法律,在实践中也没有得到真正实施。《土地法》的立法出发点并非施行彻底的土地改革,因此,在《土地法》推行过程中自然也难以避免各部门相互推诿扯皮的现象。例如财政部门和地政部门之间就围绕地籍整理与土地陈报两个方面产生过争议,在废止田赋改征地价税方面各方意见也不一致,时任财政部长的孔祥熙一听土地改革要进行地政整理,就以财政和田赋方面的利害关系作为挡箭牌加以推辞。从中央到地方各级地政相关部门,都围绕土地法中的具体规定争吵不休,甚至有部分立法委员和国民政府官员直接提出放松对土地私有权的限制,这就导致了《土地法》长期处于议而不决、决而不行的尴尬局面。

此外,国民政府1941年颁布的《土地政策战时实施纲要》(以下简称《实施纲要》)亦能说明上述问题。这份《实施纲要》由中国地政学会应官方委托而草拟,草拟稿完成后呈交相关部门研究,最终再由蒋介石和孔祥熙决议。最终出台的正式实施纲却对草案的部分内容进行了调整,例如将草案中地价税率原本的累进至土地地价的8%减少至5%,而将地租额不得超过地价的8%增加至10%,明显可以看出这样的修改将地政学派拟具的草案中防止土地垄断集中和改革土地租佃制度的原本意图进行了扭曲。以后的国民党土地政策中也往往因为对官僚地主集团利益的维护而无法彻底完成地政学派的土地主张,万国鼎对其十分失望与无奈,"我们曾寄希望政府实行土地改革,曾经努力为土地法的合理修正做过不少要求和争辩。后来越来越失望了,早已失去了拟定法律的兴趣。近来,我更一再说过,要希望目前政府切实施行土地改革,很少可能"[1]。

国民政府的土地改革实践并没有完成平均地权和耕者有其田的任务使命,民国时期中国的土地制度仍然处于一种非均衡的状态。从制度变迁层面进行分析,可以归结为国民政府主导的强制性土地制度变迁脱离了诱致性土地制度变迁基础,即两种土地制度变迁模式从正向交替走向了逆向交替,导致这种交替变化的原因在于政府以一套有利于自己的目标架构替代了原本的诱致性土地变迁的目标架构。政府在这种交替变化过程中从有限政府逐渐强化为无限政府,统治集团的利益偏好、官僚机构问题、集团利益冲突等因素都成了影响这场土地制度变迁成败的关键因素。

首先是强制性土地制度变迁主导者南京国民政府的利益偏好问题,统治集团本身也有追求自身利益最大化的问题,在国家利益与统治集团利益一致的情

---

[1] 万国鼎. 土地问题丛话之四:与劳干先生论(正视土地上的现实问题不要空谈理论)[J]. 土地改革,1948(7):4-9.

况下，自然不会产生问题，但是两者利益一旦产生冲突，统治集团的选择就决定了当前的无效制度是否还能够继续维持。显然，相较于平均地权，国民党统治集团更关心的是自身利益的最大化，1932年蒋介石在地政研究班的开学典礼上就曾经表示："我国土地如果实行清丈之后，田赋收入，比现在可望加多二十多倍，即每年可望收入二十万万元，岂不是与国家财政大有裨益。"[1]在蒋介石看来，土地问题的症结不在于地主把持，亦不在于无地少地，而是土地整理工作的缺失，然而这种认知的出发点是土地整理能为国家开辟更多的财富收入。对平均地权的漠视和对财政收入的热切形成了鲜明的对比，就是这样一种利益偏好，对土地政策的制定和实践产生了严重影响。

其次是国民政府官僚体系中的问题，不同级别、不同功能的官僚机构作为统治者的代理人，一方面需要执行国家的各项政策决定，另一方面同样也是经济人，也要追求自身利益最大化，因此这些官僚机构就会企图在统治者利益最大化的政策中寻找机会使自身受益。在中国这样一个农业国家，各级政府官员大多与现存土地制度有着千丝万缕的利益联系，许多政府官员还有地主这一重身份，使得国民政府的土地改革事业推行到地方上时就会遭到各级官僚机构不同程度的削减，经过行政层级越多，土地政策的扭曲就会越严重，阻力也相应加大，最终直接导致土地政策在地方的走样。

此外还有各种利益集团之间的矛盾冲突，各个行为主体都面对着各自的效用函数和约束条件，这也就决定了他们对于统一制度安排会产生不同的反应，而导致很难实现全部行为主体对同一制度安排的一致性回应。因此，土地制度变迁对土地及土地上产生的财富进行重新调整与分配，必然会导致不同利益集团之间的冲突。利益因此受损的一方会对这项土地制度变迁表示强烈反对，希望从土地制度变迁中获利的集团则会试图向国家寻租。国民政府的各项土地改革政策虽然未从根本上改变原有的土地占有关系，但仍动摇了地方豪绅地主利益集团，因此遭到了这一利益集团的抵制，使得土地制度变迁受到影响，旧有不合理土地制度依旧运行。

总之，地政学派从20世纪30年代中国土地制度的不均衡处着眼，适时地提出的平均地权和耕者有其田的土地改革方案，属于诱致性土地制度变迁的范畴。而在具体推行中，地政学派则迎合统制经济发展的潮流，主张由国家主导，

---

[1] 张其昀.先总统蒋公全集:第2卷[M].台北:台北文化大学出版社,1984:1512.

自上而下地实现土地纲领目标，又属于强制性土地制度变迁的范畴。因此，地政学派的土地政策是以诱致性土地制度变迁为基础的强制性土地制度变迁。但是在国民政府着手推行土地制度改革过程中，囿于统治集团、官僚机构以及利益集团的利益偏好影响，强制性土地制度变迁逐渐脱离了诱致性土地制度变迁的基础，土地改革逐渐演变成单纯的国民政府补充财政的重要手段，广大农民对于土地的需求仍旧没有被满足，土地制度依然处于一种非均衡的状态，地政学派的土地思想也没有被完全落实。

第四章　土地金融：地政学派的政策支柱

地政学派为推行土地改革，提出了一系列土地金融方案，在当时具有重要的开创意义。土地金融作为农业资本化的产物，最早出现在18世纪的德国，并于19世纪下半叶在欧美国家得到了快速发展[1]，各个国家纷纷效仿德国建立起类似的农业专业银行和合作金融组织。而在近代中国，相当长一段时期内缺失专门的土地金融组织，只有少量公私营银行兼办土地抵押信用业务。而此类公私营银行又很少深入农村，农村中一般只有传统金融方式，尤其是高利贷，愿意从事农贷业务。地政学派成员对于土地金融问题十分重视，将土地金融作为解决中国土地问题的重要手段，并开创性地提出了一系列关于土地银行、土地债券、农业保险以及合作信用等土地金融制度的具体构想。地政学派提出的土地金融制度，一方面能够为政府调整土地分配资金、开辟募集渠道，另一方面也能够为农民购买土地、保障生产提供资金援助，由此便兼具了改善土地分配和向融通农村资金两种功能特征。

第一节　民国时期的土地金融问题剖析

20世纪20、30年代，中国农村陷入了严重的经济危机，农民缺乏资金来维持基本的土地生产和日常消费，不得不求助于高利贷获取资金，而后又不免陷入高利贷的盘剥与压榨中。地政学派立足于传统农村金融制度供给不足的现

---

[1] 辛膺. 土地银行创设之理论及中国创设土地银行制刍议[J]. 中国合作, 1940(5—6): 14—16.

实状况,在学习借鉴国外土地金融制度思想的基础上,主张应在中国构建完备的土地金融体系。那么,关于土地金融概念和范围的界定以及土地金融发展的环境制约就成为地政学派在具体设计土地金融制度方案前需要首先解决的问题。

一、土地金融的界定

德国是最早出现土地金融的国家,地政学派土地金融思想的萌发也深受德国土地金融思想的影响。1929年萧铮留德学习期间,与德国土地改革先驱、土地改革联盟会领导人达马熙克交契。达马熙克对于土地问题的基本主张与孙中山的民生主义土地政策十分契合,因此对地政学派的土地主张产生了重要的参考与启示作用。对于土地改革的基本原则,达马熙克推崇对于现今已成既得权的地租,仍许私人所有,将来的地租,即今后基于社会进步与繁荣而非由于所有者的努力而成的新增地租,应归社会所得,为社会全体的利益而使用,地租的这部分新增收入以征收土地增值税的方式收归公有。而在通过土地改革保障农民生活和稳定经营的具体途径方面,达马熙克提出应设立土地信用机关,以土地作为信用担保,贷与农民长期低利资金,使其有足够的能力偿还债务,同时对其所放资金施行分年摊还政策。[1] 这种利用土地金融工具促进土地改革的观点吸引了萧铮的注意,1932年萧铮学成归国后,就开始尝试引入达马熙克的各类土地改革工具应用于国内土地问题的解决。在应蒋介石要求拟具鄂豫皖苏区土地整理计划大纲时,萧铮便提出借助土地金融手段,以银行借款为资金来源,进行土地整理的建议。[2] 这种土地信用化的方式迎合了蒋介石对于增加财政的迫切需求,在某种程度上也有助于萧铮在牵头成立中国地政学会时得到了国民政府的积极支持。地政学会成立之后,就土地金融如何在中国推广和落实,进行了一系列的具体研究和制度设计。

地政学派首先对土地金融进行了基本的界定。黄通认为正如土地可以分为农地和市地,所以土地金融也应该界定为农地金融与市地金融两类,两者各有业务特色。农地金融可以分为三类主要业务,"即土地取得金融、土地改良金

---

[1] [德]达马熙克.土地改革论[M].张丕介译.台北:中国地政研究所、台湾土地银行研究室,1959:130-150.
[2] 萧铮.土地改革五十年——萧铮回忆录[M].台北:中国地政研究所,1980:41.

融及农业经营金融"[1]。"土地取得金融"是在赎买或者继承土地时使用,自耕农的创设便与此种金融有着密切的关系;"土地改良金融"是在开垦、耕地重划以及完善农田水利时使用,用于维持自耕农的生产活动;"农业经营金融"则是在购买肥料、种子、家畜、农具以及其他农业经营所必需的流动资本时使用。从债务人给予债权人担保的性质而言,前两类金融属于对物信用或者抵押信用,后一类则属于对人信用,农业经营资金可以在短期内收回,本不必局限于长期的抵押信用。然而由于当时农村极度衰败,农业金融机构为数尚少,不仅是生产经营资金,就连最为基本的生活消费支出都需要依靠长期抵押信用。

针对农地金融存在的种种弊端,黄通为了改善这种情形,提出了农地金融应具备的四个特点。其一,在契约到期之前,债权者不得任意请求债务的偿还,即所谓不通知的信用。正是因为农民资力微薄,突遇解约之事,必然难以筹措。而且农业资金的投入在短时间内难以收效。反之,债权人则应该保留在期限内随时偿还的权利,使得农地负担有望从速减轻。其二,负债程度不可过高,应以土地收益剩余能够补偿为限,偿还期限也是越长越好。农地收益本就微薄,同时还面对各类自然因素,粮食价格涨跌,充满不确定性。然而农地施肥、农舍修葺、农具修缮、各类捐税以及其他社会必要支出,都不可避免。所以,如果土地因高度资金化而负担不合理的债务,则农业收入有被固定的还本付息完全夺去之虞,攸关农家生计。其三,利率应该保持低廉不变。其四,债务摊还应具有强制性。农业收益微薄,如果利率不低,或许其任意摊还,债务偿还的可能性反而更低,对于债主债户,均为不利。强制性的摊还,表面上近似于苛刻,实际上有助于债户养成储蓄与遵守秩序的习惯,这对农业金融的长远发展是大有裨益的。

至于市地金融,又有不同于农地金融的特性。一般来说,农业金融的抵押品范围基本上限于土地。但是市地金融的抵押品不仅包括宅基地,还有土地之上的建筑物。市地金融可以被划分为四种,"即不动产取得金融、不动产改良金融以及企业金融与消费金融"[2]。"不动产取得金融",用于土地房屋购买或继承;"不动产改良金融",用于土地整理或房屋修葺;"企业金融",用于工商业或其他经营资金;"消费金融",用于种种消费支出。黄通认为市地金融的第一个

---

[1] 黄通.土地金融之概念及其体系[J].地政月刊,1934(2):225—248.
[2] 黄通.土地金融之概念及其体系[J].地政月刊,1934(2):225—248.

特点在于不动产价值能够充分资金化。因为农地金融的负债程度应以农地的生产力为准绳,在其收益足以偿还的范围内订立适当的限度,否则负担过重,失去农地,农民也就完全丧失生产的根源。但在城市中,不动产的收益率较农地为高,承受能力也相应较高。而且城市不动产商品化趋势逐渐加强,交易频繁,抵押处分也比较容易。此外,农地价格由农业收益决定,而市地价格与其"地位"相关,"常较收益为重,所谓一种独占的价格。这样:市地金融之放款数额,得参酌收益价额与买卖价格,常较农地为高"[1]。当然,不动产的价格与经济境况、土地投机、交通设施以及财政制度也密切相关,授予信用时对于这些情况也应注意。市地金融的第二个特点在于资金收回较为安全。不动产取得金融,债务者对于房屋购入或兴建已有相当准备,只是借此补充。不动产改良金融,债务者是将已有不动产一部分资金化。至于企业金融,大多也有工商业收益作为保障。因此只有消费金融相对风险较高。市地金融的第三个特点是债务者因市地承担力度较强,相较于对低利率贷款的追求,更注重贷款规模的多寡,这也有助于实现市地的充分资金化。市地金融的第四个特点是摊还期限不必过长,定期偿还即可。但黄通也提醒到,在市地金融中,特别需要注意的是抑制债户的过分投机。

结合土地的不同性质,将土地金融划分为农地金融和市地金融两类,可以更好地依据各自不同的性质特点开展业务。但在中国当时的社会环境中,尽管农民人口占据了全国人口的绝大多数,同时也是孙中山所认为的革命基础所在,但农民群体依然是社会各阶级中享受利益最少而负担国家义务最多的所在。因此在研究土地金融问题时,与农民问题密切相关的农地金融也相应成为地政学派成员的首要关注点。当然,晚清以来,我国人口开始出现向城市集中的倾向,相应地在城市中出现了基础文化设施与住宅等一系列新的土地需求,这些问题的解决也须仰仗专门的土地金融的协助。而地政学派对市地金融意义性质的剖析,说明地政学派并没有忽视对市地金融的关照,体现出该学派对于现实土地问题发展最新趋势的体察。

二、土地金融发展瓶颈的成因

通过对土地金融的界定,能够看出如果充分应用土地金融工具,可以在诸

---

[1] 黄通.土地金融之概念及其体系[J].地政月刊,1934(2):225-248.

多方面提供贷款便利,并为土地改革注入很大活力。然而,中国以农立国,历经千年却没有出现完善的土地金融制度,乡村借贷大多由地主、商人以及一般高利贷者操纵。我国土地金融事业的不发达究竟是由什么原因造成的？地政学派的成员对此进行了积极的探讨,从梳理土地金融事业演进着手,试图找出答案。

我国新式银行事业始于1896年,光绪年间由户部奏请开办中国通商银行,但在此后四十年间并没有在土地金融领域形成完善的组织与制度。直至1920年,由北洋政府财政部筹设了中国农工银行,这才有了第一个具有土地金融性质的现代金融机关。中国农工银行的经营与一般商业银行并没有很大差别,包括存款、放款、汇兑、押汇、买卖有价证券等业务,放款类别也以五年、三年、一年期限为标准,但对放款用途做了明确规定,"限于垦荒,水利,造林,购办或装修农工器具及牲畜,修造农工业用房屋、牧场及其他农工业与做改良等事项"[1]。然而在此后三年,中国农工银行的业务并没有得以顺利开展,反而受到国家减政的影响,中国农工银行事务局被裁,农工银行的农贷业务也自此一蹶不振。1936年2月,国民政府财政部为实现农村经济复兴,推行法币政策,规定由中国农民银行办理土地抵押放款及农村放款业务,对农地抵押放款最低限度做出限制,并特别强调在中国农民银行的业务经营中应特别注重对于自耕农的扶持。这可以说是国民政府重视以土地金融工具促进土地改革的首次表现,但因当时时局动荡,准备尚未充分,以至于未能切实执行,这些规定最终只是停留在书面文件上。1940年国民政府在四联总处的战时金融委员会下特别附设了农业金融处,由该处负责出台了《二十九年度中央信托局,中国、交通、农民三银行及农本局农贷办法纲要》(以下简称《农贷办法纲要》),以此整顿各行局农贷业务。《农贷办法纲要》中规定,在办理佃农购置耕地贷款业务时,应遵循长期、低利、分期摊还等土地金融的基本原则,但可惜的是这项规定终究也被搁置。以上所述农工银行、农民银行、农业金融处属于全国性质上的土地金融组织,在各省也有相关机构兴办土地金融业务,其中以江苏省农民银行的土地购置放款最具代表性。1937年江苏省农民银行出台了详细的土地放款办法,对借款人身份、放款用途、购买土地面积、放款期限等方面做了详细规定,但因为规定本身的设置问题以及国内形势的动荡,并未得以实现。

---

[1] 崔永楫. 我国土地金融事业之回顾与展望[J]. 中农月刊,1942(2):29—34.

通过对我国土地金融事业历程的梳理,可以看出在民国时期土地放款虽经历多次规划与试办,但却很少有取得实际效果的。当然,这与当时并不稳定的国内环境有着密切的关系,但是黄通认为,农民作为"前方战斗员""战时劳力供给者""战时主要生产者""战时主要输将(缴纳赋税)者",发挥着重要作用,因此他们的生产生活应该予以充分保障。但此时农民却不得不承受战时土地兼并以及生产成本上升的高压,因此借助土地金融手段给予农民强有力支持的重要性进一步凸显[1]。结合历史经验,地政学派成员普遍认为,我国土地金融事业难以得到有效发展的首要原因在于缺乏纯粹的土地金融机关,一般银行兼营土地金融业务的模式并不可持续。"试办机关未能了解土地金融之性质,所定办法卒皆闭门造车,自难行通","试办机关多属股份商业银行,根本不能适应土地金融所要求之条件"。[2]以往办理农贷业务时往往都存在期限设置过短、利率设置过高等现象,与土地金融的性质特点不相符。而在当时的全国金融体系中,专门的农贷机关又根本无力抗衡行业内其他金融组织,例如力量最为雄厚的商业银行,其所吸收的存款占到50%以上,对本就盈利空间狭小的农贷机关的生存空间造成严重挤压,使其无法生存,导致农地金融不得不长期被操纵于高利贷之手。一般银行兼营土地金融业务的模式在城市中也产生了一系列负面影响,如市地"为商业银行投机之标的,地价腾落失常,而银行亦蒙资金冻结之害,而引起资金恐慌"[3]。由此可以看出,专营的土地金融机关的设立缺失与扶植缺位直接影响了土地金融事业的发展。

此外,土地金融事业开展还面对着一个重要的阻碍因素,即地籍整理工作的滞后,使得金融机关缺乏可靠的放款根据。"办理土地抵押放款,最基本的条件,必须使土地面积可靠,地权确定,因此需要有完备的地籍图册。换言之,我们希望地政机关普遍的办理地籍整理工作……因为地籍未经整理,设定抵押权登记就有点困难。各地方的法院,虽是可以办理不动产登记以及设定抵押权登记,可是这种不动产登记,并没有绝对的效力"[4]。

除了以上原因,崔永楫指出土地金融的不发达还与"政府未能尽提倡指导之最大努力","宣传不足:农民重视土地,在未认识金融机关或与之发生密切关

---

[1] 黄通.中国土地金融与中国农民[J].中国农民(重庆),1942(2—3):53—58.
[2] 崔永楫.我国土地金融事业之回顾与展望[J].中农月刊,1942(2):29—34.
[3] 黄通.中国土地金融与中国农民[J].中国农民(重庆),1942(2—3):53—58.
[4] 洪瑞坚.我国土地金融的特性[J].财政评论,1943(3):31—37.

系以前,鲜愿以土地为质而举债者"等原因相关。[1]

第二节 对融通土地资金必要性的研究

地政学派学者在具体设计中国的土地金融制度时,对土地金融体系创设的重要作用和意义进行了充分的基础论证和思想准备,主张土地金融可以有效改善土地分配、利用的现状,同时又可以为工业发展和城市建设提供保障,因此土地金融制度的创新与发展,能够为社会带来一系列综合性的改革成效。

一、对土地金融与"平均地权"关系的探讨

中国农民数千年来备受传统的土地制度剥削与压迫,致使其生产生活条件历经千年仍不能得到有效改善。20世纪三四十年代的中国农村,"自耕农尚不及一半,而在若干省份如粤、闽、浙等省,自耕农且占四分之一乃至五分之一"[2]。地主豪奢、佃农贫困的现象对社会造成极大危害,粮食恐慌、地价高涨、土地兼并等事件频现。为此,地政学派主张必须加快推行"平均地权""耕者有其田"的土地政策,以实现三民主义。这两项土地政策能够确保凡是有耕作能力与意愿的农民都有田地可以耕种,同时完全享有其耕作的成果,换言之,农民取得地权就等于取得了这块土地的使用权、收益权以及所有权。

地政学派主张地权的取得采取土地金融创建这一和平手段,以避免暴力革命手段带来剧烈的社会波动。所谓暴力手段取得地权,即像1917年的苏联那般通过革命武力推翻原有的经济组织,夺取土地之后分配给农民进行耕作。但熊鼎盛认为,中国完全可以避免这种暴力手段及其所引发的剧烈社会波动,而通过平和推进的方法实现土地政策,即"运用经济上一般法则,建立土地金融制度"[3]。他列举了几个国家的例子,如德国在1850年调整土地分配政策,解除农民土地负担,美国1916年辅助佃农购地,英国1928年创立小农地制度,以及第一次世界大战之后东欧各国实施的土地改革都通过土地金融制度这一主要工具来推行土地政策并取得了明显成效。而且孙中山先生的"平均地权"的政策涵义也是反对暴力夺取,期望通过和平的手段,承认地主的既得权利,通过照

---

[1] 崔永楫. 我国土地金融事业之回顾与展望[J]. 中农月刊,1942(2):29-34.
[2] 崔永楫. 我国土地金融事业之回顾与展望[J]. 中农月刊,1942(2):29-34.
[3] 熊鼎盛. 我国新兴的土地金融业务述要[J]. 人与地,1942(3):17-20.

价补偿方式实现土地政策。具体又有两种方式,第一种方式是由政府根据自由契约向地主购取土地,或者强制征收地主土地,并将这些土地转售给农民。第二种方式是由农民自行向地主购买土地,政府通过贷以资金的方式来援助农民偿付地价。无论是哪种方式,农民对于地权的取得,都必须以支付购地资金为前提。而购地资金的来源则需依靠政府的筹划,因为农民大多较为贫困,短时间内无力负担全部地价。政府可以学习爱尔兰、丹麦等国的方式,通过国库支拨现金或发行公债的方式实现资金的筹集,也可以效法德国,设立特种金融机构,发行土地债券。但是在当时的历史环境下,欲从国库支拨巨额现金或者发行大量公债用以补充购地资金,明显不具有可行性。所以德国所实行的设立土地金融机构,授以发行土地债券的特权,用来办理购地放款或者依法征收土地并分配给农民,无疑是在中国实现"耕者有其田"的最佳途径。

孙中山的土地政策自提出以来,始终未能得见实际效果,地政学派认为最主要的原因就在于没有土地金融制度的配合。土地金融的有序开展是"平均地权"土地政策实现的有力保障,没有土地金融的资金支持,土地政策终将只是一纸空谈。

二、对土地金融与"地尽其利"关系的探讨

调整土地分配达到"平均地权""耕者有其田"之后,促进土地利用、实现"地尽其利"同样十分重要。土地未尽其利则生产不丰,生产不丰则国民经济贫困,国民经济贫困则国家财富枯竭。所谓"地尽其利",不外乎做到全国无废地与闲人、地力合理利用以提高产量、土地的可持续利用等方面。欲使全国无废地与闲人,应移民垦荒、调整人口与土地的分布;欲使地力得到合理利用以提高产量,应重划土地、齐整地形,以便使用新式农具达到农业经营的机械化,同时合理灌溉施肥促进作物发育;欲使地力得以保存,应实行轮作制度,修筑堤坝防止水土流失。

保障土地生产力的最大发挥"不仅需要行政力量的推动,农林技术的辅助,而金融力量的协助,尤不可缺"[1]。综观"地尽其理"的种种途径,均非资金莫办,而此项资金数额巨大,普通农民实难承受。同时普通商业银行也不愿提供此项资金融通业务,因为农业生产周期较长,大型农田水利工程的兴建也颇费

---

[1] 黄通.土地金融与地力动员[J].江西粮政,1942(8):35-37.

时间,而农业收益又较有限,因而"地尽其利"所需要的资金"是具有数额大、期限长和利息低的要求的。这种性质的资金,不但非普通金融机关所能供给的,也不是用普通方法所能筹集的"[1]。据此,只能通过兴办土地金融专营此项业务,并以发行土地债券为主,以政府拨款、吸收存款和举借债务为辅凑集资金。可以看出,土地金融机关除去有践行"平均地权""耕者有其田"的使命外,在土地重划、办理垦荒、改良土地以改善土地利用方面亦有重要作用。"凡农民欲清荒施垦、扩张耕地,或实施土地重划或改良、兴办农田水利者,可组织合作社或其他机关,向土地金融机关申请借款,然后以其所增收益,分年摊还之。"[2]政府直接兴办上述农田水利或乡村建设事业时,也可以向土地金融机关借取必要的资金。土地生产力的不断提升,也使得自耕农的生活水平得以维持并不断提高,农民能够树立爱惜土地的观念,培养和谐的人地关系,维护社会稳定。

"地尽其利"是在实现"平均地权""耕者有其田"基础之上的土地金融机构的又一重要使命。如果说"耕者有其田"是土地金融的最高政治诉求,那么"地尽其力"则是土地金融应追求的经济目标。

三、对土地金融与工业化关系的探讨

"民生主义经济建设之主要目标,即在于实现国父实业计划,完成工业化。惟在落后国家之欲完成工业建设,其先决条件除须脱离殖民地束缚外,必须有资本劳力原料与市场之充分存在。"[3]当时,不平等条约相继取消,我国暂免于外力压迫。在劳动力方面,农村人口过剩,有助于工业发展,但资本、原料及市场等因素仍然是阻碍工业化的重要因素。工业化建设所需的巨额资金,如像往常一样过度依赖外资,则会使国内政治经济为他人掣肘,因此必须扭转这种局面。工业原料与市场是否充足也是工业化能否成功的关键,但如效仿战前资本主义国家掠夺殖民地、独占市场的做法亦不可取。

罗醒魂认为,工业化发展面临的资金、原料与市场问题看似棘手,实则不然,只是因为国人没有把握症结所在——土地问题。就工业化资金的来源来看,不外乎增税及发行公债,但这种方式筹集的资金终究是有限的。"独土地之无穷潜在力,倘能加以动员利用,吾信其必能创造无穷巨大之资本量,不唯可以

---

[1] 崔永楫. 透过土地金融的农地改革[J]. 土地改革,1948(5):10—12.
[2] 黄通. 中国土地金融问题[J]. 中农月刊,1941(9—10):1—12.
[3] 罗醒魂. 论土地资金化与工业化问题之不可分[J]. 中央周刊,1945(40):8—11.

充实目前财政金融,即今后一切建设之所需,亦必可充分解决也。"[1]因此,应特设土地金融机关发行土地债券,将土地债券作为土地资金化的唯一工具,依托广大的土地大量发行,并可转作发展工业之用。要解决工业原料与市场问题,同样如此,工业原料大部分出于农业,农民购买力的强弱决定着工业产品市场的大小。而农村中多数农民寄生于租佃制度下,耕作面积狭小,新式工具无法推广,难以生产并提供大量品质合格的工业原料,贫困的农民也不具备工业产品的购买力。这也需要发挥土地金融工具的前述作用,保证农民地权,提升土地生产力。

通过土地金融机关筹办土地债券的发行流通,使土地充分实现资金化,引导冻结在土地之上的资金不断向工业部门流动,激活资金在整个经济系统中的融通,进而促进国家经济实力的不断增强,这也是土地金融更为宏观的作用。

四、对土地金融与城市改造关系的探讨

土地金融在农村方面主要用于佃耕制度的改善、自耕农的创设与维持等,而在城市方面的作用则体现在交通、文娱等基础设施兴建以及住宅建筑与买卖等方面。随着人口不断向城市集中,公共资源不足和住宅缺乏成为社会严重问题。在城市改造中,国外有奉行集体主义,即由政府全权负责组织筹划城市改造的先例,也有实行个人主义,即依靠单独个体,通过市场获取改造城市的资金以及各项资源的先例。但城市改造事业的完成,"均非国家或自治团体单独之力所胜任,市民之协助,实不可缺,而金融机关之辅导,尤为必要"[2]。

土地金融包括农地放款与市地放款业务,前者对于农业发展而言意义巨大,但从金融本身来说,后者的吸引力更大。因为城市中的不动产调查登记十分方便,放款手续较为简捷,随着城市建设发展,也使得市地价格呈现明显上涨趋势,所以兼营农地业务和市地业务的土地金融机构更易倾向于办理市地放款,相应地,城市改造也更易施行。但黄通认为我国的土地金融机关应以实现辅助农民取得地权为首要使命,因此农地放款业务需要占绝对比例。从这点出发,黄通主张在实现市地政策、调整市地建筑以及实施房屋救济时,政府首先应做好周密计划和统筹安排,缺乏必要资金时,再向土地金融机关进行借款。这

---

[1] 罗醒魂.论土地资金化与工业化问题之不可分[J].中央周刊,1945(40):8—11.
[2] 黄通.土地金融之概念及其体系[J].地政月刊,1934(2):225—248.

样一方面保证了土地金融对于城市改造的支持,另一方面又避免了土地金融机关将全部金融资源投入到市地业务中,影响土地改革的全方位实现。

城市的发展也是一国经济崛起的重要标志,能给国人生活质量带来较大提升,土地金融的市地金融业务契合了城市化的发展趋势并发挥了重要作用。但是农民作为中国人口中的绝大多数,其土地问题的解决对于中国经济发展和社会稳定的重要意义不容忽视。因此在办理土地金融业务时,应遵循重点导向、适度兼顾的原则,在保障农地金融业务正常开展的前提下,最大化地发挥市地金融对城市改造的促进作用。

第三节 土地金融体系的构建主张

在借鉴国外土地金融制度的基础上,构建中国土地金融制度时面临的一个核心问题就是土地金融制度的主体——土地金融机构——应该如何构建,其中包括土地金融机构的组织架构、运营机制、业务管理以及资金来源等诸多问题。地政学派学者设计了一套由政府主导的以发行土地债券的土地银行为核心的、包括农业保险以及信用合作在内的多样化、分层有序的土地金融体系。这个体系以专营的政策性土地金融服务机构——土地银行——作为土地金融制度中的核心主体,协助国民政府推行土地改革、辅助自耕农;以土地债券的发行作为土地金融资金的重要来源;以农业保险作为风险分散机制,有效提升农户的风险抵御能力、降低土地银行的借贷风险;以土地信用合作作为土地金融制度的有益补充,调动农户生产互助的积极性,同时在土地金融机构与个人交易不便时承担中介作用。

一、设立土地银行作为专营机关

土地金融机关的建立,作为实现孙中山土地纲领的重要步骤,得到了地政学派的大力倡导。在中国地政学会历届年会上,均有恳请政府从速创设土地金融机关的相关决议(见表4—1)。地政学派主张的土地金融机关的具体组织形式即为土地银行。对于土地银行的性质、组织经营以及影响等方面,地政学者们进行了积极的讨论和宣传。

表 4—1　　　　　　　　地政学会历届年会的相关决议

历届年会	相关决议
1935年第二届年会	设立农业及土地金融机关,以调剂农村经济,奖励土地生产,扶持自耕农,于监督贷款用途之中,寓土地使用之意,庶使符于国民经济生产建设之趋向。
1936年第三届年会	(1)政府应组织土地金融机关,援助农民取得土地;(2)现有佃耕地之佃农,得补地价百分之二十至百分之五十,请求政府代为征收之,其余部分由政府担保其分年摊还;(3)现有佃农过多及地权过于集中之区域,政府应发行土地债券,征收土地,分给佃农。
1937年第四届年会	(1)土地银行之设立及农地合作社之提倡,为创设及维持自耕农场之必要手段,应即实施;(2)政府大型土地债券,仅先征收不在地主之土地,依次及于不自耕作之土地,以供创设自耕农场之用。
1939年第五届年会	(1)为充实经济建设之资力活动及经济建设之金融起见,应设立土地及农业金融机关,俾建设工作易于进展;(2)佃耕制度盛行区域,战后应即运用土地金融机构,普遍加以调整,以实现耕者有田。

资料来源:黄通.土地金融问题[M].上海:商务印书馆,1942:46.

  在具体筹划土地银行的设置之前,应首先对土地银行的性质进行明确。罗醒魂认为,土地银行绝不能与普通的银行或者盈利机关混同视之。土地银行和普通营利性机构之间的具体差异主要表现在两个方面:一是土地银行作为"特种银行",有别于"普通银行"。普通银行是相对于特种银行而言的,依据一般商业银行法进行组织经营的机构。而特种银行则是依据单行法进行组织经营的机构,农业银行、工业银行以及中央银行都属于特种银行,土地银行也应属于特种银行的一种,在法律层面上也应与普通银行进行区别。二是土地银行作为特种银行,又有别于其他特种银行。特种银行中的商业银行的经营业务主要是指商业上的短期借贷,以促进资金的融通为主要目的,工业银行是以供给工业上的固定或流动资金为主,农业银行则是以经营农业中的长期信用为主。这些特种银行的目的都在于辅助农工企业,发展国民经济。而土地银行虽然可以作为农业金融机构的一种,但其主要任务是"供给土地赎买、改良及开发资金,以期促进土地改革,增进土地利用"[1]。所以就土地银行的业务及其肩负的使命而言,土地银行这样一种特种银行又是区别于其他特种银行的。以上两方面的区别足以说明不同银行各有其特殊职能,在国家金融政策的推行中发挥的作用也不尽相同,因此土地银行也应和其他各类金融机关,尤其是与其他类农业金融

---

[1]　罗醒魂.对土地银行应有之认识[J].人与地,1941(3):53—55.

机关各司其职，分工合作。

土地银行的专门设置是土地金融业务发展的基本前提。当时社会上有一种说法，就是土地银行作为农业金融机关的一种，可以由现有农业金融机关对土地金融业务进行兼营，并认为这是一种快捷省事的办法。但地政学派始终坚持应设置专营的土地金融机关，因为其他银行兼营势必会出现种种弊端，不能真正落实土地金融业务。民国时期的农业金融机关除各省县的农民银行、农工银行、信用合作社、合作金库、农民借贷所以及全国性的中国农民银行及农本局外，还有各省地方银行、邮政储金汇业局、中国银行、交通银行以及上海银行等金融行局均兼营农贷业务。抗战时期，由中央银行、中国银行、交通银行和中国农民银行四行奉命组织联合总处，负责执行政府战时金融政策。鉴于农贷业务的重要性，之后于四联总处之下专设农业金融处，并制定《农贷办法纲要》，用于增加资金、扩大业务，使各行局在农业金融处指导下分工合作，共同致力于农贷业务的发展。但罗醒魂指出，无论是农贷业务的各类金融经营机关还是之后作为战时一种紧急措施设置的农业金融处，对于农业金融的认知和理解并不全面，都只是侧重于农产的储押放款，而并非是真正的不动产抵押长期放款，土地金融业务并没有实质发展。因此，罗醒魂提出了三个方面的建议："（一）扩充四联总处农业金融处职权，使之统筹全国农贷行政；（二）依农业金融性质，使现有农贷机关专业化；（三）另设土地金融机关，专负长期信用之责，以为促进土地改革，实施平均地权。"[1]这里的"另设土地金融机关"自然指的就是土地银行。

地政学派围绕土地银行的运行机制设计了一套周密的施行方案，包括设置原则、组织方式和业务范围等内容。黄通将土地银行的设置原则定为集中一行制，组织方式定为官民合营制。集中一行制的设置原则，就是指在中央政府所在地设置总机构，在重要省市级及其他必要区域酌设分支机构。因为近代以来，我国经济落后，农村资金匮乏，农民自发组织土地金融机构的能力相对薄弱，而且土地金融机关除促进农业资金融通的作用外，还肩负着促进土地改革的政治使命，不适合让私人筹资经营。但如果各省市政府分别设立并独立经营土地金融机构，则又会因为资金有限、信用不足等原因，土地债券难以发行，业务不易推进。因此土地银行的设置应该采取集中一行制，由国库支拨资金进行筹划，并赋予发行土地债券的特权，使各方资金能够完全调动起来，以求平均地

---

[1] 罗醒魂.对土地银行应有之认识[J].人与地,1941(3):53—55.

权土地纲领的迅速实现。而官民合营制的组织方式,是相较于合作、私营和公营三种模式之外,更适合我国实际国情的一种方式。在官民合营制之下,土地金融机关的资本可由官民分担,"先由国库拨足十分之六,其余十分之四由农民组织土地合作社而向土地银行申请借款者认购之。官股占十分之六,民股占十分之四,官股不因民股之加入而退出。如民股一旦超过比额,即超过十分之四时,可扩充资本总额,而增高官股之比额"[1]。如此,官民合营既可以解决设立资金的筹集问题,又可以兼具公营式与合作式的优点,是最符合民国时期社会政治经济发展实际情形的一种土地金融机关设立方式。

在明确了设置原则和组织方式的基础之上,还需要对土地银行的主要经营业务进行规定。我国土地金融机关意义非凡,因其肩负着独特的政治使命,即促进土地改革、实现平均地权并改善土地利用。黄通按照这样的要求,将其主要业务划分为四个方面:一是实行"照价收买"政策。照价征税与照价收买是相辅相成的,都是实现平均地权的根本办法,凡是地政机关认为报价不实的土地,应随时由土地金融机关以所发土地债券对其进行收买,以抑制逃税现象。二是实行"耕者有其田"政策。凡是佃农或者雇农欲购置土地而资力不足的,可以向土地金融机关请求放款,买主与卖主双方签订买卖契约,由买主以现金先行支付一部分地价,其余资金则由土地金融机关以土地债券形式交付地主,作为买主对土地金融机关的借款。买主购入土地之后,即将该土地提供给土地金融机关作为贷款担保,并于一定年限内,以地租方式向土地银行摊还贷款本息。地政机关也可以在必要时,通过土地金融机关的协助,依法征收土地,直接分发给农民,或加以重划改良之后分发给农民进行耕作,以求平均地权可以从速实现。三是实行"地尽其力"政策。土地金融机关在实践耕者有其田的使命外,应同时办理垦荒、土地重划、土地改良等业务,改善土地利用,以求地尽其力的实现。农民在进行相关生产活动时,可组织成合作社或其他形式,向土地金融机关申请借款,然后以所获收益分年摊还。至于政府直接办理上述事项时,也可以向土地金融机关借取必要资金。四是实行"房屋救济"政策,土地金融机关的放款业务,有农地放款与市地放款之分。但我国土地金融机关应以实现耕者有其田为首要使命,也就是以专营农地放款业务为主。但在地方政府推行市地政策,调整市地建筑,实施房屋救济而需要资金时,也可以由土地金融机关酌情办理

---

[1] 黄通.土地金融问题[M].重庆:商务印书馆,1942:41.

放款业务。

肩负着促进土地改革使命的土地银行一旦落实,会对银行体系和金融政策产生重要影响,黄公安对此进行了分析。一方面,对于现有银行体系来说,土地银行的创设将成为有益补充。1935年11月,国民政府实行法币政策,"法币乃根据现金价值而发行,在本质上亦不免常受金银价格之升降而生变动……至有价证券,亦随市面供求关系而变动不定。凡此诸端,常足以动摇现金准备、银行之信用,并影响通货对内对外之价值,此亦即现代现金准备、银行体制之弱点"[1]。土地银行是以土地作为保证来发行土地债券,能克服上述弱点,且土地经改良后随社会进步必能产生增价。现有的商业银行可以借鉴土地银行的独特优势,对其现金准备方法进行调整,加入一部分土地资本作为发行保证。另一方面,对于国家金融政策来说,土地银行的创设充实了财政金融。面对国家支出日趋增加而税收日减的现况,国家不得不寻求增税、发行公债或者举借外债等途径来筹集建设发展基金。然而因发行纸币数额少,人民购买力弱,国家经济基础不健全,所以很难增加税收。同时人民收入所得无多,公债亦难发行。举借外债意味着可能被债权国控制而失去独立自由发展的权利。这些问题都是当下财政金融所面临的困局,但在土地银行建立之后,"即可无费任何牺牲,无须增加人民任何负担,无须乞借外债,无须变动任何经济基础,只要运用国家组织力,将我国恒有而且充分存在之土地价值,通过信用机关的利用,在和平之经济秩序产生无量数之国家资本,以充实国家富力"[2]。也就是说,土地银行的设立能有效缓解金融政策的困境,使我国经济实现真正的现代化,脱离落后的自然经济阶段。

二、发行土地债券作为资金来源

建立土地金融制度的核心工作是创设专门的土地金融机构,而土地银行作为专门经营土地购置与土地改良放款的机构,必然需要巨额资金维持运转,如何筹集充足资金便成为一个十分关键的问题。地政学派提倡将发行土地债券作为最适应的解决办法,"土地债券者,凭借土地之强固信用所发行之有价证券也。易言之,债券之发行,系以担保放款的土地为其担保"[3]。土地可以分为

---

[1] 黄公安. 创建战时土地银行制度刍议(附图)[J]. 财政评论,1941(3):49−58.
[2] 黄公安. 创建战时土地银行制度刍议(附图)[J]. 财政评论,1941(3):49−58.
[3] 杨予英. 论土地债券[J]. 人与地,1941(1):283−286.

市地和农地,两者性质不同,其所需资金性质也不相同,但基本还是以长期低利为原则,所以相较于工商业更难获得融资。对于土地金融机关而言,不得不在普通存款以外,另行开辟新的募资渠道,即向政府借入长期低利资金或者发行债券。但是政府资金是由国库支拨的,数量极为有限,无法满足长期土地信用的需求,所以地政学派主张土地金融机关的主要资金应借助于土地债券发行而取得。发行土地债券尽管是借款的一种方式,但却有其独特优势。罗醒魂认为,"发行债券所得之资金,其偿还期限,全由发行机关自由决定,无须顾虑投资家之中途提取;且投入土地债券之资金,都带有储蓄性质,往往以安全确实为第一要义,此实获得长期低利资金之最有效方法"[1]。采取这种办法同时也是因为当时"证券市场尚未树立,易取现金不易。故只得力求采用以债券经由借款人交付地主补偿地价之法"[2]。

　　罗醒魂在考察各国债券制度的基础上,对土地债券的构成要件、组成种类以及发行程序等具体内容一一进行了阐述。

　　首先是土地债券的要件,需要具备债券名称、发行总额、票面金额、利率、编列号数、发行日期、付息日期、满期日、偿还债券的货币、票息、发行前登报公告,并且应印制募债说明书,并于广告及募债说明书中揭载发行机关的最后资产负债表等。

　　其次是土地债券的种类,可依据担保方法、债券形式及有无附奖的具体规定来划分。以担保方式进行分类,可分为普通债券、公共债券与轻便铁道债券三种。普通债券以不动产抵押权为担保,有个别担保与综合担保之别,故又可分为抵押证券与抵押债券两种。前者是以各个特定的抵押权为担保,持券人对土地所有者在法律上有直接的关系,借款人不能偿还其债务时,即可直接向载于证券上的债务人请求债务偿还;后者则是以综合的抵押权为担保,原则上为无记名证券,以交付债券形式进行买卖转移,持券人对土地所有者并无任何直接的法律关系,只对发行机关所取得的抵押权有间接的物权。因此,抵押证券是物权的有价证券,而抵押债券为债权的有价证券,后者也是各国土地金融机关较多采用的一种债券形式。公共债券是以公共团体的信用作为发行债券的担保,最早实行于德、法等大陆系不动产银行。轻便铁道债券是以轻便铁道的

――――――――――
〔1〕罗醒魂. 专题讨论:土地债券之性质功效及其发行方法[J]. 服务(重庆),1943(11—12):25—36.

〔2〕罗醒魂. 我国土地债券业务实况[J]. 本行通讯,1945(109):11—13.

抵押权作为发行债券的担保,这类债券在德国和日本的不动产银行中都有规定,但未真正实践。以债券形式进行分类,土地债券有记名债券和无记名债券两种,后者形似通货,买卖转移较为便利。以券面金额进行分类,土地债券则可以分为大券与小券两种,大券便于吸收资产阶级剩余资金,但这部分富裕阶级的数量和规模较为有限,各国土地金融机关多发行小券以吸收平民阶级的零星资金,并借此养成社会节俭储蓄的风尚。以附奖与否,土地债券又可分为无奖债券与有奖债券两种。

再其次是土地债券的发行程序,依次为:"(一)决定发行总额;(二)预测推销范围;(三)呈请主管官署核准;(四)作成券面文句图案并交付印刷;(五)加盖发行机关钤记及主管人印章;(六)加贴印花,但为节省时间及费用期间,可向税务局缴款,由印刷局加盖完税之印戳;(七)售出或发交各应募人并收入现金;(八)登记;(九)将发行经过呈报主管官署。"[1]关于土地债券的发行权,可由具有发行权的金融机关作为普通业务自由决定,无须按照公司法的规定经过股东会议进行特别决议。因为不仅持券人的权利有充分担保,而且法律对发行数额与本息偿付亦有明确规定,并配以主管官署核准程序,信用较为牢固,因而可以不受公司法的约束,以免程序周折,贻误时机。关于土地债券的发行总额,亦可不受如同公司债的限制,土地金融机关应保证不断供给以满足需求,并可利用时机自由发行债券,以此吸收低利资金。此外,在土地债券的推销方式、偿还时效以及担保品管理方面,罗醒魂也都进行了详细介绍。

发行土地债券的作用可以从其本身的金融功效和对国家社会产生的影响两个方面进行分析。一方面,土地债券本身具有金融功能。土地债券作为土地金融机关筹集长期低利资金的特有产物,其功能已如前述。在当时,土地因其可以自由买卖或者抵押,自然就成了社会的主要财产。然而,"无论社会个人、银行、公司或合作机关之以自己资金买进土地,或对于土地为抵押放款之后,即因买进土地私有权,或因取得土地抵押权而固定化,倘不思所以,化固定资本而为流动之资金,则公私经济,终收交受其害"[2]。罗醒魂据此探究了1936年上海金融恐慌的根源,时人多认为症结在于银价高涨,资金外流。而罗醒魂则认为真正的原因在于金融业大宗资金冻结在不动产中而无法流动。欲使固化了

---

[1] 罗醒魂. 土地债券之性质与发行[J]. 中农月刊,1941(9—10):31—37.
[2] 罗醒魂. 专题讨论:土地债券之性质功效及其发行方法[J]. 服务(重庆),1943(11—12):25—36.

的资金重返流通领域,以满足土地所有者经营各种产业或改良土地的需求,这就必须专设特种土地金融机关,使土地所有者可以将土地作为抵押,获取特种土地金融机关的抵押放款。拥有土地抵押权的特种土地金融机关又能够再次将所抵押的土地资金化,即通过发行一种表示土地抵押债券价值的有价证券,以获取社会各界投资者的资金。如此冻结在土地所有权或土地抵押债券上的资金将被充分激活。总之,从金融功能来讲,"土地债券之为物,实乃调解土地所有者与抵押债权者供需关系之主要工具,亦乃土地金融机关所恃以为搜集长期低利资金,并借以维持与其继续存在之必要条件也"[1]。

另一方面,土地债券在国家社会方面所能产生的效果主要包括安定社会、充实财政金融、促进土地改革。土地债券安定社会的作用主要是指土地债券在调整人与地的权利关系、增加收益方面发挥的效用。个人拥有地产越多,其财富越多,因而个人所需生产或消费的资金就越多,如果没有土地信用组织发行土地债券,给予土地所有者融通资金的协助,那么个人就可能会被迫处分其土地,逐渐丧失其对于土地的开发与保护,甚至激发个人思想中的反动因素,完全抛弃土地私有欲,动摇社会安定的基础。土地债券充实财政金融的作用主要是指利用土地信用工具创造土地资本。中国地大物博,土地充分存在,"倘能利用之使其经过有机体之信用组织,而以土地债券表示土地价值,使之辗转流通,即可无费任何牺牲,无须增加人民任何负担或乞借外债,更无须变更任何经济基础,而在和平经济秩序下,产生无穷巨大之资本量"[2]。此种土地资本,不仅足以在短期内对财政金融进行补足,而且可以为国家将来的一切发展建设所需提供充分的资金支持。但对于发行土地债券是否会引发通货膨胀问题,则需要慎重考察。当时有说法认为土地债券虽以吸收游资为对象,然而因民间资力有限,无法消纳而需政府认购,则可能会产生通胀。罗醒魂则认为这点并不需要担心,因为土地债券在发行时,必须以业务实际需要与社会游资多寡作为标准,其发行数额也需以确实的土地作为担保,加上我国土地购买年限短,必能于短期内按期收回,因此并无助长通货膨胀之虞。相反,发行土地债券,能够刺激生产,增加财富,"盖农有土地,则耕作尽力,即持券人必须时,亦可收债券化为现

---

[1] 罗醒魂.专题讨论:土地债券之性质功效及其发行方法[J].服务(重庆),1943(11—12):25—36.

[2] 罗醒魂.专题讨论:土地债券之性质功效及其发行方法[J].服务(重庆),1943(11—12):25—36.

金,投资其他生产事业。生产增加,因社会交易频繁,通货必愈增其需要,倘对于通货发行数量能加以适度之限制,必可使物资流通量与通货数量维持平衡,是又无须顾虑因债券之发行起通货恶性之膨胀"[1]。土地债券促进土地改革的作用主要是指土地债券为"买去地主"发挥土地改革方面的作用。买去地主方法是由国家或其他公共团体,依自由契约或强制征收方法取得土地并转售给农民,直接创设自耕农,或者由国家或其他公共团体贷与低利摊还的购地资金,使农民直接向地主购地,间接创设自耕农。而无论哪种方式,都需要巨额资金,因此,应发行土地债券,使全国广阔的土地转变为流通资金,有效辅助自耕农的创设以及促进土地的利用。

三、完善农业保险作为风险补偿

农业保险作为农村风险保障体系以及农村金融体系的重要组成部分,在保障农民的土地生产经营活动以及改善农民的生活水平方面大有裨益。农业虽然是民生根本,然而其生产过程中往往会受到天时人事的影响,"灾荒频仍,五谷不登,如有歉收之事实,民生根本即有动摇之现象。故农民对于农业上发生之危险,应有设法防备与救济之必要"[2]。农业上的主要危险一般是由气候、动植物病虫害以及价格波动等原因造成的,为防止各类意外,欧美各国均有办理农业保险的相关倡议。而后,随着国外的农业保险思想逐渐传入中国,地政学派对于农业保险事业在中国的推广和普及也进行了积极研究。

农业保险属于保险的范畴,但又有其独有的特点。所谓保险,实际上是一种契约,一旦建立接受他人的保费,保险方就需要在受保者遇到危险而致标的物产生损失时承担赔偿责任。而对于农业保险的定义,黄公安称其"为农民因恐经济生活前途及其农业上的财务有偶然的危险之发生,而早为有计划的补偿的方法。其补救方法:或由保险企业者根据契约的条件,负责赔偿由危险所惹起的损失;或由于虑有同样危险发生的农民,基于忧乐与共的连锁主义或合作的互助原则,联合分担其间所生的损失。然亦有全以政府或地方团体的强制法令,使在某一定地方上有同样危险发生的关系人,共同分担期间所生之损失。换言之,农业保险,就原则及其本质来说,即为农民未雨绸缪,预防补偿灾患的

---

[1] 罗醒魂. 专题讨论:土地债券之性质功效及其发行方法[J]. 服务(重庆),1943(11—12):25—36.

[2] 唐启宇. 农政学[M]. 南京:中国农政学社,1931:232.

有效方法"[1]。

而农业保险本身又有不同类别和组织形式。关于农业保险的分类,在当时的学界提法颇多,一部分人主张将保险分为关于农业业务危险的保险以及关于农民直接生活上的危险的保险。另一部分人则主张人的保险部分并不应属于农业保险范围内,所谓农业保险应是专门指导与农业业务有关系的物的保险,尤其注重作物种植业和家畜饲养业的保险。唐启宇认为,农业保险应指物的保险,"农业上的危险多端,其特具人为之危险,兼有天然之灾害也。关于从事农业者本身之保险,如人寿保险、养老保险、疾病保险等与从事他业者无异殊。即关于物品损害之保险,如水灾保险、火灾保险等,与在其他业者亦无区别。至于以货币估值之物,属于农业保险者,皆得为保险之标的物,计可分为以下各项:(一)农作物保险。(二)家畜保险。(三)家禽保险。(四)果树保险。(五)蚕桑保险。(六)渔业保险"[2]。而黄公安则认为,对人的保险对于农民经济生活的安定与否有着十分重要的关系和影响,而且从影响农业经营的角度出发,"于农民之有无健全的人寿保险与疾病保险的组织,尝亦直接或间接影响经营的盛衰,尤其于融通金融上的人事信用,极有关系"[3]。基于以上观点,黄公安主张农业保险应该纳入对人的保险,将人与物两者合并起来进行保险研究,这也与当时日本、德国农业保险业务相一致,具体的业务分类如图4—1所示。

农业保险事业的发展离不开完备的组织筹划。农业保险事业的推行在内部有组织经营、业务开展、资金来源、宣传普及的制约,在外部又面对重大自然灾害赔付、农业统计、农民无力支付保费等问题的挑战,同时还要接受社会慈善事业的空间挤压,这些障碍就要求农业保险体系应以系统严密的筹划组织为基础,以提升其应对上述困难的专业能力。唐启宇将农业保险组织划分为三种形式,分别是股份公司、互保合作社、国立保险合作社,三种形式的保险组织的经营各有特点。农业保险股份公司"范围甚大,所负之危险甚重,故其组织与经营之方法,颇为复杂而严密"[4]。股份公司规定由股东负责出资、偿付损失并收取利益,受保者无需在保险费外再负其他责任。但是股份公司的经营者主要是代理人,因此,随之而来的高额代理费将致使保险费增加,甚至超过农民的负

---

[1] 黄公安. 农业保险的理论及其组织[M]. 北京:商务印书馆,1937:3.
[2] 唐启宇. 农政学[M]. 南京:中国农政社,1931:233—245.
[3] 黄公安. 农业保险的理论及其组织[M]. 北京:商务印书馆,1937:6.
[4] 唐启宇. 农政学[M]. 南京:中国农政社,1931:236.

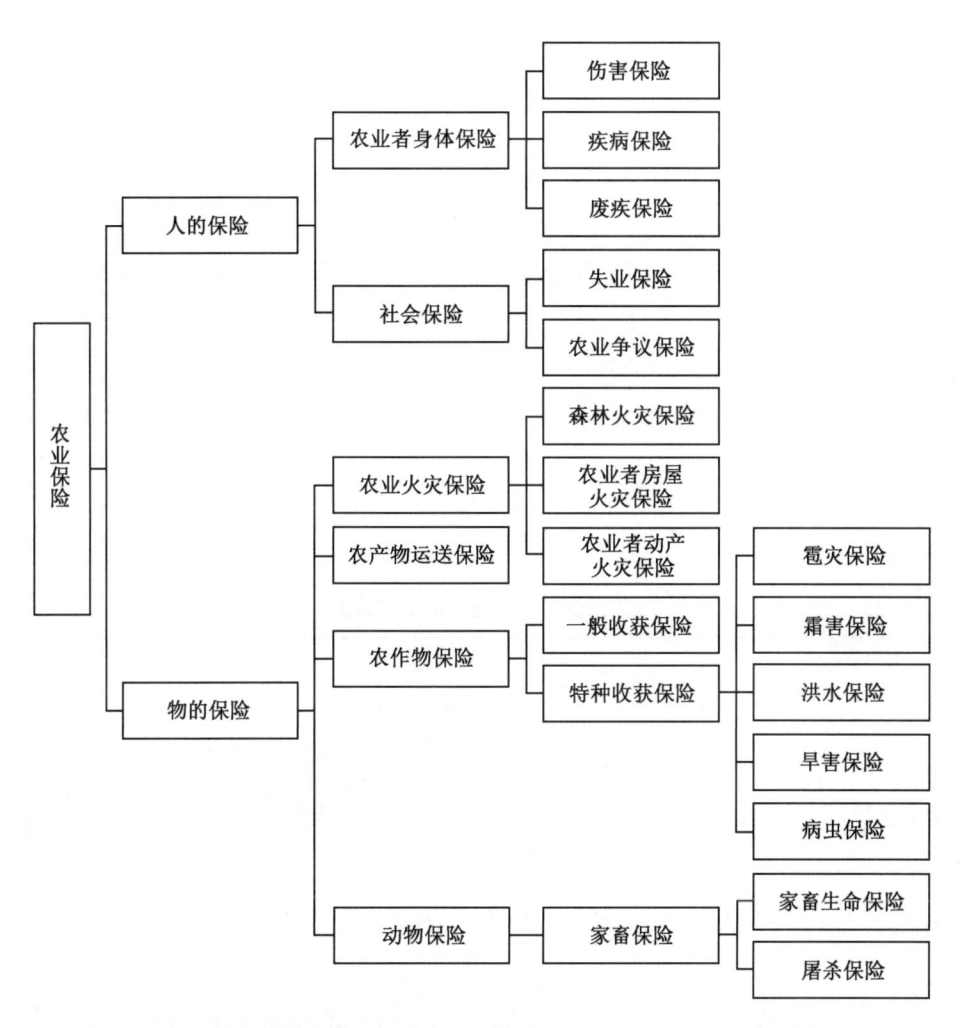

第四章 土地金融:地政学派的政策支柱

```
农业保险
├── 人的保险
│   ├── 农业者身体保险
│   │   ├── 伤害保险
│   │   ├── 疾病保险
│   │   └── 废疾保险
│   └── 社会保险
│       ├── 失业保险
│       └── 农业争议保险
└── 物的保险
    ├── 农业火灾保险
    │   ├── 森林火灾保险
    │   ├── 农业者房屋火灾保险
    │   └── 农业者动产火灾保险
    ├── 农产物运送保险
    ├── 农作物保险
    │   ├── 一般收获保险
    │   └── 特种收获保险 ── 雹灾保险、霜害保险、洪水保险、旱害保险、病虫保险
    └── 动物保险
        └── 家畜保险
            ├── 家畜生命保险
            └── 屠杀保险
```

资料来源:黄公安.农业保险的理论及其组织[M].上海:商务印书馆,1937:7.

图 4—1　农业保险分类

担能力。农民往往会对股份公司形成过度追求利益、忽视公众真正需求的负面印象。农业保险互保合作社,可以分为地方互保合作社和普通互保合作社。地方互保合作社,多以村为单位,由该区域内的农民组织并受法律限制。合作社的性质决定了承担赔偿责任的对象与接受赔偿的对象均为受保人,受保人对于公司债务依据公司章程约定负有限或无限的责任,或者按照其所保财产的价值比例而决定责任限额。互保合作社形式有其优势,"地方互保合作社之范围甚小,受保者系亲邻知交,故可以减少欺骗之行为,有周密之防范,加以公司人员都尽义务,又不必负经理机关之费用,故不必需雄厚之资本"[1]。但其缺点是同一合作社在同一区域内可能会在同一时间遭受同一种类的自然灾害,由此便在短时间内造成巨大冲击。普通互保合作社的经营范围相较于地方互保合作社而言,突破了地域限制,规模较大。然而其人员组织散于各处,管理统筹难度相应增加。国立保险合作社是由国家直接支配管理的组织形式。具体的行政设计是"(一)由农矿部会商工商财政两部组织农业保险委员会,执行全国水旱雹虫害等保险事务。(二)由保险委员会筹设中央保险机关。(三)中央保险机关由农矿部主办,饬令各省设立分局,各县设立支局"[2]。

以上三种农业保险的经营组织形式主要可以归纳为公营、私营以及合作三种,而且不同的形式有其相应的利弊。黄公安对这些利弊进行了梳理,以便为选出符合当时中国实际情况的农业保险组织形式提供充足的参考,具体内容整理如表4—2所示。

表 4—2　　　　　　　　　农业保险三种组织形式优缺点

组织形式	优 点	缺 点
公营或国营农业保险	1. 可使农业保险达到普遍的发展; 2. 可避免私营的利润主义; 3. 可使农业保险易于推行,不致有投保不周之弊; 4. 可得统一及缜密的组织; 5. 信用牢固,易于取得人民信任; 6. 可减省公家对农民赈灾的负担; 7. 由保险所得的盈余,仍归入国库为大众使用; 8. 宜于农民组织力薄弱及经济贫弱的国家; 9. 易于划一全国的保险费及统计危险的发生。	1. 易陷于官僚化。如公务人员公德心薄弱或贪污之风盛行,则公司极易舞弊; 2. 政治未上轨道,社会大局不安定的国家,更不便推行; 3. 保险事业的本身易受政治动摇的影响; 4. 易使国家与私营农业保险团体发生利益冲突; 5. 妨碍自由经济的发展。

---

[1] 唐启宇. 农政学[M]. 南京:中国农政学社,1931:236.
[2] 唐启宇. 农政学[M]. 南京:中国农政学社,1931:242.

续表

组织形式	优 点	缺 点
私营农业保险	1. 可减少政府对农民经济的负担； 2. 可避免政治动摇的影响； 3. 不妨碍私人资本的自由发展； 4. 可避免公营制度官僚化的舞弊。	1. 目的之求利润，而非为农民之利益设想； 2. 资本贫弱的农村不易举办； 3. 私营制度不易使全体农民投买保险，故其利益不能普及； 4. 私营制度有欺骗或赔补不公平的危险； 5. 私营制度，其保险费的定额往往定之过高，农民不易负担； 6. 不能避免保险的自由竞争，致有摧残弱者的危险。
合作农业保险	1. 使农民养成自救、自助、自立、与自卫的能力，可减少政府的顾虑； 2. 不论农民贫富的国家与社会，皆可举办； 3. 极适合于当代理想经济制度的要求； 4. 最符合保险固有的使命，"人人为我，我为人人"与"平均分担危害损失主义"的原则； 5. 可避免政治不安的影响； 6. 可避免利润主义的榨取； 7. 可养成农民的团结及合作互助的精神。	1. 不易施行于农民知识浅薄的社会； 2. 无强制农民投保的硬性要求，恐农业保险不易普及发展； 3. 如农民经济极落后的社会，恐亦不易举办； 4. 须有充分才能的合作人才，方易收合作之效； 5. 欲期保险达到普遍的发展，除非经过很长时间，否则不能达到目的。所以此法缺乏积极的保险运动性。

资料来源：黄公安. 农业保险的理论及其组织[M]. 上海：商务印书馆，1937：32—36.

根据表4—2所列各种农业保险组织形式的优缺点，可以判定没有绝对的好的制度或者绝对的坏的制度，应该采用哪种制度应视社会的需求而决定。民国时期，如采用私营制度来运营农业保险事业，在这种并非专为农民牟利的运行机制下，农民经济难免遭受剥削，容易产生资本主义的矛盾与弊病。如采用合作制度，虽可免除私营制度的弊端，而且符合农业保险的原则，被认为是最为合理圆满的组织经营形式。然而从我国农村的实际情况来看，整体农村社会经济已经位于根本破产的边缘，农民生活异常艰辛，并不具有经济自助与自救的可能性。让农民以合作的方式组织保险合作社，用自己的钱救济社员，事实上十分困难。而且这种制度是自由组织的，并不具有强制性，难以有效地在短时间内开展普遍救济。因此，合作制农业保险的施行，"尝亦是否合于非常时代大规模和普遍的急迫救济政策，又不无疑问。何况合作制度之施行，还要大量的专门人才之助理,这个问题,尤不容易解决"[1]。基于以上原因,黄公安主张当时真正适合救济中国的农业保险的组织,应以国营的强制性制度较为合适。"在国家的经营之下,视农业的负担能力之大小,政府可得随时予以国家财政的补助,可不致农民有负担之苦。如是农民虽处穷困环境,保险事业不至于终止进行。所以就现世农业环境的需要和国家社会政策的要求而言,当谋国营制度的贯彻之实现,或实行一种农业保险的国家专利制度为比较适宜。"[2]

农业保险施行之后将会产生明显的积极效应,但其弊端也需要严加注意。农业保险对于农民生活而言,能够提升农民的经济生活水平;对农业生产而言,能够增加农业收益;对农村社会而言,能帮助农民树立互助合作、团结集体的观念;对国家立场而言,可以减轻政府对农民的顾虑以及财政负担,巩固农村治安并减少农民动乱危险;对国民经济而言,可以显著增加农业生产,同时保险作为一种储蓄行为可以引导农民形成储蓄习惯,还能够通过灾难机制下的保障作用引导各类农业经济组织实现健全稳定的发展。农业保险因此有诸多方面的功能,自然是一种辅助农民生活的重要事业,但保险可能带来的负面效应同样不容小觑。负面效应的产生,一方面是由保险制度本身的缺陷导致的,另一方面则是由被保险人导致的。首先是保险制度本身的缺陷,主要包括"诱致、假设保险公司,图吞他人财产""赔偿损失的标准易于引起赔偿损失之纠纷"[3]等情况的发生。其次是被保险人的作弊,是指故意夸大损失进行欺诈甚至将保险作为发财的途径,同时还有部分被保险人恃保险的办理反而养成懒惰的习性。这些保险事业的负面效应虽然并不会使保险事业直接废弃,但是不加限制也将影响农业保险行业的长远发展。以此起见,应该重点研究保险监督机制的改良,并尽力提倡合作保险的办理,使投保人相互监督,以期消除种种欺诈行为。同时还应通过政府普及农民教育,增进农民的文化程度,使其能够充分体会农业保险对个人以及社会的重要影响,促使保险的各个参与方都能够共同致力于保险事业的发展。

四、发展合作信用作为有益补充

合作信用是一种创新型的金融模式,现代合作运动最早兴起于19世纪的

---

[1] 黄公安. 农业保险的理论及其组织[M]. 北京:商务印书馆,1937:54.
[2] 黄公安. 农业保险的理论及其组织[M]. 北京:商务印书馆,1937:54.
[3] 黄公安. 农业保险的理论及其组织[M]. 北京:商务印书馆,1937:14.

欧洲,借由包括地政学派在内的中国近代知识分子关于救国道路的积极探索而传入中国,合作主义也被视为一付改造中国社会的良药,能够对土地改革事业的推行提供有益的金融补充。20世纪20年代,随着西方信用合作制度的传入,中国开始试办农业合作金融。1924年,由华洋义赈会针对当时中国农村金融资源枯竭、农民借贷无门的情况,在河北部分地区组建起了一批信用合作社,之后又发展了生产、消费等多种合作形式。华洋义赈会在河北农村开创的合作事业,也成为在全国更大范围内推广农业合作金融的开端与模板。1930年之后,在政府的倡导推动之下,农业合作金融已经演变成为全国性的合作金融事业。地政学派也围绕农村合作信用事业与土地问题之间的关系进行了系列研究,并对农村合作事业的具体机制进行了剖析。

地政学派认为合作信用事业与平均地权的精神是不谋而合的,这是由合作信用的特性和发展所决定的。唐启宇首先追溯了合作运动的源起,认为自第一次工业革命以来,全世界在物质生产和精神文化方面都发生了巨大的变化。大机器的应用使得大部分劳动者因此失业,企业家建立起大规模工厂,手工业、家庭工业等被取代,资本越来越集中,造成富者越富、贫者越贫现象。唐启宇称这种"专以营利为目的之现代经济社会,从表面观之,生产力之增加,实为空前之发展,然而酿成严重之社会问题,形成劳资两个对峙的阶级,则亦基于斯也"[1]。而这一时期,其他的社会形态也处于不断探索和实践中,但效果不一。"较近各种社会主义,均经一度之试验,未有相当之结果。吾人观察社会现状,适应人类需求,用极和平、极稳健之手段,以冀消弭斗争于无形,而谋社会之进化;盖非推行合作,其道末由。"[2]通过对各种社会形态的比较,唐启宇认为当下中国经济社会急需合作。在合作制度中,共同工作有利于谋求彼此利益的发展。与唐启宇的看法相似,黄通在考察各国合作运动后,也认为合作运动是社会中的弱势群体根据自身实际需要,相互联合以求合理的生产分配与平等的经济权力的一种模式,其特点就是"基于人类互助精神,以本身力量,自谋解决,既非斗争,亦非依赖,实为一种和平的社会改革运动"[3]。合作运动的特点决定了其可以使用于任何经济制度,而且在合作组织中,个人仍然可以积极发挥其能动性,促进社会进步。基于上述分析,地政学派认为合作信用事业与平均地

---

[1] 唐启宇.合作概论[M].上海:民智书局,1930:1.
[2] 唐启宇.合作概论[M].上海:民智书局,1930:1.
[3] 黄通.合作与战俊土地问题[J].合作事业,1943(2):13—17.

权精神是统一的,都是一种和平的社会改革运动,因而被地政学派认为是复兴农村、推行土地改革的重要手段。

农村合作信用与土地改革之间还存在着互为因果、相互促进的关系。农村合作信用将在避靡糜费、利益均沾、待遇公平、免除欺瞒、平衡产消、节省时力、树立自助互助以及亲仁善邻风气等方面产生积极效用,促进农村社会经济环境的改善。同时,农业合作信用作为土地金融体系的重要组成部分,还将为土地的生产经营、佃农取得土地等方面提供有益的金融援助。高信对于农村合作信用的设置及其作用表示肯定,但他也提出,"农村合作,我们不能否认他对于目前中国的重要性,但是我们不能说他是解决中国社会问题或复兴中国农村的唯一途径;而且他自己的本身,是不能决定他之成功与失败,他之成功或失败,一视乎土地问题能否解决来决定的。我们如舍土地问题而谈农村合作,这实等于舍中心问题,而谈枝叶,未有能成功的"[1]。土地问题之所以是中心问题,在于受土地问题所困,农民衣食无着,人格虽好,信用也早已破产,连基本的合作社社员的入社费或认股金都无力承担,合作事业也就无从开启。只有以政治的力量推行平均地权,使得每个农民都分得土地,以土地作为信用的基础联合起来,才能够组成一个以土地信用为牢固基础的信用合作社,继而吸收流资,创造新资本,激活农村金融。或者退而求其次,对租佃制度进行改良,确立长期稳定的租佃关系,保障佃农的基本生活,也可以使他们逐渐积累信用加入合作运动中去。如果忽视土地问题的解决,单方面将合作信用制度作为解决土地问题的手段,则是本末倒置,难以取得实际效果。也就是说,在研究农村合作信用问题时,必须明确其与土地改革之间的关系。农业合作信用的完善发展能够为土地改革提供金融支持,而土地改革的有效推行又是农村信用合作开办的前提和基础。

明确土地信用与土地问题之间的关系后,就需要对信用合作社的开办进行完整严密的系统筹划。合作社运营资金的筹集是首先需要解决的问题,资金不足,那么后续工作也就无法顺利开展。资金的筹集主要包括三个途径:社员的入社费或认股金、向外借来的款项以及政府的津贴或社会捐助。根据社会实际经济条件,第三种接受津贴或捐助的方式并不现实,还容易使社员产生依赖心理。相比之下,前两种方法更具有可操作性,农民可以其所拥有的土地承担社

---

[1] 高信. 农村合作与土地问题[J]. 地政月刊,1934(2):215-224.

费和股金,有了一定的资本后,信用合作社对外的信用便自然而然地随之积累起来了,因为信用合作社的"对外借贷,全依社员全体之信用",也就是说,"以多数人集合之力量,组织信用合作社,彼此担保,信用自厚,贷款额可多,而向银行通融款项时,其利率必可低廉,其所贷于社员之现款内"[1]。如此,资金问题便能得到有效解决,接下来就可以对合作社的具体规章制度进行设计安排。第一步便是合作社员的筛选。信用合作社为社员组织,全体社员要负连带无限责任,如果社员行为不端,会直接影响整体利益,所以社员的生产能力和可靠性对于合作社的组建十分重要。第二步是合作社业务人员的筛选。业务人员对于合作社的各相关工作必须能够认真负责,应经过多数社员选举产生业务人员。第三步是确保所贷资金必须用于风险较小的用途。"合作社之款项,只能对社员行之。社员请求贷款时,合作社必须调查其是否用于正当生产之用途,然后视其是否需要如许之金额,以增减之。既贷款后,职员与社员将监督其使用。如查出其使用于不正当之用途,则将迫其还债以为偿。合作社对于各社员之信用,常举一信用委员会以评定之,做信用程度表以为贷款之标准。"[2]通过以上关于贷款业务的种种规定,能够有效保证贷款的安全性。第四步是在向社员办理贷款时的担保。信用合作社进行放贷业务时,需要对某一社员或者某一时间段,令其确定保证人或者准备价值相当的担保品,这点同样是为了保证放款业务的安全性。第五步是贷款时须防止转贷情况的发生。信用合作社利率较低,因此社员中有可能产生将低利贷款转贷给他人以从中渔利的情况,因此合作社的社员以及职员应充分发挥监督作用,杜绝这种现象的产生。第六步是合作社储金事务所应靠近居民居所并简化业务手续流程。储金所的设置应便于社员存支,可以不受时间早晚、距离远近以及数量多少的限制。

除信用合作社外,农村中重要的合作社形式还包括生产合作社以及利用合作社,土地问题的解决对于这两类合作社同样十分关键。所谓的农村生产合作社,是指合作社的社员将其劳作所得的农产物、饲养的家禽牲畜或者产出,征集起来进行加工制造,用于售卖。这种生产合作社存在的基础就是依靠社员缴纳原料,而缴纳的额度,则需视各个社员所占有的作为生产泉源的土地的面积大小与地力肥瘠来决定。如果社员多为佃耕或替人耕种,所得到的农产物,除去支付地租纳租的部分,所余甚至不足糊口,在这种情况下,他们很难会有农产物

---

[1] 唐启宇. 农政学(第3版)[M]. 南京:中国农政学社,1931:214.
[2] 唐启宇. 农政学(第3版)[M]. 南京:中国农政学社,1931:215.

或者其他原料可以供给农村生产合作社。可以看到,土地问题在农村生产合作社中也是其中心问题。欲在当时的中国组建农村生产合作社,首先要确保每个人都拥有属于自己的土地,或者对租佃制度进行改良,保证长期稳定的佃耕租约,地主不能随意退佃加租,使得佃农也有能力参与农村生产合作社并享受该机制带来的利益。所谓的农村利用合作社,是指对于全体社员认为需要的物品,合资购买以后,共同保管,共同使用,使之能够永久成为全体社员的共有物。利用合作社组织的建立,大多是因为很多大型农业器具的购置费较高,无法由一个农民单独购置,只能依靠利用合作社的扶助。农村利用合作社的资金来源不外乎社员入股金、按田亩分派、借入款项以及政府辅助四种途径。前已论及,在濒临破产的中国农村社会中,农民并无土地或只占有极少量土地,这四种方式的资金都不易筹措。纵使能够筹足资本,大多数农民在合作社的帮助下获得农业生产经营发展的机会,然而"地主们是很聪明的,他看见这种情形,一纸命令,说要'加租',不然,就要退佃"[1]。如此一来,利用合作社的佃租社员便无法享有合作互助的益处。最终在这样的土地制度下,导致的结果是"农民早知利用合作获得的结果与他本身无益,故对于利用合作,他们必漠然视之,合作的前途永远是黑暗的"[2]。其他诸如农民销售合作、购买合作、运输合作等形式的发展,同理也都需要首先解决土地问题,各人有了经济基础与生产工具后才能够真正有效地促进合作社的发展。

　　地政学派为积极倡导合作运动在全国范围内的展开,为国民政府提供了一套科学的规划方案。全国各地农村经济情形不同,有适合单纯组织信用合作社的,有适合单独组织生产或利用合作社的,也有适合兼营各类合作社的。到底合作形式应该怎样选择,合作运动应该怎样在全国铺开,需要制定科学的规划。虽然民国政府在合作法规制定、合作人才培养等部分环节做出了一定努力,但整体方案的缺乏仍旧阻碍了合作事业的推广。唐启宇为此提出了包括组织、训练以及实施方法等内容在内的方案:一是在组织方面,由国民政府设置合作运动设计委员会以及合作事业局,各省省政府或各特别市设置合作委员会以及合作事业分局,各县县政府设置合作运动委员会以及合作科,由各级委员会负责合作运动计划的设计,由各级合作事业局(科)负责合作事业的具体执行,以完善的组织体系来保证合作事业效用的发挥;二是在训练方面,作为推行合作运

---

[1] 高信.农村合作与土地问题[J].地政月刊,1934(2):215—224.
[2] 高信.农村合作与土地问题[J].地政月刊,1934(2):215—224.

动的必要之举,一方面应加大干部人才的培训力度,学识广博,钻研能力强,并能够教育下级工作人员才能称得上是满足合格干部人才的标准,另一方面应注重基层工作人员的培训,可以从中等农校、商校或者乡村师范学校受过专业农事教育或者熟稔农村情形的学生中选取培训对象,对这些预备工作人员进行合作社概论、各种合作经营、经济学、簿记学、统计学等专业知识的培训,同时辅以调查宣传等实际技能的教导,保证其能够胜任合作事业中的基层工作;三是在具体的实施方法方面,前期进行大规模且深入的合作运动宣传,在社会合作风气盛行之时,即成立各级合作事业机构,开展调查、组织、指导等各项具体工作。这三个方面便是唐启宇提出的合作运动全国化的具体方案,这个方案"欲使从事合作运动者,开合作事业之先声办理合作社者,奠合作事业之基础,然后发扬光大,努力前进,使生产消费得以均衡,社会改造予以实现,诚欲以牺牲奋斗大无畏之精神完成此好大深远而艰巨之工作也"[1]。

第四节 地政学派土地金融思想之总结

地政学派在对土地金融基本认知的基础之上,进行了大量充足的讨论和思想准备,结合国情和西方先进经验,提出了一套完整的土地金融制度安排,包括土地金融制度的供给以及具体的制度结构设计,深刻影响了国民政府的农村经济政策。地政学派的土地金融思想缘起于农村金融市场资金短缺的内生需求,顺应了中国近代农村社会经济发展的实际,其思想起源具有诱致性制度变迁的特征。但在地政学派土地金融思想及主张的形成与逻辑演化中,由于强制性金融制度变迁因素的介入,影响了地政学派土地金融思想的演化轨迹。

农村金融市场资金短缺的内生需求是诱致性土地金融制度变迁因素缘起的根源。鸦片战争后,中外贸易规模不断扩大,上海、天津等城市的工商业迅速发展,工商业投资的高回报率吸引着大量社会资本源源不断地涌入。至20世纪20、30年代,这些工商业聚集、游资聚集的沿海商埠已发展成为资金的主要集聚地。由于农业生产技术进步有限、生产周期长以及受自然因素影响较大等特征,农业资金周转缓慢、利润率较低,投资于农业生产经营和农村改造的机会成本不断增加,趋利资本随着城乡格局的转变大量流向城市,致使农村金融资

---

[1] 唐启宇. 农政学[M]. 南京:中国农政学社,1931:231.

源几近枯竭,农民陷入破产困境,城乡资金分配极为不均。在农民面对资金短缺危机,同时以典当行、合会等为主体的传统农村金融制度供给又严重不足的情况时,高利贷成了农民融资的重要方式。高利贷的放贷方一般是地主、富农以及商人,借贷利率高,条件设置苛刻。农民为了购入种子、肥料、生产工具以及购买土地、修缮房屋、维持生活,也只能饮鸩止渴,一旦借款及高额利息没有按期偿还,农民就有可能失去房屋田产。地政学派在民国农村金融制度面临着严重失衡的背景下,提出一系列土地金融制度改革方案,基本符合农民对不均衡的金融制度的自觉反应。农民认为这种金融制度变迁的预期收入将高于预期成本,会为他们取得土地、发展生产带来充足的资金支持,将解决农村经济发展的内生需求问题。

政府统制农村经济的政策需求又促使了强制性土地金融制度变迁因素的介入。在地政学派成员看来,农村金融市场存在严重的供给不足问题,农民需要足够的金融资源才可以融通生产、生活资金,因此土地金融制度的改善正逢其时。地政学派进一步指出,单纯依赖市场自身来克服土地金融制度的不均衡有很大局限性,必须由国家通过正式的制度安排对土地金融制度变迁进行主导,以此实现农村经济及社会现状的改善,同时兼顾农民资金需求问题的解决和国民政府统制农村经济的实现。由此可见,地政学派土地金融思想具有明显的政府主导色彩,重视金融工具的使用来对国家经济进行改造。近代中国在被动的金融开放中,承受着世界金融市场的动荡与国际金融资本的冲击。孙中山在吸取西方国家重视国家金融资本的经验后,提出在中国利用国家资本发展银行的主张,即通过政府优先扶持发展金融业,继而由金融业带动其他产业的发展。照此金融主张,农村经济的发展自然也需要由政府主导,以此发挥金融工具配置资金的作用。与此同时,在现代金融工具的帮助下,农民就有足够的资金购买土地以及改善生产经营条件,继而实现土地生产关系改善与生产力提升的双重目标,顺应了孙中山"平均地权"与"耕者有其田"的土地政策主张。

基于地政学派土地金融思想的制度变迁特征,在选择与借鉴西方金融理论与金融模式时,德国土地金融发展模式成为地政学派设计土地金融运作方案时的重要参照范本。德国历史学派的经济思想在德国从落后的农业国向发达国家成功跨越过程中发挥了重要作用,而主导德国土地金融工作的土地改革联盟会领导人达马熙克亦深受历史学派影响。他认为土地金融是实现土地改革的重要手段,应由国家设立专门的土地信用机关,贷与长期低利资金,分年摊还债务,以保障农民生活与稳定土地经营,并最终实现国家的富强。达马熙克主张的土地金融制度与孙中山的国家金融资本和土地改革思想不谋而合,其背后的历史学派色彩更是契合了南京国民政府统制国家经济、实现赶超发展的政治诉求,因此自然被地政学派作为发展土地金融的重要借鉴与思想来源。如此,地政学派主张土地金融制度变迁的强制性主导意味进一步增强,正式形成了以诱致性土地金融制度变迁为基础的强制性土地金融制度变迁。

地政学派土地金融思想的核心是主张政府应成为土地金融制度的供给者,承担土地金融制度的供给责任。所谓的政府供给责任,在宏观上是指通过强制性的行政、法律手段,替代一部分不成熟或运行失效的市场机制,在微观上是指直接或者间接参与金融企业的经营治理,整合金融市场,实现金融资源的合理配置与运用,推动土地金融制度的变迁。政府扮演的土地金融制度供给者的角色,可明显从地政学派主张由政府主导成立以土地作为发行准备的土地银行、办理公营制的农业保险以及创设土地合作事业局等方面反映出来。地政学派相信政府能够完全按照他们设定的职责范围从事土地金融业务,始终将缩短市场本身演化历程、纠正市场能力不足的缺陷作为基本任务,并在此基础上实现市场发展与政府调控的双重目标。"有限政府"的完美设想让地政学派忽视了"无限政府"存在着的道德风险,为下一步的土地金融实践埋下了隐患。

地政学派作为政府土地改革的智囊团,虽然对此项事业付出了极大的热情,但是在土地金融思想向土地金融实践转化的过程中却做出了无奈的妥协。1941年,为了解决粮食问题,扩大财政来源,但又限于各级政府消极配合以及人力、物力的制约,地政学派的金融主张只能在国统区的少数区域得到"妥协"的落实,国民政府令中国农民银行设立农业金融处兼办土地金融业务,发放扶植自耕农贷款、土地重划贷款、土地改良贷款等。中国农民银行办理土地金融业务以来,显著分流了农村地区的私人借贷,为农民生产及生活资金的融通发挥了作用。但是站在农民利益对立面的地主不愿意看到如此情形,便勾结政府官僚对土地金融业务的开展各种阻挠,这使得土地金融业务无法彻底实现对农村的资金扶持,甚至沦为政府掠夺农村财富的工具。此外,中国农民银行还于1942—1948年发行了三期土地债券,但通货膨胀导致币值不稳定,商业利润过高,市场利率远高于债券利率,导致土地债券的收益不足以吸引投资者,公开市场发行的实际操作难以如愿,甚至不得不通过非公开的随贷款搭售方式来处理土地债券,融资功能大打折扣。而信用合作社事业则被国民政府视为控制农村经济和社会资源以实现全面统制经济的工具,自20世纪30年代起,国民政府就开始以行政命令要求各级政府机关、社会团体进入农村,动员农民建立合作社,并颁布了一系列的法律规制。到抗战时期,国民政府直接要求每个乡镇必须建立合作社,每个农户也必须加入合作社,而且入社之后,除非是在合作社解散的情况下,否则没有退社的权利,同时贫苦农民对于合作社事物也不具有知情权和管理权。信用合作社逐渐变为地方豪绅用于剥削农民的新途径。此外,国民政府农业保险事业的开展主要是通过中国农民银行1944年3月在重庆创办的中国农业特种保险股份公司(之后更名为中国农业保险股份有限公司)进行,但因保险业务制定不尽合理,也使得农业保险事业难以持续开展。

在地政学派土地金融主张从思想向实践转化的过程中,这种"妥协"的政策产物的背后逻辑在于,国民政府建立起了一套有利于自身寻租的土地金融制度架构,取代了原本为了完善市场的诱致性变迁的土地金融制度架构。国民政府在按照自己意志调整和实施土地金融制度之后,尽管农村社会经济发展依然存在巨大的资金缺口,但这样的现象并没有得到政府的任何关注。因为与有限政府不同,无限政府在推行强制性土地金融制度变迁时,是不会接受市场上的反馈并进行修正的。统治者的政治效用最大化预期与市场的财富最大化预期的不一致,使得政府宁愿维持目前低效率的土地金融制度供给,最终导致土地金融制度安排的激励作用完全丧失。可以说,土地金融制度的实践逐渐偏离地政学派原本预想和设计的轨道,是国民政府权力无限扩张而又没有强有力机制对其进行约束的必然结果。

除此之外,缺乏完善的土地产权制度也是地政学派土地金融在实践中受挫的制度性原因。土地金融是以土地为担保品而进行的资金融通,属于不动产金融。地政学派将农地金融分为土地取得金融、土地改良金融及农业经营金融,这三类都是以土地作为农民在信贷活动中最为重要的抵押资产。而在民国时期,地籍整理工作并不完备,土地产权关系也不明确,农民的土地产权权能缺失,导致抵押资产不足,就算是专营的土地金融机构也无法很好地开展农贷业务。而且没有明晰的产权,农民在土地上的生产经营收益随时有可能被收回,农民必然不能专心于土地生产力的提高,地政学派所设想的土地改良金融以及农业经营金融更无法按设想发挥作用。

就整体制度环境而言,诱致性制度变迁遵循的是土地金融市场本身的演化规律,以经济和金融实际发展状况为基础。而强制性制度变迁是基于土地金融市场以外的人为强制的行政性操作,可能并不会按照经济金融意义上循序渐进的方式,而是以跳跃的甚至于脱离现阶段的方式进行。鸦片战争以来,近代中国社会经济发展的外部环境并不稳定,政局动荡,国内外战争频仍。全面抗战爆发后,通货膨胀、财政赤字等因素使得土地金融业务的实施环境十分恶劣。国民政府不仅无力主导土地金融事业的创设和发展,反过来又以"妥协"的土地金融机构作为敛财工具,结果只能是事与愿违。可见,经济及金融思想需要依托于具体的经济制度形式得以体现和实践,在经济思想向经济制度转化过程中,需要充分考虑到经济及金融配套制度是否完善,否则,经济思想只能是空谈。

第五章　现代治理：地政学派的配套设计

地政学派认为，土地产权制度和土地金融制度的确立和发展，能够为农业现代化的实现提供前提和根本性保障。农业现代化直接关乎整个国家能否真正实现现代化，研究近代农业现代化发展历程也是在研究中国现代化历程的起点与基础。中国自1840年后的百年里，不断探索现代化的强国道路，但是频受挫折与打击，农业生产和社会落后就是其中一个关键的因素。近代农村社会经济的衰败，引发了严重的社会动荡与危机，现代化发展失去稳定的社会环境后寸步难行。地政学派认为土地制度决定了农业生产力的发展程度以及农村社会的存在方式与理由，因此将农民土地问题的解决视为实现农业现代化发展的首要条件。在研究土地制度与农业现代化的关系时，地政学派在农地产权制度以及农地金融制度的基础上，从土地法制现代化、人地关系现代化、经营方式现代化三个层面的配套设计着手，希望以此完善土地的现代治理方案，实现民国时期的农业现代化发展。

第一节　对土地法制现代化的思考

在有限的土地供给这一前提下，会引起不同利益主体对于土地的强烈占有欲，并尝试通过各种途径实现更多的土地占有，在你争我抢的过程中也导致了各类矛盾。为了解决这些问题，降低土地占有的成本，政府需要通过法律法规的制定，对土地的占有、使用、收益以及处置等各项权利做出明确的界定，就相应构成了不同主体在法律上对于土地的不同权利形式。因此，土地法律条文的约束性是土地经济利益实现的重要前提,土地经济利益又是土地法律条文约束性的具体体现。土地立法也是一国法律的重要组成部分,1927 年南京国民政府建立后,以孙中山的"平均地权""耕者有其田"思想主张作为土地政策的纲领和核心,将对西方国家土地立法的借鉴和本国的实际情况结合起来,制定了一系列相对完备先进的土地法律法规。遵守"土地问题—土地政策—土地法—土地行政"的立法思路,根据社会经济运行中存在的土地问题,思索相应的解决对策与方案,制定土地政策,再根据土地政策的内容进行土地立法,出台土地法规,继而由有关机关在土地立法指导下推动地政工作,各个环节前后衔接,内容连贯,紧紧围绕土地问题的解决展开。地政学派对于民国时期土地立法工作积极献言献策,并对宪法中的土地政策表述提出了建议。

一、修改《土地法》的探讨

土地法作为施行土地政策的基本大法,具有重要的立法意义,受到了孙中山以及地政学派的重视。1923 年元旦,孙中山在《中国国民党宣言》中就列举了实行民主主义的七条纲领,其中关于土地政策的内容就明确提出了应由国家制定土地法,使用土地法以及地价税法。1924 年 1 月 30 日,国民党第一次全国代表大会宣言中又再次强调平均地权的要旨是国家规定土地法、土地使用法、土地征收法以及地价税法,以此防止土地权被少数人操纵。1929 年 2 月,由国民政府立法院院长胡汉民、副院长林森起草《土地法原则》九项,并经国民党中央政治会议通过,后于 1930 年 6 月 30 日正式公布。《土地法》公布时,萧铮正在德国留学,得知此消息后,立刻告知达马熙克并与他一起仔细研读,对其中的重要条文反复推敲,汇总出肯定及批评建议,由萧铮寄给胡汉民,得到了胡汉民的感谢并表示会设法对《土地法》进行修改。1932 年萧铮回国后组织召开的"中国土地问题讨论会"制定《推行土地政策十项原则》时,提出土地征收法、地价税法等主张,显示出修改土地法的意向,之后萧铮在地政学院还开设课程专授土地法。在 1934 年 1 月召开的国民党四届四中全会上,萧铮撰写了《推行本党土地政策纲领案》,由陈果夫、陈立夫、张继、覃振联署提交,会议讨论决定围绕所提土地问题成立土地委员会专行研究。由全国经济委员会、财政部以及内政部各推一名代表组成,陈立夫担任主任委员,地政学院唐启宇教授担任主任秘书,高信研究员担任研究组长,张建休研究员担任调查组长。土地委员会第一次委员会议就决定委托中国地政学会对国民党四中全会上有关土地问题的相关决议案进行研究并形成报告。萧铮借此契机召开《土地法》研究会,组织地政学者就相关的《土地法》修改问题展开讨论,对《土地法》问题进行专题研究,形成完善的意见书,该意见书也成为国民党土地立法史上一个相当重要的文献。

地政学派强调土地法研究将对土地政策的实际推行带来重要影响。因为当时"《土地法》母法虽已公布,但以子法缺如,实行殊感困难,现内政部已将施行法草案呈送行政院转立法院审核,惟以该施行法关系推行土地政策者至为重大,故在立法院为讨论之前,实有召集本会之必要,以备将研究所得呈送参考"[1]。在《土地法》讨论会上,地政学派成员对土地法中的规定地价、土地税制、地租、土地使用、土地法施行法程序、土地登记、土地测量、地政机关等问题提出了五十余项提案,全面涵盖了《土地法》内容和细节问题,具体提案整理参见表5—1。

表5—1 地政学会关于《土地法》的提案一览表

提案分类	提案名称	提案人
规定地价问题	规定地价应恪遵总理遗教,采用申报办法案	萧铮、祝平
	废止估定地价及地价区之规定案	高信
	删除估定地价以统一定价标准案	邹枋
	土地估价标准案	李庆麟
	农地不应采用估定地价案	周之佐
土地税制问题	地价税应采累进制而留伸缩余地案	万国鼎
	地价税税率应由地方民意机关自由规定案	卜凯
	自住地自耕地之税率不必另行规定案	张淼
	土地增值税之征收应明文规定,限于非因地主实施资本劳力所增之地价,并应将土地已经负担之特别征费于土地增值数额中扣除之	鲍德澂
	删除土地增值税各条,另定涨价归公办法	邹枋
	土地增值法办理应详加规定案	张淼
	关于欠税之处分原定标准太宽,事实不足完成其任务,应酌量从严规定案	

---

〔1〕 本会土地法研究会纪要[J]. 地政月刊,1935(1):39—46.

续表

提案分类	提案名称	提案人
地租问题	《土地法》第一百七十七条关于租额之规定应删去案	唐启宇
	第一百七十七条地租应改为"视地主与佃户所尽义之比例为其分配收益之比例"案	卜凯
	规定公平租额之基本原则案	乔启明、聂文郁
	租额之规定应详加考虑案	邹枋
	修正第一七七条关于押租之规定案	高裕瑞
	改订基地租金案	唐启宇
	改订基地租金案	刘哲仁
	规定标准房租案	周之佐
土地使用问题	代垦人之限制应加修改案	实业部
	修改代垦人之限制以利垦务案	李积新
	第一九一条第二项与合作法不合应请删除案	汤惠荪
	第一九一条应修正为承垦人分农户合作社合资公司三种,并于第一九五条说明承垦人为合资公司时应有何种限制案	唐启宇
	大规模垦殖荒地之组织应由国家经营,《土地法》中关于代垦人各条之规定应行改订案	洪季川
	牧地、渔地及水之使用应有规定案	李庆麟
	第一编第三章关于土地重划各条应改入土地使用章	萧铮、祝平
	土地重划之实施机关应改为主管地政机关或人民公共团体案	冯紫岗
	限制农地最小面积之细分案	李庆麟
	地政机关得规划小路或小河以利公众案	上海市土地局
土地法施行程序	以办竣测量登记为《土地法》施行之标准案	郑震宇
	土地整理与土地改革应兼筹并顾案	萧铮、祝平
土地登记	土地登记实施程序无须在土地法中规定案	鲍德澂
	又	周之佐
	民法物权之登记应规定与《土地法》之登记系属一事案	鲍德澂
	永租权宜如何登记应有明白规定案	林润泉
	对于人民延不申请登记之制裁方法应如何补充案	周昌茂
	第一三三条土地登记费应改订案	鲍德澂
	登记后原有地契应即无效案	周之佐
	各省市依照呈准章则所为之登记应保障其效力案	林润泉

续表

提案分类	提案名称	提案人
土地测量	第二十一条应修正为"土地测量为图根测量及地籍测量,其实施计划由各省市按照实际情形拟定,呈由中央地政机关核定之"	萧铮、祝平
	测量细则宜视地方经济情形制定案	周之佐
	各市县应实行清丈,在溢地内酌收地价以资补助案	上海市土地局
地政机关	地政机关之组织应即确定案	萧铮、祝平
	《土地法》中关于地政机关及土地裁判所一章应删除案	郑震宇
	施行《土地法》应先成立中央地政机关及提高省市县地政机关职权案	李如汉、蔡殿荣
	统一土地纠纷之裁决机关案	鲍德澂
	土地裁判所应另定条例案	郑震宇
	《土地法》中土地裁判所之规定应删除案	萧铮
	市县土地裁判所当清丈时应暂附设地政机关案	上海市土地局
	在土地裁判所未设立以前土地纠纷问题应另谋解决途径案	黄荫莱、李之屏、李范、尹效忠
其他	第十四条对于私有土地最高面积之限制应删除案	萧铮
	承租人应有优先购买耕地权案	唐启宇
	耕地租用节之条文宜明文规定实用于永佃制案	鲍德澂
	《土地法》应增列土地分类之规定案	邹枋
	因天然变迁而损失之土地宜予以相当价值之补偿案	卜凯

资料来源:本会土地法研究会纪要[J]. 地政月刊,1935(1):39—46.

　　地政学派的各项提案组成了《修改〈土地法〉意见书》的主要部分,遵循加快推进土地工作、实现地租地税公平化、促进土地生产三方面原则。在加快推进土地工作方面,地政学派认为中国已经处于危难之际,救国图存刻不容缓。这也与国民党中央"快干"的训导相符,"诚以处今日之情势,亦犹病在朝夕,如求医于数万里之外,求药于数十年之后,虽有良医良药,遑容为计。故今日国家一切政策,均不能不图功于最近之将来。就土地政策而论,其尤显著矣"[1]。当时我国的社会发展环境混乱,土地管理水平落后,生产水平低下,分配关系畸形。作为土地生产条件以及土地分配关系改善的前提条件——土地整理,如按照《土地法》的规定,普通一个县进行土地测量就需要四到五年的时间、数十万的经费,登记估价又需要另计时间与经费,甚至成本是土地测量的数倍。如此

---

[1] 萧铮. 拟请修改土地法导言[J]. 地政月刊,1935(1):1—8.

费事费力的土地整理规定,远远超出国家所能负担的时间、财政成本,且不能及时满足国家建设、军事发展对地形地况的掌握需求。因此地政学派主张《土地法》中规定的测量、登记、估价等工作必须采用迅速的手段,以保障土地政策的快速落实。

在实现地租地税公平化方面,"就中国今日之田赋制度、租佃制度而论,《土地法》之规定,不能不为进步。然就本党主义及经济情况而论,又未容轻许"[1]。《土地法》中对地价税率与地租最高额的规定并不符合公平原则,且与财政经济的实际状况相违背。按照孙中山三民主义在土地政策上的应用,土地权益的分配应把个人能力作为比例标准,对权利义务进行分配。也就是说,个人对土地利用的能力较强,则应容许其有较大地权,同时应承担高税率的义务。这里的地权大小并非土地面积之差,而应是指地价之差。而在《土地法》中,无视能力差异,规定所有人的地权受同一固定标准的面积限制,还有缴纳统一税率的地价税规定,这都是对平均地权真实含义的误解。针对这种情况,地政学派认为对于地价税的规定,应采取累进税率,同时废除限田条文,以累进地价税率作为统一而形式灵活的限田途径,如此才能符合"公平"原则。

在促进土地生产方面,从国家经济建设的角度出发考量,"吾国之大患在'贫'。今日经济上惟一出路在生产;促进生产之方法就《土地法》而言之,自以地尽其利为旨归,地尽其利系总理平均地权之基础,向尝论之。唯有权益之分配平均,于是共同生产、大量生产始有可能,故求地尽其利,而必出之于'平均地权'"[2]。《土地法》中有关地尽其利的内容,就市地而言,就是解决人民住宅问题,就农地而言,就是吸引资本进行土地开发和荒地开垦。如果《土地法》能够按照地政学派所主张的公平地价税进行完善,土地所有人必当竭尽全力进行利用,市地和农地的恶意滥用现象必将被消除,达到地尽其利的效果,并满足促进国民经济的实际发展需要。

地政学派对于修改《土地法》的倡议并不顺利。在上述三项原则的指导下,地政学派形成了《中国地政学会拟请修改〈土地法〉意见书》,这份意见书于1934年11月送达土地委员会以及立法院,以期改善《土地法》颁布已逾三载却未收效的困局,同时对《土地法》中存在的问题进行了详尽的梳理,"此诸问题不特决定《土地法》对国家社会之影响,亦且决定《土地法》本身之命运。此项问题不有

---

[1] 萧铮.拟请修改土地法导言[J].地政月刊,1935(1):1—8.
[2] 萧铮.拟请修改土地法导言[J].地政月刊,1935(1):1—8.

解决之方,则《土地法》不仅在理论上未称稳固,即在实行上亦诸多困难,纵有详细之施行法,恐亦依旧等于具文耳"[1]。为进一步推动《土地法》的修正工作,萧铮又就"扶植自耕农、保护自耕农、改善租佃条件、保护佃农、实行照价征税、涨价归公"[2]等内容多次向国民政府进行呼吁,也最终在一定程度上影响了1946年立法院对于《土地法》的修正。

二、推动土地纲领入宪的倡议

宪法作为一个国家的根本大法,是一国行政措施的基本准则,关系到国计民生、社会安定的各个方面。而土地问题作为民生问题的核心,宪法中自然应有相关规定。地政学派作为研究土地问题、促进土地改革的组织,对土地纲领入宪亦有关注和研究。

世界各国宪法中均有关于土地事项的规定。第一次世界大战以前,各国宪法与土地有关的条文,基本都是对财产私有权的保障以及公用征收的限制。1789年法国大革命中《人权宣言》的发表,将财产自由与人身、居住、工作、言论、宗教信仰等方面的自由一概视为人类与生俱来的权利,神圣不可侵犯,除国家有偿征收用作公共用途以外,不能强制割让。随后,法国历次所制定的宪法都将人权宣言的内容涵盖在内。《人权宣言》中这种财产为绝对权利的观念对各国宪法以及民众观念的影响十分深刻,欧美各国宪法都对财产权以及公用征收规定进行了设置。第一次世界大战后,苏联实行财产公有,在法律中规定废止土地私有权,将全国土地无偿收归国有并分配给农民,一切土地资源、各行各业统归国有。后又于1921年改行新经济政策,此时的土地名义上虽属国有,人民只有使用权,但允许以金钱物品为报酬,将土地出租,并可以雇用劳工协助耕作。而第一次世界大战后的新兴各国,"虽未步武苏俄,试行共产,然多半浸染社会主义色彩,实施土地改革运动,在东欧诸国尤为显著"[3]。新兴国家在宪法中对于财产权虽皆予承认,但规定内容、范围须受法律限制。此时土地所有权的观念已经产生了明显变化,即财产权负有义务,其使用应以公共利益为前提,受国家监督与限制。德国还在宪法中规定土地的自然增价部分应收归社会公有。不论是哪种土地政策选择,多数国家都选择将土地政策纳入宪法,充分

---

[1] 中国地政学会拟请修改土地法意见书[J]. 地政月刊,1935(1):9—37.
[2] 陈太先,魏方. 当代地政泰斗萧铮博士传略[M]. 上海:上海市政协,1997:40.
[3] 鲍德澂. 各国宪法中关于土地事项之规定[J]. 地政月刊,1933(6):745—759.

说明了各国对于土地改革事业的重视。

然而,近代以来中国的制宪事业对于土地政策内容的规定却并没有给予充分的关注。自民国初年的临时约法到 1931 年训政时期的约法,其间宪法制定的屡次变化,都没有对土地政策做出明确规定。宪法中有关土地问题的缺失,也反映了孙中山主张的平均地权以及地尽其利的土地纲领并未得到足够重视。1930 年国民政府颁布《土地法》,国内研究土地问题的风潮才渐渐兴起,中国地政学会也就是在此期间创立发展的。越来越多的关于土地问题的讨论直接推动了土地行政的进展,1936 年国民政府颁布《中华民国宪法草案》(以下简称《五五宪章》),"其中国民经济一章十五条,而关于土地政策者,竟占四条(第一一七至一二〇条),且其条文规定之主要内容,完全集中于平均地权原则,其明白而详尽之程度,较之德国宪法第一五五条,毫无逊色"[1]。自 1936 年的《五五宪草》到 1946 年的《最后订正之中华民国宪法草案》(以下简称《最后草案》)的十年间,因战争原因,有关土地问题的学术研究、社会宣传也因此搁置,于是《最后订正之中华民国宪法草案》中仅有半句关于耕者有其田土地政策的内容,对土地问题严重漠视,相较于《五五宪草》来说是极大的退步。1946 年 12 月 25 日,国民政府经制宪国民大会通过《中华民国宪法》,这是国民党统治时期第一部正式意义上的宪法,于 1947 年 12 月 25 日开始实施。这部宪法对《最后订正之中华民国宪法草案》"予以彻底之纠正,而成为今日正式宪法第十三章第三节即之第一四二、一四三与一四六条,就此三条之内容观之,不特非《最后草案》所能比拟,且较《五五宪草》同部分之规定,亦觉进步矣"[2]。

地政学派也对国民政府的上述历次制宪中涉及到的土地政策内容进行了具体的分析和建议。1933 年,地政学派就围绕宪法草案中的土地问题进行了讨论。为结束训政,实行宪政,立法院决定从速起草宪法草案,也就是《五五宪草》的起草背景。在时任南京国民政府立法院院长孙科的邀请下,吴经熊出任立法院立法委员并被指定为宪法草案初稿起草人之一。吴经熊在一个月的时间内完成了《中华民国宪法初稿试拟稿》,史称"吴氏宪草",并以此为基础广泛征求各界的讨论。"吴氏宪草"全文共计五编 214 条,而对于土地问题的直接规定只有两条,分别是第一百七十六条"对于私有土地,应以法律规定,严防滥用荒废及集中于少数",第一百七十八条"重利之借贷及动产、不动产之重租,应以法律

---

[1] 张丕介. 宪法与土地政策[J]. 政衡,1948(3—4):66—68.
[2] 张丕介. 宪法与土地政策[J]. 政衡,1948(3—4):66—68.

禁止之"。对于土地问题的间接规定只有一条,即第三十三条"人民之财产,因公共利益之必要,得以法律征用或征收之,但应予以相当之补偿"。[1]中国地政学会特地于 1933 年 3 月举行研究会,讨论"我国宪法中关于土地事项应如何规定"[2],几经探讨于同年 6 月形成九项原则:

(一)中华民国国民得依法取得土地所有权。

(二)土地所有权之内容及限制以法律规定之。

(三)土地之移转设定负担或租赁须受法律之限制。

(四)因实施社会经济政策或办公共事业之需要得征收私有土地,但应给予相当之补偿。

(五)土地按照地价征税。

(六)地价之增益非因其个人实施劳力或资本于土地所致者,应归公有。

(七)土地之天然富源及经济上可以利用之自然力由政府管有之。

(八)土地之分配及使用由国家监督之,农地之分配以辅助自耕农为原则。

(九)土地之使用为所有权人对于社会应尽之义务。[3]

对于上述九项原则,胡长清认为"似觉平淡无奇,实则解决土地问题之全部关键"[4]。第四项原则在"吴氏宪草"中第三十三条已有规定,第五项原则与 1924 年《国民政府建国大纲》(以下简称《建国大纲》)中第十条相符,第六项原则与《建国大纲》中第十、十一条规定相符,第七项原则与《建国大纲》第十二条规定相符[5],余下的第一、二、三、八、九各项原则,都是创新且合理的规定。

第一条有关土地私有权确认,在当时的世界范围内,除了苏联对于全国土

---

[1] 吴经熊. 中华民国宪法草案初稿试拟稿[M]. 见:夏新华,胡旭晟整理. 近代中国宪政历程:史料荟萃. 北京:中国政法大学出版社,2004:863—883.

[2] 万国鼎. 本会对于"我国宪法中关于土地事项应如何规定"之建议[J]. 地政月刊,1933(6):823—825.

[3] 万国鼎. 本会对于"我国宪法中关于土地事项应如何规定"之建议[J]. 地政月刊,1933(6):823—825.

[4] 胡长清. 我国宪法中关于土地事项应有之规定[J]. 地政月刊,1933(6):715—721.

[5]《国民政府建国大纲》第十条:每县开创自治之时,必须先规定全县私有土地之价,其法由地主自报之,地方政府则照价征税,并可随时照价收买。自此次报价之后,若土地因政治之改良、社会之进步而增价者,则其利益当为全县人民所共享,而原主不得而私。第十一条:土地之岁收,地价之增益,公地之生产,山林川泽之息,矿产水力之利,皆为地方政府之所有,而用以经营地方人民之事业,及育幼、养老、济贫、救灾、医病与夫种种公共之需。第十二条:各县之天然富源与及大规模之工商事业,本县之资力不能发展与兴办,而须外资乃能经营者,当由中央政府为之协助;而所获之纯利,中央与地方政府各占其半。引自孙中山. 孙中山文集(上)[M]. 孟庆鹏编. 北京:北京团结出版社,1997:384.

地一律宣布为国家财产用作分配于农民耕作使用,大多国家都是直接或间接承认土地私有权的存在。但胡长清认为土地私有制度无论是从伦理还是从社会的角度来说,都有不可避免的弊端,势必会走向崩溃。他指出孙中山的平均地权主张既非主张土地国有,也非主张永久维持土地私有制,而是在确认土地私有权原则的前提下,以照价征税、照价收买、增价归公,"以渐于土地所有权之民众化,然后进于土地国有制境域。若然,于土地国有制物质的及精神的条件尚未成就以前,故不能不确认土地私有权之存在,则可断言也"[1]。

第二条有关土地私有权限制,在承认土地私有权的前提下,应加以若干限制,主要是对于私有土地客体的限制、私有土地面积的限制、私有土地内容的限制,这三方面的限制将有效消除私有制中容易滋生的弊端。

第三条有关土地转移设定负担或租赁限制,这条主要是限制外国人在中国享用的土地权利的限制。从吸收外资发展实业、开拓荒地的角度来说,允许外国人自由享有土地上的权利是必要的,但从防止侵略、制止投机以及保存国家富源的角度来说,并不适宜将土地权利完全放开,必须加以约束限制。

第八条有关自耕农的创设,规定可由国家出资收买土地,照价或减价卖于农民,使其取得土地所有权,直接创设自耕农。也可以由国家贷与农民低利资金,促其取得土地所有权,间接创设自耕农。自耕农的创设是符合孙中山耕者有其田遗教的,在宪法中的体现十分必要。

第九条有关在土地使用中应包含的义务,"土地之使用,一方面为权利,他方面为义务,从而不但土地之滥用为国家法律所不许,即应使用而不使用,国家亦得以法律干涉之"[2]。这种对土地使用的国家干涉对于土地生产将产生积极效果。

总之,上述九项原则对于宪法中土地政策应如何体现给出了明确的建议,之后地政学会在此基础上又经过整理合并,形成六条原则送请立法院采纳:

(一)中华民国国民得取得土地所有权,其内容及限制以法律规定之,国家因实施社会经济政策或与兴办公共事业之需要得征私有土地,但须给予补偿。

(二)土地之分配由国家调节,至农地之分配,以扶植自耕农为原则。

(三)土地之使用为所有权人对社会应尽之义务,须受国家之监督与限制。

(四)私有土地按照地价征税。

---

[1] 胡长清. 我国宪法中关于土地事项应有之规定[J]. 地政月刊,1933(6):715—721.
[2] 胡长清. 我国宪法中关于土地事项应有之规定[J]. 地政月刊,1933(6):715—721.

（五）地价之增益非因所有权人实施劳力或资本与土地所致者,应依法收归公有。

（六）土地之天然富源及经济上可以利用之自然力应由政府管有之。[1]

1947年底,随着《中华民国宪法》的正式施行,地政学派的关注点亦集中于此宪法中的土地政策。《中华民国宪法》共计14章175条,萧铮对此宪法的评价为:"宪法条文有关土地政策者不多,然此雅不足证明宪法于土地政策有所忽视。诚以宪法既为国家根本大法,其所涉及之事项繁多,要在提纲挈领,简节疏目,于一切为大体之规定,而不宜琐也,此中外宪法之所同,不足为病。"[2]张丕介评价此宪法"不论其根本精神,或其具体条文,实远源于国父五十年前所提出之平均(地)权,二十五年前首订之《建国大纲》,近取于民十九与民三五两次《土地法》,而兼包近代各国土地改革之思想"[3]。

张丕介也对这部宪法中涉及土地政策的条文进行了详细的分析,并给出了相应的修改意见。"第一四二条,国民经济应以民生主义为基本原则,实行平均地权,节制资本,以谋国计民生之均定",此条作为总纲,是各种经济政策的最高原则,也说明土地政策是国民政府行政的基本要求;"第一四三条,中华民国领土内之土地属于国民全体",这是一般性质的规定,旨在确定国家对全国土地的最高权力,这并不等同于土地公有,因为之后的条文中又有"人民依法取得土地之所有权""私有土地应照价纳税"等内容,都说明了平均地权并不否认土地私有的存在;"第一四三条,私有土地应照价纳税,政府并得照价收买……土地价值非因施以劳力资本而增价者,应由国家征收土地增值税,归人民共享之",这些规定已经全面涵盖了平均地权的三点基本原则,即照价抽税、照价收买以及涨价归公,但宪法中对于土地税的规定忽视了"累进制",应该进行补充;"第一四三条,附着于土地之矿及经济上供公众利用之天然力,属于国家所有,不因人民取得土地所有权而受影响",孙中山一贯主张对于天然富源,如矿山、水利、森林等应国有国营,而宪法中"天然力"的表述则不如"天然富源"的表述涵义广、目的性强;"第一四三条,国家对于土地之分配与整理,应以扶植自耕农及自行使用土地人为原则,并规定其适当经营之面积",这是宪法中对土地政策最为进

---

[1] 万国鼎.本会对于"我国宪法中关于土地事项应如何规定"之建议[J].地政月刊,1933(6):823—825.

[2] 萧铮.宪法所示之土地政策[J].政衡,1948(3—4):64—65.

[3] 张丕介.宪法与土地政策[J].政衡,1948(3—4):66—68.

步而明确的规定,完全反映出耕者有其田的思想,并代表多年来中国土地改革运动的要求,另加以"及自行使用土地人为原则","盖此语之反面,即等于:凡非自行使用土地之人,如有田不自耕而坐食地租者,皆不得私有土地;如是,即等于根本取消地主制度,永久消灭租佃问题,其结果必将为百分之百的,不折不扣的耕者有其田"[1],在宪法中对耕者有其田做出如此明确彻底的规定,在中国土地问题研究史上具有划时代的意义,土地法以及民法物权都应该据此原则进行根本修订;"第一四六条,国家应运用科学技术,以兴修水利,增进地力,改善农业环境,规划土地利用,开发农业资源,促成农业之工业化",此条文与地尽其利原则相符,并指明应以农业工业化作为目标。综上所述,张丕介认为1947年《中华民国宪法》中对于土地政策的规定已有明显进步。

行宪将对土地政策的发展变化产生实际影响。一方面,宪法是一切立法的母法,行宪后一切土地立法、土地行政皆应以宪法的规定政策作为最高原则。而在1946年宪法颁布以前,已经有土地法颁行与修正,其精神和形式与宪法内容并无太大歧义,这是先有子法,后有母法。针对这种情况,张丕介主张"行宪后,原有之土地法可不经重大修改,继续施行,亦不虞与宪法抵触"[2]。但也并不是说现行土地法无须重订,因为宪法中对于耕者有其田的彻底规定还是具有重大进步性的,是土地法不具有的。另一方面,土地问题就其本质而言,是各种社会问题中最为顽固的一项,土地改革任务相应也最为艰巨。宪法、土地法、土地政策、土地行政,固然都是解决土地问题必不可少的环节,但是"欲求此问题之顺利解决,实亟待普遍之社会运动,由多数国民之觉悟,形成改革之力量"[3]。教育群众,使人人都能明确土地改革的重要性,以此将群众动员组织起来成为推行改革的重要力量,这才是发挥宪法精神最为主要的条件。

第二节 对人地关系现代化的探讨

理清人与土地之间的关系,就是以经济学的视角来研究人们在使用土地过程中应遵循的客观规律,通过对这些客观规律的发现、认知与传播,使人与土地两者之间达到一种协调发展的状态。地政学派对于人地关系的研究集中于保

---

[1] 张丕介. 宪法与土地政策[J]. 政衡,1948(3—4):66—68.
[2] 张丕介. 宪法与土地政策[J]. 政衡,1948(3—4):66—68.
[3] 张丕介. 宪法与土地政策[J]. 政衡,1948(3—4):66—68.

障土地人权以及开垦荒地、均衡人地关系两个方面,萧铮围绕中国土地与人口问题曾发表看法:"土地问题者:非为怨天时之不顺、地力之不厚,而为不良的土地制度之妨碍地利。人口问题者:非为生齿之过繁,而为分布之不均、素质之不良。"[1]当时土地私有制度流弊众多,在不合理的土地租佃租税制度下,地主与土地关系疏离,缺乏投资土地生产的激励,荒地开垦更无可能,而市地中又竞行投机。而此制度中的农民备受压迫,生产日益败落,无法保障土地集约利用,土地出现撂荒趋势。因此,处理人地之间的关系,一方面应改革不合理的土地制度,保障土地人权;另一方面则要鼓励荒地垦殖,协调人地分配。通过保障人民对于土地的基本权益,使得土地改革运动不只局限于学术界的少部分人,而是不断向外扩散并普及到社会中的各个阶级,使得每个关心民生问题,尤其是土地问题的人都能加入到这项事业中,形成社会改革运动的洪流。

一、土地人权保障论

土地对于人类具有重要的意义。唐启宇指出:"土地者,人类之所履居而为一切物质设备之基础。"[2]人类的衣食住行都离不开土地,一切制度文化的源起与发展都以土地的适当运用和地权的合理分配为依据。地权的合理分配直接关乎人权能否得到保障,从人权的广义概念来讲,人类靠土地生存,人类生于社会便享有向社会要求土地的权利,土地的所有和使用应依据平等原则,平均分配给人民。从人权的狭义概念来讲,土地的所有和使用应以所有者和使用者本身权利为主,并享有土地财产权利。但是在现存的私有制度下,土地人权并不能得到充分保障。

土地上的广义人权并不易维持,但应给予狭义人权充分保障。为了说明这一点,唐启宇分析了人类历史中公有土地向私有土地的必然转变,以及在这种转变中人口数量增加、人类心理改变、人类分工发达、人事变动频繁等因素产生的影响。第一,人口增加而土地面积有限、地质不等,计口授田分配并不现实,不能使每个人都是耕者,也不能使每个耕者都分得土地。"均分地与非耕者,则耕者不能尽耕种之责任,而一任土地之荒芜不治;少分地与耕者,则耕者又不能发挥工作之效能,而有以维持丰富之生产。田在限内不可再为之限,再限则更

---

[1] 萧铮.中国的土地与人口问题:兼请益于翁文灏陈长蘅二先生[J].地政月刊,1936(4—5):527—545.

[2] 唐启宇.土地与人权[J].地政月刊,1933(11):1471—1480.

滋纷扰,而限田无所施;田已平均,不可再为之均,再均则益启纠纷,而均田无所用。"[1]第二,人类心理在最初的时候都倾向于合作应对各类自然界威胁和仇敌战争,每个人都会倾向于只留足自己所需而将其余部分给他人。随着个人实力的发展和自利心理的加重,人们不愿意再参加共同劳动而产生单独劳动的趋向,所以"勤恳力作,辛苦耐劳,增加土地,设置永久设备,延长分配土地年限,使其所得之利益,能与其所费之劳力与所施之肥料、灌溉工事及永久之设备者相等"[2],而国家应该顺应人们的这种心理使其能够生固定之心,使耕者的投入产出成正比。第三,伴随着物质文明进步,人类分工愈发专业明确。农民以土地生产维持生活,而其他人并不一定从事耕作,也不须向社会要求土地权利。第四,土地分配之后,耕者或因意外、迁徙等原因而产生变动,不再从事土地耕作。基于以上四个方面的原因,可以看出土地上的广义人权是不易维持的,而狭义上的人权确有其存在的合理性,同时也说明并不是社会上所有人都会要求对于土地的人权,这些内容也是对土地人权的基本认知。

然而,狭义人权在现行的土地私有制度中无法得到足够的保护,应从速予以改善。私有土地的发展有其必然趋势,但是其弊端也不可否认。伴随着货币的使用和商业的发达,土地日趋商品化,兼并盛行,造成富者田连阡陌,贫者无立锥之地的局面,贫富矛盾对立分化严重,租佃纠纷不断爆发。私有土地制度下的弊端,如通过实行土地国有制来解决,需要通过没收、分配、废债、征税四个步骤,但各个环节都存在不利影响。没收之弊在于"使有资财者不复投资财于土地,而一任土地之荒芜而不利用,贫者虽出力,富者不出资,是力靡所用矣";分配之弊在于"抽多补少,所谓多者未必真多,以多补少,则前之多者今变为少,而不能为有效之影响";废债之弊在于"有资财者既失贷放之保障,宁愿窖藏于家而不愿流通于社会以蒙失财或丧命之危险";征税之弊在于"征发既甚,赋敛复苛,农人只图自给,不愿多产,苟全性命不复有殖产兴业之想矣"。[3]如果不经过以上四个步骤,而以国家直接经营的方式,取消经界沟壑,以最进步、最新颖的技术手段进行大规模的种植,辅之以科学的生产管理指导以及充足的农业资本供给,将农民身份转变为农场工人,以劳动贡献换取定额工资,则在荒地开拓上或许有效,但在已经垦殖的区域,使农民全部转变为工人,则会"靳其独立

---

[1] 唐启宇. 土地与人权[J]. 地政月刊,1933(11):1471−1480.
[2] 唐启宇. 土地与人权[J]. 地政月刊,1933(11):1471−1480.
[3] 唐启宇. 土地与人权[J]. 地政月刊,1933(11):1471−1480.

之意志,窒其创造之心思,忘其个人之兴趣,事涉大多数农民之利益,岂大多数农民所能堪。且国家亦无如许能力充当之管理员能公正、正直、廉洁以办理国营农场而使其立于不败之地位者也"[1]。可以看到土地国有的两种方式皆有其不合理之处,那么推行土地农有制度,欲求急速的效果则可以没收地主豪绅的土地分配给无地、少地农民,这种做法固然可以有效促进农民在土地上的生产经营,但对土地以外的其他财产不予没收,仅授农民土地而不给予农具、肥料等耕作工具,还是无法保障有效生产。

因此,唐启宇认为应该采取农地农有制中的缓进方式,即采取逐渐扶持自耕农的方法,"以自耕农与土地之关系,密切耕耘施肥,保持地力,不待奖励而可达目的,则佃农从事掠夺经营减耗土肥之弊自祛,此其一;自耕农利用土地可为适当之经营,而佃农则束缚于租约不能任意,自耕农能取得自己劳动全部之代价,而佃农则否,此其二;自耕农土著本乡,不轻离徙,定居定处,国之所珍。佃农则生产困乏,不惜游耕,委弃乡里无所顾虑,此其三"[2]。总之,耕者有其田的实行能够有效保障土地上的人权。一旦农民的生存基础得以奠定,生活来源亦有所保障,人与地之间密切地连结在一起,地权就不会旁落,人权就有了归属,土地生产的繁荣也就指日可待。

土地上的人权得到保障,将促进整个民族问题的解决。吴铁城认为,民族与土地是立国的要素,也是引起战争冲突的两个最大的原因,而且不易解决。孙中山历来主张民族平等,而且还要辅助弱小民族,使其有独立平等发展的机会。民族问题并非单独存在,往往胶着着土地问题。"我们要认识民族问题,同时得认识土地问题,要解决民族问题,同时得解决土地问题,忽略了这一问题,而仅解决那一问题,只解决了问题的一面。因为某种民族对于某特定土地总是几千年来衣于斯、食于斯、作于斯、息于斯的,那一般亲切之感,爱护之忱,比赤子对于父母之感到亲爱,不曾有逊色的。"[3]因此,一个民族与其世世代代赖以生产的土地是密切联系在一起的,如果有人剥夺了他们对于土地的权利,侵犯了他们对于土地的利益,那么流血冲突的爆发就不可避免。所以说,忽略土地问题而解决民族问题,只是解决了问题的一个方面,想要问题能够全面彻底的解决,绝不能轻视土地问题。至于一个民族内部的土地问题,作为社会问题的

---

[1] 唐启宇. 土地与人权[J]. 地政月刊,1933(11):1471-1480.
[2] 唐启宇. 土地与人权[J]. 地政月刊,1933(11):1471-1480.
[3] 吴铁城. 民族与土地[J]. 人与地,1942(6):2-3.

中心以及整个国家安宁的关键,其重要性更不容忽视。吴铁城主张当时的中国如能积极贯彻平均地权的土地改革主张,那么一切社会冲突便无从源起,国内民不聊生的现象便可得到改善,国与国间的侵扰冲突也可有效避免。

土地上的人权对于社会上妇女地位的提升也有显著的作用。近代以来,农村经济破败,土地分配制度、租佃制度不合理等因素都导致农民生活普遍困苦不堪,桂塵认为这其中最不幸的是妇女,因为她们承担的责任是双重的,"她们一方面要参加农事生产活动,自农忙季节和男子同样的下田劳动,另方面还有男子所不能或者不必参加的家庭职业。她们必须时时刻刻料理家事,如育儿、缝纫、做饭、纺织或其他副业,使她们不分昼夜、不分四季、不论寒暑"[1]。如此恶劣的生活条件,妇女又不如男子那般可以轻易选择到城市中谋生或者改变职业,因此妇女们对于土地分配和租佃制度的改良,以及农村金融的救济等方面需求迫切,只有彻底普遍的土地改革才能使她们真正解放。除了农村妇女,其他不同类别的妇女与土地改革的联系又各有特点:对于都市妇女来说,她们面临的市民生活中的普遍问题就是住宅难题。在市地私有制度下,土地投机盛行,土地、建筑物的租金高涨,城市中的妇女只能蜗居在极为狭窄的地方,"传染病易于流行,风化不易维持,更由于经济过度的压迫而致卖淫制度盛行"[2]。因此,改良市地管理、房租办法以及住宅建筑方式,都是城市中最为必要的土地改革项目。对于工人妇女来说,资本家基本不会主动地建造合理适用的工人住宅,女工只得寻求一些简陋的处所作为"安身之处"。在这样巨大的工作强度下,又没有良好的生活居住环境,连家庭安慰与调剂的机会也没有,往往在工作几年之后,妇女即形容憔悴,甚至面临被家庭抛弃的威胁。所以从事工业劳动的妇女的问题并不仅是提高工资待遇,亦包括住宅问题,而住宅问题的症结又是化解地租地价的土地改革问题。对于儿童来说,"儿童是妇女的第二生命,也是民族国家未来的主人翁"[3]。自从新式学校制度实行以来,越来越多的儿童得到了学校教育的机会,但是这并不代表全部情况。广大农村中的孩童根本没有可能走进学校的大门,与此相反,他们面对的是父母对生活的哀叹绝望,给原本无忧无虑的童年时期蒙上了阴影。城市中孩童的居住环境则严重影响着他们的身体发育,还会耳濡目染种种堕落的劣习,如酗酒、暴力、赌博以及淫乱等,

---

[1] 桂塵. 妇女与土地改革[J]. 人与地,1941(4):81-83.
[2] 桂塵. 妇女与土地改革[J]. 人与地,1941(4):81-83.
[3] 桂塵. 妇女与土地改革[J]. 人与地,1941(4):81-83.

歪曲他们的价值观。因此,土地改革的解决对于国家未来主人——儿童——的身心发展也大有裨益。

二、内地殖民政策论

近代以来,人地关系日益紧张,土地人权受到了很大的挑战,为了对土地与人口之间的分布进行协调,地政学派积极主张进行土地垦殖,并不断向政府倡议。1941年2月,国民政府地政部为此专门设立了垦务总局,主持垦殖事宜,由国民政府农林部部长担任局长,而由地政学派唐启宇负责实际工作,因此地政学派的垦务主张也得以充分指导当时国内的垦务事业。

土地垦殖主张是在充分认识人地分布的基础上提出的。李积新对此进行了相关分析:"我国本部各省,虽地狭人稠,然而边区各地,荒废滋多,例如西北之蒙、新、甘、宁、青、察、绥诸省,东北之辽、吉、黑、热诸省,西南之康、藏、滇、黔诸省,东南之淮南、北各处,类皆有待于垦殖;于此而不尽人力,不尽地力,国之坐困,正意中事。明达者流,提倡鼓吹垦殖事业,甚或有躬行之者,然而于垦殖之技术,每感缺乏,幸而成,不过为小规模之成就,就其成就也有限。不幸而败,资金劳力,尽付东流,则吞声饮恨,而咎垦殖事业之无可为,是岂垦殖之罪哉。"[1]可以看出,我国的人口与土地分布并不协调,而国内的垦殖事业进展艰难,收效甚微,可见垦殖事业存在很大的发展空间。

如能利用充足的土地资源,加快推进垦殖事业,则能够快速实现农村复兴。中国历来具有得天独厚的农业生产条件,本可以凭借发达的农业生产走向世界。然而,近代以来的中国却陷入了生产不足、农业日衰、农村破产、农民困苦的境地,国外农产品甚至大举在中国倾销。社会各界的有识之士四处奔走,为救济农民积极谋划,但是农村复兴并非易事。"惟中国之大,农村之多,农民之众,问题之繁,迥非其他各国所可比拟,固非寻常方法所可见效,更非短时间所可望其收效者也。复兴现在已破产之农村,重在防止其更破,农村能止于此境,然后再徐图复兴之道,庶几可矣。"[2]欲防止农村更加萧条,应该采取迅速的措施,在增加生产的同时限制食粮进口,促进国内食粮的顺畅流通,平稳粮价。食粮流通、平稳粮价与国内交通关税等设置相关,而增加农业生产,则不外乎两种途径:一是在原有土地之内,改良耕作种植方式,但是这种途径中的农业生产技

---

[1] 李积新. 垦殖学[M]. 北京:商务印书馆,1935:序.
[2] 李积新. 复兴农村与垦殖问题[J]. 地政月刊,1933(12):1749—1755.

术投入、生产设备配置等耗时较长,而且不得不面对边际报酬递减的客观规律;二就是开垦荒地,增加生产,这种方式对于已经十分迫切的农村问题是最为适宜的,"垦辟荒地,增加生产是也,垦辟荒地,增产最速,春时播种,秋即有收,虽新垦殖地,产量不能望多,然以寻常地亩生产之半数计之,当属可能"[1]。李积新通过计算,认为荒地开垦能够有效补足我国各类农作物总量缺口,"今国内所差者,每年米约一千一百余万石,麦约二千二百余万石,棉约四百六十余万石,杂粮约五百二十余万石,如开辟荒地,从事生产,以补不足,则每石米之生产,面积为一亩,每石麦之生产为二亩,每石棉之生产为六亩,每石杂粮之生产为二亩,计共需地九四七〇八四〇二亩。为求国内只生产供求相抵计,需增辟荒九四七〇八四〇二亩,如此巨量之面积,在人多地少之国家,根本既无办法,而在吾国,荒地甚多,可以任择治安、水利、交通、气候、土质等适宜之荒区为之"[2]。由此,便于快速推广的垦殖事业相较于耗时较长的生产技术改良,更能满足农村复兴的迫切要求。

荒地开垦的核心是要解决权利归属的问题。梅光复主张开垦荒地的首要任务是清理地权,"盖以荒地在未开垦以前,常无人重视,亦无人过问,若一旦施垦,土地价值随利用而增加,往往发生诈欺侵占情事,争讼时起,正本清源,自须先行清理荒地产权,在放垦荒地之先,举行权利登记"[3]。如果是私有荒地,须呈验契据,申请所有权登记,如果无人申请登记,或者申请但是契据不全的荒地统一视为公荒。私有荒地逾期不进行开垦依法收归公有,由政府招人承垦,借以促进私有荒地的利用。在国民政府颁布的土地法中,为防止土地兼并以及不劳而获等问题,对于一般荒地承垦人资格与权力的限制遵循严格的规定限制,体现在身份限制、承垦面积、承垦年限等条文的规定。梅光复认为土地法应考虑如何防止承垦人在承领荒地后废止不垦的情况,政府可以视其承领荒地面积大小及荒地垦殖难易程度,规定垦竣年限,如果荒地面积小,垦殖难度小,则可限制其于短时间内必须垦竣完善,反之则适当延长其垦竣期限。这个期限以承垦人承领承垦证书颁发之日算起,规定期限内没有完成开垦任务则撤销其资格。而为了防止承领荒地者将土地用作投机用途,应规定承垦人在荒地开垦完竣以前,对于荒地只有耕作权而无所有权,并规定不得将承领地租佃转移以及

---

[1] 李积新. 复兴农村与垦殖问题[J]. 地政月刊,1933(12):1749-1755.
[2] 李积新. 复兴农村与垦殖问题[J]. 地政月刊,1933(12):1749-1755.
[3] 梅光复. 荒地开垦之权利问题[J]. 人与地,1942(2):15.

设定其他权利负担。那么,"及至于土地全部垦竣后,始给予土地所有权证,归承垦人所有,使之安土重迁,以坚垦民重视土地之信仰,庶几可以策动来者,而达耕者有其地之目的也"[1]。此外,在荒地招垦时,对于必须经由大规模组织才能开垦完成的荒地,土地法规定地政机关应仅允许代垦人承领,而代垦人并不享有其代垦土地的耕作权。所谓代垦人,是指承领荒地在垦竣后分配与农人而收回垦殖投入的人。但是这种规定在具体实践中窒碍难行,因为代垦人"如经营垦地之后,不独不能取得所有权,即耕作权亦不得享有,殊足使拥有资金者,裹足不前,不愿投资于垦殖荒地"[2]。况且投资垦荒所需资金数量大,回报周期长,还须受到自然力的制约。相比之下,投资于商业活动则收效迅速且利润较高,由此资本家自然不愿投资于荒地开垦。因此关于代垦人权利的限制应该予以修正,赋予他们土地所有权或者耕作权,只需结合土地生产力强弱、地质肥瘠状况进行土地调配以防兼并。

土地垦殖作为一项系统的工作,垦政者、垦教者、垦导者、垦工者都应该各司其职。垦政者应提供切实可行的垦务计划,这要求垦政者对于垦务工作必须有深刻的体会认识,并有相当的知识和实践基础,可以尽可能完善地对垦务的具体推行实施进行筹谋规划,对于出现的各种问题也可以应付自如。过往垦殖工作一直没有明显起色的原因就是垦务系统机构设置不明确,有关垦务工作的相关行文需要辗转请示,进展极缓。因此应充分利用中央垦务总局、地方各省垦务处或垦务委员会、垦区管理局的系统机制,发挥垦政人对垦务工作的领导作用。垦教者应大力推广垦殖教育,农学教育对于农业国家的发展是十分必要的,其中垦殖教育的完善将有利于各地垦务工作的高质高效推进。在全国范围内推行垦务工作,并非一般的农学者所能胜任,兼具农学基础和垦务技能的专业工作人员的缺乏就是一个棘手的难题,仅靠垦务专修科以及训练班又无法提供充足长久的保障,"故今后尤宜就现在之大学农学院中,择其人才设备环境相宜者,移于荒区,专门实地训练高级垦务人员,研究解决垦务实际问题,如此则今后之垦务工作,方能顺利推行"[3]。垦导者在指导垦区各项繁杂工作时,责任重大。垦民大都是背井离乡,在垦区人地生疏,环境气候等都需要重新适应,因此必须有专人加以指导,使其能够安心从事土地生产,树立实干苦干的垦殖

---

[1] 梅光复. 荒地开垦之权利问题[J]. 人与地,1942(2):15.
[2] 梅光复. 荒地开垦之权利问题[J]. 人与地,1942(2):15.
[3] 李积新. 专论:从事垦务工作者应有之觉悟[J]. 人与地,1943(5):22—24.

精神。垦工者在从事荒地垦殖时,需要虚心从事,凡是到新的垦区,应详察当地生产环境,求教当地居民并结合自身实践经验,谨慎行事,对可能出现的灾歉风险做足心理准备,与同一垦区内的垦民合力经营,共同促进垦区内公共事业的繁荣发展,促进垦民树立安居乐业的观念。

  垦殖事业的发展还需要注意可能出现的各类问题。开辟荒地,增加生产,固然可以救济农村,缓解农民困境,但是垦荒过程中也存在一些问题,需要引起人们的重视。一是农地面积的设置。内地气候温和,土地优良,一年可达两熟或者三熟,但是到了边疆荒地,霜冻时间长,土壤肥力薄弱,农作物每年只收获一茬,垦区与内地相比,"在同一地之内,即生产相同,亦仅得内地生产之半,则每一农家所种地亩,最低限度应倍与内地。盖以地质较差,生产稀少,耕地面积,更应增多。据一般之估计,边疆土地每户农家最低限度,当在二百亩以上,盖如此方可以维持一家之生活,兼可以矫正内地农田过小之弊也"[1]。二是旱农农业的推广。旱农一般是指较为干旱的地区完全依靠天然降水来从事农作物种植的一种旱地农业。西北地区气候干旱,雨量稀少,河流灌溉资源匮乏,修建大型的沟渠水利工程又绝非一般农民所能承担。只有从事旱农耕作,可以不用依赖灌溉,仅靠每年的有限降水量便可以进行农作物培育。因此在西北地区的荒地进行垦务工作时,旱地农业的发展能够有效克服自然环境条件的缺陷。三是农事技术的改良。边区气候条件恶劣,土壤地质条件也无法与内地相比,从事边区垦殖的人需要在农时、农具、农作物种子等农事技术方面积累独特的知识经验。四是垦民筛选问题。将内地过剩的人口迁徙去边塞垦区从事生产活动时,如果不考虑移民的职业、性格等因素笼统进行移垦,例如工商业者或者性格懒怠者都将影响垦区的长久发展。"移垦之人,以习于农事者为上,习农而能耐劳苦者尤佳,习农耐劳而谙于移往地之农事者,是属最上选也。"[2] 以上四个方面,就是在开展垦务工作实践中经常会遇到的重点问题及相应的解决方式,在克服这些困难保证垦务工作顺利发展的前提下,农民耕地面积增加,生产得以发展,则农民经济条件将会改善,也将有利于农村复兴目标的实现。

---

[1] 李积新. 复兴农村与垦殖问题[J]. 地政月刊,1933(12):1749—1755.
[2] 李积新. 复兴农村与垦殖问题[J]. 地政月刊,1933(12):1749—1755.

第三节　对土地利用现代化的分析

地政学派将农业定义为"民生之基础""民生主要之职业""国富之基础""制造业之基础"以及"商业及交通业之基础"[1]，而土地改革与农业改良又是相互联系的，曾济宽认为，"土地改革属于行政手段，农业改良实为技术问题，自来农业技术家以为改进农业，企图以纯粹的技术方法达其目的，而未尝深究农业改良与土地改革发生不可分离之关系"[2]。因此，必须将两者结合在一起进行研究，土地问题的解决是农业改革的前提，顺应了农业改革的趋势。土地改革能够促使土地得到最优化利用，也就是形成劳动力、资本等生产要素在时间、空间以及数量上合理配合的机制，充分对土地生产力实进行开发、利用，可以实现综合的经济效益以及生态效益。汤惠荪认为农业改革的趋势为"随人口之增加，科学之进步，而日趋集约。所谓农业集约者，即于单位面积土地之上，或多投资本，则为资本的集约，或多用劳力，则为劳力的集约。均所有，谋农业之增收，利得之丰厚，实农业进展上必然之趋势也"[3]，可以看出土地改革对农业改良的重要作用。地政学派将土地改革与农业改良相结合，主张应积极促进土地生产技术的提升以及土地经营方式的改良。

一、土地生产技术应用观

对于近代以来我国农业生产始终处于低效落后局面的原因，万国鼎将其归结为"农民多而耕地太少，每家生产甚微，且时有灾歉之虞，故改进之道，首应增加每家耕地与生产。增加生产之法，扩充耕作面积与改良农事技术并重"[4]。扩充耕作面积可以通过鼓励垦殖事业发展来实现，本节则从改良土地上的农事生产技术角度进行研究。土地生产技术的改良对于农业发展是必要的，唐启宇认为，"凡土地新辟之后，作物繁茂，生产充盈，人民增殖，乡里殷繁。然土地既经种植，则逐渐消耗，有赖于补偿。否则消耗之极，无异石田"[5]。而当时国内对于农业技术改良事业的重视显然是远远不够的，甚至严重影响了农村经济的

---

[1] 唐启宇. 农政学(第三版)[M]. 南京:中国农政出版社,1931:8-13.
[2] 曾济宽. 土地改革与农业改良[J]. 地政月刊,1936(4—5):803-809.
[3] 汤惠荪. 农业经营与土地利用(附图)[J]. 地政月刊,1933(12):1721-1734.
[4] 万国鼎. 中国农业之特质及其前途[J]. 时代精神,1939(5):52-54.
[5] 唐启宇. 农政学(第三版)[M]. 南京:中国农政出版社,1931:104.

复兴,"环顾今日国内农业现状,水利未能兴修,耕地尚未整理,优良品种未见育成,耕种方法亦未加改良,以及中国整个的土地利用问题,亦未能妥当解决。而国际帝国主义者窥破个中弱点,复联合向我进攻,逞其经济侵略之野心,打破我国农村经济之藩障,直接间接摘取农民之膏血,农村凋敝之原因,即在于此侵略之野心"[1]。唐启宇、曾济宽等人提出土地生产技术的改良可以从水利灌溉、农作物品种、农药化肥等技术层面入手,同时辅以奖励集约经营、推广农业教育等方式,以提升农事生产技术的发展。

第一,灌溉排水事业的发展。兴修水利对于一国农业发展甚至是赶超农业发达国家都至关重要,曾济宽以日本为例,称其农业方法原本大部分是脱胎于我国的,而且"日本在明治维新以前,每年苦于水害天灾,与我国今日不相差异,只以近数十年来,积极振兴水利事业,其农田水利之发达,较欧西农业先进诸国,亦无逊色"[2],可见完备的水利设备能够有效促进农业发展。我国历史上水利灌溉排水事业仅仅依靠人工或者畜力维持,器具简陋,对于农田在旱季或雨季的生产根本无法提供有力的保障。近代以来,我国水利工程事业的发展又面临着新的挑战:一是地方豪绅反对。地方豪绅拥有多数土地以及兴办灌溉排水事业的经费,但他们认为操办这项事业成本过高,受益方却是一般农民,因而并不支持水利事业,甚至借由兴办水利之名而行敲诈之实,骗取人民钱财。二是圈地人不进行生产。开沟挖渠,工程浩大,其经费应由灌溉渠或排水渠的业主均匀分摊,"倘圈人不生产之土地过多时,则不生产之土地,不能尽匀摊出资之责任"[3],经费不足,工程自然搁置。三是水流供给不足。在灌溉区域,水的价值甚至高于地价,如何利用一定的水量使得更多的土地得到灌溉是首要问题,因此水流和土地资源分配不均,就容易引起纠纷冲突。四是灌溉排水工程估价过高。人民对于投资估价过高的工程,自然认为投资回报不成比例,望而却步。五是工程错误。水利工程涉及专业的路线选择、施工计划、材料选择以及建筑方式等,任一环节的错误都可能会导致整个工程的失败。六是土地不充分垦殖。灌溉排水设施在土地未得到充分生产利用的地区,无从取得充足收入进行维持。七是历史遗留问题。过往各种原因导致水利工程失败,使得后来者兴办该项事业时往往产生畏惧心理。以上均是导致水利建设事业停滞不前的

---

[1] 曾济宽. 土地改革与农业改良[J]. 地政月刊,1936(4—5):803—809.
[2] 曾济宽. 土地改革与农业改良[J]. 地政月刊,1936(4—5):803—809.
[3] 唐启宇. 农政学[M]. 南京:中国农政出版社,1931:143.

原因。

　　促进灌溉排水事业的发展,政府应积极发挥作用。一方面是筹划水利工程组织形式,可以分为三种,分别是由政府直接经营、人民经营而政府加以辅助以及人民经营而政府加以指导。由人民经营的对象多为小型灌溉排水事业,政府辅助是指直接给予补助金或者间接赎买债券,政府指导是指对于灌溉或排水区域组织许可、计划审定、工程建筑债券发行核准。但相较于后两种组织形式,政府直接经营的形式在承担大型灌溉排水工程的建设时,便于"集中人才及经济,权衡水势,通盘筹划"[1]。另一方面则是由国家对灌溉排水事业设置具体的政策及设施,包括设立灌溉排水示范区、筹措灌溉排水工程经费、编订水利法规、培植灌溉排水人才、征集水利基本资料、振兴水利办法(包括利用兵工或征调民力疏浚河流、广植森林、建设蓄水池、修筑堤防、奖励灌溉排水事业等)。同时,为保证各种组织形式和政策设施的顺利推行,唐启宇还设置了灌溉或排水区内的科学管理体系,"合全区之董事组织董事会。然后由董事会推举理事、监事若干人,工程审查委员若干人,分别办理事务"[2]。

　　第二,农作物品种改良。"农作物生产之增加,故须种子优良,土壤肥沃,勤施肥料,善于灌溉,利用新式农具,以及驱除预防病虫害等。然施肥灌溉,用新式农具,治理病虫害,类皆需费多数之人工及金钱,始可获得若干之利益。而选种优良种子,则可以费少数之人工及金钱,而年年获得优厚之利。"[3]品种改良实际上是近代以来新兴的专门生产技术,受到了世界各国的重视,但在我国的推广并不普遍,而我国农作物因未曾经过大规模科学的品种改良,每年都会造成大量损失,主要是因为这些未经改良的种子品种往往都具有产量欠丰、果实品质差、抗病虫害能力低、耐寒性差、抗倒伏能力不足、谷粒容易脱落以及成熟期较晚等特性。这些不足大大降低了农作物的产量,影响农民增收。此外,对于从事畜牧业的农民来说,劣质的家禽牲畜品种也将给他们造成重大损失。

　　因此,政府应积极引导品种选择及改良工作的开展。一是中央各省及农业试验场注重主要农作物及牲畜品种的改良。育种事业顺利开展的必要条件包括专业技术人才、充足经费以及反复科学试验,尤其是在改良品种时应注重考虑改良目的、品种征集、比较试验等环节的设计。二是农政主管机关规定标准

―――――――――
〔1〕唐启宇. 农政学[M]. 南京:中国农政出版学社,1931:132.
〔2〕唐启宇. 农政学[M]. 南京:中国农政出版学社,1931:136.
〔3〕唐启宇. 农政学[M]. 南京:中国农政出版学社,1931:151.

育种方法并令各省试验场依法培育。作物及牲畜的育种方法必须依照科学办法执行，直接分发给私人进行种植饲养并不能保证产量一定会增加。因此，标准育种方法应由农政主管机关聘请专家制定办法，载令各省试验场照此法按步实行，才能够确保预期产量目标可以达到。三是农政主管机关派遣富有学识经验的育种专家分赴国内各试验场指导督促作物育种工作。试验场办理多年而成效不明显的原因在于缺乏专家的指导，因此，专家应积极指导监督，"(1)答复关于育种上之一切疑难问题。(2)指导各试验场实地育种。(3)考核各试验场之成绩。(4)作研究之工作。(5)灌输育种之新知识与新发明。(6)更正育种方法。(7)开育种讨论会"[1]。四是提倡指导农民维持优良纯种。应向农民传授选择良种之原理以及方法，并于收获之前派专业技术人员指导农民选种事宜。五是订立作物种子检验条例。作物种子必须加以严格的检验，以取消不合标准的种子贸易以及不符规定的种子出入境贸易。六是订立奖励农产品增收的规则。因使用良种而增收的农民，可获得奖励，但规定必须报告耕种过程中的各项事宜，以便研究和推广。

第三，化学肥料使用。旧时栽培作物，仅施用自然肥料，随后农业进步，自然肥料的施用已经不能满足作物的实际需求，需要结合各地土质特性，采用科学方法辨其所需，推广化学肥料的使用。民国以来，人造化学肥料的推广大多依赖外商的宣传，然而外商斥巨资进行广告宣传，导致生产肥料的可用资金被大大挤占，品质根本无从保障，"浸假而购用者多，则抵制无方，漏卮甚巨，且势力垄断，亦属可虞"[2]。此外，化学肥料销售市场上还存在名称混乱、售价无标准以及肥效不明确等弊端。国家要解决民生问题，不能不增加占国民全体最多数的农民的生产，而增加农民生产，又不得不施用化学肥料。因此，面对肥料市场的乱象，政府应制定相应的政策。首先应对肥料行业的基础情况进行调查研究，明确市场需求、生产制造方法以及肥料价格水平等情况，便于创办本土的化学肥料厂；同时推广科学的施肥标准和肥料使用方法，指导农民科学用肥；最后应严查当下市场上真假混售的肥料厂商，实行严格的肥料企业登记注册制度。

除此之外，奖励土地集约经营以及展开农业教育研究事业都是提升土地生产技术的必要辅助手段。在奖励土地集约经营方面，曾济宽以日本为例，"日本以人口之剧增，劳力过剩，为求增加生产，调剂过剩人口，曾奖励耕地最集约经

---

[1] 唐启宇.农政学[M].南京：中国农政出版社，1931：162－163.
[2] 唐启宇.农政学[M].南京：中国农政出版社，1931：103.

营,使农人于一定之面积上作栽培竞赛,收稼最多类之奖励,结果成绩大有可观"[1]。因此,政府如可大力推行土地集约经营的奖励制度,将极大地调动农户的积极性与主动性。与此同时,农业研究是解决国家农业问题的基础,欧美农业研究已属先进,各国政府为农业研究配备专业的人才和充足的设备,"使其对于农产品费用之减少、分配及贩卖方法之改善、动植物品质之改良、土肥之保存以及乡村生活之改进问题等,分别研究,以期全国农业改良事业,得建筑于有系统的科学基础之上,而日进无涯"[2]。民国时期,农业研究仅局限于南京东南大学、金陵大学以及广东岭南大学等少数几个设立有农林学科的学校,还有各试验场的试验研究,并不能取得系统完善的研究成果,因此应设立专门的农业研究所进行相关问题的研究,并推广试验场与研究机构的产学研结合。农业研究成果将作为农业教材,用以实施农业教育,配以专业的物理、化学、生物、经济学等知识体系,从大学教育、中学教育以及初等教育等各个阶段入手,向社会尤其是乡村普及科学农业教育。

二、土地经营方式改良观

传统农业以精耕细作为主要特征,个体家庭是小农生产中的基本单位。而近代农业则以资本主义生产方式为主要特征,在这其中,土地也开始朝着规模经营的方向发展。农场的开办是近代中国在从农业国向工业国转型的过程中一种重要的组织经营形式,其经营形态以及发展情况关乎中国农业的近代化,更直接影响了土地规模化经营。地政学派对于农场组织形式也进行了积极研究,万国鼎称农业改造具有十分之迫切性,"中国农业,既已穷极而须变,是故吾今所欲大声疾呼、馨香以求者,改弦更张,弃旧易新",而改造的途径就是"普遍建立标准自耕农场,然后以强制合作方式,加强其经营之范围与能力,以易现行零星分割之农田制度"[3]。张丕介的研究关注点则是国营农场,他对民国时期是否具有国营农场的创办条件进行了分析,得出结论认为当时国内并不具有国营农场的培育环境。而唐启宇则从农场规模的角度进行研究,认为制定农业政策的最大问题是农场大小,因此着重探讨了农场大小之分类标准及其利弊。

万国鼎主张创办自耕农场合作社。而标准自耕农场的创办需要具有几个

---

[1] 曾济宽. 土地改革与农业改良[J]. 地政月刊,1936(4—5):803—809.
[2] 唐启宇. 农政学[M]. 南京:中国农政出版社,1931:321.
[3] 万国鼎. 中国农业改造计划[J]. 东方杂志,1943(19):34—36.

方面的要件,"一为田归耕者所有,而非租佃;二为面积在最低限度以上,其生产足以维持五口至八口之家之小康生活;三为地成整片,水旱有备,而便于经营"[1]。第一条规定田归耕者,非耕者不能拥有土地,欲达到这个目的,"则必须严格规定于土地法而断然执行之,使地主经济上不利于以地出租,法律上不克拒绝征收,一方更借土地买卖之管制,金融制度之配合,使可能成为标准自耕农者,易得其所需土地之所有权"[2];第二条规定标准自耕农场的平均面积,需要大于今日农户所耕农地面积的两倍以上,这部分新增的土地有两个来源,第一个是开辟荒地,第二个则是发展工商业,兴修道路并开掘矿业,这些产业生产需人甚多,可以吸引一部分农村劳动力,除去这部分改业的人群,留村农民的可耕田地自然可以增加;第三条规定土地连片经营,则必须配以重划耕地的工作,因此应开展大规模的地籍编制与行政区划工作,进行土地整理。以上三项工作是创办自耕农场的要件,但同时还需要政府进行技术指导、借贷融通以及立法禁止分割土地。

万国鼎还倡议标准自耕农场一经建立,便配套组设农场合作社。首先应将一里之内的农场组成合作社,等发展初具规模,便在一乡范围内组建农场合作社,称为某县某乡农场合作社,并于各里设置分社。最终联合全县乡社,在县级设立联营总处,称为某县农场合作总社。以总社名义对外经营,一县之内,则乡社各有其独立事业及会计。合作社组建时,对涉及范围内的农场强制规定一律参加,即强制合作。农场合作社的性质是"农人各自保有其农场而经营之,惟立于联合经营,而不妨害私人企业心与自耕农之基本制度者,悉归社营"[3]。也就是说农具器械可由合作社提供给社员限时使用,化学肥料可由合作社统一进行购买后再分销给社员。合作社内农产品的产销,由合作社负责对农产品品种、社仓保管、运输推销等事宜进行统一管制。农作物加工环节同样由合作社负责。合作社还应设立信用部,与国家银行联系,办理储蓄与农贷业务。在如此的农场合作社机制中,农业生产效率以及自耕农生产积极性将被大大提高,农业推广、农业金融、地方自治以及其他与农民相关的诸多事项也将因为合作社的开办而得以发展。时人对于自耕农场也有质疑声,认为将会遭到拥有大部分土地的地主豪绅的阻碍,甚至会被一部分中农、富农反对。另外,如果强行改

---

[1] 万国鼎. 中国农业改造计划[J]. 东方杂志,1943(19):34—36.
[2] 万国鼎. 中国农业改造计划[J]. 东方杂志,1943(19):34—36.
[3] 万国鼎. 中国农业改造计划[J]. 东方杂志,1943(19):34—36.

革,出现土地不足而人口突然增多的情况,那么多余人口如何安置也将成为棘手的难题,还有重划地界等工作过于繁重不易实现的问题。但万国鼎对此依旧持乐观态度,坚称"改革之骤,期望之奢,革命之本质也",因此"人地分配,一时难符,自须妥为筹划,迂回转折以达之,非谓但凭直觉,强行以不可能也。至于事之成否,不在难易,在于人心,至诚所至,金石为开,因循苟安,虽易无成"[1]。

张丕介主张举办国营农场是脱离实际情况的。苏联在1928—1937年间两次五年计划实施之后,国内对其向往者越来越多,于是主张在国内开办国营农场。张丕介认为在中国开办国营农场之前,必须首先明确国营农场经营的客观条件、先决条件,再考察其与国内实际情形是否相适宜,然后才可以决定是否应该采用这种组织经营方式。张丕介将开办国营农场的客观条件归纳为四点:

(一)以人与地之比例关系言,必须国土广大而人口密度稀薄,故劳力不足,小规模经营不能利用全国之土地,或即勉强利用而过于粗放。

(二)以农业技术及经营制度言,地广人稀之国家如农业技术与工具不进步,经营组织又偏于小经营,则地不能尽利,农业亦无由进步。

(三)以国民经济政策言,农工两业关系最多最密,工业需要大宗廉价而优良之农产品为工业原料及粮食,非自给自足之小经营所能供给;同时农业经营太小,则根本不能为本国工业之容纳市场,有碍于工业之发展,亦不利于国民经济之建设。

(四)以土地所有权言,必须土地国有或有大宗之国有土地(其来源兹不具论,要以讨论时之情形为准),政府欲永久维持其土地国有权,而土地之经营自亦为国营为原则。[2]

在国营农场创设的客观条件基础上,政府欲施行这种制度,还需要必不可少的先决条件:

(一)须有强大而统一之中央政府,其政令可贯彻于全国。举凡地权之纠纷,治安之维持,金融之供给等,凡非地方政府所能担任着,皆由中央负责办理,以减除试行新农业经营制度之阻碍。

(二)须有相当发展之现代工业为农业建设之辅翼。凡举新式机器、农具、仪器、人造肥料、加工贮运设备、病虫害防治之药品等,皆能自行供给或至少亦可供给一大部为国营农场之用。

---

[1] 万国鼎. 中国农业改造计划[J]. 东方杂志,1943(19):34—36.
[2] 张丕介. 论国营农场(上)[J]. 人与地,1941(4):70—73.

(三)须有多数之科学人才及农业管理人才。盖国营农场之性质规模均大异于普通之小农作,欲求其合理而健全之发展,非有多数之科学人才及经营管理人才不可也。[1]

对于上述国营农场的客观条件和先决条件,张丕介认为我国当时试行此制度的客观条件具而不备,而先决条件又尚未成熟。在这样的前提下,国营农场可以首先在一定的省区试行,但不能作为全国农业改造唯一的经营制度。所谓客观条件具而不备,是指就我国人地比例来说,一部分内地地区耕地不足分配,劳力过剩,形成典型的小农耕作制度,而另一部分边远地区则是地广人稀的情况。因此,在内地各省的固有农区内,宜疏化其农业人口,增加原有自耕农及佃农的土地,使其成为独立自耕农,国营农场在内地虽无推广之处,但"以之试办少数国营农场固无不可,但留为扶植自耕农之用,更为相宜"[2]。至于边区各省则可作为实施国营农场的目标地区。就农业技术及经营组织来说,在内地各省区,并不适宜采用大规模经营生产技术以及组织形式,反而是土地利用合作社的形式更易推行,而在大面积平原荒地上则可以实行大规模的新式经营;就国民经济政策来说,当下国内的现代工业处于萌芽阶段,农产原料的需求尚较有限,普通农业可勉强应付,大宗特种工业作物可在新开垦的荒地上进行培育栽培;就土地所有权来说,土地私权历经千年,私有产权观念深入人心,短时间内无法改变,是推广国营农场的重大障碍,所以仍应以耕者有其田政策最为适宜,而已有公地或边区大宗公有荒地不牵扯地权纠纷,自然是国营农场的理想区域。所谓先决条件尚未成熟则主要是指缺乏安定的国内环境、发达的现代工业以及先进的农业经营教育。

张丕介还对国营农场的特质及其优劣势进行了对比。国营农场具有国营企业和新式大规模现代经营的两点特质。在国营企业中,企业的各项工作均是由政府机关直接负责,包括计划的制定审核、资金拨付、人员任命、经营监督、承担损益以及利润支配等。国营农场的优点包括四个方面:一是政府可以依据其政策及计划,对农场企业全部施行有效统制;二是国营农场资本雄厚,有实力推行及实现重大业务目标;三是国营农场便于选用充足的专门人才,并促进各种技术经济问题的研究;四是农业建设影响整个社会,具有公共品的性质,须由政府主导,以避免私人企业仅以自身利益考虑的做法。可以看出,国营农场在理

---

[1] 张丕介. 论国营农场(上)[J]. 人与地,1941(4):70—73.
[2] 张丕介. 论国营农场(上)[J]. 人与地,1941(4):70—73.

论上具有多种好处,但在实践中又容易滋生一些弊端,例如官僚主义、负责人不尽责等问题。而对于国营农场第二种特质,大规模新式经营是指具备一定面积、资本、劳力、组织规模,并以先进的技术及经营方式为主要特点的经营方式。小规模国营农场与私营的小农场相比,"国营农场之优缺点基于其'专业化'原则,而其弱点亦种因于此"[1]。国营农场的经营目的不在于自给自足,而是执行国家经济政策,其所生产的种类并不多,只集中某一种或少数种类农作物的生产,工人衣食所需仍须仰赖外购。这种方式的优点在于生产种类较少而易于进行管理,方便工人训练、应用科学方法、充足供应市场等,但其缺点亦不容忽视,例如,"(1)生产种类少,则劳力利用不易集约,忙时太忙,闲时太闲;(2)偶遇病虫害或兽疫则损失之可能性甚大;(3)市价变动剧烈时所受影响较重等等"[2]。此外,国营农场中的工人管理难度更大,体现在衡量其工资的标准难易界定,任意聘用或解雇不利于农业连贯化生产,土地不属于工人所有从而影响劳动积极性等。

对于已经处于试办阶段的国营农场,张丕介也列举了一些需要慎重解决的问题。一是地权纠纷问题。国营农场场地以完全公有荒地最为合适,不会产生地权纠纷,但实际上可垦公有荒地并不完全匹配国营农场的设置,公有荒地之内或其周围往往与私人土地相连,所以在进行国营农场的土地整理之前,须首先与这些土地占有人进行合理协商,否则就会被认为是与民争利,容易引起各类复杂纠纷。二是场地选择问题。"国营农场利于地址平坦而性质较一致之平原,然后可采用大规模经营之新式技术。若夫水田、梯田或性质相差太远之土地,用为小农场之创设固无不可,殊不适于大规模之国营农场。"[3]此外,国营农场选址还应考虑交通便利、环境尚可的地区,便与招徕垦民。三是劳力问题。鉴于当时现代工业并不发达的境况,新式大规模国营农场不得不暂时以人力为主,所开办之初未解决大批农业劳动者的缺口问题,应尽量靠近人员较为密集的省区。四是经营方式问题。国营农场从理论上讲自应采用最为新式的技术工具,然实际上就当时情形来看并不允许,而仍以人力、畜力为主,因此特定阶段内国营农场的生产经营不必过分强调专业化生产,而可将自给自足作为生产原则。五是特殊环境下的特殊问题,是指在不同民族地区办理国营农场事业应

---

[1] 张丕介. 论国营农场(中篇)[J]. 人与地,1941(5):93-96.
[2] 张丕介. 论国营农场(中篇)[J]. 人与地,1941(5):93-96.
[3] 张丕介. 论国营农场(下篇)[J]. 人与地,1941(6):117-119.

与当地少数民族协调处理好关系,在边远地区又需要对当地的治安问题多加留意。六是管理经营人才问题。国营农场成败与主要负责人个人素质也有密切关系,主管人必须兼备专业才能和充足经验,具体来讲,重要条件包括:"(1)须有政治思想,透澈明了国营农场在国民经济政策上之意义;(2)须有农业科学智识,能设计并领导各种技术工作;(3)须有应付环境之机变能力,防患于未形,而与各方面谋切实之合作;(4)须有事业热心,不计名位,不畏艰巨,能为事业而牺牲其一切;(5)须有健全之体格,能吃苦耐劳。"[1]

唐启宇认为农业政策制定中农场规模大小是重要影响因素,故须对不同规模的农场进行研究。造成农场大小规模差异的原因有地势、土壤、气候以及距离市场远近等物理原因,有作物种类、工人数量、农产品价格、农业机械化程度等经济原因,还有政治法律方面的原因。在以上原因的基础上,农场会产生大中小等不同规模类型。大型农场的优点众多,分别有"为改良农事之先导""足以应用专门之学理""可行分工之制度""能充分利用机械之力量""使用资本之经济""饲养牲畜之利益""生产费之节减""贩卖农产品之便利""从事公共之事业"等优点。[2] 而大型农场的弊端是在农业资本制度下,迫使农民迁移,并使多数农民变为工人或佃户,使少数人榨取绝大多数农民的财富。中小农场的优点,一是劳动成果完全私有,激发生产积极性;二是减少农民迁移;三是中小农在劳动中培养了茁壮的体格,增加了强兵的后备供给;四是经营农业负责认真。但中小农场的弱点是农民过度勤恳,而生产所得结果、所费功力,却终会因土地上的生产报酬递减规律,与其付出不成正比。此外,农民因经济困难等原因,很少有机会接触也不易接受先进的知识技能,即便接受,也无法在小规模的经营生产中明显体现其效用。通过大中小型农场比较发现,"中小农制虽具弱点,就国家政策言之,希望土地上有一种坚固不拔之人民,不能不认为有维持之必要。则改进中小农之生活情形,为吾人所当努力者也"[3]。政府在对不同规模的农场进行节制时,应确保大中小农场都应有适当的比例,调剂过大或者过小的农场规模,采用科学方法制定农场大小,加强农业合作。

---

[1] 张丕介. 论国营农场(下篇)[J]. 人与地,1941(6):117-119.
[2] 唐启宇. 农政学[M]. 南京:中国农政出版社,1931:58-59.
[3] 唐启宇. 农政学[M]. 南京:中国农政出版社,1931:60.

第四节　地政学派土地现代治理思想之总结

近代中国处于内力与外力接连冲击、封建旧制与新法改良转化演进、传统与现代交互摩擦中,中国社会也逐步开启了制度变革和向近代转型的历程。乡村社会历来是我国传统经济增长的基础和关键,自然吸引了民国时期社会各界人士对于重建农村、复兴农村的热切关注。以1933年国民政府行政院中国农村复兴委员会的成立为标志,此后"举凡政府机关,有识之士,无不以此为当务之急"[1],整个知识界与政界的关注焦点都集中在复兴农村,"一九三四年中国学术界所贡献于农村问题者,可谓空前,时髦所至,人人以谈农村问题为荣,一变从事憧憬都市文明之正面意识"[2],各种思想、主张及主义层出不穷。地政学派将土地制度的完善视为农村复兴的重要途径,在土地产权制度和土地金融制度的基础上,主张运用土地的现代化治理手段来实现农村的复兴转型,集中体现在推动土地法制现代化、人地关系现代化、土地利用方式现代化三个方面的变革,以此形成土地制度的转型并促进国民政府对农村治理水平的提升。

首先,地政学派提出了一系列土地立法建议,以期通过现代化的土地法制手段,保障土地改革的顺利推行。

与土地相关的宪法以及在土地专门法基础上形成的法律秩序会影响土地制度的变迁。在土地法制环境中,土地法律秩序往往相对稳定,有利于诱致性土地制度变迁。相反,土地法律秩序不稳定,则有利于强制性土地制度变迁。因为成文宪法或专门法是扎根于社会且深入人心的,不能够轻易更改。土地经济活动中的"游戏规则"的大框架是十分清晰和稳定的,"理性预期"机制充分,这对于以市场为主导的诱致性制度变迁是十分有利的,每个人都能够以自己的行动在未来得到较好的结果。同时,在稳定的土地法律框架内,政府活动的范围也会被限制,使他们不能随意采取与土地法律宗旨相违背的强制性土地制度变迁。即使是发生强制性制度变迁,通常也是在土地法律框架的范围内进行的,是在不违反土地法律基本原则的前提下进行的。然而,在一些处于转型或落后的国家中,有关土地的法律通常是不稳定的,未来的可预期性较差,诱致性土地制度变迁很难长期稳定地推进。与此同时,当政者却有可能为了自身的利

---

[1] 朱壮悔. 一九三四年复兴农村运动的回顾与前瞻(附表)[J]. 农村经济,1935(3):18—29.
[2] 朱壮悔. 一九三四年复兴农村运动的回顾与前瞻(附表)[J]. 农村经济,1935(3):18—29.

益而对相关法律随意更改或妄加解释,对与之不相适应的内容推翻重定,任意主导强制性土地制度变迁,与土地制度稳定息息相关的社会发展环境也会因此产生动荡。

民国的整体法律秩序并不稳定,地政学派认为在当时的时代背景中,不具备产生诱致性土地制度变迁的环境,因而主张在政府的强制性土地制度变迁中实现诱致性土地制度变迁目标。同时地政学派企图以相关土地法律的设置完善保证政府推行的土地改革能够顺利实现平均地权的土地政策目标,对1930年国民政府颁布的《土地法》的不合理之处不断呼吁修正,同时还积极倡导土地纲领能够在宪法中得到贯彻体现,以期国民政府能够解决现有土地制度不均衡的问题。不可否认的是,国民党对这样的呼吁倡议仅做出了一定程度而非全部的接受,而一直回避、没有采纳的部分,如采取累进制地价税的建议,则都是与统治阶级自身利益密切相关的。这是因为在并不稳定的法制环境中,当局者可以根据自己的需要对立法内容随意修订,导致由政府主导的强制性土地制度变迁后果完全超出了地政学派的预期范围。这背后也有来自中国延续千年的政治传统的影响,政治决策往往由某一个领袖最终决定,易言之,领袖的思想意志会对立法产生决定性作用。民国以来,随着建章立制而来的大规模立法是国家建构的重要部分,国民党执政时期的政府立法,完全又以蒋介石集团的政治思想作为立法意志的终极来源以及司法的正当性来源。国民党维护大地主大资产阶级利益的立场,注定国民政府不愿也不会真正去触碰并损害这些大地主大资产阶级的利益,也就不会去接受地政学派立法建议中如累进制地价税这种对大地主大资产阶级来讲甚为严苛的规定。蒋介石统治集团的土地改革立场也在国民政府的立法机构和立法程序的配合下顺利达成。立法院虽然在法律名义上是当时的最高立法机关,然而在国民党实行的党治政府体制下,立法院实质上沦为了国民党中央操控立法的工具。立法院"既不是近代共和政体中的立法机关,更不具备民主政治中民意机构的性质。实际上只是一个法律编纂机构"[1]。立法院院长在制定法律立法原则时,首先要提交至国民党中央政治会议进行审议,中央政治会议对此原则审议定案后,方可采纳为立法依据,供起草委员会起草相关法律条文时遵循。接着由起草委员会将法律条文草案提交至立法院进行审议,经过三读审议通过后方可形成定稿。最终由立法院将草案定

---

[1] 朱勇.《中华民国立法史》(序言)[M]//谢振民.中华民国立法史.张之本校订.北京:中国政法大学出版社,2000:1.

稿提交至国民政府国务会议议决公布,并确定具体实行日期。由上述立法程序可以看出,代表蒋介石统治集团意志的国民党中央正式会议在立法过程中起到了实质的决定性作用,立法院的土地立法原则自然也是不敢触碰大地主大资产阶级的根本利益的,这也就注定了地政学派的土地改革立法主张不可能被完全接受。

其次,地政学派大力提倡土地人权观、协调人地分布关系,以期通过树立现代化的人地关系理念和格局,营造有利于土地改革的社会意识形态。

有关土地的意识形态也会对土地制度变迁产生作用。意识形态通常是决定制度变迁是否具有合法性的关键,或者决定制度是否能够被公众所接受,意识形态在土地制度变迁中的作用就是减少土地制度变迁和制度运行的成本。意识形态在一定程度上是人类纯粹知识的发展,将会影响人们对周围世界的看法和观念,并进一步影响人们对世界运行的理论化解释与评价,反过来这些还会影响土地改革合约议定的成本。土地制度变迁可以理解成作为制度变迁发动者的政府与制度变迁参与者的普通大众之间一个不断签订土地改革合约的过程,土地制度变迁成本的减少是通过土地制度变迁参与者的意识形态影响合约的签订与施行而实现的。土地制度变迁参与者以自己的价值判断对土地制度变迁的体制规则进行感知,如果参与者认为这些体制规则的变迁是公平和公正的,那么就会自觉遵守土地改革合约,土地制度变迁的成本就可以减少。

地政学派从人们对于土地有迫切需求的意识形态出发,主张平均地权可以实现土地人权,如此,在地政学派的土地改革方案中,政府作为土地制度变迁的发动者,其主张的平均地权土地纲领就可以与土地制度变迁中大多数无地或者少地的参与者的意识形态发生重合,双方对于土地改革的规则有了共同的判断标准和价值观,那么这种强制性土地制度变迁的成本就会无条件下降。当然,既得利益集团的大地主大资产阶级也是这场土地制度变迁的参与者,对于他们来说,地政学派的土地改革方案对土地分配关系的调整将会使他们的福利受到损害。因此,大地主大资产阶级的土地制度变迁参与者的意识形态并不会和土地制度变迁发动者的意识形态发生重合和共鸣,无法形成共同的土地价值观和判断标准,也就是说,土地制度变迁发动者并没有把占据统治地位的意识形态传递给土地制度变迁参与者。这就要求土地制度变迁发动者对这部分土地制度参与者进行意识形态的灌输,使大地主大资产阶级接受平均地权的土地改革主张以实现制度变迁成本的无条件降低,或者通过有偿征收等方式使大地主大资产阶级接受平均地权的土地改革主张,但这时就属于制度变迁成本的有条件降低,因为这种情况是以土地改革合约的签订和执行的成本增加作为条件的。然而,即使是地政学派已经意识到土地改革无法快速得到大地主大资产阶级的意识形态共鸣,决意采用成本相对较高的和平改良方式来实现土地政策目标,但是政府作为大地主大资产阶级的利益相关者,依旧没有壮士断腕的土地改革决心,对平均地权土地纲领原则上接受却又在具体执行上处处"开倒车"。土地制度变迁发动者尚未坚定贯彻地政学派主张的土地改革意识形态,这部分大地主大资产阶级的土地制度变迁参与者就更不会对现有的土地占有作出让步,最后的结果就是剩余大部分无地或少地的土地制度变迁参与者的土地人权根本无从保障。

再次,地政学派主张推广应用土地生产技术以及改良土地经营方式,以实现土地利用现代化,以土地利用制度变迁联动农业制度变迁。

土地法律秩序和土地意识形态是影响土地制度变迁的因素,除此之外,学习和组织也会在土地制度变迁中起到十分重要的作用。首先是人类的学习活动会对制度变迁产生影响。人类从野蛮、愚昧、落后走向文明、进步就是不断学习的结果。人类社会从无序到有序的过程就是制度形成的过程。在时间进程中,制度的变迁就是由人的学习过程决定的,经济与制度变迁的速度是学习速度的函数。人类为什么要不断地进行学习和领悟,主要是因为无处不在的稀缺性引发的竞争。竞争又会诱导人类为了生存而不断学习和领悟,一般而言,竞争力越强,学习和领悟的激励就会越强。反之,垄断力越强,学习和领悟的激励就会趋弱。对土地生产技术的改进与应用,其实也是人类的一种学习,既为了解决自身的生存问题,同时也是为了获取交易带来的好处。土地生产方面的知识经验的积累,也会促进土地制度的变迁。其次组织行为也会影响制度变迁。制度可以看作是整个社会的游戏规则,是一种框架,一种由人类创造并用于限制人类之间的相互交流行为的工具。而组织就是这个社会游戏的参与者,一群人因为某种相同的目标而集中在一起,并为此共同努力,最终达成某一问题的解决。组织作为创新者会使由社会制度结构赋予的机会所确定的财富、收入或其他目标实现最大化,并在这种最大化路径中,组织也能够逐渐促进制度结构的改变,并勾勒出制度变迁的方向。各种组织之间的竞争是无法避免的,这种竞争也会迫使各个组织持续在获取知识与提升技能方面加大投资,以谋求生存。土地经营组织的建立与发展过程,也是一个组织为了获取利润最大化的过程,这些组织关于土地经营的技能知识将决定它们的选择和行动,而这一切又将不断地改变土地制度。

地政学派关于土地利用现代化的主张,主要包括土地生产技术的推广以及土地经营组织的发展,是以通过学习与组织来影响土地制度变迁的方式,以此来提升土地利用程度,保障土地改革的顺利施行。土地制度的变迁又可以极大地推动农业现代化建设。孙中山在领导民主革命、探索救国道路的过程中,始终都对农民和农业问题保持密切的关注,并将解决农民和农业问题视为民主革命、经济建设以及国家发展的关键一环,由此形成了农业现代化发展思想,主张效仿西方建立一套科学高效的现代化农业管理体系,发挥政府在发展现代农业中的宏观管理及导向作用。孙中山认为应从中央到地方各级设立农政部门,统筹国家农业设施完善、生产积极性调动、经营组织引导等工作。地政学派倡导土地制度变迁也是对孙中山的农业现代化主张进行的继承和倡导,无论是由国家推广普及土地生产先进技术,还是大力倡导发展土地经营组织,都与孙中山的农业现代化理念相互契合。而对于这场土地制度变迁的主导者的国民政府来说,相较于可能损及自身利益的土地分配调整,土地利用改善可能会是国民政府更乐于推行并借以扩大财政收入的土地改革选择。国民政府先后于1931年成立研究农业技术的中央农业实验所,1933年5月成立主管农业的农村复兴委员会,1934年分别成立主管水利的导淮委员会、黄河水利委员会、广东治河委员会、扬子江水利委员会以及华北水利委员会,1936年9月成立垄断全国农产品运销及仓储的农本局,1940年成立督导实施农场经营改进工作的农林部农场经营改进处。然而这些政策规划与具体成效之间还是有一定差距的,因时局所困,土地生产技术推广处处受牵绊,政治不良、人才缺乏、经费不足、推广效率低下以及农民智识有限都非一时一力可以解决,传统农业并没有成功实现现代化的转型。

第六章 地政学派的学术贡献和应用价值

中国经济思想史是在漫长的历史岁月中,是中华民族在理性智慧与经济实践的基础上,逐步从粗浅探索发展到成熟完善,直到形成一套具有独特话语体系、思想沿革的经济思想体系。中国古代传统经济思想总的来说是在一个相对封闭的环境中发育发展的,这一模式到了近代才在外部冲击下发生转变。民国时期,中国社会进入了前所未有的大变革时期,在对西方思潮的吸收、整合、提炼下,中国社会迎来了各种思潮的崛起。在这段过程中,经济学的各种流派、学说、思想、主张以及观点相互碰撞,汇聚成了中国经济学发展的高潮。中国的土地经济思想也进入了快速发展的时期,各类土地思想著述形成、学说纷呈,这其中既包括对中国传统土地思想的继承,又有对西方前沿土地学说的引进,既有科学系统的土地理论见解,也有激进不切实际的观点。创立于 20 世纪 30 年代的地政学派,组织体系严密,成员多为全国土地学术界和政界的精英,作为民国时期权威的土地学术团体,它对当时中国土地经济学的发展、土地政策的制定、土地机构的经营管理等诸多方面都产生了重要影响。以中国地政学派为中心进行概括、勾勒与总结,有助于我们厘清民国时期土地改革的概况,也可以帮助我们更加深入地了解土地思想与政策、学术与政治的复杂关系,同时其中不少土地思想研究成果即使在改革开放的今天,依然具有重要的理论价值。

第一节 地政学派与民国土地研究发展

中国地政学派成立于民国时期内忧外患并存这样一个大背景中,当时的中国政治混乱,农村经济濒临破产,对外还面临着帝国主义势力的侵扰。农业作为中国经济基础所在,与其发展息息相关的土地问题自然就成了社会上各阶层关注的焦点。地政学派将孙中山的"平均地权"奉为土地改革纲领,经过发展与积累,逐渐成为中国土地经济学界最具权威的官方智囊团体,在地政学派的引领下,20世纪三四十年代的民国土地经济思想得到了一定的发展。

一、对中国传统土地思想的传承与创新

地政学派的土地思想是中国传统土地思想与近代现实环境相结合的产物,是继承与创新的辩证统一,这种立足历史而又面向现实的研究思路也是地政学派土地思想的鲜明特征。土地思想在中国传统经济思想中占据着重要地位,农业是封建社会的主要生产部门,土地又是农业中最为关键的生产资料,封建主义的基础自然就是封建土地所有制,这就决定了封建社会经济思想对于土地问题的重视。中国的土地制度最早可以追溯到原始氏族公社时期,那时的人们就已经懂得利用土地种植谷物来解决衣食问题。进入文明社会以来,在国家形态下,氏族土地公有制演变为国有制。西周时期实行井田制,土地所有权归周天子,诸侯大夫使用分封的土地。战国商鞅变法后,废井田、开阡陌,允许人民拥有私田以及土地自由买卖,使中国最早成为世界上出现土地私有制度的国家。秦汉之后,先后出现过限田、王田制、屯田政策、占田制、均田制、复井田等。而到宋代,田制不立,中国已经进入了完全的土地私有制阶段,国家仅靠赋税制度对农民与地主、国家与地主之间的关系进行调整,土地市场与租佃关系相对完善。地政学派在进行土地问题研究时,注重吸收中国历史传统中丰富的土地思想,杂糅各类土地学说主张而自成一家,形成了以史为鉴、古为今用的研究思路,并对当时中国存在的土地问题进行历史根源的探讨,以期从中国土地制度发展历程中总结出经验教训,来挽救衰落的中国农村经济。

在地政学派的学说中,以近代著名农史学者万国鼎为代表,他治农而好史,对中国历朝历代的土地制度进行了细致而深入的研究,是中国农史研究领域的开拓者。万国鼎作为地政学派地政教育机构中中国田制史学科领域的主要负责人,出版了关于中国古代土地制度变迁的名著《中国田制史》,并发表了众多

文章对历代土地制度进行专题研究。[1]同时,他注重筑基固本,倾注多年心血,将散见于历代农书以及经、史、子、集、诗、词、歌、赋、类书、方志、笔记、小说,乃至是上古时期的甲骨文、金文、图像、遗存及考古发现文物、农谚与传说中的农业历史文献进行系统的搜集和整理,为中国农业历史的研究打下了坚实的基础。万国鼎认为,"先民经验,尤不可忽。而欲明现状之造因,亦必追溯以往"[2],因此,在进行土地改革之前,不仅需要对中国土地现状有充分了解,还应洞察总结土地制度历史变迁的原因与规律,吸取经验教训,才能够对土地制度进行科学合理的筹划设计,由此可见,地政学派对于古代土地问题的研究是带有鲜明的现实导向的。万国鼎将历史上治乱循环的根源归结为人地关系的无法调和,并认为这一症结对于民国解决社会经济问题仍然具有现实意义。人地关系的矛盾表现在两个方面,一是人口的相对增多导致了土地的相对减少,二是封建社会中阶级差别的出现导致土地分配的严重不均。因此,地政学派对于土地问题的研究也将调节人地关系作为重要的着眼点。

地政学派主张用中国自身的文化思想来解决自身的问题,并在解决近代土地问题时将其进行创新。民国时期,关于按人口授田的土地政策建议在国民政府中具有一定的影响,但地政学派却并不认同。地政学派从中国古代土地制度发展中寻找借鉴,认为历代授田尝试虽多,意在为民,但真正得以维持的却没有,"儒者之井田,托诸空言,可不复论。王莽之王田,未能如何实行,有意而无法,其败不旋踵。太平天国计口授田,剩余归公,较井田更进一步,堪称乌托邦,然亦具文,其时去今不远,古老传说,未闻其验也。采地制为虐民之政,非今所宜法。屯田营田于一隅,无关全民,且其制有似佃耕,耕者生活,去豪民之佃户几何,犹难概论。荒闲授垦,任为永业,意在开荒而与均产无涉,至若金清之括田以授其族,更别有用心。且均失败,未遂初衷,亦见耕者宜有择别,否则虽授

---

[1] 万国鼎发表的中国土地制度史的主要代表作包括:《两汉之均产运动》(《金陵学报》1931年第1卷第1期)、《汉以前人口及土地利用之一斑》(《金陵学报》1931年第1卷第1期)、《北朝隋唐之均田制度》(《金陵学报》1931年第1卷第2期)、《井田之谜》(《金陵学报》1931年第1卷第2期)、《金元之田制》(《金陵学报》1932年第2卷第1期)、《明代屯田考》(《金陵学报》1932年第2卷第2期)、《租庸调与两税法》(《地政月刊》1933年第1卷第1期)、《明代庄田考略》(《金陵学报》1933年第3卷)、《中国历代计口授田政策之回顾》(《地政月刊》1933年第2卷第8期)、《耕者有其田之探源》(《人与地》1941年第1卷第19期)、《殷商之土地制度》(《文史杂志》1944年第4卷第5/6期)、《明代丈量考略》(《中农月刊》1945年第6卷第11期)、《细碎农田制度及其对于中国历史定型作用》(《学原》1947年第1卷第8期)、《万历全国丈量考》(《地政通讯》1947年第20期)、《历代地籍整理考》(《政治季刊》1948年第5卷第3/4期)等。

[2] 万国鼎. 中国田制史:上册[M]. 南京:正中书局,1934:自序.

之田,终不能耕。其意在均贫富,齐苦乐,法制较密,而行之较久者,殆惟北朝隋唐之均田制度。然究之亦未尽均,且旋行旋驰,卒至一废而不可复"[1]。通过对历史经验的总结,地政学派认为计口授田之所以屡试不兴的原因在于人有性别、年龄、能力、偏好等诸多方面的差异,而田地在肥力、水利、交通、技术、经营等诸多方面亦不相同,同时各地人口与土地的分配密度又有疏密之分,这些因素使得计口授田工作在实际开展中难度极大,直接制约了这一土地政策的功效。所以地政学派对于计口授田政策的质疑立足中国土地制度变迁历程,创新性地回答了当下的土地问题,具有较强的说服力。

二、对孙中山土地思想的阐述与发展

地政学派推动土地改革运动时,始终将孙中山的平均地权理论奉为思想指导,对其内容进行详细阐述,并发展设计了一系列具体的方案加以落实。孙中山土地思想中鲜明地体现着中国传统的民本思想、均平思想,其海外求学、游历的经历又使得他对西方文明有充分的接触和理解,从而能够学习与汲取西方先进的土地经济思想,可以说,孙中山土地思想是以中华优秀传统文化与现代西方文明作为思想来源的。在对待别人思想的态度上,孙中山认为"大凡一种思想,不能说是好不好,只看他是合我们用不合我们用。如果合我们用便是好,不合我们用便是不好;合乎全世界的用途便是好,不合乎全世界的用途便是不好"[2],正是在这种实用主义的方法论下,孙中山能够博采众家所长,熔炼出"平均地权"的土地思想。将孙中山土地思想奉为土地改革纲领的地政学派,也承袭了孙中山思想的特色,注重从古今中外土地思想学说中汲取智慧,在此基础上形成完善独特的土地改革理论体系。

地政学派是民国时期孙中山土地思想的研究重镇,对平均地权理论进行了详细而深入的诠释。近代学人对于孙中山的研究,最早可以追溯到20世纪初,之后又以1927年南京国民政府成立为界限,将孙中山研究分为两个阶段。1927年之前关于孙中山的研究整体呈现粗线条、轮廓式的特征,论著较为通俗易懂,但具有开拓性,奠定了进一步研究的基础。1927年之后对于孙中山的研究从民间研究走向官方研究,相关文献的征集、整理以及出版都取得了较大的

---

[1] 万国鼎. 中国历代计口授田政策之回顾[J]. 地政月刊,1933(11):1509—1528.
[2] 孙中山. 三民主义·民族主义第三讲[A]. 孙中山全集:第9卷[M]. 北京:中华书局,1986:216.

成绩,研究领域显著拓展,已经逐步形成了全方位的研究体系。三民主义是孙中山思想的重要组成部分,是指导国民党行为的基本原则及政权合法性存在的法律依据,也是整个国民党奉行的基本纲领,社会各界对于孙中山三民主义的研究层出不穷。地政学派作为具有官方背景的学术团体,对三民主义中土地经济思想部分进行了深入的剖析与阐述。黄通认为:"崇博精深的三民主义乃孙中山先生融化古今的思想,探讨中外的学说,综合近代国际的形势,分析中国社会的实情,而独创之整个革命救国的最高原则。愿吾人若将三民主义加以潜心的研究,则知于整个的三民主义中,自有一中心的主张与终极的目的。"[1]而三民主义的中心主张便是解决民生问题,手段则是平均地权与节制资本。当时除了地政学派,各方学者专家对于平均地权的诠释说法众多,且各方相争不下。地政学派以阐述孙中山的土地思想为使命,以萧铮为代表对"平均地权""耕者有其田"的内容以及两者之间的关系进行了系统的分析总结,对还原孙中山土地思想的真实逻辑与演进付出了诸多努力,还通过各类出版、教育事业,进一步扩大平均地权土地纲领的社会影响力。

地政学派为推进孙中山平均地权土地纲领的落实,设计出了一整套土地制度改革方案,直接促进了土地思想向制度实践层面的转化。孙中山作为开创新的历史时代的重要人物,其伟大功绩及贡献自然不可否认,但是民国政府成立之后,一些学者出于辛亥革命以来政潮迭起、派系纷争等不稳定形势,刻意抬高孙中山的地位,对孙中山的研究完全以其个人作为中心,不注重与现实需求的结合,造成对孙中山思想的研究缺乏时代感,同政党、群众相分离的现象。而地政学派对孙中山土地思想的研究既积极传承,又注重与时代环境的结合,学以致用。孙中山的平均地权学说表现为核定地价、照价纳税、照价收买、涨价归公四个方面,地政学派以这四个环节作为遵循,在地权调整、土地金融以及土地现代治理领域设计了具体的改革方案,以地权调整确保平均地权政策的科学合理展开,以土地金融确保平均地权政策的资金来源,以土地现代化经营确保平均地权政策的可持续发展,这些主张在一定程度上发展了孙中山的土地思想,并给国民政府制定土地政策带来了深刻的影响,推动了在平均地权指导下的土地改革实践。

---

[1] 黄通.中国土地制度的沿革——平均地权研究之一[J].学生杂志,1930(3):36.

三、对民国土地思想研究的引领与繁荣

地政学派丰富的土地学术成果和系统的土地前沿理论,在民国时期的学术界和社会上享有很高的知名度和影响力。地政学派的学术动态持续被民国时期社会各界关注研究这一事实可以从侧面反映出地政学派的重要性,包括当时各大报纸媒介对地政学派的持续跟踪报道以及各界学者的关注和评论,例如近代中国发行量最大的《新闻报》从1934—1947年间对地政学派各类活动开展的密切报道[1],此外《来复》《测量公报》《时报》《新村半月刊》《立报》等报纸也是重要的地政学派动态的报道阵地。地政学派的土地政策主张和活动也为同时代的以金陵大学农业经济系教授卜凯为代表的资产阶级农业经济学派,以梁漱溟、晏阳初为代表的乡村建设派,以王宜昌、王景波、张志澄、韩德章为代表的中

---

[1]《新闻报》对地政学派的主要报道包括:《中政校地政学院新聘教授》(1933年11月22日0016版);《镇江开第一次中国地政学会大会》(1934年1月14日0008版);《中国地政学会在镇举行年会》(1934年1月14日0016版);《中国地政学会一届年会昨在镇开幕》(1934年1月15日0015版);《中国地政学会在镇举行第一届年会纪详》(1934年1月16日0015版);《中国地政学会镇江分会成立》(1934年7月2日0016版);《土地委员会托地政学院研究问题》(1934年9月22日0015版);《中国地政学会将开研会》(1934年10月15日0013版);《南京地政学会出周刊》(1934年10月21日0009版);《中国地政学会研究会志盛》(1934年10月24日0016版);《地政学会理事会议讯》(1934年10月28日0016版);《中国地政学会建议立法院修改土地法》(1934年11月27日0012版);《地政学院第三班学员出发实习调查》(1935年1月14日0011版);《地政学会年会五日在京举行》(1935年4月1日0004版);《中国地政学会年会讯》(1935年4月3日0015版);《中国地政学会二届年会明日在京开幕》(1935年4月4日0018版);《地政天文两学会在京开年会并志》(1935年4月6日0020版);《两学会年会昨开幕:气象学会、地政学会》(1935年4月8日0014版);《地政学院整理方志》(1935年10月7日0013版);《地政学院派员调查地政》(1935年10月13日0006版);《地政学院考察川滇黔土地》(1935年11月14日0006版);《中国地政学会在杭举行年会:四四起举行四天》(1936年3月2日0015版);《中国地政学会举行三届年会:四月四日在杭开幕》(1936年3月10日0016版);《中国地政学会今日起在杭开年会》(1936年4月5日0018版);《地政学会在杭开年会:重要议题为田租与测量》(1936年4月6日0005版);《地政学会选举》(1936年4月7日0007版);《中央地政学院学生毕业分发服务》(1937年2月3日0016版);《地政学院之研究》(1937年2月20日0016版);《地政学会四月三日在青岛开年会》(1937年3月9日0007版);《地政学会年会定期在青举行》(1937年3月31日0006版);《萧贞(铮)等赴青出席地政学会》(1937年4月2日0007版);《地政学会今开幕》(1937年4月3日0007版);《地政学会第四届年会》(1937年4月4日0004版);《地政学会今日开幕》(1937年4月5日0005版);《地政学会开幕决议耕者有其田方式》(1937年4月6日0004版);《地政学会公开征文》(1939年1月11日0009版);《地政学会年会蒋总裁致训词》(1939年4月23日0009版);《地政学会第五届年会》(1939年4月24日0009版);《中国地政学会五届年会开幕》(1939年4月25日0007版);《中国地政学会在渝开第一次大会》(1939年5月2日0014版);《地政学会设立地政研究所》(1940年10月8日0006版);《中国地政学会设立地政研究所》(1940年10月22日0011版);《中委萧铮来沪降卒土地改革分会》(1949年5月7日0001版);《地政学会七届年会讨论改革土地政策》(1947年4月7日0007版);《地政学会年会开幕通过运用土地价值改革币值》(1947年4月8日0010版);《中国土地改革协会公布土地改革方案》(1948年3月21日0002版等)。

第六章 地政学派的学术贡献和应用价值

国托派(又称中国经济派),以钱俊瑞、薛慕桥、陶直夫、孙冶方为代表的中国农村派等学术团体所重视,这些学派后来也相继参与到20世纪30年代中期关于中国农村社会性质论战中来,从各自立场出发围绕中国农村社会性质问题陈述主张并展开辩论[1]。地政学派在民国时期土地学术界的重要作用可以从以下几个方面分别述之:

其一,地政学派集中当时著名的土地经济学家,组成宣传土地经济学理论最集中的阵地。地政学派的土地学术事业主要依托中国地政学会、中国土地改革协会两大组织形式来开展。1933年1月,中国地政学会成立于南京,参与者从最初的26人在三个月后增至100人,再到抗战爆发时,会员已逾500人,团体会员26家。1947年4月,中国土地改革协会成立于南京,参加人数230余人,半年后便增至3 600人,其支会遍布全国各省及各重要城市[2],正是这样一个大规模的学术流派将民国时期与土地问题密切相关的个人与群体集中在了一起,"全国研究与从事土地行政者,几纯为本会之会员"[3]。从地政学派的成员构成来说,主要可以分为国民政府相关部门的官方代表、从事土地经济学术研究的专家学者、立足土地实务工作前线的地政人员以及各地民政及土地机关单位。从会员构成就可以看出地政学派是官方授意成立的、为官方土地政策进言献策的智囊机构,与官方保持着紧密关系。

而在这之中,对支撑土地政策制定的土地思想学术研究起到重要推动作用的则是地政学派的核心部分——土地经济专家学者。地政学派土地经济专家学者群体包括土地经济学界的著名专家、土地经济学教育界的骨干以及来自国民政府内部的学者型官僚。20世纪30年代前后,中国经济学界思想研究活跃,名家人才辈出,而地政学派是否具有影响力和号召力则与其土地专家学者是否踊跃加入直接相关。地政学派的成立本就脱胎于由十位土地问题专家组成的土地问题研究会,之后该研究会不断吸纳众多土地问题研究学者,短时间内便发展成为全国土地经济学研究重镇。这些学者大部分具有海外留学经历,如萧铮毕业于德国柏林大学,邹序儒毕业于日本东京帝国大学农学部,汤惠荪毕业于日本鹿儿岛高等农林学校并于德国柏林农科大学、英国牛津大学进行研究学习,黄通毕业于日本国立威冈高等农林学校并取得日本早稻田大学经济学学士

---

[1] 陈旭麓等. 五四以来政派及其思想[M]. 上海:上海人民出版社,1987:537—538.
[2] 陈顺增. 土地管理知识辞典[M]. 北京:中国经济出版社,1991:131.
[3] 萧铮. 土地改革五十年——萧铮回忆录[M]. 台北:中国地政研究所,1980:65.

学位,后又赴英国牛津大学农业经济研究院及德国波恩大学农学院研究学习,郭汉鸣毕业于法国巴黎大学高等研究院,等等。也有中国本土培养的地政人才,如李积新、仇元是毕业于金陵大学的农学士,翁之镛毕业于东南大学,还有一些地政学院培养的地政专家,如胡品芳、周之佐等人。

土地经济学教育界的骨干力量也是地政学派专家队伍的重要组成部分,如阮毅成是中央政治学校教授,刘运筹是国立北平大学农学院院长,吴焯是中央陆地测量学校地形科主任教官,乔启明是金陵大学农业经济系主任,徐澄与孙文郁是金陵大学农业经济系教授,冯紫岗是安徽大学农艺系主任,黄公安是浙江大学教授,郑彦棻是广州中山大学教授,这些教授与地政学院的师资力量汇聚在一起,成为全国土地经济学教育界的主干力量,为民国地政建设源源不断地输送着新鲜血液。

作为具有官方背景的学术团体,地政学派研究力量的主要组成部分之一是学者型官僚。这部分成员的专业学科背景与政府履职经验兼备,确保了地政学派的研究能够与政府发展土地事业的实际所需紧密结合起来,并促进土地经济思想加快向土地政策转化。学者型官僚的代表有德国弗莱堡大学政治经济学博士张丕介,担任中央土地专门委员会委员。美国康奈尔大学农业经济学博士唐启宇,担任全国经济委员会简任技正。美国西北大学商科硕士赵棣华,担任江苏省政府委员兼财政厅厅长。北平师范大学毕业的郑震宇,担任内政部土地司司长。总之,地政学派成员中的土地经济学界的著名专家、土地经济学教育界的骨干以及来自国民政府内部的学者型官僚共同推动了民国时期土地经济学的研究。其实,这三类成员并没有明确的界限,也存在一人兼具多重身份的现象,甚至地政学派的成员同时也会是其他学术社团的成员,如唐启宇、万国鼎、吴尚鹰、汤惠荪、邹枋等地政学者同时又是中国经济学社的成员,然而,也正是因为许多学者拥有这样多重交叉的身份,促进了地政学派学术的开放性和包容性。

其二,地政学派推动了中国土地经济学研究的发展,完善了民国土地经济研究体系。民国时期土地经济学科的发展并不落后于同时期其他经济学分支学科的发展,这与地政学派成员的努力不无关系。在1941—1946年间教育部学术审议委员会举办的六次学术品评奖励中,地政学派成员作为土地经济学家的代表屡次获奖,吴文晖的《中国土地问题及其对策》获得1942年社会科学类三等奖,李显承的《马克思及其地租理论》获得1943年社会科学类三等奖,吴文晖的《土地经济学原理》获得1944年社会科学类二等奖[1]。地政学派在推动中国土地经济研究中的贡献，主要体现在弥补土地学科空白、开拓土地问题新领域两个方面。一方面，地政学派致力于构建中国本土的土地经济学体系，将土地经济学从惯常描述性但缺乏理论分析的研究状态扭转向更具深度和广度的研究范式。1930年我国第一本土地经济学的教科书——《土地经济学》，便是由地政学派成员章植所著。"近来因为平均地权学说的倡导，都市的渐兴，土地价税的征收，农村经济的凋零，于是我国学者对于土地经济学方面开始加以深切的注意。纵观我国出版界，对于土地经济学部分的探讨，很浅薄的有几本小册子，同时各刊物中也散载关于部分的论述。可是，从整个土地经济学立论的，只有章植著的《土地经济学》，是一本三十万言的巨著。"[2]之后相继有1933年邹枋的《中国土地经济论》，1944年张丕介的《土地经济学导论》等专著，都为民国土地问题研究提供了理论基础和逻辑依照。而地政学派其他学者的专著或论文也在土地经济学的现代理论框架内，不断充实着土地经济学的研究内容，推动着土地经济学的建立和演进。民国时期知名经济学家方显廷评价国民政府成立的二十年来中国经济研究发展，谈及土地经济学科时，重点提及"中央政治学校并设有地政学院，专门研究土地问题及训练人才；地政研究所继任该院的工作，主持人萧铮、汤惠荪、祝平与万国鼎诸氏，均地政专家，服膺于中山先生平均地权的教义，从事理论与实际之探讨，陆续有著述发表"[3]。即使是在抗战时期，地政学派的土地经济学研究工作也得到肯定，夏炎德认为地政学派所创设的地政研究所是战时中国土地问题研究的中心，正是地政研究所在战时仍然坚持出版土地专著、译介世界名著、刊行《人与地》、编辑地政常识丛书等各项学术事业，使得"土地与农业经济之研究，虽在战时，仍能照常进行"[4]。

此外，地政学派也致力于开拓土地研究新领域，促进中国土地经济研究体系的完善。土地租佃制度改革与税制改革向来是土地问题的研究焦点，但是地政学派的研究不止步于此，同时独辟蹊径，提出土地金融论、土地的现代治理观等主张。这样便使得地政学派的土地思想在科学系统的理论基础上，又兼具创新性和全面性的特点，更能够为土地地权的配置与维持提供有力的保障，同时

---

[1] 张清勇. 中国土地经济学的兴起：1925—1949[M]. 北京：商务印书馆，2014：306.
[2] 邹枋. 论章著土地经济学的相对论基础[J]. 经济学刊，1931(1)：1—9.
[3] 方显廷. 二十年来之中国经济研究[J]. 财政评论，1947(1)：97—103.
[4] 夏炎德. 抗战七年来之经济学[J]. 文化先锋，1944(24)：8—24.

也为土地高效利用提供了良好的制度环境。

其三，地政学派促进了土地经济学新知识的传播，接轨国际土地改革前沿。地政学派中不乏具有海外求学或调研考察等经历的成员，他们都有一个相同的想法，即希望能够将他们在国外接触到的土地经济学领域中的前沿问题介绍到国内，使得地政学派的土地思想能够快速实现与国际的接轨。随着20世纪中国留学潮的出现，日本因为距离近、费用低、文化相近等原因成了当时很多人的留学首选地，地政学派的部分学者也是众多留日学子的一员，如向乃祺、洪季川、秦元邦毕业于日本早稻田大学，王先强、李黎洲、马铎、刘宝书、罗醒魂毕业于日本明治大学，邹序儒、陈植、陈海澄、马开化、黄枯桐、戴弘毕业于日本东京帝国大学，曾济宽毕业于日本鹿儿岛大学，李君明毕业于日本法政大学等。这些人在日本求学期间，有机会接受日本土地经济学的教育训练，甚至深入日本的土地改革事业中，这些经历让地政学派得以翻译了大量的日本土地经济学专著引入中国，并对日本土地改革前沿成果进行述评。此外，德国和美国也是地政学派成员主要的求学地，例如萧铮毕业于德国柏林大学，黄公安求学于德国弗莱堡大学农业研究院，张丕介是德国弗莱堡大学政治经济学博士，黄荫莱是德国耶拿大学经济学博士，赵棣华毕业于美国西北大学商学科，乔启明是美国康奈尔大学农业经济硕士，张廷哲毕业于美国哈佛大学研究院，徐澄是美国康奈尔大学农学硕士，等等。在美、德这两个土地改革先驱国家，土地思想异常活跃。萧铮在德国留学期间还参加过德国土地改革同盟会的活动，十分赞赏同盟会对德国通过土地立法推动德国土地改革所起的作用。求学于此的地政学者直接将其奉为中国土地改革的思想来源，也使得国民政府的土地政策深深地打上了美德两国土地改革的烙印。对日、美、德三国土地经济学的传播，能够保证中国土地经济学以及土地改革紧跟世界前沿动态。此外，地政学派土地思想与国际接轨的另一个表现就是紧随国际统制经济思潮。1929年全球经济危机的爆发给经济学研究带了巨大变革，凯恩斯的国家宏观干预理论成为各国主流，地政学派成员在求学期间看到这样一种统制思潮的蔓延以及国家干预对危机治理的有效性，于是在提出土地主张时十分强调政府的统制作用，并设计出了一套强制性土地制度变迁的框架体系，以此保证与世界各国经济发展趋势保持一致。

其四，地政学派致力于各类地政刊物、书籍的出版工作，构建地政研究平台。自地政学派发轫以来，地政学派的系列出版物就承担着地政学派推动土地改革的发声喉舌的作用,同时也是地政学派土地思想的集中体现。地政学派相继编印了《地政月刊》《人与地》《土地改革》等附属刊物,即时传播沟通地政消息,为广大地政专家学者提供了交流与研究的平台。"地政"一词作为创新名词,首次出现在国民政府1930年颁布的《土地法》中,将负责土地行政事务的机关统称为地政机关。而《地政月刊》则是第一个以"地政"命名的刊物,专门从事地政问题的研究,于是"地政"一词闻名全国。在这之前,有《地理杂志》(后改为《方志月刊》)以及《地学季刊》两个平台来刊发有关人地关系的文章,但这两种期刊实际上是属于科技性的地理学专业杂志,因此《地政月刊》的刊行也标志着民国时期第一个有关地政研究的专业性期刊的诞生,而且自首期就占据着土地学术界以及出版界的核心地位。《地政月刊》作为地政界的研究园地,地政学派将土地经济学理论研究成果、土地改革主张以及实际地政调查结果都登载于此刊物上。《地政月刊》还及时收录国民政府颁布的土地法律政令、全国地政界的实务新闻,为地政学者了解政府土地决策提供了一个平台。此外,对于紧扣时政热点的历届年会的研究成果也一一予以发表,记录地政学派的政纲与主张,为国民政府制定土地政策提供参考和建议。由此可以看出,《地政月刊》是兼具土地经济学理论研究、地政消息传播与政府土地事业参考等多方面作用的综合性地政刊物。

《地政月刊》这样的办刊宗旨和理念也延续到了《人与地》与《土地改革》期刊上,虽然这两份期刊刊行背景阶段已有所改变,甚至面对着更为恶劣的办刊环境,但都保持着在地政学界的权威性和前沿性。在专著、编述以及译作等书籍的出版方面,随着民国经济学者著作出版高潮的到来,地政学派成员在土地经济学科著作从无到有的过程中做出了重要的贡献,而且这些出版的书籍不只是外国著作的翻译搬运,而是经过分析与研究,创造出的属于中国本土的述、论结合的作品。这些书籍基本上全面覆盖了民国时期土地研究以及农业研究的各个方面,以北京图书馆所编《民国时期总书目:1911—1949》(经济上)[1]中对民国阶段经济类书籍的统计,在土地经济学的相关分类下,每一个主题的土地研究基本包括地政学派成员的著作,如土地问题主题下一共收录了10本专著及2本译作,10本专著中即有4本出自地政学派,分别为黄通《土地问题》(中华书局,1941)、向乃祺《土地问题》(宣内槐抱椿树庵,1931)、郑震宇《土地问题》

---

[1] 北京图书馆. 民国时期总书目:1911—1949[M]. 北京:书目文献出版社,1933.

(中央训练团党政训练班,1942)、地政学院《土地问题讨论大纲》(中央政治学校印,时间不详)。其他如土地政策、土地制度、土地管理、土地经营、地租、土地改革等类目下均有地政学派成员的相关文章,这些书籍对于充实及开拓民国土地研究起到了重要的推动作用,此后学界专门论述土地问题的著作逐渐增多。

其五,地政学派积极推动地政人才的教育培训事业,形成了全国土地经济学教学和研究重心。国民政府对成为地政人员的资格有着有明确的规定,需要具备以下资格之一才能够向地政署申请登记,"国内外专科以上学校土地行政或土地经济系及地政、测绘等学校毕业者;曾任高级、中级地政工作而有文件足以证明者;研究地政而有专门著作者"[1],可见提高土地行政人员的专业素质与技能、教育训练地政人员是地政工作中的重要环节。顺应这项要求,萧铮在《集中土地专家筹划推行国内土地政策方法》中就提出要在政治学校内设置土地经济学,培养高级地政人才。如此也可以扩散地政学派土地思想并扩充地政学派的队伍,共同致力于土地改革事业的实现。

地政学派兴办地政教育主要经历了由地政学院到地政研究所两个阶段。1932年11月,萧铮作为地政研究班筹备委员之一,与政治学校的实际负责人陈果夫一同开办了该班。地政研究班成立之初就得到了蒋介石的重视,并进行了书面致辞。不久,临时性的地政研究班就奉命改为永久性的地政学院,之后,地政学院的土地经济学教学研究以及实践调研产生了较大社会影响力,不久就成为20世纪30年代全国的土地经济教育与研究中心。曾任国民政府农林部农村经济司司长的赵葆全对地政学院的工作进行了肯定和评价:"我国土地经济学科的独立成为一个体系,系自中央政治学校地政学院办理时开始。民国二十一年中央政治学校设置地政研究班,嗣改称地政学院,执教者悉心研究,并指导学员实地考察及编制论文,该院至民国三十年因政校改制而停设,前后十年完成之论文及考察报告各有二百余种,土地经济科学内容,因之充实不少。"[2]对于地政学院培养出来的人才,萧铮称,到1949年之前,"各省市地政局长百分之九十以上为地政学院同学"[3]。1940年地政学院停办,中国地政学会随即创办中国地政研究所,以继续肩负土地经济学教育培训的重任,这种在战时由私人

---

[1] 地政署地政人员登记简章[J]. 地政通讯,1943(2):5.

[2] 赵葆全. 农业经济[M]//李熙谋. 中华民国科学志(三). 台北:中华文化出版事业委员会,1958:1—18.

[3] 萧铮. 土地改革五十年——萧铮回忆录[M]. 台北:中国地政研究所,1980:285.

创办的学术机构属于首创,该所后来扩大成为建国法商学院。

无论是地政学院还是地政研究所,地政学派始终坚持学以致用的学风。就其研究工作而论,地政学派除承担教学工作,也围绕时下土地改革的热点问题进行了大量的课题研究,提供给国民政府作为制定政策时的参考,部分课题也整理成著作出版,影响力不断扩大。学以致用的另一处体现就是负责安排毕业生工作,使得学生可以安心进行学习,最大限度地提升自身知识水平与专业技能,这些学生毕业后被分配到各地地政机关工作,也能促进全国地政工作水平的提高。正是因为这样一种学以致用的教育方针,使得地政学派学者区别于普通的土地研究者,能够真正把科学系统的土地经济学专业知识研究运用到土地改革事业中,并让理论能够与实践相互促进。

第二节　地政学派与土地改革实践

地政学派不同于普通的学术组织,成立之初的定位即为官方土地政策智囊团体,这代表着地政学派的土地思想具有鲜明的政策导向性,能够为土地制度的建立提供相适宜的先期探索与讨论。也因为地政学派与政府之间天然的密切关系,其土地思想也更容易转化为现实的土地制度安排。地政学派土地制度主张一旦落实,又可以反过来对土地思想进行检验,以进一步促进地政学派土地思想的提升与完善,并最终更好地指导土地改革实践。然而,需要强调的是,地政学派与国民政府的密切关系却在另一方面成为该学派推动土地改革时的障碍,这是因为地政学派始终寄希望于南京国民政府,且未能真正触及土地改革的实质。虽然地政学派也曾发出呐喊,"真正中国的前途:是要从推翻现存的土地制度,铲去剥削阶层及其代表者官僚集团做起"[1],但这显然是不可能实现的,依靠地政学派无法推行一场能够真正解决中国广大农民土地问题、实现中国农业现代化的土地改革。所以,也正是随着地政学派及其所依附政权的落幕,中国迎来了一个充满希望的新开始。即便如此,地政学派对中国土地改革事业的探索和实践,仍是近代中国土地思想史演进历程中浓墨重彩的一笔。

一、以推进土地改革事业为政治追求

地政学派成立之初就是一个兼具学术研究性与政策导向性的团体。1932

---

[1] 萧铮. 我们揭出社会革命的旗帜:创造新中国的前途[J]. 土地改革,1948(1):3-5.

年 7 月在官方授意组织下的土地问题讨论会结束时,参与讨论会的人就深感有继续研究土地政策的具体施行计划并不断推进的必要,于是决意发起成立中国地政学会,"集全国研究土地问题的学者及实际从事地政工作的领导分子于一处"[1],奉行"研究土地问题,促进土地改革"的宗旨,从此条宗旨就可以明确看出地政学派的双重使命。之后中国土地改革协会的成立更是为了以社会团体的性质吸纳更广泛的社会各界人士参与到土地改革事业中来,以"策进土地改革、促进政治民主、经济平等"为宗旨。在这些宗旨的引领下,地政学派成员表现出了强烈的干政愿望,每年年会都围绕迫切需要解决的有关土地政策方面的问题进行讨论并形成意见书以供当局采择,而且从地政学派的核心人物到地政学院培养出来的地政新人,大量进入土地立法机关、土地决策机构以及土地实务部门等与土地行政相关的岗位担任要职,并积极参与到土地改革相关的运动中去,以此推动地政学派土地思想向土地政策的转化,做出土地理论真正服务于政府的土地决策。

地政学派的政策导向性从《地政月刊》上的文章内容就可以反映出来,《地政月刊》中的文章分类为论著、译述、参考资料、书报评述、时论撮要、法令汇录、专载、通信、新闻、本会消息十项,主要内容可以分为土地整理、土地政策、土地登记、土地陈报、土地问题、土地调查、土地法令、土地丈测、土地重划、土地利用、土地税、土地制度、土地经济、土地行政、土地征收、土地分配、土地金融、都市地域制、地价、田赋、农业与农村、租佃问题、屯田、住宅、垦殖问题等,这些都是民国时期的土地热点问题,甚至是聚焦到土地行政中的具体筹划,文中的观点也基本都是地政学者们在褒贬时政的基础上进行的相关论证,大多是积极响应政府号召,为土地事业发展出谋划策。此外,月刊中也有一些鼓动与宣传性的内容,虽然此类内容严格来说不属于学术探讨,但是从另一个方面也反映出地政学派积极介入政府土地改革及政策宣传的政治取向,地政学派认识到在中国进行土地改革运动必须有政治资源的配合,而将政治资源充分调动起来又须以媒介宣传为前提,这也是地政学派作为官方土地政策制定智囊团的特征体现。

地政学派强烈的干政欲望并非是一厢情愿,而是符合政府需求的,两方面的结合,才使得地政学派对国民政府土地政策制定产生影响有了可能性。地政

---

[1] 赵葆全.农业经济[M]//李熙谋.中华民国科学志(三).台北:中华文化出版事业委员会,1958:1—18.

学派得以生存和发展下去的原因就在于其背后官方的大力支持,这也是它的一个巨大优势。地政学派与当时赫赫有名的"CC 系"关系密切,蒋介石支持陈果夫建立一个学术团体以进行与土地改革事业相关的政策研究与动员宣传,同时着手创建专门的学院进行土地改革相关人员的培养与训练。鉴于萧铮与陈果夫之间的密切关系,陈果夫便举荐萧铮作为此项决议的集体执行人,也就有了接下来地政学会以及地政学院的开办,地政学派也由此形成。在地政学派之后的发展中,陈果夫始终给予了大量的帮助与支持,从政治上不断加强和扩大这个团体在民国土地经济界的影响力与号召力。地政学派在民国百家争鸣的经济学术界,也因官方学派的烙印使其土地思想具有更大的转化为现实的土地制度安排的可能性,在中国近代土地改革思潮与土地改革事业中都留下了浓墨重彩的一笔。

地政学派灵魂人物萧铮的土地改革实践经历,就可以很大程度上代表地政学派与国民政府之间的密切关系,国民政府对土地改革人才的需要恰好满足了地政学派参政议政的需求。1932 年初萧铮回国,蒋介石召其赴汉口相见,并指示其迅速拟具关于苏区土地的处理意见。萧铮据此在自己土地研究考察的基础上拟定了《苏区土地整理计划大纲》,内容上充分体现孙中山平均地权的土地纲领,对此大纲蒋介石表示同意并核准择要进行,之后便让萧铮组织土地问题讨论会专门进行平均地权研究,还计划成立专门地政人员训练班,此后也就有了中国地政学会、地政学院以及地政学派后续事业的开展。

萧铮在主持地政学派的相关事宜时,国民政府也给他安排了相关职务来推进土地事业的发展。在地政学会的组织筹备阶段,萧铮便被陈果夫任命为导淮委员会土地处处长,按照平均地权的指导进行土地整理,保障水利工程的兴建。"这是萧氏运用土地政策协助经济建设的第一次尝试,也是我国把土地改良所增加的价值收归公有用于建设的第一次尝试。"[1]1934 年 5 月,萧铮以土地专家身份受邀参加全国财政会议,他以地政学会名义提交了关于土地陈报的意见书,并得到采纳推行。1935 年 11 月 12 日,国民党召开第五次全国代表大会,萧铮当选为浙江省代表,会上决议成立专门委员会,陈果夫、萧铮分别担任土地专门委员会正、副主任,地政学会的理事、监事担任委员。在萧铮的实际主持下,土地专门委员会开展了修正土地法的活动,使得土地法朝着落实孙中山平均地

---

[1] 陈太先,魏方. 当代地政泰斗萧铮博士传略[M]. 上海:上海市政协,1997:47.

权和耕者有其田的方向发展。1936年7月,国民党中央五届二中全会开幕,萧铮又以中央执行委员的身份将地政学会第三届杭州年会关于改革租佃制度的讨论作为议案提出。1941年12月25日,国民党五届九中全会召开,蒋介石将萧铮所拟的《战时土地政策纲领草案》提交大会讨论,决议成立地政署统一管理全国地政业务。1946年6月,国民政府迁回南京,宋子文任行政院长,向蒋介石推荐萧铮担任行政院经济部政务次长,萧铮在任职期间创办建国法商学院,并特设地政系,将地政研究所纳入,同时撰拟制宪中的土地政策条文,促成地政部设置和在台湾成立土地银行。1947年4月6日,萧铮组织中国土地改革协会。1948年1月,萧铮参与竞选立法委员并高票当选,同年7月,以行宪后立法委员身份提出《农地改革法案》。

  从萧铮的政治经历可以看出,国民政府对于土地改革事业的人才需求是十分迫切的,而萧铮也充分利用这些机会推动了地政学派土地主张的落实。但事物都有两面性,地政学派与以陈果夫、陈立夫为代表的"CC系"关系密切,因此所主张的土地改革政策也被复杂的派系斗争所牵扯而阻碍重重。陈果夫一系的影响力主要集中在国民党的党务、组织和教育系统,在财经领域影响力十分有限。因此本是由萧铮提议的地政署成立后,蒋介石原本属意萧铮出任署长,却遭到了萧铮的拒绝,"萧氏认为地政署虽然直属行政院,其地位仍不足以抗衡内政部和财政部,有其财政部掌握财政大权,对他地政事业一向是处处掣肘,此刻地政署也很难有成就"[1],这种现象也是当时特定政治环境下所不可避免的。

  除萧铮外,地政学派的其他代表人物也在国民政府地政相关部门任职。简单列举一二:陈果夫主政江苏时以民生主义为施政目标,将土地问题的解决作为政策重心,并于1934年在省政府下专设地政局,由地政学派曾济宽担任局长,洪季川担任主任秘书,地政学院第一期毕业学生全部分配至江苏省参与该省地政工作。曾济宽调离他任后由地政学派成员祝平继任局长;1940年农林部设置垦殖局,在萧铮的介绍下,由唐启宇担任该局主任秘书,负责后方垦殖的实际计划督导工作;1941年,时任甘肃地政处处长的郑震宇调任新成立的地政署担任署长,各处室主管分别由地政学院同学担任;1947年地政部成立,由熟悉青岛德据时期地政工作的地政学派成员吴尚鹰担任地政部部长,并在萧铮的介绍

---

[1] 陈太先,魏方. 当代地政泰斗萧铮博士传略[M]. 上海:上海市政协,1997:90.

下由汤惠荪担任政务次长,鲍德澂担任常务次长,部分中高级干部也多是地政学院的学生。总之,地政学派自身强烈的干政愿望以及政府对土地改革人才的需求,二者结合起来,才使得地政学派能够对国民政府制定土地政策产生影响。

二、参与政府土地理论阐述和政策设计

地政学派研究土地问题以孙中山的平均地权思想为指导,以促进土地改革为宗旨,为政府从事土地改革进行具体理论阐述和政策设计。根据地政学会历届年会以及散见于各类土地论述中的观点,地政学派主要的土地主张可以归纳为八个方面:一是划分土地公私权益,国家对土地有最高所有权(最高管理支配权),私有权限于现有地价及在土地合理利用的前提下所产生的使用收益权;二是依照地主申报地价与核准地价征收累进地价税,累进上限为百分之八,同时对地租进行限制,最高额不得超过地价百分之八;三是地价规定后,所有因社会进步而增加的地价部分全部归公,国家在施行土地与经济政策时,可以随时照价收买;四是现有佃耕地由国家发行土地债券收买,划分为标准自耕农场,分授给农民,并指导农民开展合作经营事业,以及应用先进技术、科学管理经验,以期土地利用能够与国家社会经济发展相契合;五是城市土地及特殊建设地带实行区段征收,由国家严格统制使用;六是荒地由国家负责奖助或实施垦殖,并创造国防垦区;七是建立职权统一、系统完备的地政机关与土地银行,以实施土地的严格管理与土地资金的灵活运用;八是采用科学方法办理地籍整理工作,以迅速、确实、便利为原则。这八个方面就是地政学派成员的共同主张,地政学派的土地研究及实践活动基本都在此基础之上开展。

地政学派在促使土地思想转化为土地制度设计的过程中做出了种种努力,其土地主张在一定程度内得到了执行。地政学派的土地政策建议被国民政府采纳的实例主要包括:

一是宪草运动。《五五宪草》中"国民经济"章节,关于土地事项的规定主要是在宪草第一四一条至第一四四条,基本全部采纳了地政学派的建议。这些建议是由地政学会根据两次宪草研究会的研究得出的结论,并于1932年6月与10月送至立法院。

二是修正土地法运动。自土地问题讨论会制定十项原则后,地政学派成员便开始着手研究如何修正《土地法》并促进其实现。1934年8月,土地委员会正式委托地政学会研究中央政治委员会交办的有关土地问题提案四件,标志着修正《土地法》运动的正式开始。同年10月召集《土地法》研究会,11月提出意见书,后经地政学会不断努力,最终于1936年10月中央土地专门委员会提出修正《土地法》原则二十四项,经中政会集议三次逐条探讨,于1937年5月5日正式通过其中的二十二项。既而立法院逐条提出意见,而对于地价税采用累进制一项规定,始终难以决定。但是中央政治委员会以及国防最高委员会已经先后根据地政学派的修正原则,准许各省分别办理变更土地法规定的事项。

三是整理地籍运动。地籍整理不仅是土地政策推行的前提,而且是增加财政收入的途径。地政学派主张采用科学方法进行土地整理,被地政学会的团体会员单位,如江苏、浙江、安徽、江西、湖南、湖北、广东诸省民政厅以及各直属市地政局相继推行,地政学派成员也大多奋战在地籍整理工作的前线。江西、江苏的部分地区以及平湖地政试验县,还将最新的航空测量技术应用于地籍整理工作,成效显著。1937国民党中央拟定五年计划,将全国测量登记工作划分为三期进行。因抗战爆发,进展并不顺利,但后方的土地整理工作依然在艰难推行中,并于1942年7月在地政部成立了地价申报处,将地籍整理纳入地价规定的工作环节中来。

四是租佃改革运动。租佃制度在中国历史久远且弊害丛生,地政学派主张改革租佃制度,最初在江苏启东施行,并拟于陕北推行,却在具体施行过程中遭到了地方政府的搪塞阻碍,未能彻底贯彻执行,然而在推行过程中却已经证明租佃改革是受到农民拥护和一般社会大众支持的,因此地政学派租佃制度设计方案还是能够为后续改革所效法。

五是战时垦殖运动。抗战之前,地政学派就已经注重荒区垦殖、利用、改良工作,并加以调查与规划。抗战爆发之后,地政学派就提出战时土地政策,推行战时垦殖及战士授田运动,并且向中央与各地政府以及多个公私团体建议实施此项方案。在地政学派的号召下,公私垦区相继建立,至1940年还成立了中央垦务总局。但地政学派并不以此为足,1940年召集战时土地政策研究会,征求社会各方面的意见,以期不断扩大宣传影响乃至被官方落实。

六是建立土地金融制度与土地行政制度运动。土地金融制度与土地行政制度的完善,是推行土地政策的两翼。在地政学派的各种主张中,屡次表明要设立系统的土地银行与地政机关,而且多方努力推动。土地银行作为新兴事物,时人多持质疑回避的态度。在地政学派的倡议下,地政机构设置法规并在部分省县逐步建立土地银行。1940年7月国民政府通过设立中国土地银行的决议,并以1941年6月中国农民银行暂设土地金融处办理土地金融业务的形式得到落实,地政学派所主张的土地金融制度初具雏形,之后地政学派仍然在为更加彻底的土地金融制度设置奔走努力。

然而,在中国土地改革协会成立的1947年,国民党的统治已经开始走上分崩瓦解之路,混乱的时局和破败的经济给地政学派的土地经济学研究工作带去了种种桎梏,使得学术研究未能进一步深化,改革事业也未能顺利推进。1949年之后,随着中国土地改革协会撤退到台湾,地政学派在大陆的积极活动也就此终结。回溯地政学派的学术历程,囿于混乱的时局、衰落的经济,加之地政学派被卷入复杂的政治派系斗争,导致地政学派土地经济学从理论到实践的转化最终并未顺利实现,但这也与其理论体系本身存在的缺陷有一定联系。譬如,地政学派对平均地权的探索和实践偏注于通过地价税及增值税对土地收益分配进行调节,同时,关于租佃制度的研究则集中于对租约条款的重新规定以调和业佃农关系,均未能给予根本的土地所有权问题足够的重视。此外,在土地金融制度设计中强调国家集中统一管理,实际上夸大了政府管理支配权的作用,这些因素都导致了地政学派土地经济学理论体系的不足。[1] 即便如此,地政学派作为民国时期最为著名的学术团体之一,其对中国土地经济学的探索和实践都具有重要价值。

---

[1] 钟祥财.中国土地思想史稿[M].上海:上海人民出版社,2014:346.

第七章 地政学派土地思想对我国土地制度改革的启示

地政学派土地思想与国民政府主导的土地制度之间有着密切的关系。首先,地政学派作为国民政府制定土地改革政策方面的官方智囊团,其土地思想对于土地制度具有指导性,土地制度的确立需要地政学派土地思想的先期探索与反复研讨,这也使得地政学派的土地思想能够紧密围绕该时代背景下社会各界最为关注的土地问题展开;其次,土地制度是地政学派土地思想得以落实的载体,但地政学派的具有较强土地问题解释力与科学内涵的土地思想并没有完全转化为国民政府现实的土地制度安排,因此地政学派土地主张并不能完全等同于国民政府的土地制度,国民政府的土地改革失败也就不能简单地归咎于地政学派土地思想的谬误;再其次,土地制度反过来会促进地政学派土地思想的积累、推进以及提升,换言之,土地制度的安排确立和实施效果其实是对土地思想的一种检验。特别是1949年之后,地政学派也曾在台湾的土地改革中积累了相对成功的实践经验,反映出地政学派土地思想在一定程度上的可操作性。由此便可以将地政学派在历史观察中所获得的经验和今天所面临的问题联系起来,从而获得启迪。新中国成立以来,我国的土地制度改革作为中国全方位改革关键而敏感的领域,尽管在探索中不断发展,但有些土地制度安排的内在缺陷逐步开始显现,还有些土地制度安排的运行成本不断上升,故而地政学派所研究的土地产权、土地金融、土地现代治理等理论对我国目前的土地经济学科体系构建和土地制度改革深化仍有重要借鉴意义。

第一节　新中国成立以来土地制度变迁

土地制度是一个国家最为基础的制度,建立一套与生产力发展相匹配的土地制度,是国家政治经济发展变迁的重要组成部分,影响着整个社会的演化。区别于世界其他国家,中国的土地制度历史悠久且内容丰富。自古以来,土地问题在中国一直是经济和社会结构产生深刻变革最基本、最重要的动因,各朝政治家、当政者对于土地的利用与分配问题十分重视。伴随着文明国家在中国土地上的出现,土地制度由原始的氏族土地公有制转变为土地国有制,西周时期出现井田制,周天子拥有土地所有权,并将土地分封给诸侯大夫使用。到了战国,商鞅变法之后废除井田制,允许人民拥有私田并可自由买卖。自秦汉以来,先后出现过限田、王田制、屯田政策、占田制、均田制、复井田等土地制度。宋代之后,则呈现出田制不立的土地制度发展趋势。历朝历代土地制度虽然各不相同,但都是为了适应中国传统小农经济的需要,同时保障长期稳固的封建政权统治。19世纪末20世纪初辛亥革命后,土地问题成为中国能否转向现代化发展的关键,孙中山"三民主义"中对土地问题十分关注,但部分采纳了地政学派土地制度设想的国民政府的一系列土地改革措施,均未取得预期成果,土地问题日益严峻。中国共产党从成立之初就将农民土地问题的解决视作中国革命的中心,在大革命失败后建立了农村根据地,并在各个根据地内开展土地革命以消灭封建地主土地所有制,之后又顺应不同历史阶段的实际需要而不断变革土地制度,土地制度变迁相继经过了土地革命时期、抗日战争时期以及解放战争时期三个阶段。新中国成立之后,伴随着在探索和实践中积累的经验,中国共产党对土地制度进行了重大的改革创新,逐步形成了符合中国国情的现代土地制度。

一、新中国建立初期的土地制度演变

新中国成立前后,中国共产党结合新民主主义的阶段特征和实际国情,将土地制度变迁重点集中在解决土地所有权的归属问题上,推行农村土地农民所有和城市土地国家所有两种制度安排。

新中国成立以前,土地私有制长期以来都是我国农村土地制度的主要形态,并形成了土地所有权的高度集中与土地租佃关系的极端分散两种现象共存的局面。封建土地制度严重束缚了农业生产力的发展,旧中国社会经济发展也因此陷入长期停滞的状态。中国共产党早在 1947 年 10 月就颁布了《中国土地法大纲》,规定对地主土地进行没收以废除封建剥削土地制度,实现耕者有其田的土地政策,这标志着土地所有权归属转化的土地制度变迁的开端。《中国土地法大纲》的实施推动了当时解放区内的土地制度改革,获得土地的广大贫苦农民的生产积极性被极大地激发出来,为解放战争的胜利提供了有力的支援。

1949 年 10 月新中国成立,针对中国作为农业国家的国情现状,土地问题继续被中国共产党置于关乎稳定和发展的关键位置,并于 1950 年 6 月颁布实施了《中华人民共和国土地改革法》,对新中国的农村土地所有权归属问题进行了界定,废除地主阶级土地私有制,规定土地归农民所有,使农村生产力得以解放,农业生产得以发展并为新中国工业化奠定基础。为适应城市建设与工商业发展的实际需要,同时结合城市郊区农业发展的情况,1950 年 11 月又通过《城市郊区土地改革条例》,该条例对城郊地区土地没收对象设置与《中华人民共和国土地改革法》的原则保持一致,但又规定没收后的城郊土地一律归国家所有,待土地改革完成后,可由政府颁发土地使用证给分得国有土地的农民。在这两部有关城乡土地改革的法规指导下,在随后三年里,全国进行了现代史上人口规模最大、进展最顺利、实施效果最好的土地改革运动,旧中国腐朽的封建土地制度被彻底废除,3 亿多无地或少地的农民分得了 7 亿多亩土地以及其他基本生产资料,农民的生产积极性被极大地调动起来,生产生活条件明显改善。

在新中国成立前夕与新中国成立初期中国土地制度的变迁过程中,中国共产党紧密结合时代特征,根据当时生产力实际发展水平以及恢复国民经济的目标任务,针对不同性质的土地确立了差异化的土地所有权归属,对农村土地施行耕者有其田,对城市土地则施行国有化,以较小的改革成本实现预期目标,形成土地私有和土地国有两种所有制并行的制度安排,并且为下一步建立生产资料的社会主义公有制阶段奠定了重要基础。

二、20 世纪 50 年代中期到 1978 年的土地制度演变

20 世纪 50 年代中期到 1978 年属于社会主义改革与探索阶段,这一时期的土地制度主要是朝着与高度集中的计划经济体制相匹配的方向演变,逐步确立了农村集体土地所有制度以及城市国有土地建设征用制度。

1954 年,第一部《中华人民共和国宪法》颁布。在这部宪法中,农民对于土地以及相关生产资料的所有权得到了法律的承认与保护。但不久之后随着农村合作化运动的开展,经过农业生产互助组、初级农业生产合作社以及高级农业生产合作社三个阶段,到1956年全国范围内已然形成了大办高级农业生产合作社的热潮,这也宣告了农村中社会主义建设高潮的到来。农民在最初加入农业生产互助组和初级农业生产合作社时,依然保留对土地的所有权,体现出了分工协作、互利互助生产方式的优越性。而到了高级农业生产合作社阶段,农村中的土地以及生产资料被收归集体所有,彻底废除了农民土地私有制,农村社会主义改造基本完成。1958年政府又发动了人民公社化运动,集体所有制又得到了空前的强化,在人民公社政社合一、一乡一社的设置原则下,人民公社的社员代表大会与管理委员会兼具基层政权组织与集体经济领导机构的双重性质,农村土地上的一切经济活动都被牢牢把控。在城市中,为了适应国家经济建设,加快工业化进程,出台了《中央人民政府政务院关于国家建设征用土地办法》,明确规定国家出于公共利益的考虑,可以将城乡土地依法进行征购、征用或者收归国有,国家机关、国营企业、公共机构可由政府无偿拨付土地供其使用,而无须缴纳租金。

  20世纪50年代中期,农村土地的集体所有制与城市土地的国家所有制形式逐步建立,与当时中国发展的阶段特征是相匹配的。面对复杂严峻的国际形势,政府选择优先发展军工、石化、航天等重工业,来实现赶超型经济,土地作为最基本的生产要素相应由国家统一支配管理,以适应国家赶超发展的战略。在这样一种土地制度安排下,确实在促进农业生产并保障国家经济建设方面发挥过一定的积极作用,但这种制度对于市场机制的完全排斥,在实践中却逐渐暴露出了种种弊端。在合作社阶段,国家对农民的土地所有权进行了完全的否定,到人民公社时期则扩大公有制范围,农民的一切生产资料都被集中管理。由政府主导的这一强制性土地制度变迁,一步步脱离了合作化运动初期鼓励农民互帮互助的原则,使集体化从最初的自愿性质转变为之后的强迫性质,农民无法自主决定农业生产及农产品支配,农民的经济利益不再与土地产出利益挂钩,农民的生产积极性被严重挫败,土地利用效率亦被制约。在随后的二十多年中,中国农业发展严重滞后,农民生活水平几近停滞,成为国民经济建设发展的瓶颈。同时,在城市中,对于土地的占有、使用以及配置都带有固定性与计划刚性,城市区域的合理规划布局难以实现,土地区位与用途并不适配。国有土地的无偿使用也使得国家国有土地所有权权能丧失经济层面的意义,仅保有名义上的所有权,实际上沦为了国家行政行为的一种附属物。

三、改革开放以来的土地制度演变

1978年中共十一届三中全会以来,在土地社会主义公有制的背景下,中国土地管理制度逐步进入现代化、法制化与制度化的发展轨道,农村土地使用管理制度经过土地产权的"两权分离"阶段,开始向"三权分置"方向变迁,城市施行与社会主义市场经济发展相适应的土地有偿出让制度。

农村废除了人民公社制度,取而代之的家庭联产承包责任制。1978年由安徽凤阳小岗村率先发起了土地承包制,开始了农村土地两权分离的家庭联产承包责任制的先期探索,这一模式得到了改革开放总设计师邓小平的充分肯定,并开始在全国范围内扩散和落实,土地承包到户的普遍实行也意味着家庭承包经营制度的初步形成。1984年,中共中央的一号文件《关于1984年农村工作的通知》中将土地承包年限规定为15年,之后又在1993年对承包年限进行修改,延长至30年,保障了承包制下农民的生产经营活动的长期稳定性。1987年1月1日正式实施的《中华人民共和国土地管理法》又为家庭联产承包责任制提供了法律上的依据,该法规定集体所有制土地可由集体或者个人承包经营,从事承包合同规定的合理用途的生产经营活动。自此,家庭联产承包责任制通过法律形式的确立而正式形成。20世纪90年代以来,农村土地承包经营制作为农村主流的土地制度,在保障农民增收、促进农业发展方面发挥着积极作用,同时,为适应社会主义市场经济体制的发展,解决持续凸显的"三农"问题,缩小不同地区发展水平的差异,在坚持集体产权的前提和土地承包经营制的基础上,经过一系列的探索和实践,又创新出土地承包经营权转让,农村土地股份合作制,口粮田、责任田两田制以及增人不增地、减人不减地等土地经营管理模式,这些创新围绕集体产权的具体实现形式展开,也是我国接下来农村土地制度变迁的基本方向。

1998年起,农村土地制度得到了进一步的完善,现代土地制度管理架构基本形成。1998年8月,全国人大常委会第四次会议上修订了《中华人民共和国土地管理法》,此次修订的主要内容是对土地的管理和使用进行调整,结合我国人多地少的基本国情,明确基本农田保护制度、农用地转建筑用地审批制度以及建设占用耕地占补平衡制度,切实保护耕地。同时鼓励集体或个人对国有荒地进行开发利用,并可供其长期使用。而对承包经营土地连续两年撂荒者,原发包方应收回发包土地并终止承包合同。在这些规定下,农村土地制度形成了以集体所有制为基础、耕地保护为目标、承包经营为途径、用途管制为手段的现代化农村土地制度框架。此后,中共中央结合土地制度发展中的新问题、新情况,出台了一系列相关文件,包括 2004 年《关于深化改革严格土地管理的决定》、2006 年《关于加强土地调控有关问题的通知》、2006 年《关于建立国家土地督察制度有关问题的通知》、2007 年《关于严格执行有关农村集体建设用地法律和政策的通知》等,将严格的耕地保护与土地管理作为土地制度的政策目标,建立完善国家土地监察体系。同时,土地权利法律建设也得到推进,2002 年颁布的《中华人民共和国农村土地承包法》对发包方和承包方的权利和义务进行了详细的划分,标志着农地权利得到了法律保护。2007 年实施的《物权法》又将土地承包经营权规定为用益物权,是一项属于农户的财产权,土地物权保障体系由此正式创建。这一系列法律文件都表明农村土地制度立法迈向了规范与系统化时期。

随着家庭联产承包责任制对农业带来的激励作用从潜能释放阶段逐渐转为消散阶段,新时期农地制度又出现了重大变革,即土地流转与"三权分置"的应运而生。2013 年 11 月,党的十八届三中全会召开,通过了《中共中央关于全面深化改革若干重大问题的决定》,明确土地承包方能够以土地承包经营权进行抵押担保,农民因此被赋予了更多的土地财产权。2014 年中央一号文件《关于全面深化农村改革加快推进农业现代化的若干意见》中指出,在农村土地集体所有权的基础上,稳定农民的承包权,同时放活经营权,这意味着从承包经营权中分离出经营权,细化了农地承包方的产权。随后,在同年 11 月出台的《关于引导农村土地经营权有序流转发展农业适度规模经营的意见》中,农村土地产权制度安排开始由集体所有、家庭承包经营的"两权分离"转变为农地所有权、承包权、经营权的"三权分置",集体作为农地的所有权者,农户作为农地的承包方,可自由流转其经营权。农村宅基地制度安排也在朝此方向进行改革,2018 年中央农村工作会议上强调了要探索宅基地的所有权、资格权以及使用权的"三权分置"。在 2019 年中央一号《关于坚持农业农村优先发展做好"三农"工作的若干意见》再次提出深化农村土地制度改革,完善"三权分置"的相关的法律法规和政策体系。贯穿这期间的另一个重要的土地制度改革是农村土地产权交易市场及其配套制度的构建。

城市土地有偿使用制度开始于 80 年代初,是根据国有土地所有权和使用权分离的基本原则,结合城市经济建设对于资金的迫切需求,借鉴国外先进经验,按照市场的实际需要对土地这一生产要素进行的重新配置。改革开放之后,外资的进入为我国城镇土地使用制度改革提供了契机,1980年7月,国务院颁布的《关于中外合营企业建设用地的暂行规定》中明确规定应对中外合资企业用地收取城市土地使用费,这标志着城镇土地使用制度改革拉开了序幕,之后征收城市土地使用费的范围便开始向国内企业扩展。1982年深圳市率先对国内企业开征土地使用费,1984年辽宁抚顺将本市所辖范围内的土地划分为4个等级并相应征收不同标准的土地使用费,1984年在广州市、1987年在重庆市都进行了土地使用费的征收,随后更是普及到了国内其他城市。

基于此,1988年出台的《中华人民共和国城镇土地使用税暂行条例》正式立法确认征收城市土地使用费(税)。但此项改革措施并未从根本上触及僵化的土地使用制度的根基,于是借鉴香港土地批租制经验,部分地区开始试点,由市政府作为国家的代表将国有土地使用权通过招标、拍卖或者协议方式有偿限期出让给土地使用者。城市土地有偿限期使用制度这一创举意味着土地作为一种生产要素可以在市场进行流通,为加快该制度的落实,1988年4月,第七届全国人民代表大会对宪法进行了修订,明确土地使用权可以依法转让。1990年5月出台的《城镇国有土地使用权出让和转让暂行条例》进一步规定土地使用权转让的具体方式,在法律上正式确立了城市土地有偿限期使用制度,开放了城市土地市场。

随着土地有偿使用制度的实施,一时间土地批租成为城市经济增长的重要推动力,但在此过程中盲目追求短期、局部利益使得土地供给总量结构失衡,人增地减矛盾突出,甚至直接威胁到城市的可持续发展。为强化对国有土地资产的监管,中央政府又相继颁布一系列文件加强对国有土地供给的宏观调控,在合理利用城市土地、规范土地市场等方面发挥了重要作用。21世纪以来,中国城市土地管理开始从粗放型的土地出让制度转变为更为严格的土地审查制度,并于2002年出台《招标挂牌出让国有土地使用权规定》为土地使用权交易市场化的改革提供了制度保障。根据这样的制度框架,在土地利用总体规划指导下,全国土地市场治理整顿工作不断取得明显成效。与此同时,为补充城市建设用地缺口,统筹城乡建设用地,城乡建设用地增减挂钩制度也成为城市土地管理的重要工作,2004年出台《关于深化改革严格土地管理的决定》,规定城镇建设用地增加要和农村建设用地减少挂钩,该做法的试点范围从乡镇扩展到县域再延伸至市域,主要目的也从早期的协调保护耕地到 2007 年的解决城镇建设用地不足、促进农民增收再到 2010 年的向扶贫倾斜。

改革开放以来,为了适应社会主义市场经济的发展,这一阶段土地制度变迁的重要特征是分化土地产权权能、释放土地权益以及提升土地资源市场化配置程度。从改革开放初期的家庭联产承包责任制的"两权分离"到新时期土地改革的"三权分置",在探索建立、完善土地流转、农村土地市场的过程中,土地的功能不断拓展,土地价值明显深化。家庭联产承包责任制解决的是广大农民的生产积极性的调动问题,对农业农村以及经济发展产生了重要的推动作用。农村土地流转制度的实施契合了中国市场经济发展的需要,有利于农地的多元化经营。新时期的"三权分置"则进一步明晰农地产权,强化其生产要素功能,促进土地要素的优化配置。这些土地制度的创新为接下来中国的土地制度改革中土地权能的进一步强化提供了基础,可以更好地促进农业现代化建设以及全面建成小康社会。虽然改革开放后的城市土地制度改革稍微晚于农村土地制度改革,但其与农地制度变迁的逻辑是一致的,从增量的土地改革演变到土地使用权交易市场化,为城市政府弥补基础设施建设资金缺口,对中国社会经济发展产生了巨大的影响。

第二节 我国土地制度改革过程中面临的主要问题

土地制度作为一项基本的制度,与经济发展和政治稳定有着密切关系。新中国成立以来,土地制度的选择和变迁始终是党和政府关注的重要领域。相比于世界其他国家或地区,中国的土地制度有其独特性。目前,我国土地权利体系的主要特点是农村土地集体所有制和城市土地国有制并存、土地所有权和土地使用权分离、土地财产权日益加强等,这些制度安排和创新在改革开放 40 年以来顺应并推动了中国经济的增长和结构转变。但是,中国经济也正经历着一些新的趋势性变化,现有的土地制度安排的不足逐渐凸显,这些都为土地制度改革提出了一系列新的挑战。

一、土地产权制度性缺失

我国农村土地自实行家庭联产承包责任制之后,从土地所有权中分离出了土地的承包经营权,为我国农村社会经济发展提供了充足的动力。但"两权分离"的农地政策随着我国发展阶段特征的变化也逐渐显现出一些新的问题,为了解决这些难题,作为既定的农地制度改革方向的"三权分置"将是现在和将来一段时间内需要遵循的变迁路径和发展趋势。但现阶段,我国关于农地产权的权利安排并不能很好地适配"三权分置"的发展,对农民的权益保护和积极性激发有一定局限。

我国农地产权的归属并不清晰且产权权能缺失。一方面,在社会主义公有制的前提下,我国农村实行土地集体所有制,但是农民集体一词并不属于法律术语的范畴,仅仅是一个集合群体的概念,涵义抽象宽泛并具有不确定性。正是这种集体产权概念的模糊性与抽象性,直接使得农地产权主体呈现虚置化现象,所有权的虚置也会造成土地产权制度有效性的减少,土地产权制度的激励作用得不到充分发挥,农民的生产积极性下降并影响农业产业的发展。同时作为法律规定的产权行使主体的村集体经济组织和村民委员会,在实际中也就是农民委员会,也并不能够完全代理农民集体中大部分农民普遍的土地利益。另一方面,鉴于制度安排与实践的误区,农地产权人在其占有、使用、处分以及收益等细分权能层面存在着种种缺失,农民面临着土地占有的不稳定、承包经营决策的外部干预、土地流转的诸多限制以及收益分配的不公平等种种问题,因此农民无法根据自己的真实意愿通过合法的途径实现与其农地权利相匹配的目的利益。

城市土地国家所有制又是属于不同于农村土地集体所有制的另一套法律体系管理,城市政府是本市辖区内土地的所有者和产权的控制者,独家垄断本市土地的供应、转让和收回,土地交易市场上不同主体存在着进入不平等的缺陷,卖方垄断而买方竞争,无法实现土地资源的优化配置和价格机制的正常运转。此外,当土地用途发生变化时所产生的增值收益由地方政府获取和支配,未来产生的增值则主要由土地占有者获取,从而导致原集体所有者的所获补偿过低。而且在目前房地产市场的问题中,正是因为房地产开发商和购房者支付了过高的一次性土地出让费并获取了过高的未来土地增值收益,这也是收入分配不公平的重要制度性因素。

二、土地金融供给不足

按照我国目前农村经济发展的状况,农地流转将成为土地制度变迁的必然趋势。农村土地流转正处于活跃加速阶段,面对这样一个巨大的红利市场,如果能够得到充足的社会融资支持,那么农地资产的增长潜力将被有效释放并收获丰厚的财富价值。同时,土地流转也为金融部门服务"三农"提供了契机。但现阶段农村市场的金融服务并没有得到有效开展,当然,这与土地产权制度安排也有重要关系。在我国现行的农地集体产权下,农民在此项制度约束下很难独立自主决策土地的使用和处分,农村土地的资本化过程因此难以顺利实现。也就是说,农村土地金融发展的重要前提在于集体产权制度安排的改善,这再次印证了农地产权制度改革是农地改革中重要的一环。同样对于市地而言,在进行国有土地融资时,土地的资本化过程也需要权证和主体的明确。

现阶段的土地金融体系本身也存在诸多弊端。一方面,土地金融机构分工不明确且种类不完备。我国农村金融市场主要有政策性、商业性以及合作性三种性质的金融机构,这些金融机构之间的业务相互交叉,且参与土地金融业务的积极性较低。其中,政策性金融机构在农村金融市场并不常见且力量薄弱,不能充分发挥其政策引导作用。商业性金融机构因其逐利性,在面对风险和权衡收益时,容易做出撤离农村地区转向城镇地区的决定,以在较小的风险下获取较大的经营利润。而合作性金融机构作为目前农村地区主要的金融机构,几乎成为农村金融市场中的垄断者,使得农户获取贷款的成本进一步提高。相比之下,农村金融市场中专门经营土地金融业务的机构以及保险、证券、期货等现代金融服务缺口较大。另一方面,土地金融业务产品缺乏创新性和实用性。在传统农村经济中,农民在土地生产经营活动中所需的生产资料并不多,资金需求也相对较小,基于这种现实特点,我国农村金融信贷规模延续了小数额的特点。但随着土地流转后家庭农场、专业大户、农民合作组织以及涉农企业的规模化、集约化农业经营的兴起,传统农贷业务明显无法满足大额度、长时段的资金需求。此外,在办理抵押担保业务时,农户往往也会因为抵押担保物不足而无法获取贷款,特别是农地无法被银行认定为有效抵押物。

三、土地规模化经营受限

伴随着我国农村土地流转的快速发展,土地规模化经营将必然成为我国农业的发展趋势,农村的整体劳动生产力将明显上升,农产品的国际竞争力和农民收入也会因此得到极大提高。但是目前分散化的土地经营仍然是普遍现状,除土地集体产权虚置这一制度设计缺陷外,土地流转不畅、技术指导欠缺都是阻碍土地规模化经营的重要因素。

我国土地市场化流转机制尚不成熟，土地经营规模难以扩大。目前我国的土地流转市场尚未得到有效建立和完善，土地流转缺少市场中介以及信息服务，流转过程没有统一规范，由农户之间自发以口头协议进行的土地流转占较大比例，较易滋生矛盾纠纷。而且流转土地价格没有合理的标准来进行评定，很难真实反映土地价值。而从农户自身角度而言，土地是他们赖以生活生产的重要保证，是精神和物质的双重寄托。离开土地的农民往往会失去安全感，即使对于并不完全依赖农业收入的农户家庭而言，能够拥有土地使用权仍旧是他们关注的重要问题。农民的这种主观感情因素会使他们不愿放弃土地进而影响土地流转的开展。

土地规模化经营的配套技术服务滞后，阻碍农业现代化发展。在大力促进土地流转的同时，我国的土地生产的技术服务普遍滞后于农业经营管理的发展阶段，直接影响农业产业实体的经营与发展，甚至会为生产经营者带来严重的经济损失以及负面的社会影响。这种技术服务的滞后性与农业技术推广服务困局密切相关，面对面广量大的农业技术推广和服务任务，许多地区出现"线断网破人散"的情况，科学技术未能及时在土地生产经营中更新，传统的农产品生产、运销模式更谈不上改革。

第三节　地政学派土地思想的现实启示

对地政学派的剖析不仅对探索土地经济学方法论的意义有所启示，而且该学派对于某些具体的土地问题的解决措施也能够给我们以现实启示，特别是现阶段中国也面临着与民国时期相似的土地改革问题，所以当时的解决思路确实也具有重要的借鉴意义。同时，根植于中国本土历史发展，在中国传统文化思想中汲取土地改革发展智慧，更能够制定出符合本国国情的土地制度设计方案。

一、完善土地产权制度

中国土地改革面临着制度与目标的双重约束，制度约束是指土地制度是公有制的最主要实现方式，目标约束是土地利益分配格局应服务于农业国向工业国转型的经济现代化进程，这两个约束影响着整个土地制度的选择与变迁。因此中国土地制度改革的基本逻辑就是在土地公有制是锁定的基础之上，积极探索土地所有权、承包权、经营权的"三权分置"体系,扩大使用权与经营权的权能,发挥产权的激励与稳定预期的作用,调动土地使用者和经营者的积极性,提高土地利用的效率,使土地成为经济现代化发展的工具。根据这条逻辑主线的指导,在地政学派土地思想的基础上,现阶段中国土地改革的核心任务应该是完善土地产权制度,具体包括以下几个方面:

第一,稳定土地承包、经营关系,保障农民财产权益。地政学派租佃制度改革的出发点是因为在不合理的租佃制度下,佃耕农的生产稳定性远逊于自耕农,导致佃耕农改良土地与增加生产的积极性严重受损。因此,只有产权明晰且有保障的土地产权制度,才可以通过激励机制来影响土地生产经营主体的行为选择。在当前农村土地产权制度改革方面,为改善土地集体所有的主体不明、权力界定模糊、保障力度薄弱等弊病,应积极落实土地承包与土地经营关系长久稳定不变的制度,对集体土地承包与经营时点进行明确。同时依法平等保护土地承包权与土地经营权,对土地承包处置权、经营权、可抵押权进行确立,实现土地权能的完善发展。

第二,改革"两级双规"体系,促进土地科学管控。地政学派将所主张的土地所有权制度界定为"限制的私有土地制度",允许国家处处保留最高的支配管理权。与地政学派同一时期,英美及部分欧洲国家创立了土地发展权制度,尤其是英国,它是土地发展权"归公"的典型代表国,英国将土地发展权作为土地权利束的重要组成部分。土地发展权是来自于公权力干预并用于对土地利用状态进行改变的一种权利。国家在此项权利下对土地的管理规划,可以有效推动公共利益与个体利益之间的平衡机制。与地政学派的国家最高支配管理权以及英国土地发展权内涵相似,目前我国业已隐性存在以"两级双轨"为特征的土地发展权体系,具体是指土地用途管制制度、建设用地规划许可制度的两级土地管控机制,农村集体所有土地和城市国有土地及其权能差异的"双轨"土地所有权,而改革开放以来的城乡建设用地增减挂钩、"多轨合一"试点、"地票"试验、空间规划改革等一系列实践探索,无不牵涉到如何将刚性的公权力与柔性的土地财产权利分配相结合的核心问题。我国"两级双轨"的国家土地管控体系的改革方向应是对农村集体所有制土地和城市国有制土地所享有的权利给予平等的保护,通过法律保障两种所有之下的同地同权,使农民集体土地可以与其他主体土地平等享有进入非农使用领域的权利以及平等分享土地非农增值收益的权利。同时应积极改革空间规划,加快统一的国土空间管控体系的构建、完善空间及功能布局。在上述"两级双轨"土地改革的基础上，可适时进一步推进"两级双轨"向立法保护的土地发展权演进，再加以必要的市场化土地配置机制的引入，实现平等进入、公平交易的土地市场的建立。

第三，合理分配土地增值收益，建立公平共享机制。地政学派在推行"平均地权"的土地纲领时遵循的重要原则就是"涨价归公"，这一主张至今仍有重要意义。土地增值收益的分配问题，是社会公平、城市可持续发展以及转变发展方式的重要环节，理应作为土地改革中的重点工作。明确"涨价归公"与"涨价归政府"的区别，在明确土地增值收益产生机理的前提下，对土地增值收益制定出相应的合理分配机制，使得土地增值收益能够真正归于社会，同时也要对原土地所有者做出公平合理的补偿，并给城市基础设施建设提供所需的土地与资金。如此通过"涨价归公"的形式，能够有效保障土地增值收益回馈社会并由全体公民共享，扭转土地增值收益归政府的现状，杜绝"归公"的土地增值收益变为地方政府及其官员的体制外收入。此外，地政学派曾为杜绝城市建设中地价暴涨的现象，提出了"区段征收"的城市土地管理方法，即基于城市开发建设、城市发展或其他开发目的的实际需要，对特定区域内的全部土地进行征收，经过科学的规划整理后，由政府保留开发目的所需的用地及公共设施用地，其余的通过溢价提供为建设用地。原土地所有者则可以获得货币性补偿或领回一定比例土地作为补偿，也就是说，土地所有者通过让出一定土地来换取城市建设空间以及市地价值的上涨。这一做法在当今的中国仍有借鉴价值，通过"区段征收"的用地模式改革来促进土地增值收益的合理分配。

二、发展土地金融市场

金融与实体经济互为表里，共生共荣。一方面，实体经济持续健康发展能够为金融业的长足发展奠定坚实基础，另一方面，实体经济深入发展也为深化金融改革、提供更高质量且更精准的金融服务提出了进一步的要求。改革开放四十年来，中国的农村金融机构数量总体呈现增加趋势，但是农村融资难、融资贵问题却一直无法真正得到根本解决，对于农业现代化来说，长期信贷供给不足已成为严重制约。因此为实现乡村振兴战略，应加大农村金融服务体系的完善力度，同时设立土地银行，以土地金融机构弥补农村金融体系的空白，具体包括以下几个方面：

第一，明确金融机构分工定位，推进支农扶贫事业发展。民国时期，地政学派已经看到了金融工具在发展农村经济方面的重要性及与城市资金融通的差异性。目前我国已经进入脱贫攻坚的关键时期,这就要求农村金融机构应从国家战略高度以及社会发展全局着手,在追求商业利益以及承担社会责任之间做好平衡,明确好政策性、商业性、合作性等各类金融机构的分工定位,加大对贫困地区金融资源的投入。现阶段我国的农村金融市场仍为不完全竞争市场,支农扶贫所需资金无法通过市场配置得到满足,出现市场失灵现象,这就需要政府介入来弥补农村金融制度供给的不足。政府主导的政策性金融作为国家政策窗口,不仅自身应该积极承担农村市场融资和消除贫困的职责,同时还要发掘和解决市场失灵的主要矛盾,在尊重商业性金融机构的自主决策权和经营权的基础上,更加有效地鼓励和引导它们开展支农扶贫金融服务。对于作为现阶段农村金融市场主力军的农信社,则应充分发挥其信息对称的优势,最大化减少贷款成本及风险。然而,无论是政策性金融机构、商业性金融机构还是合作性金融机构,应该始终将扶持"三农"发展、助力脱贫攻坚作为宗旨,不得任意偏离或更改工作轨道;

第二,创新土地金融形式,建立配套完善、功能健全、竞争有序的农村金融服务体系。土地银行、土地债券来源于地政学派土地金融制度的创新,而这一创新在当下依然具有生命力。我们可以对现阶段农村土地银行的设立条件、业务运作以及监管政策做好前期论证,为适时引入或成立土地银行做足准备工作。同时在条件允许的情况下,进行土地债券试点发行工作,探索农地债券发展路径。土地银行以及土地债券的运行离不开配套的农村土地产权抵押融资制度的完善,应该在赋予农村经营主体充足的土地产权权能的基础上,创新农村土地产权抵押与质押模式,不断扩大土地融资范围。此外,应进一步放宽农村金融机构的准入门槛,积极引导民间资本进入,同时开拓证券、保险、期货市场,使乡村地区的金融服务体系功能健全、竞争有序。上述措施必将有效弥补农村金融市场,吸引城市中的金融资源主动参与到农村经济发展中,这也能够有效降低系统性金融风险,对于维护我国金融安全意义重大。

三、促进农业现代化发展

目前,我国经济发展已经进入了重要的转型阶段,在农业现代化的发展过程中,各种错综复杂的问题相继出现,农民持续增收以及新农村建设都受到了一定程度的制约。现阶段的土地制度安排应该以农业现代化为目标导向,运用现代治理手段,科学解决农业现代化进程中的土地约束问题,以土地规模化经营加速农业现代化,同时提升土地规模化经营的科技含量,具体包括以下几个方面:

第一,培育土地承包经营市场,谨慎对待规模经营。地政学派曾提倡通过开办农场来实现土地的规模化经营,以提高农业生产劳动率,推动农业结构调整。目前我国的农村承包经营权市场的发育过程一直受到农地承包地流转速度过慢的制约,有些人将造成这一现象的原因归于家庭联产承包责任制的妨碍,但1984年中央就已经出台政策鼓励农户承包地进行流转,土地流转之所以未能顺利推行,除农民土地承包经营权权能不完善这个原因以外,使农民离开土地的制度环境的缺失也是一个重要影响因素。农民即使离开土地,村集体也不能对承包地进行处置,农民在城市中亦没有永久落地的保障制度。这就造成农民无法完全剥离与土地的关系,土地只能短期出租,这无疑加重了土地规模经营的制度费用。因此,促进土地承包经营权流转不仅要从农民出发,切实保护他们在土地流转中的主体地位,还应该积极发挥集体经济组织的中介服务作用,并对农民进入城市后的权利予以充分保障,多管齐下培育土地承包经营市场。但在此过程中,对于规模经营和公司主体进入农业,还是要保有谨慎的态度,政府应该负起保护弱势小农群体的责任,不能单方面重视同资本的联合而侵犯农户的承包经营权,对于在农地上从事非农经营、土地投机或者变相囤地的行为也要依法予以严厉打击。

第二,创新土地规模化经营的科技服务机制,走现代农业发展道路。地政学派已经注意到技术进步在土地生产活动中的重要作用,主张由政府各级农政机关负责推广农业技术的应用。当前,随着科技的快速发展,更应重视加大传统农业中的科技投入,将高等农业院校的科技骨干力量纳入到科技特派员制度中,以科技服务团为载体,深化农业产学研融合发展,不断强化基础性、全局性、战略性、方向性的重大农业科学技术研究,大力培育具有重大应用价值的突破性农业科技成果,形成以专业农业技术为支撑、以农业规模化为基础、以农业信息化为手段的现代化农业发展新格局,进一步提升农业的国际竞争力。

附　录

地政学派主要成员简介

一、普通会员

姓名别号	籍贯	学历	时任职务(1936年)
丁琮 公奄	浙江诸暨	浙江测量学校毕业	浙江省民政厅技正
丁相灵	安徽宿县	上海法学院毕业	安徽省地政局建计委员
丁松林 韵涛	江苏江阴	金陵大学农科毕业	江苏省地政局督察员
卜凯	美国	美国康乃尔大学农业经济学博士	美国财政部特派中国经济调查员兼金陵大学教授
于矿 蕴孙	江苏吴县		国民政府实业部技正
方觉慧 子樵	湖北		国民党中央委员
毛福全 壮侯	江西清江		国民政府内政部公报处主任
仇元 闰孙	南京	金陵大学农学士	中央农业实验所技士
尹效中			江苏省地政局技佐
王祺 淮君	湖南衡阳	留日	国民党中央执行委员兼检察院监察委员
王先强	安徽合肥	日本明治大学毕业	浙江嘉兴县县长
王雍皥 文熙	浙江杭州	保定陆军军官学校毕业	导淮委员会土地处科长

续表

姓名别号	籍贯	学历	时任职务（1936 年）
王杰夫	辽宁庄河	北平燕京大学文学士	国民党中央组织委员会调查科委员
王慰祖 诵陶	江苏江阴	地政学院毕业	武进土地局局长
王之频 南坡	安徽怀宁	地政学院毕业	安徽财政厅土地陈报处技士
王文甲 冠洲	山东临淄	中央政校地政学院毕业	山东民政厅第二科地政股主任
王景山	湖北黄梅	保定陆军讲武堂毕业	汉口市政府第二科土地股股长
王潞	江苏江宁		
王仲年 以字行	湖南长沙	湖南长郡公学毕业	南京地政局股主任
王绍猷	江苏金坛		江苏省财政厅专员
王敬可	山东临沂		
王秉诚 俊亭	陕西乾县	西北大学毕业	国民党山西省党务指导委员会组织科主任
王慕韩	江苏阜宁	地政学院毕业	如皋县地政局局长
王道平			六合县政府科长
王人瑞			嘉善县清丈队队长
王伟			永嘉县清丈队队长
尤保耕 际唐	江苏无锡	地政学院毕业	宁波清丈处副主任
甘维康	江苏嘉定	上海光华大学毕业	嘉定县地政局第二课课长
石光钜 练之	湖南汉寿	中央政治学校大学部第一期毕业	安徽财政厅第二科科长
白世珍 席乡	河北	中央政治学校大学部第一期毕业	江苏省地政局检察员
伍受真 稼青	江苏武进	金陵大学毕业	平湖县政府秘书
江士杰 自方	湖南宝庆	中央政治学校大学部财政系毕业	安徽省财政厅职员
朱叔华	浙江乐清		地政学院职员
朱章荣 康新	江苏昆山	东吴大学文学院毕业	检察院监察委员
朱宗良 绳先	浙江海盐		中央土地专门委员会委员
朱济群 澄宇	安徽	中央陆军测量学校毕业	崇明县清丈队队长
朱章宝 隐青	浙江		杭州闻家堰农业推广人员养成所职员

续表

姓名 别号	籍贯	学 历	时任职务(1936年)
朱福成	江苏淮安	地政学院毕业	江苏省地政局科员
向乃祺 北翔	湖南永顺	日本早稻田大学政学士	
向绍轩 复麃	湖南辰溪	英国爱丁堡大学硕士	江苏省教育厅科长
成自亮 天一	江苏盐城	地政学院毕业	国营金水流域农场办事员
米养明			浙江民政厅第四科科员
李直夫	湖北蒲圻	湖北省立文科大学毕业	江苏盐城县县长
李积新 铭侯	浙江杭县	金陵大学农学士	江苏省垦殖设计委员会主任委员
李少陵	湖南长沙		西北军校教官
李庆麟 适生	安徽和县	美国伊利诺斯大学 农业经济博士	天津南开大学经济研究所导师， 中央土地专门委员会委员
李如汉	浙江		湖南省民政厅科长
李培基 涵楚	河北献县	东三省陆军讲武堂毕业	河南省政府委员兼民政厅厅长
李显承	浙江东阳	地政学院毕业	川沙县地政局局长
李蓉江 鸿图	江苏盐城	东三省专门测绘学校 优等毕业	江苏省地政局全省土地测量队查抽员
李鸿毅 翼舒	辽宁	地政学院毕业	北平市财政局科员
李范 仲模	江苏武进	地政学院毕业	江苏金山县地政局局长
李之屏 应庚	湖南益阳	地政学院毕业	江苏南汇县地政局局长
李君明	广东	日本法政大学毕业	地政学院编译员
李用宝 梦玉	安徽合肥	上海南方大学毕业	安徽省地政局设计委员
李昌熙	安徽合肥	巴黎国立设计学院毕业	国民政府内政部统计司技正
李黎洲 伯羲	福建古田	日本明治大学经济科毕业	福建省党务设计委员
李谊达	江苏武进	中国公学社会科学院毕业	国民政府财政部科员
李树桐			长兴县测丈队队长
李奋 季坦	福建闽侯	地政学院毕业	福建省地政局科员
李盛唐 亚白	浙江龙泉	地政学院毕业	杭州市政府技士

续表

姓名 别号	籍贯	学　历	时任职务(1936年)
李启真 超凡	广东	暨南大学毕业	江苏省地政局科员
李景潞	湖南	柏林工业大学毕业	全国测量局技正
李树清	辽宁	清华大学毕业	
李辽能	广西	上海暨南大学毕业	
何汉文	湖南		中央编审处处长
何新铭	贵阳	地政学院毕业	贵州建设厅技士
何崇杰 杰甫	安徽至德	安徽高等学堂毕业	安徽省地政局局长
何梦雷 学行	江苏江阴	地政学院毕业	松江县地政局局长
何台孙 焜祖	广东中山	地政学院毕业	冀察委员会秘书
宋炳孙 铎华	江苏松江	地政学院毕业	江苏奉贤县地政局课长
宋文			萧山县测丈队队长
余文蔚 起人	江苏南通	江苏南通测绘工程专科毕业	南通清查田赋委员会聘任委员
余仁美 伯唐	江苏	上海法科大学毕业	江苏省地政局督察员
汪浩 一苇	湖南澧县	莫斯科中山大学毕业	平湖县县长
沈炼之	浙江	法国里昂大学博士	地政学院研究员
沈有壬	浙江		浙江民政厅职员
沈时可	江苏海门	地政学院毕业	平湖区署署长
沈慕曾 宾颜	浙江绍县	美国康奈尔大学土木工程硕士	苏州工业学校教员
吴永铭	江苏宜兴	金陵大学文学士	江苏省地政局职员
吴复虞	浙江东阳	地政学院毕业	丹阳地政局局长
吴仙希			海盐县测丈队队长
吴企云			
吴焯 炜东	湖南湘潭	北平中央陆军测量学校高等科毕业	中央陆地测量学校地形科主任教官
吴遵义 拯民	江苏镇江	镇江润州中学毕业	江苏省地政局督察员
吴其荣 晓村	云南	地政学院毕业	云南清丈处科员
吴衡叔			浙江民政厅科员

续表

姓名 别号	籍贯	学 历	时任职务(1936年)
吴树廊			浙江民政厅科员
吴觉农	浙江上虞		上海商平检验局技正
吴致华 山愁	四川	地政学院毕业	四川地政筹备处职员
阮毅成	浙江余姚	巴黎大学法学硕士	中央政治学校教授
阮蔽槐 植三	云南禄劝	地政学院毕业	云南财政厅科员
邱河清	广东	法国巴黎大学市政学院毕业	江苏民政厅科员
邱光远	安徽夥县	东吴大学毕业	安徽省地政局设计委员
林钦辰	福建闽侯	地政学院毕业	赴美考察
林渊泉	湖北黄冈	湖北省公立法律专科学校毕业	
孟若侗	陕西渭南	北平民国大学政治经济科毕业	国民党陕西省党部助理干事
房师文 焕章	山东益都	地政学院毕业	北平市财政局科员
金延泽 何甫	安徽滁县	地政学院毕业	上海县地政局局长
金锵	浙江东阳	浙江公立法政专门学校毕业	国民党中央党部干事
邵逐初			
怙毓歧 干周	河南郑县	地政学院毕业	中山文化教育馆助理研究员
周一和 伊武	广东	日本法学士	日本研究会总编辑
周乃文 季高	江苏宜兴	江苏高等学堂数理科毕业	江苏省地政局科员
周坤寿 南山	江苏江阴	地政学院毕业	
周之佐 辅成	江苏南通	地政学院毕业	江苏省地政局测丈队督察股主任
周昌茂 创谋	江苏青浦	地政学院毕业	丹阳县地政局局长
周源久 渊泉	浙江诸暨	地政学院毕业	浙江绍兴土地整理处副主任
周凤纪			绍兴清丈处主任
周炳文	任西临川	地政学院毕业	江西省地政局科员
周厚熙			丹阳清丈队队长

续表

姓名别号	籍贯	学 历	时任职务(1936年)
武锡寿 醍纯	江苏嘉定		嘉定县地政局第三课课长
易贞	湖南醴陵		
尚久愈	河北		河北民政厅科员
段绍斌 再丕	河南杞县	北京中央陆军测量学校高等科毕业	河南省地政局主任
侯标庆	广东梅县	国立中山大学毕业	中央执行委员会秘书处总干事
洪季川	浙江瑞安	日本早稻田大学政治经济科毕业	江苏省地政局秘书
洪瑞坚 孟节	浙江瑞安	美国俄亥俄州立大学经济学硕士	地政学院研究员
胡长清 次威	四川	日本法学士	浙江兰溪县县长
胡品芳 体兰	浙江永嘉	地政学院毕业	江苏无锡县地政局局长
胡清 韶平	浙江永嘉	浙江法政专门学校毕业	导淮委员会科长
胡奎			江苏省地政局股主任
胡冠臣	江苏宜兴	地政学院毕业	平湖县政府科长
保泽苍	贵州	贵州法政毕业	
姚祖舜 显吾	安徽	金陵大学农学士	资源委员会研究员
姚起予			江苏省地政局科员
祝平 兆觉	江苏江阴	德国业勃齐大学博士	江苏省地政局局长
马铎 木齐	山西祁县	日本明治大学法学院法学士	太原绥靖公署参议
马飞扬 志申	浙江嵊县	浙江陆军测量学校毕业	
马宝华 公若	江苏	地政学院毕业	平湖新仓区署长
马开化 中定	浙江嵊县	日本东京帝国大学农学部研究	中华农学会会员
马子静	陕西泾阳		国民党陕西省党部
耿德菴	陕西长安	陕西省立第一师范学校毕业	国民党陕西省党务指导委员会干事
翁之镛 序东	江苏常熟	东南大学文学士	财政部整理地方捐税委员会委员兼附税司科长

续表

姓名别号	籍贯	学 历	时任职务(1936年)
高信 人言	广东新会	德国弗莱堡大学毕业	地政学院教授兼研究员，中央土地专门委员会委员
高裕瑞 寿征	江苏泰县	山东法政学堂	导淮委员会土地处科员
高懋学 仰诚	江苏		太仓县清丈队队长
高秉坊 春如	山东博山	美国纽约大学林学士	国民政府财政部赋税司司长
高深 澄青	广东	国立中山大学法学士	湖南民政厅科员
唐启宇 御仲	江苏江都	美国康奈尔大学农业经济学博士	全国经济委员会简任技正
唐清和	湖南衡阳		土地委员会湖南专区调查员
唐爱陆			镇海县清丈处主任
孙文郁 绍周	山西宁武		金陵大学农业经济系教授
孙拙民	山东莒县		山东省整理捐税委员会委员
孙铭修	江苏无锡	日本东京师范大学政治经济科毕业	国民党中央党部宣传部总干事
孙燕邠			湖南民政厅科员
秦元邦 柏林	广东梅县	日本早稻田大学经济学士	
秦翊 激云	江苏江宁	国立浙江大学毕业	地政学院助理研究员
韦仁纯	安徽舒城		泗县土地陈报处主任
徐扬	浙江平湖	中央陆军测量学校高等地形科毕业	国民政府主计处岁计局科长
徐澄 仲迪	江苏宜兴	美国康奈尔大学农学硕士	金陵大学农业经济系教授
徐洪奎	江苏宜兴	中央政治学校地政学院毕业	庐山土地整理处主任
徐宗士 世平	江苏奉贤	国立中央大学法学士	军事委员会资源委员会财政组研究员
徐思予	浙江永嘉	莫斯科中山大学毕业	江苏省地政局调查员
徐泉 济川	江苏沭阳	国立中央大学经济系毕业	
徐振亚	江苏常熟	地政学院毕业	萧山清丈处主任
徐青甫	浙江		浙江民政厅厅长
梁海仙 辽超	湖南保靖	湖南私立达材法政专门学校毕业	国民党湖南省党部职员

续表

姓名 别号	籍贯	学 历	时任职务(1936年)
郭古香	江苏江阴	比利时工程学院 土木工程师	江苏省地政局全省土地测量队总队长
郭汉鸣	广东大甫	法国巴黎大学 高等研究院毕业	地政学院研究员
郭恩荣			江苏省地政局
郭经粢			山东民政厅科员
陈植 养材	江苏崇明	日本东京帝国大学毕业	江苏省建设厅技正
陈潮海	江苏嘉定	江苏铁路学校毕业	镇江县清丈队队长
陈海澄 剑秋	江苏阜宁	日本东京帝国大学 法科毕业	立法院简任秘书
陈为	江苏	焦作工学院毕业	金山县清丈队队长
陈自新 心铭	浙江兰溪	国立浙江大学毕业	平湖县县府科长
陈纪芳 兴三	浙江永嘉		江苏省地政局科员
陈骏 维崧	浙江绍兴	中央政治学校计政学院毕业	四川财政特派员公署职员
陈训曜 复庵	福建闽侯	北平中国大学法学士	
陈少书	江苏沭阳	地政学院毕业	安徽财政厅科员
陈宝忠 兴人	江苏常熟	地政学院毕业	安徽财政厅科员
陈开泗		中央政治学校毕业	
曹谟 叔谋	浙江兰溪	中央陆军测量学校 高等科毕业	参谋本部陆地测量总局科长
曹慎修	湖南湘潭	国立商学院毕业	豫皖鄂三省"剿匪"总司令部秘书
章植 午云	江苏无锡	复旦大学经济学士	上海银行职员
张和卿			浙江民政厅第四科科员
戚皖 完白	安徽盱眙	上海法学院政治学士	安徽省地政局设计委员
梅光复 啸东	四川泸县	地政学院毕业	平湖县政府科长
梅嶙高 雪岩	安徽桐城	中央大学教育学士	铁道部专员
崔毓麟 钟之	江苏东台	江苏两级师范学校 优级毕业	陕西省东台县教育行政委员会委员

续表

姓名 别号	籍贯	学历	时任职务（1936年）
崔光亚	陕西高陵	西安中山大学 政治经济科毕业	国民党陕西省党务视察员， 任安县党务指导委员
毕乃謇 劲伯	浙江温岭	法国南锡大学文学博士	浙江财政厅整理赋税专员
庄强华	江苏武进	金陵大学文学士	浙江财政厅整理赋税专员兼副科长
许伟 英希	江苏	江苏工专毕业	江苏省地政局技士
许振鸢 节之	安徽五河	地政学院毕业	南通县地政局局长
许绪襄 文渊	浙江天台	浙江公立法政专门学校 本科毕业	国民党浙江省党部调查视察股干事
许训勋	闽清		
闵君豪 侠卿	江苏武进	金陵大学毕业	金陵大学女子文理学院秘书
盛儒修	山东临沂		国民党山东省党部
屠启东 白麟	江苏武进	光华大学经济系毕业	浙江财政厅整理捐税专员
陆亭林	甘肃	地政学院毕业	平湖县政府专员
陆开端	江苏宜兴	地政学院毕业	浙江民政厅技士
冯紫岗	河南南阳	法国国立海南 农业大学毕业	安徽大学农艺系主任
冯小彭	辽宁	地政学院毕业	江苏省地政局科长
冯光烈	四川	地政学院毕业	四川省政府科员
冯世澄			浙江民政厅科员
张淼 亦邈	浙江永嘉	法国都鲁斯大学毕业	国民政府财政部整理地方捐税委员会委员
张建新	广东梅县	地政学院毕业	江苏青浦总地政局局长
张辉 性璨	浙江诸暨	中央政治学校地政 学院毕业	镇江县地政局局长
张惠群	江苏盐城	地政学院毕业	
张廷休 梓铭	贵州	伦敦大学研究	中央土地专门委员会委员
张培德 济民	河北南皮	北平中央测量学校 高等毕业	国民政府财政部整理捐税委员会委员
张德厚 华民	河南孟县	北平中国大学毕业	河南宝丰城内合作指导员办事处科员
张丕介	山东馆陶	德国佛莱堡大学 政治经济博士	中央土地专门委员会委员
张德光	四川营山	地政学院毕业	四川省政府科员

续表

姓名 别号	籍贯	学历	时任职务(1936年)
张光业 静远	浙江	地政学院毕业	安徽省财政厅科员
张道纯 慕儒	河北	地政学院毕业	陕西省民政厅科员
张家麒			上虞县测丈队队长
张鑫	浙江永嘉		永嘉县地政处副主任
张廷哲	福建	美国哈佛大学研究院毕业	江苏省地政局技正
贺明缨 叔璘	湖北枝江	地政学院毕业	崇明县地政局局长
汤惠荪	江苏崇明	日本鹿儿岛高等农林学校毕业，德国柏林农科大学、英国牛津大学研究	地政学院研究主任， 中央农业实验所技正， 中央土地专门委员会委员
汤武鉞	江苏	浙江大学毕业	镇江清丈队队长
汤一南 汇如	江苏江都	地政学院毕业	浙江财政厅专员
黄通 君特	浙江平阳	日本国立威岗高等农林学校毕业，日本早稻田大学经济学士，英国牛津大学农业经济研究院，德国波恩大学农学院研究	地政学院教授兼研究员
黄星韶 千驷	湖南长沙	地政学院毕业	湖南财政厅科员
黄荫莱	江苏武进	德国耶拿大学经济学博士	江苏省地政局技正兼科长
黄枯桐 断云	广东梅县	日本东京帝国大学农科大学毕业	国立中山大学农学院教授， 模范林场主任
黄玉珂	安徽舒城	复旦大学商学士	上海银行行员
黄宝珊	广西	中央陆军测量学校高等科毕业	南宁广西土地测量局局长
黄公安	广东开平	德国佛莱堡大学农业研究员	浙江大学教授
黄锡祺			上虞县测丈队队长
傅莘耕 伊才	江苏南汇	地政学院毕业	平湖县政府科长
傅广泽	辽宁	地政学院毕业	安徽财政厅
乔启明 映东	山西猗氏	美国康奈尔大学农业经济硕士	金陵大学农业经济系主任
项昌权	浙江乐清		安徽绩溪县县长
嵇昌先	江苏涟水		国民党南京党部职员
程远帆	浙江绍兴		浙江省财政厅长

续表

姓名别号	籍贯	学 历	时任职务(1936年)
程子敏	江苏江宁	上海持志学院文学士	内政部土地司科员
彭尔康			国民党南京市党部特派员
曾济宽 慕侨	四川丰都	日本鹿儿岛大学农林专科毕业	江苏省建设厅农业委员会副委员长
童愚			浙江民政厅第四科科员
富靖	辽宁	地政学院毕业	
雷男 力田	湖南		资源委员会专员
褚一飞	浙江嘉兴	巴黎大学毕业	中央政校教授
董中生 毓甫	浙江东阳	地政学院毕业	吴县地政局局长
董汝舟 济民	江苏扬州	复旦大学毕业	考选委员会科员
董金钊			奉贤县地政局局长
詹鼎新			平湖县测丈队队长
万国鼎 孟周	江苏武进	金陵大学农学士	中央土地专门委员会委员,资源委员会委员,地政学院及金陵大学教授
万煜斌 笑秋	湖北黄冈	中央陆军测量学校高等科毕业	参谋本部陆军测量总局科长
叶鸿煦 仲光	浙江永嘉	国立北平大学经济系毕业	
叶乾初 寿铿	浙江	地政学院毕业	国民政府财政司职员
闻钧夫	湖北蕲水	东南大学毕业	江苏省民政厅秘书
杨溥赡			溧水县地政局科员
杨继先 绳武	江苏江宁	四川法政学堂毕业	国民政府财政部四川财政特派员公署职员
杨建章 子文	河南新野	北平中法大学毕业	河南省地政局科员
杨宗颜 望尼	河南沁阳	国立北京大学毕业	河南地政局秘书
杨鸿斌 文甫	山东东平	山东省立法政专门学校毕业	
杨正礼	云南昆明	地政学院毕业	云南财政厅科员
邹序儒	湖南新化	日本东京帝国大学农学部毕业	国民政府内政部技正
邹枋 闰卿	浙江鄞县	复旦大学经济学士	全国经济委员会专员
熊鼎盛	四川巴县	地政学院毕业	四川财政部特派员公署职员

续表

姓名别号	籍贯	学 历	时任职务(1936年)
熊潄冰	江西		江西省地政局局长
赵钜恩 泽甫	浙江诸暨	地政学院毕业	福建省地政局技正
赵棣华	江苏镇江	美国西北大学商科硕士	江苏省政府委员兼财政厅厅长
赵晋三 康侯	河南安阳	地政学院毕业	郑州市土地登记处主任
赵祖霖			浙江民政厅第四科技士
赵世昌	辽宁	地政学院毕业	安徽省财政厅科员
赵可任 起潜	广西龙州	莫斯科逸仙大学经济科毕业	
赵简子	江苏如皋	国立中山大学法学院毕业	江苏省地政局技佐
翟宗涛	安徽泾县	上海法学院第一届法律系法学士	
黎定南	四川酆都	上海法学院第一届法律系法学士	阜阳县清丈处主任
蒋廉 洁之	江苏武进	地政学院毕业	地政学院研究助理员
蒋坚忍 孝全	浙江奉化	上海大学毕业	中央航空学校政治训练处处长
刘运筹 伯量	四川巴县	英国爱丁堡大学理学士	国立北平大学农学院院长
刘振东 铎山	山东		中央政治学校教务主任、立法委员
刘宝书 子民	湖南邵阳	日本明治大学政治经济科毕业	湖南建设厅技正
刘岫青 寿清	浙江嵊县	地政学院毕业	启东县地政局局长
刘承章 静波	江苏铜山	地政学院毕业	常熟县地政局局长
刘润之	云南玉溪	法政学校高等商科毕业	云南财政厅清丈处处长
刘养浩	湖南		行政院职员
刘保邹	闽清		国民党福建霞浦县党部整理委员
刘遂			武进清丈队队长
刘青原 文波	安徽宿县	山东大学毕业	国民党陕西省党部
潘忠甲 更生	浙江海宁	浙江高等学校毕业	

续表

姓名别号	籍贯	学 历	时任职务(1936年)
潘万程 凡澄	浙江绍兴	地政学院毕业	平湖县区长
潘涛 澄轩	江苏溧阳		内政部科员
楼杞			浙江民政厅第四科科员
郑震宇	河南开封	北平师范大学毕业	国民政府内政部土地司司长
郑康模 旅闻	浙江天台	地政学院毕业	吴江县土地清丈分队队长
郑彦棻	广东顺德	法国巴黎大学统计学院统计师	广州中山大学教授
郑德奎 又苏	江苏溧水	交通大学唐山土木工程学院工学士	
练天章 汉昭	福建武平	前北平测量学校高等地形科毕业	中央政治学校讲师,中央陆地测量学校教官
蔡殿荣 国华	江苏南通	地政学院毕业	浙江民政厅第四科科长
蔡文国	江苏镇江	地政学院毕业	余姚县清丈处主任
钱乐垚			江苏省地政局督察员
钱承泽 慰农	浙江嘉兴	地政学院毕业	杭县发给土地图照处主任
钱方芝			绍兴测丈队队长
鲍德澂 渊如	江苏东台	香港大学学士	立法院外交委员会秘书
谌琨 如璋	四川	地政学院毕业	四川省政府科员
骆美奂 仲英	浙江义乌	上海大夏大学毕业,美国南加州大学硕士	导淮委员会土地处处长
骆力学 毅哉	甘肃天水	北平交通大学毕业	国民政府内政部土地司科长
卫广儒	山东滋阳		国民党山东省党部职员
薛淦生			吴县清丈队队长
谢承瑞 苍孙	江苏南康	法国兵工大学毕业	陆军大学教官
谢俊 企安	江苏淮安	地政学院毕业	陕西民政厅科长
魏炳 甸侯	湖南	湖南优级师范毕业	
魏树东	河南汜水	地政学院毕业	南京市地政局科员
魏颂唐	浙江嵊县	北京计学馆毕业	浙江财务学校校长

续表

姓名别号	籍贯	学 历	时任职务(1936年)
鞠振东	辽宁	地政学院毕业	北平市政府科员
龙齐禧 龙生			内政部土地司科员
戴弘 玄博	浙江	日本东京帝国大学农学士	中央农业实验所技正
萧铮 青萍	浙江永嘉	德国柏林大学毕业	地政学院主任,国民党中央执行委员会候补执行委员
颜圣介			镇海县测丈队队长
蓝之章	湖南	地政学院毕业	安徽财政厅科员
罗醒魂	广东惠阳	日本明治大学政治学士	地政学院编辑员
罗熙	安徽	安徽大学政治系毕业	国民党中央党部干事
罗云			杭州市政府科员
苏雷 润生	安徽阜阳	安徽法政专门学校毕业	河南民政厅视察员
龚勋华	安徽合肥		安徽省地政局设计委员

二、团体会员

名　称
上海市地政局
陕西省民政厅
国民政府内政部
中央政治学校地政学院
立法院土地法委员会
北平市财政局
江宁自治实验县县政府
江苏省地政局
江西省民政厅
平湖县政府
全国经济委员会
安徽省地政局
河北省民政厅

续表

名　称
河北省地政局
河南省地政局
南京市地政局
浙江省民政厅
参谋本部陆地测量总局
湖北省民政厅
湖南省民政厅
贵州省财政厅
察哈尔省民政厅
福建省民政厅
国民政府实业部
国民政府实业部中央农业实验所
广西省民政厅

三、赞助会员

姓名 别号	籍贯	时任职务（1936年）
何应钦 敬之	贵州	军政部长
宋子文	海南	全国经济委员会常务委员
居正 觉生	湖北	司法院院长
陈立夫	浙江	中央委员
陈果夫	浙江	江苏省政府主席
张继 溥泉	河北	中央监察委员

资料来源：中国地政学会会员录[J].地政月刊,1936(7):1099-1124.

地政月刊目录

第1卷 第1期 民国22年1月(1933年1月)

插图

孙中山先生遗像

中国地政学会成立会摄影

发刊词 ……………………………………………… 万国鼎(1—2)

平均地权真诠 …………………………………… 萧铮(3—28)

土地重划论 ……………………………………… 鲍德澂(29—39)

江苏盐垦问题 …………………………………… 李积新(41—55)

租庸调与两税法 ………………………………… 万国鼎(57—64)

近代日本之土地问题 …………………………… 庄强华 译(65—82)

土地增值税的研究 ……………………………… 周一和 译(83—98)

参考资料

各省农户田地统计表 ……………………………………… (40)

明万历中田款式 …………………………………………… (55—56)

各省市二十年度田赋表 …………………………………… (63—64)

闻客叹(述陕西灾况) ……………………………………… (98)

书报述评

胡适等井田制度有无之研究述评 ……………… 万国鼎(99—103)

谢无量中国古田制考述评 ……………………… 万国鼎(104—108)

时论撮要

翁文灏:中国人口分布于土地利用(鼎) ……………… (109—110)

马寅初:中国农村救济之根本问题(鼎) ……………… (111)

周谷城:中国土地制度及总理土地公有学说(铭) …… (112)

刘大钧:中国古代田制研究(鼎) ……………………… (112)

罗竹秋:中国古代土地制度之研究(铭) ……………… (112—113)

彭丙生:中国氏族时代土地制度之考察(铭) ………… (113)

魏波氏:古代农业组织与农田共产制问题(铭) ……… (113—114)

俞俊民:浙江整理土地概况(舜) ……………………… (114)

法令汇录

  土地法原则 ……………………………………………………………………（115—120）

  土地法 ……………………………………………………………………………（120—124）

专载

  推行本党土地政策原则十项 ……………………… 土地问题讨论会（125—130）

新闻

  苏省垦殖五年计划 ……………………………………………………………（131—132）

  上海十一、二月地产营业鸟瞰 ………………………………………………（132—133）

  杭州市土地税 …………………………………………………………………（134—137）

  绥远整顿田赋 ……………………………………………………………………（137）

  关西将实行计口授田 …………………………………………………………（137—138）

  广州今年地价房租飞涨不已 …………………………………………………（138—141）

  泾惠渠已溉农田五十余万亩 …………………………………………………（141—142）

本会消息

  本会成立之经过 ………………………………………………………………（143—144）

  本会理事会记录(附理事会组织细则) ………………………………………（144—145）

  本会编辑委员会议事录(附地政丛刊简章) …………………………………（145—146）

中国地政学会简章 ………………………………………………………………（147—150）

第1卷　第2期　民国22年2月(1933年2月)

插图

  达马熙克像

土地登记概论 ……………………………………………………… 鲍德澂(151—164)

训政时期土地整理问题 …………………………………………… 洪季川(165—171)

德国土地改革运动 ………………………………………………… 萧铮(173—198)

李嘉图地租论的轮廓及其最近发展之倾向 ……………………… 高信(199—217)

近代日本之土地问题(续完) …………………………………… 庄强华 译(219—242)

参考资料

  江苏省土地面积统计 ……………………………………………………………（172）

  江苏省农户与总户数 ……………………………………………………………（218）

书报述评

农商统计表 …………………………………………… 万国鼎(243—247)
土地法规 ……………………………………………… 万国鼎(247—248)

时论撮要

吴尚鹰：土地问题与土地法(鼎) ………………………………… (249—250)
董汝舟：地方自治与土地问题(华) ……………………………… (250—251)
魏颂唐：地方自治与土地整理(舜) ……………………………… (251—252)
祝平：实施土地改革为救济农村之先决条件(舜) ……………… (252)
和平地价及地价税之研究(铭) ………………………………… (252—253)
罗竹秋：日本古代土地制度之研究(舜) ………………………… (253—254)
李景清：美国国家土地政策的研究(铭) ………………………… (254)
李景清：美国土地制度的发展(舜) ……………………………… (254)

法令汇录

土地法(第二篇土地登记) ……………………………………… (255—270)

专载

田农三三制 …………………………………………… 奚九如(271—276)

答问

关于市内划分地价区问题 ……………………………………… (275—276)

新闻

内政部拟定租佃条例 …………………………………………… (277)
内政部计划移垦 ………………………………………………… (277)
财政部整顿田赋附加会议 ……………………………………… (277—279)
苏省土地局整理土地方案 ……………………………………… (279—283)
上海市征收地价税 ……………………………………………… (284)
上海市二十一年份地产业之回顾 ……………………………… (284—285)
沪北复兴与土地问题 …………………………………………… (285—286)
豫财厅革除征收田赋积弊 ……………………………………… (286—288)
桂省府提倡民团垦殖 …………………………………………… (288)

本会消息

本会理事会第三、四次会议纪要 ………………………………… (289)
本会编辑委员会第三次会议纪要 ……………………………… (289—290)
调查本会会员表 ………………………………………………… (290)

第1卷 第3期 民国22年3月(1933年3月)

插图

　　中国自然地理区域图

　　中国土地利用调查区域分布图

中国之佃耕制度与佃农保障 ………………………………………… 郑震宇(291—304)

中国土地利用调查之经过及进行概况 ……………………………… 孙文郁(305—316)

各省市田赋概况 ……………………………………………………… 吴培均(317—326)

中国田赋高度的新估计 ……………………………………………… 李如汉(327—346)

土地增价税的研究(二) ……………………………………………… 周一和 译述(347—376)

参考资料

　　飞洒诡寄 ………………………………………………………………………… (316)

　　浙省二十二年度田赋概算 ……………………………………………………… (396)

　　浙省漕南抵补金 ………………………………………………………………… (412)

书报述评

　　江苏减赋全案述要 ………………………………………………… 庄强华(377—386)

　　安徽清厘田赋案牍辑存述要 ……………………………………… 庄强华(386—396)

时论撮要

　　马寅初:中国田赋制度之现状(铭) …………………………………………… (397)

　　江苏省各县田赋正附税及带征亩捐方法及标准价格一览表(鼎) …………… (397)

　　江苏省各县地方附税调查表(鼎) ……………………………………… (397—398)

　　江问渔:江苏全省田赋之研究(鼎) …………………………………… (398—399)

　　魏颂唐:田赋与浙民之负担(铭) ……………………………………… (399—400)

　　马寅初:浙江之田赋(华) ……………………………………………… (400—401)

　　项昌权:浙江田赋问题(铭) …………………………………………… (401—402)

　　谢俊:土地增益税之研究(铭) …………………………………………… (402)

法令汇录

　　土地法(第三篇土地使用) ……………………………………………… (403—412)

读者论坛

　　为谈土地的先生们进一解 ………………………………… 龙绮女士(413—416)

新闻

 苏省登记土地 ·· (417)
 苏省盐垦之进行 ·· (417)
 上海的土地谭 ··· (418)
 上海二月份地产行市鸟瞰 ······································ (421)
 湘省清查田赋 ··· (422)
 湘省废田还湖办法 ·· (423)
 天津维护市境善产地亩 ··· (424)
 鲁实业厅救济农村计划 ··· (425)
 豫省升科田赋 ··· (426)
 大旱灾演进中之陕西 ··· (427)
 察省阳原耕者以有田为苦 ······································ (429)
 绥财政厅通令革除田赋积弊 ···································· (430)

本会消息

 本会理事会第五、六次会议纪要 ······························ (431)
 本会编辑委员会第四次会议纪要 ······························ (431)
 本会会员录 ··· (432—436)

第1卷 第4期 民国22年4月(1933年4月)

插图

 吉林双城堡屯田全图
 双城堡屯田中囤区划图

地价的成立及其评定法制理论与实际 ············· 曾济宽(437—460)
都市地域制度概述 ································· 王先强 译(461)
中国之佃耕制度与佃农保障(续完) ················ 郑震宇(479—498)
法国之土地税 ······································· 张淼(499—521)
德国地籍登记簿册 ································· 萧铮(523—531)

参考资料

 湖南各县田赋附加税统计 ······································ (522)
 河南各县面积及人口密度 ······································ (532)
 广东农地面积统计 ·· (539)
 民国二十年来我国棉花输出与输入数量比较表 ············· (540)

汉口市地税人口统计 …………………………………………………… (574)

书报述评

双城堡屯田纪略述要 ……………………………………… 奚宾(533—537)

土地陈报特刊 ……………………………………………… 庄强华(537—539)

时论撮要

顾复：佃户问题(舜) …………………………………………………… (541)

乔启明：农佃问题纲要(舜) …………………………………………… (541)

汤惠荪：中国之佃户问题(舜) ………………………………………… (542)

徐澄、乔启明：对于浙江省佃农减租初步办法应举行调查意见书(舜) …… (542)

李积新：解决田租问题的我见(舜) …………………………………… (542)

马寅初：租佃制度之研究(舜) ………………………………………… (543)

重生我国农民情形及农佃制度应有之补救(舜) ……………………… (544)

裴如：分益佃种论(舜) ………………………………………………… (545)

丁廷洎：中国佃农百分率差异之原因(舜) …………………………… (545)

吴景超：中国佃户问题之焦点(舜) …………………………………… (545)

赵正平：苏维埃集团农业起因(舜) …………………………………… (546)

法令汇录

土地法(第四篇土地税) ……………………………………… (547—558)

新闻

内实两部会商奖励移民垦殖 …………………………………………… (559)

淞沪抗日残废将士将开垦练湖荒地 …………………………………… (559)

导淮垦殖计划 …………………………………………………………… (560)

苏省沙田官产划归省有 ………………………………………………… (561)

整理屯田系治运之根本 ………………………………………………… (562)

江宁自治实验举办土地陈报 …………………………………………… (563)

常熟地价标准评定 ……………………………………………………… (563)

奉贤全县土地开始清丈 ………………………………………………… (564)

浙省府修正杭市地价估计办法 ………………………………………… (564)

杭州地价税定期开征 …………………………………………………… (565)

嘉兴清丈处组织成立 …………………………………………………… (565)

江西整理田赋 …………………………………………………………… (566)

豫鄂皖筹备实行屯田 …………………………………………………… (567)

陕财厅整顿田赋 ……………………………………………………………………（568）
绥省屯垦现状 ……………………………………………………………………（570）
闽省整顿田赋 ……………………………………………………………………（572）
粤湖梅旧粮改征新税 ……………………………………………………………（573）

本会消息

本会理事会第七次会议纪要 …………………………………………………（575）
本会第五次编辑会议纪要 ………………………………………………………（575）
本会会员李庆麟博士回国 ………………………………………………………（575）
本刊登记证已领到 ………………………………………………………………（575）
本会丛书二种出版 ………………………………………………………………（576）

第1卷 第5期 民国22年5月（1933年5月）

插图

黄岩县唱字图丘陵户册总册统计表
黄岩县丘陵户册分册之一页

土地生产关系论 ………………………………………………… 唐启宇（577—587）
土地测量之商榷 ………………………………………………… 王雍皞（589—604）
航空测量 ………………………………………………………… 谢承瑞（605—610）
浙江黄岩县清丈之调查 ………………………………………… 丘东旭（611—628）
都市地域制度概述（续） ………………………………………… 王先强 译（629—644）

专载

中国土地测量计划 …………………………………… 伊士兰 著,郑寿麟 译（645—666）

书报述评

亨利乔治进步与贫困 ……………………………………………… 高信（667—672）
京粤线浙江段经济调查总报告书 ………………………………… 张淼（673—676）

时论撮要

张效敏：中国租税制度论（铭） …………………………………………………（677）
广化中国租税制度概观（铭） …………………………………………………（678）
翰笙：中国农民担负的赋税（铭） ………………………………………………（679）
晏才杰：田赋刍议总论（铭） ……………………………………………………（680）
铭礼：租税与生产（铭） …………………………………………………………（680）

俄国农民之单一税制(铭) ……………………………………… (681)

宋序英:亟应减轻田赋附税以舒农困(新) ………………… (681)

宋序英:限增田赋附税之治标与正本(新) ………………… (682)

董汝舟:中国农民离村问题之检讨(真) …………………… (684)

董时进:论移民垦殖 ………………………………………… (684)

法令汇录

土地法(第五编征收) ………………………………… (685—694)

新闻

魏颂唐向民厅建议整理土地意见 ………………………… (695)

苏省土地局令各县切实整理土地 ………………………… (695)

苏省土地提前整理 ………………………………………… (697)

皖整理土地 ………………………………………………… (698)

京市府整理八卦洲 ………………………………………… (700)

财部整理田赋附税案 ……………………………………… (701)

浙省民财两厅会拟测丈后田赋表 ………………………… (701)

浙省改订田赋科则 ………………………………………… (702)

浙财厅将于各厅会商核减田赋附加 ……………………… (702)

杭州市土地税势在必征 …………………………………… (703)

湘省府委员分赴各县核减田租附加 ……………………… (704)

江苏民众的负担 …………………………………………… (705)

平度县农民负担重 ………………………………………… (708)

固安灾区田赋尚且蠲缓派款更应减轻 …………………… (708)

引渭灌田计划 ……………………………………………… (709)

镇江农村调查 ……………………………………………… (711)

内政部订定房租价格 ……………………………………… (711)

本会消息

本会理事会第八次会议纪要 ……………………………… (713)

第1卷 第6期 民国22年6月(1933年6月)

插图

本会第一次研究会摄影

我国宪法中关于土地事项应有之规定 ……………… 胡长清(715—721)

欧战后各国土地政策表现于宪法上之趋势 …………………… 王祺(723—743)
各国宪法中关于土地事项之规定 ……………………………… 鲍德澂(745—759)
各国土地立法之趋势 …………………………………………… 张淼(761—773)
我国地政机关的组织系统之商榷 ……………………………… 曾济宽(775—810)
"匪区"土地整理管见 …………………………………………… 唐启宇(811—822)

参考资料
湖北省各县地价调查 ……………………………………………………… (774)
湖北省各县省有正附捐税调查 …………………………………………… (838)

专载
本会对于"我国宪法中关于土地事项应如何规定"之建议 …… 万国鼎(823—825)

书报述评
安徽省试办土地清丈特刊 ……………………………………… 洪铎(827—832)
浙西减漕记略述要 ……………………………………………… 庄强华(832—837)

时论撮要
上海的土地问题(舜) ……………………………………………………… (839)
俄国农民问题之史的观察(舜) …………………………………………… (840)
苏联农业的集体化成绩(舜) ……………………………………………… (840)
苏俄土地政策之真谛(舜) ………………………………………………… (841)
中国土地问题及其解决方法(真) ………………………………………… (841)
调剂农村金融(真) ………………………………………………………… (843)
屯垦事业与集团农场(真) ………………………………………………… (843)

法令汇录
"剿匪区"内各省农村土地处理条例(未完) …………………………… (845—858)

新闻
浙江省整理土地概况 ……………………………………………………… (859)
云南开采森林 ……………………………………………………………… (861)
鲁救济农村 ………………………………………………………………… (862)
苏农民银行筹设业务实验区 ……………………………………………… (864)
太原绥署核准之绥西屯垦授田办法 ……………………………………… (865)
绥农村经济枯涩 …………………………………………………………… (866)
江宁县土地呈报 …………………………………………………………… (868)
浙江省府奉行政院令整理田赋附加 ……………………………………… (868)

浙省征收地价税计算地价办法 …………………………………………………（872）
　桂省振兴农林水利 ………………………………………………………………（873）
　浙省令民财建三厅调查清理公私荒地 …………………………………………（875）

本会消息

　本会理事会第九、十两次会议纪要 ……………………………………………（877）
　本会第六七次编辑会议纪要 ……………………………………………………（878）

第1卷　第7期　民国22年7月（1933年7月）

插图

　亨利乔治像

美国耕地价格之趋势 …………………………………………… 洪瑞坚（879—888）
俄国土地改革中的农奴解放 …………………………………… 祝平（（889—916）
报酬递减法则之注释 …………………………………………… 万宾三（917—926）
江苏田赋概况 …………………………………………………… 张淼（927—974）
亨利乔治之生平及其学说 ……………………………………… 高信（975—990）

书报述评

　土地经济论 …………………………………………………… 曾济宽（991—997）
　德国内地殖民法 ……………………………………………… 邹序儒（997—1000）

时论撮要

　"匪区"中之土地问题 ……………………………………………………………（1001）
　移军实边与开发西北 ……………………………………………………………（1003）
　复兴农村的先决条件 ……………………………………………………………（1004）
　农村金融调剂问题 ………………………………………………………………（1007）
　河北省遭难区域的财政问题 ……………………………………………………（1008）

法令汇录

　"剿匪区"内各省农村土地处理条例(续完) …………………………（1011—1020）

新闻

　上海市征收暂行地价税 …………………………………………………………（1021）
　杭州市坊长续请核减地价税 ……………………………………………………（1024）
　四川酉流县田赋十月九征 ………………………………………………………（1025）
　两淮荡地拆价税 …………………………………………………………………（1026）

南京八卦洲垦地纠纷 ……………………………………………… (1027)
新农场设置办法 …………………………………………………… (1027)
陕西屯田***(注:破损或字迹不明,下同) ……………………… (1027)
各省****用地征免附税章程 ……………………………………… (1029)
杭*****各区地价 ………………………………………………… (1030)
*****地税施行细则 ……………………………………………… (1030)
******地改造水田十万顷 ………………………………………… (1032)

本会消息
本会理事会第十一次会议纪要 ………………………… (1033—1034)

第1卷 第8期 民国22年8月(1933年8月)

插图
首都城内分区图

土地改革论述要 ……………………………… 曾济宽(1035—1050)
明代鱼鳞图册考 ……………………………… 梁方仲(1051—1062)
浙江田赋概要 ………………………………… 张淼(1063—1082)
都市地域制度概述 ……………………………王先强 译(1038—1108)
土地增价税的研究 ……………………………周一和 译述(1109—1130)

书报述评
伊利及莫哈武土地经济学要义 ………………… 唐启宇(1131—1133)
第尔与孟柏地租论 ……………………………… 高信(1133—1136)

时论撮要
开发西北与农业 …………………………………………… (1137)
集团农场与利用合作事业 ………………………………… (1138)
小农制何以盛行于中国,大农制何以盛行于俄美 ……… (1138)
碱地改良法 ………………………………………………… (1140)
农村复兴问题管见 ………………………………………… (1141)
编造丘地图册问题 ………………………………………… (1144)
关于中央农业实验所森林部分事业计划之管见 ……… (1147)

法令汇录
"剿匪区"内屯田条例 ………………………………… (1149—1154)

新闻

 水陆地图审查委员会成立 ··· (1155)
 内政部编订土地法施行法草案 ··· (1155)
 上海市征收地价税续闻 ··· (1156)
 内政部起草土地施行法 ··· (1156)
 皖省府整修土地 ·· (1160)
 北方大港港埠土地应归国有 ·· (1162)
 赣省整理土地设立土地整理处 ··· (1163)
 行政院决定外人租用土地办法 ··· (1164)
 地方行政事业费严禁田赋项下附加 ·· (1165)

通信

 答谢洪铎先生 ·· (1167—1168)

本会消息

 本会理事会第十二次会议纪要 ··· (1169)
 本会第八次编辑会议纪要 ·· (1169)
 本会为达马熙克先生声请诺贝尔和平奖金 ···································· (1169)

第1卷 第9期 民国22年9月(1933年9月)

插图

 中国七省十七处二千八百余农家各种现款收入之百分比
 中国七省十七处二千八百余农家各种费用项目之百分比

中国之土地制度(单威廉著) ·· 萧铮 译(1171—1194)
洛柏图斯与马克思之绝对地租论 ··· 高信(1195—1208)
土地改革论述要(续) ·· 曾济宽(1209—1228)
都市地域制度概述(续完) ··· 王先强 译(1229—1252)
浙江田赋概况 ·· 张淼(1253—1282)

书报述评

 嘉湖减赋记述要 ·· 庄强华(1283—1285)
 湖北田赋述要 ··· 庄强华(1285—1286)

时论撮要

 江声远:中国农民与耕地问题(铭) ··· (1287)

陈翰笙:现代中国土地问题(真)……………………………………………… (1287)
范苑声:我对于中国土地问题之认识与意见(真)……………………… (1289)
黄通:复兴农村与田赋问题(真)……………………………………………… (1290)

法令汇录

土地征税法………………………………………………………………… (1291—1298)

专载

单威廉土地登记测量及征税条例草案……………………………… (1299—1308)

新闻

冀省行唐县农村附税……………………………………………………… (1309)
冀民政厅调查本省土地状况…………………………………………… (1309)
苏田赋滞纳罚金规则……………………………………………………… (1310)
苏省整顿契税………………………………………………………………… (1311)
苏省征收永佃契税………………………………………………………… (1312)
上海县党部反对征收永佃契税………………………………………… (1313)
上海市土地局整理市区土地谈………………………………………… (1314)
上海市土地局丈量闸北两区…………………………………………… (1314)
上海市征收地价税区调查地价将竣事……………………………… (1315)
上海市地价税准备征收………………………………………………… (1316)
上海市地价最近一瞥…………………………………………………… (1317)
赣省积极整理田赋………………………………………………………… (1319)

本会消息

本会理事会第十三次会议纪要………………………………………… (1321)
本会第九次编辑会议纪要……………………………………………… (1321)

第 1 卷 第 10 期 民国 22 年 10 月(1933 年 10 月)

插图

上海公共租界中区地籍图

如何估计地价………………………………………………… 张淼(1323—1337)
改良地区特别征费论………………………………………… 鲍德澂(1339—1343)
没有人要的土地……………………………………………… 董时进(1345—1350)
土地改革论述要(续完)……………………………………… 曾济宽(1351—1368)

农地评价分类法 …………………………………… 李之屏 译(1369—1384)

参考资料

  冀鲁豫陕四省附税调查 ………………………………………… (1388)

  我国各省历年地价之变迁 ……………………………………… (1344)

书报述评

  宝山清丈局报告书述要 ………………………… 万国鼎(1385—1387)

  昆山清丈局第一届报告书述要 ………………… 万国鼎(1387—1390)

时论撮要

  中国社会动乱中的土地问题(真) ……………………………… (1391)

  中国耕地面积渐减倾向(真) …………………………………… (1392)

  土地法何以延搁三年犹不实行(真) …………………………… (1393)

  最近中国农民负担的田赋(真) ………………………………… (1394)

  东欧诸国的土地改革及其效果(真) …………………………… (1395)

  田赋附加税之繁重与农村经济之衰落(真) …………………… (1396)

  论兵屯(真) ……………………………………………………… (1397)

  论兵屯(真) ……………………………………………………… (1398)

法令汇录

  森林法 …………………………………………………… (1399—1408)

专载

  单威廉土地登记测量及征税条例草案(续) …………… (1409—1440)

新闻

  浙省整理土地之成绩 …………………………………………… (1441)

  浙财政厅饬县筹备开征永佃税 ………………………………… (1442)

  苏省土地局开测省图南北干线 ………………………………… (1443)

  苏省各县清理有主民荒田地 …………………………………… (1443)

  两淮盐区荒地计一千三百万亩 ………………………………… (1444)

  上海市地价税估价标准 ………………………………………… (1444)

  上海市征收地价税之进行 ……………………………………… (1445)

  皖省剔除田赋稍弊 ……………………………………………… (1446)

  "匪区"善后办法 ………………………………………………… (1447)

  "匪区"整理土地计划 …………………………………………… (1449)

  经济会调查赣省田赋附税 ……………………………………… (1450)

本会消息

 本会理事会第十四次会议纪要 ··· (1451)
 本会第十次编辑会议纪要 ··· (1451)
 本会会员曾济宽先生出长苏省土地局 ··· (1451)
 中国地政学会简章 ··· (1452)

第 1 卷　第 11 期　民国 22 年 2 月(1933 年 11 月)

插图

 中美两国栽培各种作物每公亩所需劳动力比较表(二副)
 中美两国农民所得农产品价资之比较表(一副)
 中国七省十五处二千三百十六农家之田产权与每成年男子单位所获家庭赠款之比较表(一副)

中国今日应采之土地政策 ·· 萧铮(1453—1470)
土地与人权 ·· 唐启宇(1471—1480)
土地国有运动概观 ··· 黄通(1481—1508)
中国历代计口授田政策之回顾 ·· 万国鼎(1509—1528)
苏俄土地国有政策之回顾 ·· 祝平(1529—1540)

参考资料

 沪市各区农村调查 ··· (1508)

书报述评

 民国经界行政纪略述要 ··· 伍受真(1541—1543)
 经界三书述要 ··· 伍受真(1543—1546)

时论述要

 中国本部两大区域的土地关系 ·· (1547)
 所谓土地革命 ··· (1548)
 中国佃种制度之研究及其改革之对策 ··· (1549)
 论计口授田(真) ··· (1551)
 土地国有论的各派学说之总探讨(铭) ·· (1552)
 土地国有问题(真) ··· (1555)
 土地所有权之研究与平均地权(真) ·· (1556)
 中国土地分配问题(真) ··· (1558)

法令汇录

    清理荒地暂行办法 ·· (1561)

    督垦原则 ··· (1562)

专载

    蒋委员长对于解决土地问题之意见 ······················· (1563—1565)

    单威廉土地登记测量及征税条例草案(续) ············· (1566—1586)

新闻

    沪市地价税明年一月开征 ·· (1587)

    苏省农田负担綦重 ·· (1587)

    财部电各省府制止田赋附捐 ····································· (1589)

    江西省土地整理处 ·· (1590)

    赣省土地行政 ·· (1590)

    浙财厅解释永佃契税疑义 ·· (1592)

    浙民厅催县组织整理土地委员会 ······························· (1593)

    皖财厅整理田赋 ··· (1594)

    蒋委员长令各省整顿田赋 ·· (1594)

    苏省积极救济农村 ·· (1595)

本会消息

    本会理事会第一五、一六次会议纪要 ·························· (1599)

    本会第十一次编辑会议纪要 ····································· (1600)

    本会将在镇江召开第一次年会 ·································· (1600)

    中央执行委员会定印本期月刊一千份 ·························· (1600)

第1卷 第12期 民国22年12月(1933年12月)

插图

    江苏盐垦区域图

复兴农村之路 ··· 万国鼎(1601—1612)

农业建设与土地问题 ···································· 达马熙克 著,高信 译(1613—1620)

农村复兴与中国国民党之土地政策 ································· 王祺(1621—1638)

实施土地政策以复兴农村刍议 ······································· 祝平(1639—1646)

繁荣农村与土地政策 ·· 冯紫岗(1647—1660)

农村复兴与耕者有其田 ·· 黄通(1661—1684)

复兴农村与平均地权评议 ·················· 李如汉(1685—1702)
从"匪区"土地处理说到土地政策 ············ 向乃祺(1703—1710)
农村复兴与佃租问题 ····················· 唐启宇(1711—1720)
农业经营与土地利用 ····················· 汤惠荪(1721—1734)
农村复兴与荒地清理 ····················· 郑震宇(1735—1748)
农村复兴与垦殖问题 ····················· 李积新(1749—1756)
复兴农村与整理田赋 ······················· 张淼(1757—1776)
土地破坏与农村衰落 ····················· 董时进(1777—1780)
农村衰败之原因及复兴要策 ················ 吴尚鹰(1781—1786)
复兴农村与地尽其利人尽其才 ·············· 胡品芳(1787—1810)

专载

单威廉土地登记测量及征税条例草案(续完) ············ (1811—1822)

新闻

蒋委员长救济贫农 ····························· (1823)
蒋令十省当局减免米谷苛税 ······················ (1823)
汪通电各省市县查报苛捐杂税 ···················· (1824)
孔祥熙发表整理田赋意见 ························ (1825)
苏省整理田赋从核减附税入手 ···················· (1825)
江苏扬州裁减附税之办法 ························ (1826)
浙省办理农业仓库 ····························· (1827)
杭州地价税给奖展期 ··························· (1827)
皖省土地整理概况 ····························· (1828)
皖省粮价暴跌 ································· (1830)
川省又征粮 ··································· (1831)
鲁省农村亟待救济 ····························· (1833)

本刊第 1 卷索引 ································· (1835—1856)

第 2 卷 第 1 期 民国 23 年 1 月(1934 年 1 月)

插图

中国地政学会第一次年会开幕典礼摄影

卷头语

一年来的中国地政学会 ······················ 萧铮(1—8)

论文

中国土地改革导言 …………………………………… 祝平(9—28)
中国土地行政概况 …………………………………… 郑震宇(29—84)
整理江苏土地之管见 ………………………………… 曾济宽(85—94)

讨论

中国土地问题的重心 ………………… 祝平　万国鼎　曾济宽　李庆麟
　　黄通　高信　王先强　冯紫岗　郑彦棻　王祺　程子敏　郑震宇　张淼(95—124)
目前中国土地整理应采之程序
　　………………… 郑震宇　洪季川　王文熙　万煜斌　王祺　祝平(125—140)

纪事

中国地政学会第一次年会纪事 ………………………… 鲍德澂(141—175)
本会消息 ………………………………………………… (176—178)
中国地政学会简章 ……………………………………… (179—182)
中国地政学会会员录 …………………………………… (183—192)

参考资料 ……………………………………………… (193—194)

新闻

全国经济会调查各省未垦荒地 ………………………… (195)
实业部经营盐垦区 ……………………………………… (196)
京市举办土地登记 ……………………………………… (196)
苏省将试办地价税 ……………………………………… (197)
苏财厅厘定整理各县田赋计划 ………………………… (198)
苏省修正征赋法 ………………………………………… (200)
杭市地价税筹办经过 …………………………………… (201)
浙整理田赋研究会编竣整理田赋方案 ………………… (205)
皖省整理土地 …………………………………………… (205)
皖省整理各县田赋 ……………………………………… (207)
赣省府限期完成整理市土地 …………………………… (208)
鄂省整理田赋两种办法 ………………………………… (208)
鄂省府积极整理各县田赋 ……………………………… (210)
冀财厅整顿田赋 ………………………………………… (211)
鲁财厅举行清丈 ………………………………………… (212)

第2卷 第2期 民国23年1月（1934年2月）

插图

中央政治学校附设地政学院第一班学员毕业典礼摄影

论文

农村合作与土地问题 …………………………………… 高信(215—224)
土地金融之概念及其体系 ……………………………… 黄通(225—248)
中国都市与农村地价涨落之动向 ……………………… 张淼(249—268)
东欧诸国的土地行政组织 ……………………………… 祝平(269—278)
佃租问题 ………………………………………………… 杜修昌(279—312)
都市地域制度与区段征收及土地重划之相互关系暨其应用
　　……………………………………………………… 周柏甫(313—346)

书报述评

程安德三县赋考述要 …………………………………… 庄强华(347—352)

时论述要

解决土地问题的急要 …………………………………………… (353—354)
土地政策 ………………………………………………………… (355—356)
整理田赋 ………………………………………………………… (356—357)
苛捐杂税问题 …………………………………………………… (357—358)
整理田赋之前提 ………………………………………………… (358—359)
整理田赋之考察 ………………………………………………… (359—360)
如何整顿田赋 …………………………………………………… (361—362)
整理田赋三论 …………………………………………………… (362—364)

参考资料

甘肃各县荒地调查 ……………………………………………… (365—368)
皖省各县面积调查 ……………………………………………… (365—369)

新闻

(国民党)
四中全会之土地政策提案 ……………………………………………… (369)
国府令组土地委员会 …………………………………………………… (369)
行政院议决减轻田赋,废除苛捐 ……………………………………… (369)
田赋改征国币 …………………………………………………………… (371)

实部饬各省调查田租 ··· (371)
　　行营注意土地问题 ··· (372)
　　经委会开垦两淮盐区荒地计划 ·· (373)
　　又一繁荣江北计划 ··· (374)
　　苏财厅拟定整理田赋计划 ·· (375)
　　镇江整理土地计划 ··· (376)
　　青浦田赋正附税统计 ··· (377)
　　无锡筹备成立土地局 ··· (377)
　　苏省府指定松江办理清丈 ·· (378)
　　沪收地价税，市廛区不扩充 ··· (378)
　　浙省田赋附税超正税 ··· (379)
　　浙省减征田赋赋税 ··· (379)
　　杭县执委会请实行地价税 ·· (382)
　　皖财厅整理赋税 ··· (383)
　　蒋委员长指示赣省整理田赋方案 ·· (384)
　　赣省新建县土地由航空测量 ··· (384)
　　湘省府请维持清丈田亩原案 ··· (385)
　　川康粮税一年六征 ··· (388)

本会消息

　　本会理事会第二届第二次会议纪要 ······································· (391)
　　本会编辑会第二节第一次会议纪要 ······································· (391)

第 2 卷　第 3 期　民国 23 年 3 月（1934 年 3 月）

插图

　　航测飞机及仪器图(四幅)

英国各派土地改革运动及各党最近土地政纲 ············· 祝平(393—416)
苏联土地政策之理论基础 ··· 汪浩(417—428)
英国各政党与农业土地问题 ······························ 李黎洲 译(429—454)
土地征收中之土地赎回权问题 ···························· 罗醒魂 译(457—476)
从征收上观察江苏省田赋改征地价税之利益 ·········· 张惠群(477—482)

参考资料

　　浙江省佃业订立租佃契约规则 ·· (455—456)

书报述评

田赋刍议 ……………………………………………………………… 汤一南(483—485)

田赋概论 ……………………………………………………………… 汤一南(486—488)

时论述要

田赋问题研究 ……………………………………………………………………… (489)

田赋整理问题 ……………………………………………………………………… (490)

中国土地利用与土地所有权 ……………………………………………………… (492)

整理田赋与平均地权 ……………………………………………………………… (494)

论整理并减轻田赋 ………………………………………………………………… (496)

对于江苏整理田赋救济农村之意见 ……………………………………………… (498)

崩溃过程中之河北农村 …………………………………………………………… (500)

陕西农村之破产趋势 ……………………………………………………………… (501)

新闻

中央拟定废除苛捐三步骤 ………………………………………………………… (503)

行政院提出田赋附加办法 ………………………………………………………… (504)

苏省清理旧赋 ……………………………………………………………………… (505)

苏省减轻附加尚有待 ……………………………………………………………… (506)

苏省整理江北土地 ………………………………………………………………… (507)

苏省土地局开办县登记人员训练班 ……………………………………………… (508)

苏省土地局订定实施登记检查办法 ……………………………………………… (509)

两淮盐区荒地将组集团农场 ……………………………………………………… (512)

浙财厅规定整理田赋方针 ………………………………………………………… (513)

鄂财厅划一田赋订定赋额等级标准 ……………………………………………… (516)

浙民厅调查全省户口土地 ………………………………………………………… (517)

鄂各县田赋积弊太深整理不易 …………………………………………………… (519)

鄂筹办集团农场先声 ……………………………………………………………… (521)

滇省整理土地 ……………………………………………………………………… (521)

本会消息

本会理事会第二届第三、第四次会议纪要 ……………………………………… (523)

第2卷 第4期 民国23年4月(1934年4月)

插图

航测仪器及照片地籍图(四幅)

苏联一九一七至一九二一年之土地政策 ················ 汪浩(525—544)
罗马尼亚土地制度之改革 ······················· 宋国枢(545—560)
意大利法西斯蒂政府农业计划中之土地问题 ··········· 仇元 译(561—574)
德国希特勒政府之"中央承继农场法" ··············· 黄荫莱 译(575—598)
丹麦之土地政策 ···························· 蒋廉 译(599—632)

书报述评

新编江苏省田赋科则统计表 ····················· 汤一南(633—636)

时论撮要

如何做到地尽其利 ·································· (637)
农村复兴之三个原则 ································ (638)
复兴农村之先决问题 ································ (639)
从平均地权论中国之土地法 ··························· (642)
中国农村疲弊的一考察 ······························· (494)
土地问题的对策 ···································· (644)

法令汇录

各省市举办地政程序人纲 ····························· (645)

专载

航空测量完成南昌全县地籍图简报 ······················ (647)

新闻

内财两部拟定土地陈报补充办法 ························ (655)
内政部起草边区土地法 ······························· (656)
财政部积极整理全国田赋 ····························· (656)
上海市中心地价高涨 ································· (657)
常熟税捐调查 ······································ (657)
浙省田赋附税已定减免办法 ··························· (658)
浙省首期清丈各县,暂难改征地价税 ····················· (659)
收复"匪区"土地处理办法 ····························· (659)
赣省府实行"匪区"移民垦殖 ··························· (663)

赣省万载小源收复后田土地耕种办法 …………………………………………（664）
鄂东拟定授佃办法 …………………………………………………………（666）
收复"匪区"土地处理督察规则 ……………………………………………（669）

本会消息
本会第二届第五次理事会议纪要 …………………………………………（670）

第2卷 第5期 民国23年5月（1934年5月）

插图
捷克实施土地改革后之农场
捷克实施土地改革后之农舍

农业经管与土地利用形态 ……………………………… 汤惠荪（671—688）
英国各派土地改革运动及各党最近土地政纲（续）……… 祝平（689—708）
举办土地陈报应如何实施之商榷 ………………………… 张淼（709—722）
吴县市地之地价及征收地价税问题 …………………… 胡品芳（723—730）
救济农村与减轻田赋附税 ……………………………… 宋希庠（731—742）

参考资料
广西各县农村地租状况 ………………………………………（743—746）

书报述评
江苏省田赋正附税统计表 ……………………………… 汤一南（747—748）
江苏省田赋改征地价税统计表 ………………………… 汤一南（749—750）

专载
本会对于财政会议拟办土地陈报意见书 …………………………（751—752）
本会萧会员等对于财政会议之整理田赋提案 ……………………（753—757）
办理土地陈报纲要 …………………………………………………（758—762）

时论撮要
中国土地问题 ………………………………………………………（763）
农村土地问题 ………………………………………………………（764）
土地制度之沿革与平均地权 ………………………………………（765）
确定土地问题的重心 ………………………………………………（766）
"匪区"土地问题 ……………………………………………………（767）
救济民生当先整理田赋附加 ………………………………………（768）

整理财政应先改革田赋征收制度 …………………………………………（769）
　　上海地产的观察 ……………………………………………………………（770）

新闻

　　财部拟定减轻田赋附加办法 ………………………………………………（771）
　　内部拟在各县设立土地裁判所 ……………………………………………（773）
　　内部拟定土地登记办法 ……………………………………………………（773）
　　苏清丈计划及步骤 …………………………………………………………（774）
　　浙兰溪地政推行概况 ………………………………………………………（776）
　　杭市征收地价税 ……………………………………………………………（777）
　　杭市府整理地价税将重开估计会议 ………………………………………（779）
　　赣各县土地登记章程省府通过施行 ………………………………………（779）
　　鄂清查全省土地计划 ………………………………………………………（783）
　　湘财厅催查欠赋 ……………………………………………………………（784）
　　川岳池驻军开征四十七年粮税 ……………………………………………（786）
　　川仁寿县粮税附加 …………………………………………………………（786）
　　闽清丈土地决从登记整理入手 ……………………………………………（787）

本会消息

　　本会理事会第二届第六次会议纪要 ………………………………………（788）

第2卷　第6期　民国23年6月(1934年6月)

插图

　　陕西旱田航测照片

土地税能否转嫁问题 ……………………………………………… 高信（789—798）
苏联之土地整理 …………………………………………………… 汪浩（799—812）
俄国古代农奴之研究 …………………………………………… 郭汉鸣（813—824）
我国荒地数字之研究 …………………………………………… 李积新（825—838）
农村信用与地权异动关系的研究 ……………………………… 秦翊（839—862）

书报述评

　　贵州清查田亩特刊 ……………………………………………………（863—870）

专载

　　本会对宪法初稿国民经济章贡献两点意见 …………………………（871—873）

兰溪实验县县政建设的小贡献——整理田赋 …………………… 胡次威(874—900)

时论撮要

中国田赋一考察 ……………………………………………………………………(901)
整理田赋的轮廓画 …………………………………………………………………(902)
论整理田赋附加 ……………………………………………………………………(903)
减轻田赋附加之两途 ………………………………………………………………(904)
废除苛捐杂税之我见 ………………………………………………………………(905)
废除苛捐杂税不宜再缓 ……………………………………………………………(906)
中国耕地面积日减 …………………………………………………………………(908)

新闻

行政院通过公有土地管理规则 ……………………………………………………(911)
行政院复兴农村会发表苛捐杂税报告 ……………………………………………(912)
市政府土地登记暂行规则 …………………………………………………………(914)
苏省办理城市地价申报 ……………………………………………………………(917)
浙市府征收地价税，沿路地价另行估值 …………………………………………(918)
赣市府委员会拟具计划登记市区之土地 …………………………………………(919)
赣市地价估委会昨估定一二区标准地价 …………………………………………(920)
赣市府委员会设立土地公断处 ……………………………………………………(922)
赣省府核减各县附加 ………………………………………………………………(923)
鄂北八县整理田赋暂行办法 ………………………………………………………(924)
绥省积极进行移垦运动 ……………………………………………………………(925)
宁夏各县继续清丈地亩划一办法 …………………………………………………(926)
粤市地价估计委员会估定本市一二区地价 ………………………………………(927)
粤民厅考核土地局工作概况 ………………………………………………………(928)

本会消息

本会理事会第二届第七次会议纪要 ………………………………………………(930)

第 2 卷　第 7 期　民国 23 年 7 月(1934 年 7 月)　各省市地政专号(一)

插图

本会镇江分会成立纪念摄影

序言 ……………………………………………………………… 万国鼎(931—932)
江苏省地政概说 ………………………………………………… 祝平(933—938)

江苏省土地测丈
 甲、经过概述 ·· (939—945)
 乙、厘定清丈总计划 ·· (946—949)
 丙、确定工作实施步骤 ·· (950—951)
 丁、订定各项要则 ·· (952—974)
  (一)勘界要则
  (二)导线测量暂行简则
  (三)分户测量暂行简则
  (四)求积暂行简则
  (五)制图暂行简则
  (六)各县主要图根测量计算划一办法
  (七)图根测量业务成绩暂定标准
  (八)清丈各项业务成绩标准
  (九)地籍调查暂行简则
 戊、创设督察制度 ·· (975—985)
  (一)图根业务检查暂行规则
  (二)清丈内外业务检查暂行规则
  (三)抽查业务暂行规则
 己、厉行奖惩办法 ·· (985—986)
  (一)测量人员奖惩规则
 庚、省县图根测量业务进行概况 ································· (987—1003)
 辛、各县清丈业务进行概况 ····································· (1004—1028)
江苏省无锡县航空测量计划草案 ··································· (1029—1033)
江苏省土地登记 ·· (1035—1088)
 附章则
  (一)土地登记暂行规则
  (二)各县土地局办理土地登记手续之特项规定
  (三)各县登记疑问释例
  (四)县土地局公断委员会组织暂行章程
  (五)各县公正人选任规则
  (六)训练登记人员办法大纲
  (七)各县土地局登记处设置员额暨俸薪标准表
  (八)各县土地局登记处经常需用笔墨消耗物品数量价格标准表
江苏省城市地价申报 ·· (1089—1106)

附章则
  (一)城市地价申报办法
  (二)城市地价申报施行细则
  (三)城市地价申报协助委员会规则
  (四)城市地价申报办事处规则
江苏省测绘地形 ……………………………………………(1107—1110)

新闻
  国府明令各省市田赋不准再附加
  行政院通过永久废除苛捐杂税案
  财政部拟定田赋附加减轻标准
  苏整理各县畸形土地
  苏财厅改良征收制度
  苏省土地整理近况
  湘省田赋附加繁多
  察省各县捐税繁杂

本会消息
  本会镇江分会成立暨第一次会议纪要 …………………(1121—1122)

第2卷 第8期 民国23年8月(1934年8月) 各省市地政专号(二)

插图
  江阴北岸圩田航测照片(比例尺五千分一)

土地陈报查报查丈平议 ………………………………编者(1123—1128)
江苏省江宁县土地陈报 ……………………………………(1129—1144)
江苏省镇江等四县土地查报 ………………………………(1145—1194)
浙江省土地陈报 ……………………………………………(1165—1180)
浙江省编造丘地图册 ………………………………………(1181—1188)
浙江省衢县之查丈 …………………………………………(1189—1210)
浙江省土地测丈 ……………………………………………(1195—1220)
安徽省土地测丈及登记 ……………………………………(1211—1234)
江西省土地测丈估价及登记 ………………………………(1235—1242)
河南省土地测丈 ……………………………………………(1243—1262)

新闻

  行政院令内部实行土地陈报

  内、参两部合组土地测量队

  土地委员会成立

  农业实验所统计各省历年地价变迁

  京市土地登记开始

  京市府公布地产公司营业规则

  沪市土地局公布修正办理溢地标准

  苏无锡、南通两县举办城市地价申报

  皖土地整理处试办土地陈报

  鄂整理田赋

  冀财政厅拟定土地陈报实施办法

  陕陆地测绘

  甘省府实行清丈土地

  闽制定土地整理申报暂行章程

  粤财厅公布共征收临时税简章

  粤地政整理之进行

本会消息

  本会理事会第八次会议纪要 ······················· (1263—1264)

第 2 卷　第 9 期　民国 23 年 9 月（1934 年 9 月）　各省市地政专号（三）

插图

  云南清丈执照

各省市土地测丈平议 ······························ 编者(1965—1970)

湖北省土地测丈及清查 ······························· (1971—1974)

湖南省土地测丈 ····································· (1975—1980)

广东省土地测丈及登记 ······························· (1981—2016)

广东省改征临时地税计划 ····························· (2017—2026)

广东中山县之地价 ··································· (2027—2052)

香港之地政 ··· (2053—2068)

云南省土地测丈登记及平定等则 ······················· (2069—2086)

新闻 ·· (2087—2102)

实业部调查全国盐垦荒地

内部规定地价估计办法

苏省订定土地陈报办法

苏镇江地价申报完竣

苏宜兴土地查报成绩良好

赣南昌附郭各特区标准地价已决定

赣移民垦荒

鄂移民垦荒

鄂省公布各县插花地处理办法

粤潮梅各县改征临时地税

闽省地价日低落

本会消息

  本会理事会第二届第九、十次会议纪要 ·················· (2103—2104)

第 2 卷　第 10 期　民国 23 年 10 月（1934 年 10 月）　各省市地政专号（四）

插图

  一、上海市土地执业证

  二、上海市土地局户地地形图

各省市土地登记平议 ······················· 编者(2105—2112)

南京市土地申报测丈登记及评价 ················· (2113—2138)

上海市土地测丈登记评价及地价税 ················ (2139—2184)

杭州市土地测丈发照评价及地价税 ················ (2185—2202)

汉口市土地测丈申报发照及评价 ·················· (2203—2224)

新闻

  全国土地施行大三角测量参部与测量局积极推进 ·············· (2225)

  江宁法院不动产登记移并市财政局办理 ···················· (2226)

  苏财厅颁布整理田赋办法 ································ (2227)

  浙财厅规定各县赋税比额 ································ (2228)

  杭市本年地价税收入可望征足三十万 ······················ (2229)

  皖财厅办理土地陈报 ···································· (2230)

  赣减免灾区田赋 ·· (2231)

  湘省各县每年应征田赋额 ································ (2232)

  陕彻底整理田赋实行自封投柜 ···························· (2233)

> 甘整理田赋办法 ……………………………………………………（2233）
> 粤空军拟具派机测绘地图计划 ………………………………（2234）

本会消息
> 本会第十一、十二次理事会议纪要 ………………………（2235—2236）

第2卷 第11期 民国23年11月（1934年11月）各省市地政专号（五）

插图
> 广州市申报地价分区草图

各省市土地评价及土地税平议 …………………………… 编者（2237—2244）
北平市土地测丈登记及评价 ………………………………（2245—2254）
天津市土地测丈登记及评价 ………………………………（2255—2270）
青岛市土地测丈登记评价及土地税 ………………………（2271—2292）
广州市土地测丈登记评价及土地税 ………………………（2293—2330）
广西省清理田亩 ……………………………………………（2331—2342）
各省市地政专号编辑后记 …………………………… 万国鼎（2343—2344）

新闻
> 土地调查进行顺利 …………………………………………（2345）
> 京市府赓续办理二五区土地登记 …………………………（2345）
> 苏省土地整理概况 …………………………………………（2346）
> 浙廿一年度田赋实收六百万余元 …………………………（2346）
> 浙清丈发照区域移耕土地推收过户办法 …………………（2348）
> 鄂民厅定期完成整理土地计划 ……………………………（2349）
> 湘省府决定办理土地陈报清丈田亩计划 …………………（2350）
> 湘财厅报告已减轻田赋附加 ………………………………（2351）
> 晋省人口田赋调查 …………………………………………（2352）
> 甘肃垦务沿革及现状 ………………………………………（2353）
> 甘省改屯为民各县继续办理 ………………………………（2355）
> 粤民厅改编土地测量队 ……………………………………（2356）
> 粤沙田捐费变更征收办法 …………………………………（2358）

本会消息
> 本会理事会第十三次会议纪要 ……………………………（2362）

第 2 卷　第 12 期　民国 23 年 12 月（1934 年 12 月）

插图

　　一、南昌五千分一航测照片图之一角
　　二、照片图图幅联合表之一角

土地陈报应采用航测照片图之我见 ················· 张镛彰(2363—2368)
行政与土地 ······································· 刘百闵 译(2369—2384)
欧洲古代土地制度之研究 ························· 郭汉鸣(2385—2408)
中国田赋之考察 ································· 刘伯弼 译(2409—2440)
都市土地增价税实际的研究 ······················· 周柏甫(2441—2468)

时论撮要

　　中国今后应行之土地政策 ····································· (2469)
　　中国土地问题与土地政策 ····································· (2470)
　　解决土地问题的两个策略 ····································· (2471)
　　内地移佃垦荒之商榷 ··· (2472)
　　屯垦事业与边方民族之生存问题 ······························· (2474)
　　人口增殖与垦荒 ··· (2476)

新闻

　　土地法施行法即将审查竣事 ··································· (2477)
　　京市府决定乡区土地变更陈报办法 ····························· (2477)
　　苏省土地局积极办理户地测量 ································· (2478)
　　苏省令各县土地局限期完成土地登记 ··························· (2478)
　　苏无锡实行航空测量 ··· (2478)
　　苏江宁县举办插花土地陈报 ··································· (2479)
　　苏财厅整顿田赋征收 ··· (2480)
　　赣改订征免田赋办法 ··· (2484)
　　鄂省府令各县整理畸形地区 ··································· (2485)
　　冀省土地陈报分三期实施 ····································· (2486)
　　甘省督促各县依限完成土地陈报 ······························· (2486)
　　宁夏土地清理完竣 ··· (2487)
　　闽龙岩土地纠纷已有解决办法 ································· (2488)
　　粤财厅积极从事改征地税 ····································· (2489)
　　桂省将实行整理土地 ··· (2490)

本会消息

    本会理事会第十四次会议纪要 ·································· (2491—2494)

本刊第 2 卷索引 ··· (2493—2508)

第 3 卷　第 1 期　民国 24 年 1 月（1935 年 1 月）　土地法研究专号

插图

    中国地政学会第二次研究会摄影

拟请修改土地法导言 ·· 萧铮（1—8）
本会拟请修改土地法意见书 ·· (9—38)
    一、关于地价之规定问题
    二、关于土地税制问题
    三、关于地租问题
    四、关于土地使用问题
    五、关于土地法施行程序问题
    六、关于土地登记问题
    七、关于土地测量问题
    八、关于地政机关问题
本会土地法研究会纪要 ·· (39—46)

附录

    （国民党）
    四中全会关于土地提案 ·· (47—56)
    全国经济委员会第三次常务委员会提案 ································ (57—59)
    土地委员会来函一（八月八日）··· (59)
    土地委员会来函二（八月十六日）·· (60)
    附抄国民政府训令第八六号
    本会致土地委员会函一（八月二十日）·· (61)
    本会致土地委员会函二（十月十三日）·· (62)
    本会致土地委员会函三（十月十九日）·· (64)
    本会致土地委员会函四（十月十九日）·· (65)
    本会致立法院函（十一月二十二日）··· (66)

法令汇录

    土地测量实施规则（二十三年十月二十四日内政部公布）(67—92)

本会消息

本会第二届第十五次理事会议纪要 ·· (93—94)
期刊地政论文撮要 ·· (95—116)
日报地政新闻索引 ·· (117—152)

第 3 卷　第 2 期　民国 24 年 2 月(1935 年 2 月)

插图

一、绥远建设厅实业基金地内之雉鸡草
二、河套内垦民村庄堆积之羊粪块

中国垦殖问题之研究 ·· 邹序儒(153—164)
浙江之租田制度 ·· 洪瑞坚(165—188)
欧洲古代土地制度之研究(续) ·· 郭汉鸣(189—202)
瑞典之土地制度及其土地政策 ··· 李黎洲 译(203—244)
都市之发展与地价 ··· 蒋廉 译(245—266)
本会消息 ··· (267—268)
期刊地政论文撮要 ·· (269—286)
日报地政新闻索引 ·· (287—300)

第 3 卷　第 3 期　民国 24 年 3 月(1935 年 3 月)　第二届年会专号(上)

插图

第二届年会会场地政学院新校舍摄影

序言 ·· (301—302)

团体会员土地行政报告

一年来中国土地行政之进展(内政部) ·· (303—378)
参谋本部陆地测量总局测量报告 ·· (379—384)
南京市财政局土地行政报告 ·· (385—390)
江苏省土地局一年来之土地行政 ·· (391—402)
江宁自治实验县地政工作概况 ·· (403—410)
上海市土地局行政报告 ··· (411—420)
浙江省民政厅整理土地概况 ·· (421—434)
安徽省土地局整理土地概况 ·· (435—440)
江西省土地局土地行政报告 ·· (441—446)

河北省民政厅办理土地行政报告 ………………………………… (447—448)

河南省地政进行概况 …………………………………………… (449—452)

福建省民政厅土地行政报告 ……………………………………… (453—456)

本会消息

本会理事会第二节第十七次会议纪要 …………………………… (457—458)

地政论文撮要 …………………………………………………… (459—476)

地政新闻索引 …………………………………………………… (477—490)

第3卷 第4期 民国24年4月(1935年4月) 第二届年会专号(中)

插图

第二届年会开幕典礼摄影

讨论

中国目前之土地政策 ………………………………… 本届年会决议(491—492)

附书面意见一 ………………………………………… 李庆麟(493—502)

书面意见二 …………………………………………… 李黎洲(503—508)

演讲

土地问题与土地法 …………………………………… 吴尚鹰(509—512)

提案

中国地政学会第二年会务总报告 ………………………………… (515—522)

中国地政学会第二届年会纪要 …………………………………… (523—588)

  一、年会之筹备

  二、年会日程

  三、年会开幕典礼

  四、预备会议记录

  五、第一次大会记录

  六、第二次大会记录

  七、第三次大会记录

  八、第四次大会记录

中国地政学会章程 ………………………………………………… (589—592)

中国地政学会会员录 ……………………………………………… (593—616)

本会消息

本会第三届理事会第一次会议纪要 ……………………………………（617—618）
地政论文撮要 ……………………………………………………………（619—642）
地政新闻索引 ……………………………………………………………（643—660）

第3卷 第5期 民国24年5月（1935年5月） 第二届年会专号（下）

插图

本会第三届理事摄影

团体会员土地行政报告（补载）

北平市财政局土地行政报告 …………………………………………（661—670）
河南省地政筹备处土地行政报告 ……………………………………（671—672）

论文

永佃权有无存在之价值 …………………………………唐启宇（673—678）
浙江二五减租问题 ………………………………………洪瑞坚（679—686）
收复"匪区"土地问题 ……………………………………汪浩（687—698）
南京市之土地问题 ………………………………………高信（699—704）
淮南盐垦区之垦殖问题 …………………………………李积新（705—720）
土地之最经济的利用方法 ………………………………曾济宽（721—730）
土地登记之审查事项 ……………………………………王仲年（731—736）

法令汇录

土地法施行 ………………………………………………………………（737—746）

本会消息

本会理事会第三届第二次会议纪要 …………………………………（747—748）
地政论文撮要 ……………………………………………………………（749—768）
地政新闻索引 ……………………………………………………………（769—784）

第3卷 第6期 民国24年6月（1935年6月）

插图

中央政治学校地政学院平面图

城市地价申报与城市土地问题 …………………………胡品芳（785—792）
欧洲古代土地制度之研究（再续）………………………郭汉鸣（793—808）

土地问题:其内容及其解决方法 ·················· 亨利乔治 原著(809—828)
苏俄土地法 ·· 汪浩 译(829—862)
苏联一九三四年农业税条例 ······················ 瞿宴仲 译(863—902)

本会消息

  本会理事会第三届第三次会议纪要 ····················· (903—904)
  地政论文撮要 ·· (905—922)
  地政新闻索引 ·· (923—942)

第3卷　第7期　民国24年7月(1935年7月)

插图

  土地委员会讲习会闭幕式摄影

航空测量队测量江西新建等十县田亩图作业方法述要张镛彰(943)
河田嗣郎对于地代论的几点贡献 ····················· 陈仲秀(967)
土地问题:其内容及其解决方法(续) ············ 亨利乔治 原著(977)
苏俄土地法(续) ·· 汪浩 译(1001)
苏俄都市居住问题及其解决 ·························· 郭汉鸣(1025)

专载

  田赋刍议 ··· 晏才杰(1029)
日报地政新闻索引 ··· (1067—1080)
地政期刊论文撮要 ··· (1051—1065)

第3卷　第8期　民国24年8月(1935年8月)

插图

  一、乍浦D区航撮一览图之一角
  二、第一图放大之照片图

航空摄影办理土地临时登记实施计划 ············ 李景璐(1081—1086)
无锡县土地登记概况 ································ 胡品芳(1087—1102)
美国之土地利用问题 ································ 仇元 译(1103—1114)
苏联土地利用及扩充作物面积之前瞻 ············ 汤一南 译(1115—1126)
土地问题:其内容及其解决方法(再续)
  ················· 亨利乔治 原著/傅广泽,王纘绪 合译(1127—1146)

专载

田赋刍议(续) ··· 晏才杰(1147—1192)
地政论文撮要 ·· (1193—1206)
地政新闻索引 ·· (1207—1220)

第3卷 第9期 民国24年9月(1935年9月) 达马熙克先生纪念专号

插图

达马熙克先生

达氏一九三•十月三十一日与本会萧理事夫妇在参加希来齐省土地改革者同盟年会之后摄影二帧

纪念达马熙克先生 ··· 萧铮(1221—1226)
达马熙克先生略传 ··· 祝平(1227—1230)
达马熙克先生与德国土地改革运动 ································· 黄通(1231—1236)
达马熙克先生著作述要 ··· 黄公安(1237—1250)
德国之土地改革 ······················ 达马熙克 原著/高信 译(1251—1314)
达马熙克逝世后世界各国之评论 ······················· 顾绥禄 译(1315—1322)
地政论文撮要 ·· (1325—1366)
地政新闻索引 ·· (1367—1384)

第3卷 第10期 民国24年10月(1935年10月)

插图

四川梯田一

四川梯田二

佃制改革之价值 ··· 黄通(1363—1370)
方志体例和内容的演变 ·· 沈炼之(1371—1376)
实行地价税与地方财政之关系 ································· 李如汉(1377—1402)
川东田赋推征及田地其他临时负担 ····························· 熊鼎盛(1403—1410)
土地问题其内容及其解决方法(三续) ············· 傅广泽,王纘绪 合译(1411—1416)

专载

田赋刍议(二续) ··· 晏才杰(1417—1458)

本会消息

 本会理事会第三届第五次会议纪要 ·· (1459—1460)

 地政论文撮要 ··· (1461—1486)

 地政新闻索引 ··· (1487—1504)

第3卷 第11期 民国24年11月(1935年11月)

插图

 四川金字塔式之山

 四川山坡之冬水田

佃制改革概说 ··· 黄通(1505—1516)

美国租佃制度之研究 ··· 蒋廉 译(1517—1538)

俄国斯托列宾的土地改革 ··· 祝平(1539—1548)

德国移垦政策 ··· 罗醒魂 译(1549—1568)

土地问题：其内容及其解决方法(续完)

  ·· 傅广泽,王纘绪 合译(1569—1588)

特载

 田赋刍议(三续) ·· 晏才杰(1589—1630)

本会消息 ·· (1682)

地政论文撮要 ··· (1631—1656)

地政新闻索引 ··· (1657—1681)

第3卷 第12期 民国24年12月(1935年12月)

插图

 四川土地利用之集约一

 四川土地利用之集约二

自耕农保护政策导言 ··· 黄通(1683—1691)

俄国斯托列宾的土地改革(续) ··· 祝平(1692—1708)

美国垦殖经验谈 ·· 仇元 译(1709—1724)

德国移垦政策(续) ··· 罗醒魂 译(1725—1742)

方志中关于田赋的资料 ··· 沈炼之(1743—1754)

书报述评

评中国地方志综录并正误 ································· 沈炼之(1755—1762)

特载

田赋刍议(四续) ······································· 晏才杰(1763—1804)

本会消息 ··· (1842)

地政论文撮要 ··· (1805—1818)

地政新闻索引 ··· (1819—1841)

本刊第 3 卷索引 ·· (1843—1850)

第 4 卷　第 1 期　民国 25 年 1 月(1936 年 1 月)

插图

　　四川荣昌东郊之农家

　　四川峨嵋山附近之农田

土地村公有之办法平议 ································· 万国鼎(1—8)

欧洲各国之土地分配 ··································· 郭汉鸣(9—62)

安徽霍邱之减租运动 ··································· 洪瑞坚(63—72)

广东省改征临时地税概况 ······························· 李君明(73—86)

甘肃砂田之研究 ······································· 孙友农(87—92)

本会消息 ··· (128)

地政论文撮要 ··· (93—110)

地政新闻索引 ··· (111—127)

第 4 卷　第 2/3 期　民国 25 年 3 月(1936 年 3 月)　田赋专号

插图

　　各省田地分布图

田赋专号序言 ··· 万国鼎(129—130)

中国田赋鸟瞰及其改革前途 ··························· 万国鼎(131—164)

田赋与地方财政 ······································· 张淼(165—228)

田赋积弊探微 ··· 翁之镛(229—242)

民国以来田赋上重要变革 ······························· 汤一南(243—264)

近年限制田赋附加值回顾 ······························· 庄强华(265—284)

一年来各省田赋之兴革 ································· 庄强华(285—314)

田赋整理问题 …………………………………………… 翁之镛(315—340)
田赋整理捷径之航测办法 …………………………………… 曹谟(341—348)
田赋书目提要 …………………………………………… 庄强华(349—382)
 田赋刍议 ……………………………………………… 晏才杰 著
 中国之田赋 …………………………………………… 黄汉樑 著
 田赋概论 ……………………………………………… 胡一臧 著
 中国田赋研究 ………………………………………… 冯节 著
 田赋附加税调查 …………………………… 中大经济资料研究室 编
 中国田赋问题 ………………………………………… 孙佐齐 著
 中国田赋问题 ………………………………………… 刘世仁 著
 民国财政史 …………………………………………… 贾士毅 著
 租税论 ………………………………………………… 晏才杰 著
 第二次全国财政会议汇编 ………………………… 全国财政会议秘书处 编
 财政年鉴 …………………………………… 财政部财政年鉴编纂处 编
 新编江苏省田赋科则统计表 ……………………………… 江苏财政厅 编
 江苏省田赋改征地价税统计表 …………………………… 江苏财政厅 编
 江苏省田赋正附税统计表 ………………………………… 江苏财政厅 编
 江苏最近田赋正税收入各县田赋附加概况表 ………… 江苏财政厅 编
 江苏武进南通田赋调查报告 ……………… 万国鼎,庄强华,吴永铭 合编
 江苏省江都县土地陈报概略 ……………… 财政部整理地方捐税委员会 编
 江苏萧县土地陈报概略 …………………… 财政部整理地方捐税委员会 编
 嘉湖减赋记 …………………………………………… 金蓉卿 编
 浙江田赋一览表 …………………………………… 浙江财政审查委员会 编
 浙江省土地陈报特刊 ……………………………………… 浙江民政厅 编
 浙江田赋一览表 …………………………………………… 魏颂唐 编
 田赋专号 ………………………… 浙江财政月刊第五卷三/四/五期合刊
 浙省各县田赋积弊概况暨整顿办法 ………………………… 章亮熙 编
 田赋专号续编 …………………… 浙江财政月刊第六卷第八/九两期合刊
 浙江省核减田赋附加案 …………………………………… 浙江财政厅 编
 浙江吴兴兰溪田赋调查报告 …………………… 万国鼎,庄强华,张辉 合编
 整理田赋专号 ……………………………………………… 浙江财政厅 编
 兰溪清查地粮纪要 ………………………………………… 陈开泗 编
 安徽省当涂县土地陈报概略 ……………… 财政部整理地方捐税委员会 编
 安徽通志稿 ………………………………………………… 罗介邱 编

湖北田赋概要	湖北省财政厅 编
湖北省各县田赋一览表	湖北财政厅 印行
江西田赋问题	熊漱冰 著
闽侯田亩查报	蔡如海 编
曹县田赋整顿之计划与实施	王龠如 编
河南安阳县整理田赋委员会纪念刊	王金如 编
地政学院毕业论文关于田赋者二十九种	

特载

评论中外人士整理田赋之意见(田赋刍议第四章)	晏才杰(383—446)

法令汇录

各省市地政施行程序大纲	(447)
估计专员任用条例	(450)
契据专员任用条例	(450)
各省市训练初级地政人员办法大纲	(451)

本会消息

第三届理事会第八、第九两次会议记录摘要	(524)
地政论文撮要	(453—480)
地政新闻索引	(481—523)

第4卷 第4/5期 民国25年5月(1936年5月) 第三届年会专号

插图

第三届年会开幕典礼摄影

第三节年会专号序言	万国鼎(481—482)

讨论

租佃问题	(483—500)

　　甲、说明(一)赞成及废除租佃制度之理由(唐启宇)

　　　　　　(二)租佃制度之废除方法(黄通)

　　　　　　(三)租佃制度之改善方法(洪瑞坚)

　　乙、讨论(一)张廷休(二)郭汉鸣(三)屠启东(四)万国鼎(五)王祺

　　　　(六)高信(七)汤惠荪(八)梅光复(九)李树青(十)朱宗良

　　　　(十一)董中生(十二)张淼(十三)于矿(十四)曾济宽

　　　　(十五)冯紫岗(十六)戚皖(十七)李祖祺
　　丙、决议
航空测量与人口测量问题 ·· (501—526)
　　甲、说明　航空测量与人工测量之比较(曹谟)
　　乙、讨论(一)熊漱冰(二)丁琮(三)周之佐(四)吴仙希(五)祝平
　　　　　　(六)李庆麟(七)河南省地政局
　　丙、决议

论文

中国的土地与人口问题 ·· 萧铮(527—545)
苏省农业改进问题 ·· 曾济宽(545—571)
租佃问题研究报告 ·· 赵棣华(571—574)
租佃制度与增加生产 ··· 李庆麟(574—582)
中国租佃问题及其解决方策 ·· 黄通(582—590)
再论浙江二五减租 ·· 洪瑞坚(591—594)
中国租佃制之本质 ·· 李如汉(594—602)
一年来我国土地行政之推进 ·· 王祺(602—613)
中国土地行政之前途 ··· 郑震宇(613—619)
中国土地改革与国民经济建设之途径 ······································ 高信(619—626)
中国耕地散碎原因之检讨 ··· 张丕介(626—632)
实行计划经济与土地统制 ··· 祝平(632—642)

团体会员行政报告

一年来之中央土地行政 ·· 内政部(643—668)
全国经济委员会土地调查报告 ··· (668—670)
陆地测量总局办理土地测量经过报告书 ··································· (670—676)
南京市土地行政概况 ··· (677—693)
江苏省土地行政报告 ··· (693—706)
浙江省一年来的土地行政 ··· (706—723)
平湖县之地政实验 ·· (723—748)
安徽省土地局一年来土地行政概况 ··· (748—754)
江西省土地行政报告书 ·· (777—782)
湖南省民政厅土地行政报告 ·· (777—782)
湖北一年来土地行政推行概况报告书 ······································ (782—788)
北平市财政局土地行政报告书 ··· (789—802)

演讲

土地改革与农业改良	曾济宽(803—809)
西南各省之土地利用与农业问题	汤惠荪(810—816)
中国食粮与土地问题	李庆麟(816—821)
中国现阶段的土地问题	黄通(821—826)

中国地政学会第三届理事会会务总报告 ………………………………… (827—834)
中国地政学会第三届年会纪要 ……………………………………………… (835—884)
中国地政学会章程(正修) …………………………………………………… (885—888)

本会消息

第四届理事会第一次、第二次会议纪要 …………………………………… (889)

第 4 卷　第 6 期　民国 25 年 6 月(1936 年 6 月)

插图

第三届年会开幕时全体会员谒岳墓摄影

民生史观与土地政策	黄通(891—904)
德意志之农业与农业政策	张丕介(905—926)
安徽之租佃制度	洪瑞坚(927—934)
江苏盐垦区之租佃问题及其解决途径	王慕韩(935—964)
一年来全国土地行政之进展	郑震宇(965—974)

本会消息

第四届理事会第三次会议纪要 ……………………………………………… (1034)
地政论文撮要 ………………………………………………………………… (975—994)
地政新闻索引 ………………………………………………………………… (995—1034)

第 4 卷　第 7 期　民国 25 年 7 月(1936 年 7 月)

插图

陕西泾惠渠引水防水闸(正面)(侧面)

举行全国土地调查之经过及其所得结果	陈立夫(1035—1048)
土地法土地登记篇修正问题	郑震宇(1049—1056)
契税应即废除	张廷休(1057—1066)
苏俄农业集团化之意义与前途	张丕介 译(1067—1088)

论绝对地租	……………………………………	陈仲秀(1089—1098)
本会会员录	……………………………………………	(1099—1124)
地政论文撮要	……………………………………………	(1125—1148)
地政新闻索引	……………………………………………	(1149—1167)

第4卷 第8期 民国25年8月(1936年8月)

插图

  绥远和硕公中垦区摄影六幅

契税应即废除之理	………………………………………	张淼(1169—1174)
苏俄农业集团化之意义与前途(续)	…………………	张丕介 译(1175—1198)
日本目前之土地问题与自耕农创设事业	……………	李君明 译(1199—1218)
唐代的土地问题及田赋制度的变革	…………………	吴廷璆(1912—1238)
绥远和硕公中垦区概况暨调整意见	…………………	安汉(1239—1256)
地政论文撮要	………………………………………………	(1257—1298)
地政新闻索引	………………………………………………	(1299—1330)

第4卷 第9期 民国25年9月(1936年9月)

插图

  宁夏青铜峡秦渠之正闸

  宁夏青铜峡唐渠之渠口及迎水

  宁夏大坝及唐渠正闸

  宁夏石嘴子附近唐渠之龙尾闸

各国实行地价税概要	……………………………………	鲍德澂(1331—1360)
废除契税之历史上理由	…………………………………	翁之镛(1361—1307)
胶州行政中之土地政策	…………………………………	张丕介 译(1371—1392)
贵州省民十九至二十一之清查田赋	…………………	万国鼎(1393—1414)
平湖县二十五年度地政实验计划	……………………	汪浩(1415—1436)

专载

平湖地政实验县整理土地经过情形	…………………	(1437—1446)
地政论文撮要	………………………………………………	(1447—1488)
地政新闻索引	………………………………………………	(1489—1516)

第 4 卷　第 10 期　民国 25 年 10 月(1936 年 10 月)

插图
 宁夏平罗县黄渠桥附近之农家
 宁夏三盛公教堂内之茶园
 宁夏磴口县傅家湾附近之荒地
 宁夏临武县河中堡之荒地及沙丘

如何规定地价 ………………………………………… 李庆麟(1517—1528)
欧洲各国之租佃立法 ………………………………… 黄通(1529—1546)
苏州抗租风潮的前因后果 …………………………… 洪瑞坚(1547—1562)
胶州行政中之土地政策(续) ………………………… 张丕介 译(1563—1582)
江北运河屯田之今昔 ………………………………… 武可毓(1583—1586)

专载
 湖北省完成土地整理工作四年计划大纲
  …………………………… 地政学院教授 李庆麟/高信 代拟(1587—1597)
本会消息 ……………………………………………………………… (1598)
地政论文撮要 ………………………………………………… (1599—1614)
地政新闻索引 ………………………………………………… (1615—1634)

第 4 卷　第 11 期　民国 25 年 11 月(1936 年 11 月)　平湖整理地籍专号

插图
 平湖地政实验县外内业完成全体职员摄影纪念
 平湖内业制图工作之一斑
 平湖内业求积工作之一斑
 平湖三叉河土地登记处之一斑
 平湖县各种旧有单契图册四十九种
 平湖县土地所有权状
 平湖县土地他项权利证明书
 平湖县实测户地图

平湖整理地籍专号序言 ……………………………… 万国鼎(1635—1638)
平湖县地政实验概说 ………………………………… 汪浩(1639—1652)
平湖县土地行政之机构及其效率 …………………… 伍受真(1653—1660)
平湖县地政经费之筹措 ……………………………… 胡冠臣(1661—1666)

平湖县之航空测量 …………………………………… 汪浩(1667—1678)
平湖县之绘制测图 ………………………………… 梅光复(1679—1686)
平湖县之求积工作 …………………………… 荆苏龙,印涤生(1687—1692)
平湖县之契据审查 ………………………………… 李镜吾(1693—1702)
平湖县之土地登记 ………………………………… 梅光复(1703—1726)

附录

  平湖县政府第三科组织规则 ……………………………… (1727—1728)
  平湖县地政促进委员会及分区组织章程 ………………… (1728—1729)
  平湖县政府第三科测丈人员考成给薪及实施简则 ……… (1737—1736)
  平湖县政府第三科制图实施规则 ………………………… (1731—1736)
  平湖县政府第三科地积计算实施规则 …………………… (1737—1741)
  平湖县政府第三科绘算人员考给薪暂行规则 …………… (1741—1743)
  平湖县政府第三科清丈股业务联销考给薪暂行规则(1743—1744)
  户地调查表 ………………………………………………… (1744—1746)
  平湖县政府第三科土地复查复丈暂行规则 ……………… (1746—1747)
  平湖县政府土地登记契据组织暂行条例 ………………… (1747—1748)
  平湖县政府土地登记暂行规则 …………………………… (1748—1752)
  平湖县政府办理土地登记程序 …………………………… (1752—1753)
  平湖县政府所属各机关人员协助办理土地登记规则 ………… (1754)
  平湖县政府土地登记协助人员考绩规则 ………………… (1754—1755)
  平湖县政府登记处附设问讯处规则 ……………………… (1754—1755)
  平湖县各区土地登记处代书人员服务规则 ………………………… (1756)
  平湖县土地登记通知书 ……………………………………………… (1757)
  声请登记人遵守规则 ………………………………………………… (1757)
  业主核对测图规则 …………………………………………………… (1758)
  土地所有权登记声请书 …………………………………… (1758—1762)
  土地他项权利登记声请书 ………………………………… (1763—1764)
  登记抵押权利应注意事项 …………………………………………… (1765)
  声请合并须知 ………………………………………………………… (1766)
  审查员办事程序 …………………………………………… (1766—1767)
  土地登记契据审查须知 …………………………………… (1767—1770)
  平湖县政府第三科登记处发状组织暂行条例 …………… (1771—1772)
  发给土地所有权状及他项权利证明书暂行规则 ………… (1771—1772)

领收状书须知 …………………………………………… (1772—1773)

移耘登记声请书 ………………………………………… (1773—1774)

变更登记声请书 ………………………………………… (1775—1776)

塗销登记声请书 ………………………………………… (1776—1777)

估价委员会章程 ………………………………………… (1778)

第 4 卷　第 12 期　民国 25 年 12 月（1936 年 12 月）

插图

　　平湖县航测照片图

四川田赋之不均 ………………………………… 吴致华(1779—1808)

浙南旧处属九县田赋整理别记 ………………… 屠启东(1809—1826)

嘉兴县编造之丘地图册 ………………………… 董中生(1827—1848)

平湖县土地调查经过情形 ……………………… 蒋廉(1849—1854)

胶州行政中之土地政策(续完) ……………… 张丕介 译(1855—1880)

地政论文撮要 …………………………………………… (1881—1896)

地政新闻索引 …………………………………………… (1897—1912)

地政月刊第 4 卷索引 …………………………………… (1913—1922)

第 5 卷　第 1 期　民国 26 年 1 月（1937 年 1 月）

插图

　　河北大名县碱区棉田之一角

　　河北大名县开凿示范井

　　河北曲周县开凿示范井

山东全省办理土地陈报与土地测量登记之得失 ……… 李庆麟(1—6)

德国之国内移殖 …………………………………… 张丕介(7—22)

河北省碱地利用之现阶段 ………………………… 刘培桂(23—42)

南昌县整理地籍之经过 …………………………… 叶倍振(43—72)

浙江旧处属九县田赋概要 ………………………… 屠启东(73—106)

书报述评

　　介绍"全国土地调查报告纲要" ……………… 万国鼎(107—109)

本会消息

本会第四届理事会第五次会议纪要 ………………………………………………… (110)

地政论文撮要 …………………………………………………………………… (111—122)

地政新闻索引 …………………………………………………………………… (123—138)

第5卷 第2/3期 民国26年3月（1937年3月） 扶植自耕农专号

扶植自耕农概论 ………………………………………………… 万国鼎(139—152)

平均地权和耕者有其田 ………………………………………… 萧铮(153—164)

耕者应有其田之所有权 ………………………………………… 唐启宇(165—170)

自耕农场面积之最低限度 ……………………………………… 李庆麟(171—196)

中国现时自耕农与佃农之分布及其经济状况之比较 ………… 汤惠荪(197—220)

自耕农与佃农之比较 …………………………………………… 洪瑞坚(221—262)

国内移植与创设自耕农 ………………………………………… 张丕介(263—272)

扶植自耕农与土地金融 ………………………………………… 黄通(273—286)

耕者有其田与土地购买贷款问题 ……………………………… 赵棣华(287—298)

扶植自耕农之实际问题 ………………………………………… 张廷休(299—312)

从耕者有其田说到地租问题 …………………………………… 郭汉鸣(313—320)

启东租佃问题与扶植自耕农运动 ……………………………… 刘岫青(321—346)

怎样才能做到"耕者有其田" …………………………………… 向乃祺(347—360)

《怎样才能做到耕者有其田》的讨论 ………………………… 蒋廉(361—366)

专载

嘉兴县土地政策实施计划大纲 ………………………………………………… (367—398)

本会消息 ……………………………………………………………………… (399—400)

本会第四届理事会第六次会议纪要

本会第四届理事会第七、八次会议纪要

地政论文撮要 …………………………………………………………………… (401—414)

地政新闻索引 …………………………………………………………………… (415—428)

参考文献

一、著作

[1][比]窝德亚搭.战后欧洲土地改革[M].张淼译.南京:正中书局,1934.

[2][德]达马熙克(A. Damaschke).土地改革论[M].张丕介译.上海:建国出版社,1947.

[3][德]达马熙克(A. Dmaschke).德国之土地改革[M].高信译.南京:中国地政学会,1935.

[4][德]夏夫纳(K. Scheaffner).德国之土地抵押与登记[M].祝平译.南京:正中书局,1945.

[5][罗]择金斯基.欧洲土地制度[M].鲍德瀓译.上海:中国文化服务社,1941.

[6][美]费正清.剑桥中华民国史:第1部[M].章建刚等译.上海:上海人民出版社,1991.

[7][美]费正清.剑桥中华民国史:第2部[M].章建刚等译.上海:上海人民出版社,1992.

[8][美]亨利·威廉·斯皮格尔(Henry William Spiegel).经济思想的成长[M].晏智杰等译.北京:中国社会科学出版社,1999.

[9][美]马若孟(Ramon H. Myers).中国农民经济:河北和山东的农民发展 1890—1949[M].史建云译.南京:江苏人民出版社,1999.

[10][日]内山雅生.二十世纪华北农村社会经济研究[M].李恩民,邢丽荃译.北京:中国社会科学出版社,2001.

[11][美]诺思(North D. C.).经济史中的结构与变迁[M].陈郁等译.上海:三联书店上海分店,1991.

[12]诺斯.制度、制度变迁与经济绩效[M].刘守英译.北京:生活·读书·新知三联书店,1994.

[13][日]天野元之助.中国古农书考[M].彭世奖,林广信译.北京:农业出版社,1992.

[14][意]G.Costanzo.农业金融制度及其新趋势[M].秦翊,杨子英译.南京:正中书局,1944.

[15]毕宝德.土地经济学[M].北京:中国人民大学出版社,1991.

[16]陈利根,任庆恩,付坚强,张金明.土地法立法研究[M].北京:中国大地出版社,2013.

[17]陈雳.楔入与涵化:德租时期青岛城市建筑[M].南京:东南大学出版社,2010.

[18]陈其鹿.农业经济史[M].郑州:河南人民出版社,2018.

[19]陈顺增.土地管理知识辞典[M].北京:中国经济出版社,1991.

[20]陈太先,魏方合.当代地政泰斗萧铮博士传略[M].上海:上海市政协,1997.

[21]陈旭麓.五四以来政派及其思想[M].上海:上海人民出版社,1987.

[22]崔永楫.土地制度与土地使用之社会管制[M].南京:正中书局,1947.

[23]美洲各国农业政策[M].崔永楫编译.南京:正中书局,1944.

[24]地政学会.土地问题讨论大纲[M].南京:地政学院,1937.

[25]杜恂诚,严国海,孙林.中国近代国有经济思想 制度与演变[M].上海:上海人民出版社,2007.

[26]杜恂诚.金融制度变迁史的中外比较[M].上海:上海社会科学院出版社,2004.

[27]樊明.土地流转与适度规模经营[M].北京:社会科学文献出版社,2017.

[28]付红.民国时期现代农村金融制度变迁研究:以南京国民政府时期为中心[M].北京:中国物资出版社,2009.

[29]高信.南京市之地价与地价税[M].南京:正中书局,1935.

[30]韩宏伟.民国时期城市土地政策研究:以重庆为例[M].北京:中国社会科学出版社,2018.

[31]韩丽娟.近代中国农村内生金融建设思想研究(1927—1949)[M].上海:上海交通大学出版社,2014.

[32]胡寄窗.1870年以来的西方经济学说[M].北京:经济科学出版社,1988.

[33]胡寄窗.中国近代经济思想史大纲[M].北京:中国社会科学出版社,1984.

[34]胡显中.孙中山经济思想[M].上海:上海人民出版社,1985.

[35]黄公安.创建战时土地银行制度刍议[M].韶关:满地红半月刊社,1940.

[36]黄公安.农业保险的理论及其组织[M].上海:商务印书馆,1937.

[37]黄公安.中国土地问题[M].北京:民族文化出版社,1941

[38]黄俊杰访问记录.台湾"土改"的前前后后:农复会口述历史[M].北京:九州出版社,2011.

[39]黄明同,卢昌健.孙中山经济思想研究[M].广州:广东人民出版社,1996.

[40]黄通.土地金融问题[M].重庆:商务印书馆,1942.

[41]黄通.土地问题[M].上海:中华书局,1930.

[42]黄通编.民生主义的土地政策[M].上海:独立出版社,1939.

[43]黄通译.农业政策纲要[M].上海:商务印书馆,1927.

[44]纪伟,陈金鑫.台湾土地银行推行土地金融业务之研究[M].台湾:成文出版社,1981.

[45]蒋廉.市地评价之研究[M].南京:正中书局,1935.

[46]蒋廉.土地征收放款之理论与实施[M].重庆:中国农民银行土地金融处,1942.

[47]蒋廉.照价收买土地放款之理论与实施[M].重庆:中国农民银行土地金融处,1942.

[48]金德群.中国国民党土地政策研究(1905—1949)[M].北京:海洋出版社,1999.

[49]金雄鹤.国民党八十四位中常委实录 下[M].北京:台海出版社,2013.

[50]李积新.垦殖学[M].上海:商务印书馆,1935.

[51]李健人.平均地权的理论与实践[M].上海:泰东图书局,1929.

[52]李金铮.民国乡村借贷关系研究[M].北京:人民出版社,2003.

[53]李泽厚.中国近代思想史论[M].天津:天津社会科学院出版社,2003.

[54]林乐芬.农村土地流转中农村土地金融创新研究[M].北京:中国社会科学出版社,2017.

[55]林毅夫.制度、技术与中国农业发展[M].上海:上海人民出版社,2014.

[56]刘宝书.平均地权[M].上海:太平洋书店,1928.

[57]刘承韪.产权与政治:中国农村土地制度变迁的研究[M].北京:法律出版社,2012.

[58]刘守英.中国土地问题调查:土地权利的底层视角[M].北京:北京大学出版社,2018.

[59]刘守英.土地制度与中国发展[M].北京:中国人民大学出版社,2018.

[60]刘守英.直面中国土地问题[M].北京:中国发展出版社,2014.

[61]刘书楷.土地经济学[M].北京:地质出版社,2000.

[62]龙登高.地权市场与资源配置[M].福州:福建人民出版社,2012.

[63]罗必良等.产权强度 土地流转与农民权益保护[M].北京:经济科学出版社,2014.

[64]罗醒魂.各国土地债券制度概论[M].南京:正中书局,1947.

[65]马伯煌.中国近代经济思想史:中册[M].上海:上海社会科学院出版社,1992.

[66]马维立.单威廉与青岛土地法[M].青岛:青岛出版社,2010.

[67]彭莲棠.民生经济建设与合作[M].南京:正中书局,1945.

[68]彭莲棠.中国农业合作之研究[M].上海:中华书局,1948.

[69]上海三民公司.孙中山社会主义谈[M].上海:上海三民公司,1926.

[70]孙中山.孙中山全集:第五卷[M].北京:中华书局,1985.

[71]孙中山.孙中山全集:第一卷[M].北京:中华书局,1981.

[72]唐启宇.合作概论[M].上海:民智书局,1930.

[73]唐启宇.历代屯垦研究:上册[M].南京:正中书局,1944.

[74]唐启宇.历代屯垦研究:下册[M].南京:正中书局,1945.

[75]唐启宇.农政学[M].南京:中国农政学社,1931.

[76]唐启宇.中国农业改造刍议[M].南京农业周报社,1933.

[77]唐启宇.农业政策[M].南京:公孚印刷所,1927.

[78]陶大镛.亨利·乔治经济思想述评[M].北京:中国社会科学出版社,1982.

[79]万国鼎.中国田制史[M].南京:正中书局,1934.

[80]汪浩.收复"匪区"之土地问题[M].南京:正中书局,1935.

[81]王昉.中国古代农村土地所有权与使用权关系:制度思想演进的历史考察[M].上海:复旦大学出版社,2005.

[82]王锦秋.亨利·乔治经济思想研究[M].北京:中国经济出版社,2015.

[83]王世正,王建今,王润华:国立政治大学[M].南京:南京出版有限公司,1981.

[84]王震江.中国农村土地银行研究:历史制度分析的视角[M].北京:中国金融出版社,2018.

[85]吴承明.中国的现代化:市场与社会[M].北京:生活·读书·新知三联书店,2001.

[86]吴尚鹰.土地问题与土地法[M].北京:商务印书馆,1935.

[87]伍复初.土地经济学[M].北京:正言出版社,1977.

[88]夏明方.民国时期自然灾害与乡村社会[M].北京:中华书局,2000.

[89]夏炎德.中国近百年经济思想[M].上海:商务印书馆,1948.

[90]向绍轩.平均地权初步之商榷[M].上海:太平洋书店,1929.

[91]萧铮.民族生存战争与土地政策[M].南京:正中书局,1938.

[92]萧铮.中国地政研究所丛书:平均地权本义[M].南京:中国地政研究所,1947.

[93]萧铮.中国人地关系史:亦名中华地政史[M].台北:台湾商务印书馆,1984.

[94]萧铮:土地改革五十年:萧铮回忆录[M].台北:中国地政研究所,1980.

[95]萧铮主编.地政大辞典[M].台北:中国地政研究所,1985.

[96]许道夫编.中国近代农业生产及贸易统计资料[M].上海:上海人民出版社,1983.

[97]严继光.亨利乔治学说之研究[M].中山文化教育馆,1940.

[98]姚开建.经济学说史[M].北京:中国人民大学出版社,2003.

[99]姚远,王睿,姚树峰等.中国近代科技期刊源流(1792—1949):上册[M].济南:山东教育出版社,2008.

[100]叶世昌.近代中国经济思想史:上册[M].上海:上海财经大学出版社,2017.

[101]袁庆明.新制度经济学[M].北京:中国发展出版社,2005.

[102]张继,萧铮.平均地权与土地改革 赣(第1版)[M].北京:商务印书馆,1944.

[103]张丕介.垦殖政策[M].北京:商务印书馆,1943.

[104]张丕介.土地改革编辑委员会编.土地改革方案的分析[M].上海:建国出版社,1948.

[105]张丕介.土地经济学导论[M].北京:中华书局,1944.

[106]张清勇.中国土地经济学的兴起(1925—1949年)[M].北京:商务印书馆,2014.

[107]张五常著;易宪容译.佃农理论:应用于亚洲的农业和台湾的土地改革[M].北京:商务印书馆,2000.

[108]张宪文等主编.中华民国史大辞典[M].南京:江苏古籍出版社,2001.

[109]赵靖主编.中国经济思想通史续集:中国近代经济思想史[M].北京:北京大学出版社,2004.

[110]赵乃搏.欧美经济学史[M].南京:正中书局,1948.

[111]赵阳.共有与私用:中国农地产权制度的经济学分析[M].北京:北京三联书店,2007.

[112]中国农业科学院农业经济研究所编.我国农业经济科学战线上两条道路的斗争[M].北京:农业出版社,1959.

[113]中央政治学校附设地政学院编.中央政治学校附设地政学院一览[M].南京:中央政治学校附设地政学院,1933.

[114]钟祥财.20世纪中国经济思想史论述[M].北京:东方出版中心,2006.

[115]钟祥财.中国经济思想史[M].上海:上海社会科学院出版社,2016.

[116]钟祥财.中国农业思想史[M].上海:上海社会科学院出版社,1997.

[117]钟祥财.中国土地思想史稿[M].上海:上海社会科学院出版社,1995.

[118]祝平.土地政策要论[M].重庆:文信书局,1944.

[119]邹枋.平均地权方法论[M].上海:大东书局,1933.

[120]邹枋,中国社会科学会主编.中国土地经济论[M].上海:大东书局,1933.

二、期刊

[1]安静波."平均地权"几个问题之我见[J].学术交流,1997(2):120-123.

[2]毕耕,柳杨,谭圣洁.《中国农村》的编辑理念评析[J].中国编辑,2016(3):79-83.

[3]曾作铭.中国地政学会对于达马熙克土地改革学说的译介[J].学术研究,2017(3):136-144,178.

[4]陈雳,张松.单威廉的土地政策述评[J].德国研究,2009,24(3):52-58,79-80.

[5]陈文桂.土地革命战争时期党的地权政策的演变[J].历史研究,1982(4):97-113.

[6]程朝云.从构想到实践:地政学派与台湾土地银行的创设[J].福建论坛:人文社会科学版,2016(12):64-70.

[7]程霖,毕艳峰.近代中国传统农业转型问题的探索——基于农业机械化的视角[J].财经研究,2009,35(8):105-114.

[8]程霖,韩丽娟.论国民政府时期关于农业金融制度建设的四种模式[J].中国经济史研究,2006(4):50-58.

[9]狄方.土地增值税[J].中国税务,1994(3):64.

[10]傅德汉.农地金融的国际经验及启示[J].中国金融,2013(9):73-75.

[11]高海燕.20世纪中国土地制度百年变迁的历史考察[J].浙江大学学报:人文社会科学版,2007(05):124-133.

[12]高洁,廖长林.英美法土地发展权制度对我国土地管理制度改革的启示[J].经济社会体制比较,2011(4):206-213.

[13]龚关.中国农民银行办理土地金融探析[J].中国农史,2009,28(4):63-73.

[14]郭从杰.近代农业土地规模经营的资本制约——基于开源农场财务的分析[J].历史教学:下半月刊,2018(6):40-46.

[15]红帆.论孙中山"平均地权"的目的[J].云南学术探索,1998(3):66-69.

[16]侯建新.近代冀中土地经营及地权转移趋势——兼与前工业英国地权转移趋势比较[J].中国经济史研究,2001(4):15-25.

[17]胡成.近代江南农村的工价及其影响——兼论小农与经营式农场衰败的关系[J].历史研究,2000(6):56-71,191.

[18]黄正林.国民政府"扶植自耕农"问题研究[J].历史研究,2015(3):112-130,191.

[19]贾彩彦.近代北京城市土地管理制度演变——对土地产权及使用管理制度的分析[J].上海经济研究,2015(7):97-105.

[20]贾彩彦.近代上海土地管理制度思想的西方渊源[J].财经研究,2007(4):120-131.

[21]贾彩彦.近代租借地城市土地产权管理制度的变革及渊源[J].社会科学,2017(5):143-152.

[22]贾钦涵.南京国民政府渐进式土地改革政策的形成[J].江海学刊,2016(4):177-183.

[23]姜爱林.民国时期国民党土地政策述要[J].历史档案,2001(4):114-118.

[24]金德群.抗战时期国民党的土地政策[J].民国档案,1988(4):91-103.

[25]赖晨.民国扶植自耕农运动的理论渊源[J].经济与社会发展,2007(1):193-195.

[26]李龙,范兴科.论平均地权的法理基础[J].理论月刊,2017(2):87-93.

[27]李学桃,彭廷洪.经济公平与经济发展之争:1905—1907年土地国有论战再研

究——以孙中山与梁启超的地权思想为中心[J].理论月刊,2018(2):75-80.

[28]李学桃.经济发展与"政治需要":20世纪30年代萧铮对土地国有的诘难[J].贵州社会科学,2014(12):152-156.

[29]李学桃.现实与理想的结合:万国鼎对近代农村土地问题的思考[J].兰州学刊,2014(10):55-60.

[30]李永伟.宪政视角下的南京国民政府之农业金融制度史论——从地权理论到制度文本[J].法律史评论,2012,5(00):87-96.

[31]刘椿.三十年代南京国民政府的田赋整理[J].中国农史,2000(2):80-85.

[32]刘克祥.近代城市的发展与资本主义中小农场的兴起[J].中国经济史研究,1998(3):41-59,162.

[33]刘守英.土地改革何去何从[J].中国投资,2013(11):102-104.

[34]龙登高.地权交易与生产要素组合:1650—1950[J].经济研究,2009(2):146-156.

[35]龙登高.11—19世纪中国地权市场分析[J].中国农史,1997(3):33-40.

[36]卢锋.近代农业的困境及其根源[J].中国农史,1989(3):27-33.

[37]卢伟明,张艳飞.抗战后期国民政府扶植自耕农运动初探[J].牡丹江师范学院学报:哲学社会科学版,2007(5):51-53.

[38]梅金平,欧阳高晖.农村信用社产权改革的制度经济学思考[J].财贸经济,2004(6):93-94.

[39]缪德刚.民国时期农村土地金融:思想 运作与绩效——基于中国农民银行土地金融业务的研究(1941—1948)[J].贵州社会科学,2018(3):162-168.

[40]沈渭滨."平均地权"本义的由来与演变——孙中山"民生主义"再研究之二[J].安徽史学,2007(5):69-75.

[41]石攀峰.抗战时期中国农民银行土地金融活动考察[J].暨南学报:哲学社会科学版,2015,37(4):12-17.

[42]孙大权.民国时期的中国经济学与经济思想[J].贵州财经学院学报,2011(6):66-73.

[43]田继文.美国制度学派的德国渊源[J].当代经济:下半月刊,2007(11):158-159.

[44]万国鼎.地政月刊之回顾及总索引[J].地政学报,1945(1):140-161.

[45]王大任.近代东北地区雇工经营农场的再探讨[J].史林,2011(4):122-130,190.

[46]王昉,缪德刚.近代化转型时期农村土地金融供给:制度设计与实施效果——20世纪30、40年代中国农村土地金融制度思想与借鉴[J].财经研究,2013,39(1):38-48.

[47]王昉,熊金武.从"涨价归公"思想到土地增值税制度——兼论近代社会转型时期经济思想与经济制度的关系[J].财经研究,2010,36(1):34-43.

[48]王昉.传统中国社会农村地权关系及制度思想在近代的转型[J].学术论坛,2007

(3):91—96.

[49]王昉.马克思的土地产权理论与传统中国社会农村地权关系[J].理论前沿,2008(15):20—21.

[50]王昉.中国古代农村土地所有权和使用权思想[J].上海财经大学学报,2004(3):47—52.

[51]王昉.中国近代化转型中的农村地权关系及其演化机制——基于要素—技术—制度框架的分析[J].深圳大学学报:人文社会科学版,2008(2):150—156.

[52]王宏斌.西方土地国有思想的早期输入[J].近代史研究,2000(6):184—197.

[53]王俊强.万国鼎与古农书整理[J].江苏图书馆学报,1993(5):52—53.

[54]王琴,徐连明,周羽正.梁漱溟土地思想及其当代价值[J].学海,2012(6):70—74.

[55]王思明,陈明.万国鼎先生:中国农史事业的开创者[J].自然科学史研究,2017,36(2):180—187.

[56]王先明.民族复兴之基石——农村复兴思潮的兴起与演进[J].近代史研究,2014(4):43—47.

[57]王玉,徐琳.民国时期地政学派土地金融思想研究[J].贵州社会科学,2018(12):145—153.

[58]文红玉.孙中山的土地思想与南京国民政府的土地政策[J].华中科技大学学报:社会科学版,2009(3):29—36.

[59]吴次芳,郑娟尔,罗罡辉.平均地权思想回顾及其启示[J].中国土地科学,2006(3):61—64,54.

[60]吴福明.20世纪30年代山西土地金融之探索[J].晋阳学刊,2013(1):16—22.

[61]吴军,何自云.金融制度的激励功能与激励相容度标准[J].金融研究,2005(6):33—46.

[62]夏良才.亨利·乔治的单税论在中国[J].近代史研究,1980(1):248—262.

[63]夏良才.论孙中山与亨利·乔治[J].近代史研究,1986(6):38—55.

[64]阎焕利.亨利·乔治单一税制思想及中国实践[J].理论界,2010(3):45—46.

[65]阎焕利.亨利·乔治土地单一税制思想评析——兼谈对我国土地管理制度改革的启示[J].晋阳学刊,2010(1):46—49.

[66]姚洋.农地制度与农业绩效的实证研究[J].中国农村观察,1998(6):3—12.

[67]姚洋.中国农地制度:一个分析框架[J].中国社会科学,2000(2):54—65.

[68]叶依能.著名农史学家万国鼎教授[J].中国科技史料,1990(1):55—60.

[69]易棉阳.合作金融在近代中国农村为什么遭遇失败——读《民国时期中国农业合作金融研究(1923—1949)》[J].中国农民合作社,2015(12):41—42.

[70]岳谦厚,段少君.中国土地改革协会的主张与努力(1947—1949)[J].近代中国,2015

(00):209—231.

[71]张毅,张红,毕宝德.农地的"三权分置"及改革问题:政策轨迹、文本分析与产权重构[J].中国软科学,2016(3):13—23.

[72]张志红,杨士泰.简论抗战前南京国民政府的土地立法[J].历史教学,2005(4):18—23.

[73]赵泉民.工具理性与理念诉求:从土地单税论到"土地社有"思想——对20世纪中国平均地权方法论的一种诠释[J].江苏社会科学,2005(5):225—230.

[74]郑大华,贾小叶.20世纪90年代以来中国近代思想史研究的回顾与展望[J].教学与研究,2005(1):53—61.

[75]郑林.制约中国近代农业发展的制度与管理因素探析[J].甘肃农业大学学报,2005(1):104—110.

[76]郑向东.国民党南京政府土地制度改革失败之分析——基于新制度经济学制度变迁理论的视角[J].党史文苑,2012(8):17—21.

[77]钟祥财.封建社会农业政策对王朝更替的影响——以商鞅和董仲舒的土地政策思想为例[J].探索与争鸣,2017(11):122—128.

[78]钟祥财.孙中山经济思想的方法论[J].近代中国,2013(00):43—57.

[79]钟祥财.孙中山经济思想中的传统因素[J].贵州社会科学,2012(10):61—66.

[80]钟祥财.中国近代研究经济思想史的方法论特点:以梁启超为例[J].财经研究,2010,36(8):36—45.

[81]周建波.孙中山的节制资本和平均地权思想评议[J].河南师范大学学报:哲学社会科学版,2010,37(1):171—175.

[82]周其仁.农地产权与征地制度——中国城市化面临的重大选择[J].经济学:季刊,2004(4):193—210.

[83]周其仁.中国农村改革:国家和所有权关系的变化(上)——一个经济制度变迁史的回顾[J].管理世界,1995(3):178—189,219—220.

[84]周其仁.中国农村改革:国家和所有权关系的变化(下)——一个经济制度变迁史的回顾[J].管理世界,1995(4):147—155.

[85]周志强.孙中山"平均地权"与"耕者有其田"新论[J].辽宁师范大学学报,1992(5):80—84.

[86]朱鸿翔,孙溦.论20世纪上半叶中国经济思想史研究——基于学术论文的考察[J].湖北经济学院学报,2009,7(4):30—33.

三、论文集及析出文献

[1]L.M.多伍.中国社会科学的制度化——对比第二次世界大战前后发展起来的地政

学会与中国农村经济研究会[A]//中外学者论抗日根据地:南开大学第 2 届中国抗日根据地史国际学术讨论会论文集[C].北京:档案出版社,1993.

[2]林毅夫.关于制度变迁的经济学理论:诱致性变迁与强制性变迁[A]//财产权利与制度变迁:产权学派与新制度学派译文集[C].上海:三联书店上海分店,1994.

[3]万国鼎.中国土地政策[A].//中国地政学会第五届年会论文集[C].上海:独立出版社,1939.

[4]吴熙钊.评孙中山的民生史观[A]//孙中山研究论文集(1949—1984)[C].成都:四川人民出版社,1986.

[5]中国地政学会.中国地政学会第五届年会论文集:中国土地政策[C].上海:独立出版社,1939.

四、资料汇编

[1][日]田中忠夫.中国农业经济资料[G].上海:大东书局,1934.

[2]李强.民国地政史料汇编[G].北京:国家图书馆出版社,2011.

[3]立法院编译处.中华民国法规汇编(1933 年辑)[G].上海:中华书局,1934.

[4]商务印书馆编译所.中华民国法令大全:第十类农商[G].上海:商务印书馆,1913.

[5]萧铮.民国二十年代中国大陆土地问题资料[G].台北:台湾成文出版社,1977.

[6]郑成林.民国时期经济调查资料汇编[G].北京:国家图书馆出版社,2013.

[7]中国社会科学院近代史研究所,中华民国史研究室.中华民国史资料丛稿[G].北京:中华书局,1978.

五、学位论文

[1]陈彦旭.民国十九年土地法研究[D].海口:海南大学,2011.

[2]樊丽娟.萧铮土地经济思想与实践研究(1931—1945)[D].郑州:郑州大学,2018.

[3]方小玉.民国《经济学季刊》(1930—1937)研究[D].武汉:武汉大学,2009.

[4]盖鹏.民国《合作月刊》(1929—1942)研究[D].武汉:武汉大学,2012

[5]宫晓晨.亨利·乔治的社会活动及其影响[D].济南:山东师范大学,2010.

[6]刘文衡.以孙中山平均地权理论为代表的近代土地思想与实践研究[D].南京:南京师范大学,2012.

[7]刘潇.民国时期万国鼎农村土地经济思想研究[D].郑州:郑州大学,2016.

[8]马盈盈.论万国鼎在地政研究方面的贡献[D].南京:南京农业大学,2010.

[9]彭波.国家、制度、要素市场与发展:中国近世租佃制度研究[D].北京:清华大学,2011.

[10]钱志宇.孙中山的土地思想研究[D].济南:山东大学,2012.

[11]沈博闻.中国近现代土地政策及制度思想考察——以《天朝田亩制度》《中华民国土地法》[D].西安:西北大学,2016.

[12]史玉渤.黄通与国民政府时期的土地改革[D].西安:陕西师范大学,2018.

[13]王选庆.中国农地金融制度研究[D].咸阳:西北农林科技大学,2004.

[14]袁桔红.萧铮的土地思想与土地改革实践(1927—1937)[D].北京:清华大学,2007.

[15]翟丽莎.二十世纪二十一—四十年代毛泽东、蒋介石关于中国农民问题的理论与实践之比较[D].广州:暨南大学,2010.

六、报刊资料

《地政月刊》《地政周报》《土地改革》《人与地》《地政学报》《地政通讯》《新闻报》《中国农村》《中行月刊》《中央周报》《中国农民银行月刊》《财政评论》《中农月刊》《中央周刊》《东方杂志》

七、外文资料

[1]Andelson R V. Henry George's Land Reform:A Comment on Pullen[J]. *American Journal of Economics & Sociology*,2015,60(2):581—585.

[2]António Tavares. Can the Market be Used to Preserve Land? The Case for Transfer of Development Rights[A]. European Regional Science Association 2003 Congress[C],2003.

[3]Bailey M R,Ogg C W. Transfer of Development Rights:An Analysis of a New Land Use Policy Tool:Comment[J]. *American Journal of Agricultural Economics*,1975,57(4):549—557.

[4]Bogaerts T,Williamson I P,Fendel E M. The Role of Land Administration in the Accession of Central European Countries to the European Union[J]. *Land Use Policy*,2002,19(1):29—46.

[5]Buurman G B. Henry George and the Institution of Private Property in Land:A Property Rights Approach[J]. *The American Journal of Economics and Sociology*,1986,45(4):489—502.

[6]Chakir R,Le Gallo J. Predicting Land Use Allocation in France:A Spatial Panel Data Analysis[J]. *Ecological Economics*,2013,92:114—125.

[7]Ciaian P,Kancs D,Swinnen J F M. EU Land Markets and the Common Agricultural Policy[J]. *Social Science Electronic Publishing*,2010,229(1372):1—31.

[8]Conrad F J M. Economic Issues in Programs of Transferable Development Rights[J]. *Land Economics*,1975,51(4):331—340.

[9]Mercer D. Transfer of Development Rights in New Jersey[EB/OL]. http://www.nj

-smartgrowth. Com,2008—08—20.

[10]Cummiskey J. The Cape Cod Land Bank:The Use of a Land Acquisition Strategy to Preserve a Massachusetts Coastal Region[J]. *Ocean & Coastal Management*,2001,44(1):61—85.

[11] Janvry A D,Emerick K,Gonzalez-Navarro M ,et al. Delinking Land Rights from Land Use:Certification and Migration in Mexico[J]. *American Economic Review*,2015,105(10).

[12]Dijk T. V,Kopeva D. Land Banking and Central Europe:Future Relevance,Current Initiatives,Western European Past Experience[J]. *Land Use Policy*,2006,23(3):286—301.

[13]Duke J M ,Eleonóra Marisová,Anna Bandlerová,et al. Price Repression in the Slovak Agricultural Land Market[J]. *Land Use Policy*,2004,21(1):0—69.

[14]Feder G,Deininger K. Land Institutions and Land Markets[J]. *Social Science Electronic Publishing*,1998,1,part 1(01).

[15]Feder K . Henry George on Property Rights:Reply to John Pullen[J]. *American Journal of Economics & Sociology*,2001,60(2):565—579.

[16]García-Feced,Celia,Weissteiner C J,Baraldi A,et al. Semi-natural Vegetation in Agricultural land:European Map and Links to Ecosystem Service Supply[J]. *Agronomy for Sustainable Development*,2015,35(1):273—283.

[17]Henry George. *Progress and Poverty*[M]. The Kingsport Press,1931.

[18]Jin S,Deininger K. Land Rental Markets in the Process of Rural Structural Transformation:Productivity and Equity Impacts from China[J]. *Journal of Comparative Economics*,2009,37(4):0—646.

[19]Leblanc C D. The Supply of Development Rights:Results from a Survey in Hadley,Massachusetts[J]. *Land Economics*,1979,55(2):269—276.

[20]Levinson, Arik. Why Oppose TDRs?:Transferable Development Rights Can Increase Overall Development[J]. *Regional Science & Urban Economics*,1997,27(3):283—296.

[21]Li G,Rozelle S,Brandt L. Tenure,Land Rights,and Farmer Investment Incentives in China[J]. A Kung K. S,Liu S. Farmers' Preferences Regarding Ownership and Land Tenure in Post—Mao China:Unexpected Evidence from Eight Counties[J]. *China Journal*,1997,38(38):33—63. Gricultural Economics,2014,19(1—2):63—71.

[22]Lier H N V. The Role of Land Use Planning in Sustainable Rural Systems[J]. *Landscape & Urban Planning*,1998,41(2):83—91.

[23]Lin J Y. Rural Reforms and Agricultural Growth in China[J]. *American Economic*

Review,1992,82(1):34—51.

[24]Liu S,Wang R,Shi G. Historical Transformation of China's Agriculture:Productivity Changes and Other Key Features[J]. *China & World Economy*,2018,26(1):42—65.

[25]Mcconnell V,Walls M ,Kopits E . Zoning, TDRs and the density of development [J]. 2006,59(3):0—457.

[26]Melesse M B,Bulte E. Does land registration and certification boost farm productivity? Evidence from Ethiopia[J]. *Agricultural Economics*,2015,46(6):757—768.

[27]Mills D E. Transferable development rights markets[J]. *Journal of Urban Economics*,1980,7(1):0—74.

[28]North Douglass C. *Institutions, Institutional Change, and Economic Performance*[M]. Cambridge University Press,1990.

[29]North Douglass C. *Structure and Change in Economic History*[M]. Norton,1981.

[30]North Douglass C. *The Rise of the Western World*[M]. MA:Cambridge University Press,1990.

[31]Pruetz R,Pruetz E. Transfer of Development Rights Turns 40[J]. *Planning & Environmental Law*,2011,59(6):3—11.

[32]Pullen J. Henry George's Land Reform:The Distinction between Private Ownership and Private Possession[J]. *American Journal of Economics & Sociology*,2001,60(2):547—556.

[33]Ralph Henger,Kilian Bizer. Tradable Planning Permits for Land-use Control in Germany [A]. Goettingen:Land Use Economics and Planning Discussion Paper[C],2008.

[34]Rick Pruetz. *Beyond Takings and Givings:Saving Natural Areas, farmland and historic landmarks with transfer of development Rights and Density Transfer Charges*[M]. Arje Press,2003.

[35]Shearer K S,Xiang W N . Representing Multiple Voices in Landscape Planning:A Land Suitability Assessment Study for a Park Land-banking Program in Concord,North Carolina,USA[J]. *Landscape & Urban Planning*,2009,93(2):0—122.

[36]Silagi M. Henry George and Europe:In Germany,George's Followers, beaded by Adolf Damaschke,Won Several Statutes and A Constitutional Revision[J]. *American Journal of Economics & Sociology*,2010,52(3):369—384.

[37]Small L E,Derr D A. Transfer of Development Rights:A Market Analysis[J]. *American Journal of Agricultural Economics*,1980,62(1):130.

[38]Song Y,Zenou Y. Property Tax and Urban Sprawl:Theory and Implications for US Cities[J]. *Journal of Urban Economics*,2006,60(3):0—534.

[39] Verburg P H, Tabeau A, Hatna E . Assessing Spatial Uncertainties of Land Allocation Using a Scenario Approach and Sensitivity Analysis: A Study for Land Use in Europe [J]. *Journal of Environmental Management*, 2013, 127(3): S132—S144.

[40] Virginia M C, Elizabeth K , Margaret W . Farmland Preservation and Residential Density: Can Development Rights Markets Affect Land Use? [J]. *Agricultural and Resource Economics Review*, 2005, 34(2): 131—144.

[41] Whitaker J K. Henry George on Land Ownership: A Comment on Pullen[J]. *The American Journal of Economics and Sociology*, 2001, 60(2): 557—563.

[42] Wolfram G. The Sale of Development Rights and Zoning in the Preservation of Open Space: Lindahl Equilibrium and a Case Study[J]. *Land Economics*, 1981, 57(3): 398—413.

后 记

我对地政学派土地思想的研究开始于2015年。当时偶然间查阅到一篇刊登在《地政月刊》的文献，由此对这份专门研究土地问题的期刊产生了兴趣。在我的硕士生导师钟祥财研究员的鼓励和指引下，我开启了关于这个领域的研究，选择对《地政月刊》的系统研究作为自己的硕士研究方向，也相应积累起一些资料。

进入博士阶段，随着自己对《地政月刊》研究的深入，我发现这份期刊背后凝结着地政学派学人的辛勤付出，而地政学派在《地政月刊》之外，还有着极为丰富的有关土地问题的学术、教育、会议活动。于是我的研究开始扩展为对地政学派这一群体的研究，并以此学派为载体，审视近代中国土地思想的转型与发展。这一想法也得到了我的博士生导师韩汉君研究员的支持，并为我在研究思路与方法方面提供了中肯细致的教导。同时在此过程中，我还得到了徐琳副研究员的热情帮助，对我研究的开展发挥了重要作用。到了2019年，本书的雏形，也就是我的博士论文完成了。

博士毕业之后，我跟随程霖教授开始博士后阶段的研究工作。在程老师的指导下，我开始将自己关于地政学派土地思想的研究置于近代中国经济学构建的整体框架之下，用更为阔的思路、更宏观的视野完善精进自己的研究，并在此过程中不断对本书的内容进行修改。张申副研究员、刘凝霜老师也在我的博后研究工作中给了我很多科学建议，使我产生了很多有益的启发。

可以说，本书的出版离不开我一路走来遇到的各位师长前辈，如参加我博士论文答辩的马涛教授、沈祖炜研究员、杨宇立研究员，他们在答辩中提出的宝贵意见使我受益匪浅,深表感激!当然,还要特别感谢上海财经大学出版社为本书付出的大量劳动!

王 玉

2023 年 5 月